往事如大海沉沙无影无踪

揭秘似田野炊烟一书一味

纵横　捭阖　策谋

罗斯福和他的特使们
Rendezvous with Destiny
——二战与美国命运相会

[美]迈克尔·富利洛夫 著
张荣建 吴念 余泽梅 译

重庆出版集团 重庆出版社
果壳文化传播公司

RENDEZVOUS WITH DESTINY
Copyright © 2013 by Michael Fullilove
All Rights Reserved

版贸核渝字(2013)第 307 号

图书在版编目(CIP)数据

罗斯福和他的特使们 /(美)富利洛夫著;张荣建,吴念,余泽梅译. —重庆:重庆出版社, 2014.6
ISBN 978-7-229-07707-5

Ⅰ.①罗… Ⅱ.①富…②张…③吴…④余… Ⅲ.①第二次世界大战—史料—美国 Ⅳ.①K712.53

中国版本图书馆 CIP 数据核字(2014)第 048638 号

罗斯福和他的特使们
Rendezvous with Destiny
[美]迈克尔·富利洛夫 著 张荣建 吴念 余泽梅 译

出 版 人:罗小卫
责任编辑:连 果
责任校对:李小君
装帧设计:熙红文化·何华成

重庆出版集团
重庆出版社 出版　果壳文化传播公司 出品

重庆长江二路 205 号 邮政编码:400016 http://www.cqph.com
重庆出版集团艺术设计有限公司制版
重庆市国丰印务有限责任公司印刷
重庆出版集团图书发行有限公司发行
E-MAIL:fxchu@cqph.com 邮购电话:023-68809452

重庆出版社天猫旗舰店
cqcbs.tmall.com
全国新华书店经销

开本:710mm×1000mm　1/16　印张:19.5　字数:330 千　插页:18
2014 年 6 月第 1 版　2014 年 6 月第 1 次印刷
ISBN 978-7-229-07707-5

定价:46.00 元

如有印装质量问题,请向本集团图书发行有限公司调换:023-68706683

版权所有　侵权必究

Advance Praise for Rendezvous with Destiny
《罗斯福和他的特使们》一书的发行评语

"从1939年到1941年，随着欧洲战争和美国国内强烈的孤立主义思潮兴起，罗斯福派遣了5位杰出代表作为特使前往欧洲，进行综合评估。这一使命对第二次世界大战的进程和美国的全球领导地位至关重要，但却又一直不为人所知，《罗斯福和他的特使们》一书对其给出了精彩的和绝妙的叙述。"

——亨利·基辛格（Henry A. Kissinger），著名外交家和国际问题专家，曾任美国国务卿和国家安全事务助理，创建基辛格联合咨询公司并担任董事长。

"迈克尔·富利洛夫精彩而详细地描述了富兰克林·德拉诺·罗斯福作为政治家鲜为人知的一面：他创造性地派遣了5位特使执行战略任务，这一决定最终改变了历史走向。韦尔斯、多诺万、霍普金斯、威尔基和哈里曼的辛劳，加上富兰克林·德拉诺·罗斯福杰出的领导才能，为盟军在二战的胜利奠定了基础，进一步促成了罗斯福将美国从孤立主义思潮中唤醒的努力。"

——斯特罗布·塔尔博特（Strobe Talbott），布鲁金斯学会主席，克林顿政府副国务卿。

"《罗斯福和他的特使们》一书对美国参加第二次世界大战给出了给人启示的描述，强调了领袖和特使在历史中的重要作用。本书细节翔实，对宏大叙事又有完美把握。"

——弗朗西斯·福山（Francis Fukuyama），哈佛大学政治学博士，约翰霍普金斯大学教授。曾任美国国务院智库副局长。《历史之终结与最后一人》的作者。

"对5位人们知之甚少但在代表罗斯福出访欧洲，并促成当今世界格局的中心人物作了给人启示的描述。语言生动，这是最好的历史叙事。"

——罗伯特·卡根（Robert Kagan），乔治城大学教授，美国历史学家和外交政策评论家，卡内基国际和平基金会资深成员，《天堂与实力》的作者。

"迈克尔·富利洛夫对富兰克林·德拉诺·罗斯福和5位促进了美国参加第二次世界大战的助手进行了引人入胜的描述，是对1939至1941年间难以忘怀的重大事件的作品的必不可少的补充。每一位对富兰克林·德拉诺·罗斯福和第二次世界大战感兴趣的人都愿意阅读这本超好的书。"

——罗伯特·达利科（Robert Dallek），美国艺术与科学院院士，美国历史学家协会院士，《富兰克林·罗斯福》、《美国外交政策：1932—1945》和《未竟人生：约翰·肯尼迪，1917—1963》的作者。

"《罗斯福和他的特使们》是引人入胜的最佳叙述历史书。迈克尔·富利洛夫巧妙地结合了他的学识和多年的研究成果，栩栩如生地描述了富兰克林·德拉诺·罗斯福身边的重要人物。本书让我从新的角度理解了富兰克林·德拉诺·罗斯福的天才能力和美国参加第二次世界大战的曲折过程。"

——詹姆斯·法洛斯（James Fallows），《大西洋月刊》专栏作家，《中国航空》的作者，曾任卡特总统的首席演讲稿撰写人。

"迈克尔·富利洛夫极有吸引力的书仿佛优秀的小说，难以放下。本书同时也是20世纪最重要的历史文献。"

——约瑟夫·奈（Joseph S. Nye），哈佛大学教授，《未来权力》的作者，曾任卡特政府助理国务卿、克林顿政府国家情报委员会主席和助理国防部长，最早提出"软实力"概念。

"《罗斯福和他的特使们》是有关特使外交的引人入胜的故事。特使外交是罗斯福偏好的手段，以准确地解开珍珠港事件前的美国外交谜团。

迈克尔·富利洛夫对细节描述和政策差异极有眼光，但更重要的是，他奉献给了我们轻松愉快的好书。"

　　——安妮-玛丽·斯劳特（Anne-Marie Slaughter），普林斯顿大学教授，美国国务院政策规划室主任（2009—2011）。

　　"富利洛夫将1939年9月1日至1941年12月1日期间称作是'20世纪的转折点'。对政治决策的杰出分析一直是颇受关注的话题，包括乔恩·米查姆撰写的《富兰克林和温斯顿》，约翰·卢卡齐撰写的《伦敦五日》。富利洛夫对5位既非总统也非首相的人进行了富有洞察力的描述，从而与乔恩·米查姆和约翰·卢卡齐一道跻身于引人注目的学者俱乐部。"

　　——《华盛顿独立书评》（Washington Independent Review of Books）

　　"富利洛夫先生在其书中的每一章都充分展现了战争的危险、浪漫和令人窒息的严峻。"

　　——《华尔街日报》（The Wall Street Journal）

　　"孤注一掷的离奇情节，不为人知的历史真相……富利洛夫在本书中给出了惊险外交事件和真实历史的罕见结合，情节引人入胜，叙述简洁明了。"

　　——《金融时报》（The Financial Times）

　　"具有真正竞争力的团队：聪明，迷人，基于历史的真实写照。"

　　——《时代周刊》（Time）

　　"优秀的好书，凸显了洞察力和讽刺，富利洛夫的创作极佳。"

　　——《旁观者》（The Spectator）

　　"这是我多年来最着迷的历史书籍之一，富利洛夫……结合了完美的学术成果和令人陶醉的叙述风格，从而出版了令人难忘的书籍。"

　　——《周末澳大利亚人》（The Weekend Australian）

For Gillian
And our three little special envoys

献给吉莉安和
我们的三个小特使

There is a mysterious cycle in human events. To some generations much is given. Of other generations much is expected. This generation of Americans has a rendezvous with destiny.

—Franklin D. Roosevelt, Philadelphia, June 1936

人类历史会出现神秘的周期性循环。有的年代人们会获得很多,有的年代人们则会付出很多。这一代美国人有自己的使命。

——富兰克林·D. 罗斯福,费城,1936年6月

I have always taken the view that the fortunes of mankind in its tremendous journey are principally decided for good or ill- but mainly for good, for the path is upward- by its greatest men and its greatest episodes.

—Winston S. Churchill, London, January 1941

我总是认为,人类的命运在其漫长的旅程中是向善或是向恶,主要是由其最伟大的人物和最伟大的事件所决定的,但占上风的是向善,因为道路是向上的。

——温斯顿·S. 丘吉尔,伦敦,1941年1月

富兰克林·德拉诺·罗斯福（Franklin D. Roosevelt）

美国历史上唯一蝉联四届的总统，美国历史上最伟大的三位总统之一，同华盛顿、林肯齐名。在20世纪30年代美国经济大萧条期间，罗斯福推行新政以提供失业救济与复苏经济。在20世纪40年代全人类战争危机期间，带领美国参加第二次世界大战，取得了世界反法西斯战争的伟大胜利，并以此为契机，为美国之后的飞速发展奠定了不可磨灭的基石。

萨姆纳·韦尔斯（Sumner Welles）

出身名门，前美国副国务卿，也是总统罗斯福的主要外交顾问。在韦尔斯的外交斡旋下，英国从犹豫不决到恢复振作，并最终对德宣战，法国亦紧随其后对德宣战。韦尔斯一直给罗斯福总统提供各种咨询建议，韦尔斯协调处理了华盛顿对欧洲局势作出的反应，启动了拉美国家外长紧急会议。

威廉·J. 多诺万（William J. Donovan）

美国战略情报局（中央情报局前身）局长（1942—1945）。毕业于哥伦比亚大学，早年从业法律界，1912年入伍，后成为罗斯福不可多得的外交人才。多诺万在出访欧洲期间，为总统罗斯福提供了大量有效情报，并帮助罗斯福对当时的全球性战略局势有了更为明确的认知。

哈里·霍普金斯（Harry Hopkins）

罗斯福的商务部长和心腹。第二次世界大战时期任总统的私人顾问，参与了美国、英国、苏联之间的所有重大战略决策，实际上成为白宫的第二号人物，有"影子总统"之称。霍普金斯具有强烈的理想主义色彩，令人发笑的幽默感。他还有非凡的洞察能力，能洞察并解读极其困难和深奥的问题的核心，温斯顿·丘吉尔曾赞誉他是能看到问题核心的勋爵。

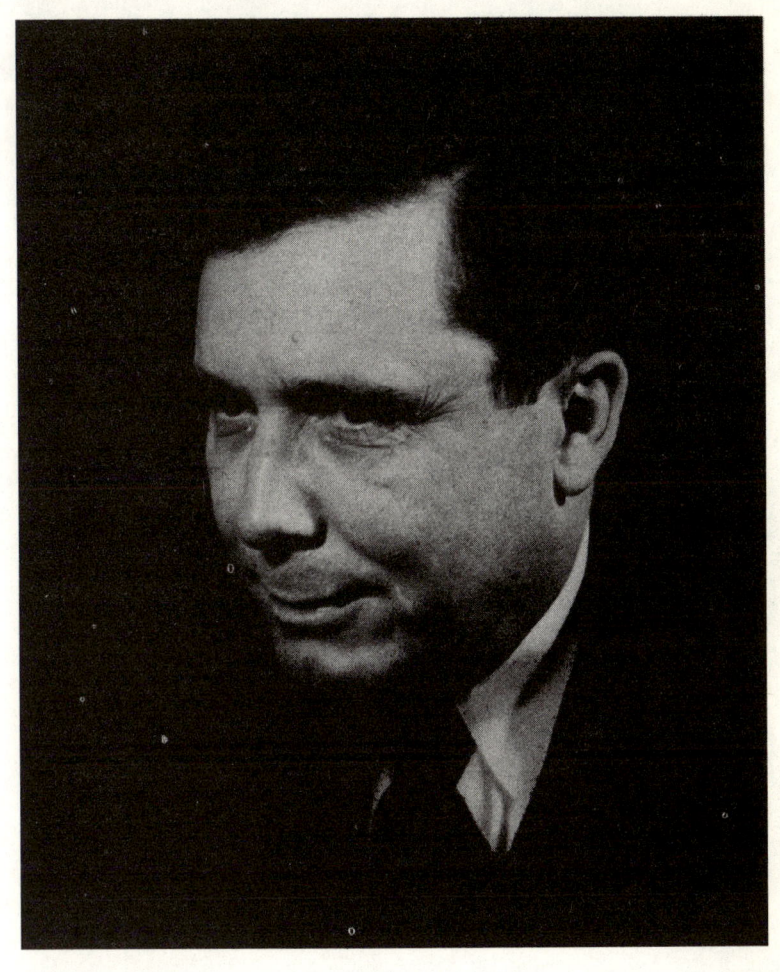

温德尔·威尔基（Wendell Willkie）

　　美国政治活动家，第一次世界大战期间参军服役，战后成为企业律师，1933年任联邦和南方公用事业股份公司总裁。威尔基曾代表共和党在1940年参加美国总统选举，败给了代表民主党的罗斯福。但在外交事务上非常认可罗斯福的态度，1942年9—10月间，受罗斯福之托历访非洲、中东、苏联和中国等，收集重要战略外交情报，为美国参加二战的重大决策起了很大导向作用。

埃夫里尔·哈里曼（Averell Harriman）
美国富豪，银行家，第二次世界大战期间成为罗斯福最为仰仗的外交官之一。哈里曼是家族企业，联合太平洋铁路公司董事会主席，还是布朗兄弟和哈里曼公司的高级合伙人。1941年3—7月间，受罗斯福之托，出访英伦及中东地区，为总统搜集了大量有价值的战略情报。

目 录

1 ☼ 前言 1939年9月

1 ☼ 第1章 一个人的特殊美国使命
　　　　萨姆纳·韦尔斯出使罗马、柏林、巴黎和伦敦
　　　　1940年2—3月

37 ☼ 第2章 一位明智的豪斯上校
　　　　比尔·多诺万出访伦敦
　　　　1940年7—8月

68 ☼ 第3章 历史的最佳婚姻掮客
　　　　哈里·霍普金斯在伦敦
　　　　1941年1—2月

110 ☼ 第4章 向前行进，国家之航船
　　　　温德尔·威尔基在伦敦和都柏林
　　　　1941年1—2月

148 ☼ 第5章 让英伦诸岛浮而不沉
　　　　埃夫里尔·哈里曼在伦敦和中东
　　　　1941年3—7月

189 ☼ 第6章 哈里·霍普金斯先生
　　　　哈里·霍普金斯在伦敦
　　　　1941年7月

211 ☼ 第7章 乔大叔的宠儿
　　　　哈里·霍普金斯在莫斯科和普拉森舍湾
　　　　1941年7—8月

255 ☼ 尾声 1941年12月
270 ☼ 致谢
274 ☼ 缩略语
276 ☼ 注释

前　言
1939年9月

　　1939年9月1日凌晨2点50分，白宫二楼一间灯光昏暗的屋里响起了电话铃声，将曾两次当选美国总统，现年57岁的富兰克林·德拉诺·罗斯福在其狭窄的铁床上唤醒。他用强壮的手臂撑起身来，无力的双腿耷拉在身后。他打开一盏灯，房间顿时展现出他所习以为常的杂乱：一把陈旧的摇椅，一张书桌，一架敦实的衣橱，墙上铺满了家庭照片和海军照片。一窝陶瓷的猪仔和一群雕刻的猴子盘踞在大理石壁炉台上。悬挂在门上的马尾让他想起在纽约哈德逊河谷度过的难忘童年。床头柜上挤满了多部电话，还堆满了书籍、阿司匹林、一包香烟、烟灰缸、祈祷文集，各种纸张和铅笔头。他拿起电话，来电的是美国驻法国大使威廉·C.布利特（William C. Bullitt），转告了美国驻华沙大使的通报："德国军团突破了波兰边境，纳粹德国空军正在对波兰城市狂轰滥炸，有史以来最残酷和规模最大的战争已经开启。""知道了，比尔，它终于来了。"罗斯福说，"上帝保佑我们。"

　　随着消息的扩散，很快传到5位出类拔萃之辈的耳中。他们居住在北美各个地方。萨姆纳·韦尔斯（Sumner Welles），出身名门，美国副国务卿，也是总统的主要外交顾问，是第一个听到消息的人。韦尔斯才华横溢，一丝不苟，沉着冷静。一位中美洲国家的外交部长将他喻为"对所有事情如冰水般冷静"。韦尔斯曾将塔列朗（Talleyrand）的著名语录签名后赠送给这位年轻外交官："无论如何，不要让情绪影响自己的工作。"罗斯福结束了和布利特的通话，马上给在奥克森·希尔（Oxon Hill）的韦尔斯打了电话。奥克森·希尔是韦尔斯位于波托马克河畔占地250英亩（1518

1

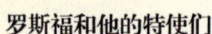

亩)的豪华庄园。几小时后,副国务卿韦尔斯抵达国务院,和他的上司国务卿科德尔·赫尔(Cordell Hull)及其他高级官员一道参加了紧急会议。很快,他来到总统的床前,韦尔斯拘谨地坐在床头的椅子上,罗斯福则倚靠在枕头上,睡衣上套了一件蓝色披肩。

接下来两天里,英国首相内维尔·张伯伦(Neville Chamberlain)从最初的犹豫不决到恢复振作,并最终在1939年9月3日对德宣战,法国亦紧随其后对德宣战。韦尔斯一直给总统提供各种参考建议,在他国务院装潢漂亮的办公室里,办公室堆满了各种书籍,一把黑皮椅,一张透亮的红木桌子,角落的基座上安放了一位政治家的大理石半身塑像,韦尔斯协调处理了华盛顿对欧洲局势作出的反应,启动了拉美国家外长紧急会议。

如果说萨姆纳·韦尔斯处于决策的核心层,那比尔·多诺万(Bill Donovan)则真正是远离政坛:他在加拿大育空区(Yukon)的提皮湖畔(Teepee lake)露营,那里距离最近的城镇也有250英里(约400公里)。"疯狂的比尔"是爱尔兰裔的美国战争英雄,纽约的律师,他肌肉强健。他是共和党人,和富兰克林·罗斯福的堂叔西奥多·罗斯福(Theodore)仿佛一个模子出来的。西奥多·罗斯福肯定会欣赏多诺万在加拿大育空区的行动:他和3位富裕的共和党人一道,进行为期一个月的狩猎探险,其中有退休将军罗伯特·E.伍德(Robert E. Wood),西尔斯公司和锐步公司总裁。他们有加拿大政府特别许可,为波士顿一家自然历史博物馆采集动物标本,他们也对此乐而不疲。在印第安人导游和行李车队的伴随下,骑马游弋在壮观的圣伊莱亚斯山脉和克卢恩湖畔,他们追捕猎杀野山羊、驼鹿、驯鹿和熊,捕捉褐色蝴蝶和北极鳟鱼。没有无线电收发报机,他们对欧洲恶化的局势浑然不知。多诺万从马背上跌下,差点就滚下悬崖一命呜呼。他一清醒过来,马上就一枪将700码(约640米)远的公羊打倒,然后又捕获了一头9英尺(约3米)高的灰熊,"这肯定是熊爷爷的爷爷了(高祖父)",他的一个陪伴说。曾在法国接受了厨师培训的嘉客兄弟公司同时也是著名的当地旅行运动用品商和导游,精心准备了他们的餐饮。典型的野营晚餐包括开胃汤,各种丰富调味品烹制的烤羊羔或烤鸭、热的烤松饼、柠檬奶油馅饼、茶、苏格兰威士忌和雪茄。

9月2日午夜时分,享用了丰盛的晚餐后,这些先生们开始玩桥牌。这时,帐篷的布帘抖动起来,一位陌生人闯了进来,"我是印第安人使者,"他说,"你们有封信。"这位信使在荒野跋涉了30个小时才把信息带

二战与美国命运相会

给了伍德将军。虽然他倾向孤立主义立场，但他已被任命为新成立的政府顾问机构，5人组成的战争资源委员会的成员。伍德打开写有他名字的信封，匆匆扫描了一下电文内容，然后说了一声："开战了！"

远离美国首都的还有哈里·霍普金斯（Harry Hopkins），罗斯福的商务部长和心腹。当总统的表姐戴西·萨克利（Daisy Suckley）第一次遇到这位前社会工作者转型的政客时，认为他是"我所见到的最无吸引力的人……面容奇特猥琐、瘦弱、懒散、衣冠不整"。但她和大多数人一样，也逐渐喜欢上了他。霍普金斯具有强烈的理想主义，令人发笑的幽默感和"十足的魅力"。他还有非凡的能力，能洞察并解读极其困难和深奥的问题的核心，这种能力今后会让温斯顿·丘吉尔给他颁布一个搞笑的头衔："能洞察问题核心的勋爵"。

在9月的第一周，霍普金斯面临众多难题：一种神秘的营养性疾病，他在明尼苏达州罗切斯特梅奥诊所（Mayo Clinic in Rochester, Minnesota）就诊的医生担心，这种疾病会对他的生命构成威胁。霍普金斯骨瘦如柴，常常卧床不起。他视力衰退，双脚浮肿。他的家人曾被告知他的生命仅能维持几周了。但是，他快乐地接受了一系列难受的试验性治疗，希望能够痊愈，并和罗斯福保持电话联系，通过收音机对欧洲事态的进展保持关注。在每天夜以继日地"倾听世界新闻"后，他对朋友说："我现在将自己看作是当之无愧的权威。"霍普金斯清楚，除非他战胜疾病，否则难以回到"可用人员名单"之中。但他承认自己坐立不安："外边发生的一切如此令人兴奋，困在轮椅上指手画脚令人难受。"

其他两人居住在纽约，德国入侵波兰的新闻在美国时代广场的《纽约时报》大厦的大型电子屏幕上循环播出。当夜幕降临曼哈顿，纽约人无言地聚集在百老汇和第七大道的马路和排水沟旁，观看电子屏幕的消息，购买晚报，或围在有收音机的出租车旁。人群从39街延伸到47街，在那里，弗朗西斯·达夫神父（Fr Francis Duffy）的塑像仿佛在保佑着人们。弗朗西斯·达夫神父是纽约参加了一战的"善战的步兵第69团"的随军牧师，也是比尔·多诺万的同志和崇拜者。时代广场的行人、汽车和电车司机突然停下，仰望电子屏幕上的可怕消息，引起车辆不时发出刺耳的急刹声。

不过，当晚大多数纽约人并未在时代广场通宵达旦地关注局势发展。他们开始了为期3天的劳工节（劳动节）假期，想到的是休息而不是战

3

罗斯福和他的特使们

争。许多人计划去海边或山里度假。他们留下的空间很快被成千上万涌入纽约,参观法拉盛草原公园举行的世界博览会的人们填补。"整个国家对世界危机并未有任何感知。"罗斯福私下说,大多数美国人憎恨阿道夫·希特勒,希望盟国获胜,但帮助盟国赢得战争又是另外一回事。仅有六分之一的人认为美国应该在某个时刻参战,赞成美国立即宣战的人的比例仅为1/40。20%的人赞成以其他方式帮助盟国,但超过半数的人认为美国应该保持中立。战争显得异常遥远,并非那么咄咄逼人。

温德尔·威尔基(Wendell Willkie)是企业律师,并且是庞大的联邦和南方公用事业股份公司总裁(Commonwealth & Southern public utility holding company),总部在商业区的松树街20号。他出生在印第安纳州一个小镇,现在和妻子伊迪丝住在第五大道1010号。那是一幢豪华公寓建筑,与大都会艺术博物馆隔街相望,但他们依然保留了小镇的生活习惯,例如外出时不关公寓大门。威尔基高大魁梧,虎背熊腰,但就是不修边幅。他的个性极具魅力:一位记者写道,与他交往的人"通常会感觉他身高14英尺(约4米),双眼炯炯发光"。尽管终身为共和党人,他还是决定在1940年参加与富兰克林·罗斯福的选举竞争。他的总统参选人身份在两周前得到确定,当时,他去康涅狄格州韦斯特波特的索格塔克哈伯访问了《财富》杂志编辑拉塞尔·达文波特(Russell Davenport)。达文波特在那里有避暑别墅。主人本来准备好用网球、高尔夫和扑克牌招待他,但整个周末,威尔基大多数时间都是呆在门廊,"仰躺在柳条躺椅上,一条腿搭在椅背上",他脱掉了外衣,衬衣上散落着雪茄烟灰,"严肃费劲地"和达文波特谈着他的政治理念和前景,后者很快签约同意作为他的竞选经理。

在德国国防军进军波兰时,威尔基正在享受人们对他给大卫·塞西尔勋爵(Lord David Cecil)的书《年轻的墨尔本人》写的书评所给的赞誉。书评不久前发表在《纽约先驱论坛报》上。文章分析了该书作者的人生态度。威尔基羡慕辉格党人"粗俗的勃勃生机",这些辉格党人是带有贵族气质的政治家,他们主宰了18世纪和19世纪英国的政局,同时也是塞西尔书中的描述对象。"他们吵吵闹闹,胆大妄为,精力充沛,"威尔基写道,"他们的晚宴会多达12道菜肴,然后通宵达旦跳舞作乐,接着是赌博,饮酒和做爱,直到早餐——但第二天依然精力旺盛地承担在自己的庄园或在国会的繁重工作。"对威尔基来说,写书评比较陌生,他给一个朋友写道:"我写的书评竟然被采纳了,我真的感到像孩子般幸福。"[1] 不过,他写书评有一优势,《纽约先驱论坛报》颇有影响的文学编辑艾丽塔·范·多尔(Irita Van Doren)是他情妇。事实上,在德军入侵波兰的那个周末,威尔基真的就是和她在一起,呆在她纽约韦斯特康沃尔的农场里。

第五个人是埃夫里尔·哈里曼(Averell Harriman),他是家族企业联合太平洋铁路公司董事会主席,还是布朗兄弟和哈里曼公司的高级合伙人。那是一家私营金融公司,位于华尔街59号,距离联邦和南方公用事业股份公司约300码(约270米)。晒黑的皮肤,体格健壮,穿着考究,他每年夏季的大多数时光是在长岛北岸的别墅度过。他和朋友参加在沙点、曼哈西特和大颈等地草坪上举行的槌球比赛。哈里曼作为世界级马球运动员的日子已经离他而去,但那年夏天,他和妻子多次参加了韦斯特伯里(Westbury)久负盛名的牧草溪俱乐部(Meadow Brook Club)举行的大型马球比赛。

哈里曼并非是典型的长岛社交名人,但他对权势嗅觉敏锐,对艰难任务非常偏好。更罕见的,他是民主党人,过去10年,他花费大量时光窥视机会以能在罗斯福政府谋得一要职。为此,他孜孜不倦地经营与哈里·霍普金斯的友情。1939年6月,他劝说霍普金斯来到他爱达荷州阳光峡谷的私人别墅度假。整个夏季,他严密关注患病的商务部长的一举一动,在华盛顿与部长的私人秘书频频接触,在罗切斯特纠缠部长,"我很高兴从范·米特(Van Meter)女士那里得知,你的健康正在令人满意地好转",他在9月1日给霍普金斯的电报:"如果你能够拨冗赐教,敬请告知,任何时候我当前来洗耳恭听。"与多诺万、威尔基和霍普金斯同样,哈里曼在1939年9月也身处于世界大变局的边缘,他们都希望能够进入核心。

* * *

从1939年9月欧洲战争的爆发,到1941年美国参战,这两年期间是20世纪的转折点。[2] 在这两年中,力量的配置发生了彻底的变化。1939年,阿道夫·希特勒一路顺风顺水,他在1940年便征服了几乎整个西欧,但在1941年底,他遭遇到美国、苏联和不列颠王国的密切合作。1939年,美国惶恐不安,思想狭隘,只考虑自身。1940年,美国开始武装起来,民众开始动员起来。1941年底,美国参战,其预定目标瞄准了全球领导者。

5

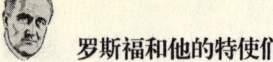

罗斯福和他的特使们

在这些重要岁月中,美国的立场是摇摆不定的。在卷入战争的各个国家之间,美国是最强大的中立国,它支持民主国家,但又不是盟国。当时的美国总统是天生的国际主义者,他倾向于对美国利益作出更广泛的定义。但是,对富兰克林·罗斯福自由行动的限制非常严厉,包括国内的历史先例,公众焦虑和国会反对,国外的并不可靠的盟友。富兰克林·罗斯福在1939到1941年间的非凡成就是克服了上述限制,将一个观点分裂和犹豫不决的美国带向了对欧洲战争更广泛的参与。

罗斯福从未完全放弃他谨慎的中立立场。民主党政府不能像个人那样"转向得太快太远,"他在1940年6月对一份主张干涉主义的报纸出版商表态说,"政府只能根据大多数民众的思想和意愿行动"。因此,他避免在政策上有突然改变和转向。确实,批评他动作太慢的人和批评他动作太快的人旗鼓相当。在他的领导下,美国分阶段一步步卷入了欧洲战争,并且总是起到影响全局的作用。如果说这一过程是渐进的,那么它也是坚决的。国际上的每次倒退,在美国国内遇到的则是前进,美国对独裁者的政策越来越强硬。

罗斯福的助手们在这一磨砺和锤炼过程中大显身手,在1939年到1941年期间,他派出5位助手,肩负特殊的外交使命前往欧洲,而这一举动最终被证明对二战的进程起到了至关重要的作用。罗斯福派出的第一个特使是1940年2月到3月间访问欧洲各国的萨姆纳·韦尔斯,当时称作是"虚假的战争"时期,而罗斯福本人还在摸索有效的政策。4个月后,法国悲惨地沦陷,比尔·多诺万在总统盼咐下访问了在战火中苦苦支撑的英国。他以目击者写的报告,及英国皇家空军在英国上空的功勋让罗斯福确信,这是一个值得支持的国家。

在1940年罗斯福连任美国总统后,以租借法案形式抛给了英国一根救生索,并且委派了3名特使来确保其实施。1月,罗斯福派出哈里·霍普金斯作为特使到伦敦呆了1个月以执行特殊使命,并派出温德尔·威尔基这位1940年的共和党总统提名人给英国新任首相温斯顿·丘吉尔带去了象征性的信息。威尔基回国1周后,他又派出埃夫里尔·哈里曼作为他的私人代表去伦敦,负责尽快落实根据租借法案对英国的援助。

当希特勒于1941年6月入侵苏联后,罗斯福又两次派出哈里·霍普金斯作为特使:去伦敦再次会晤丘吉尔,去莫斯科首次会晤苏联领导人约瑟夫·斯大林。通过这两次访问,霍普金斯促进了罗斯福、丘吉尔和斯大林这"三巨头"之间三角关系的建立，他们将在日本12月突袭珍珠港后联合指挥盟军的军事行动。

温斯顿·丘吉尔说过，在1939年到1941年间，曾出现4个"重大转折"，紧张的，让人血压升高的转折。它们分别是"法国的沦陷"、"不列颠之战"、"租借法案"、"德国入侵苏联"。每次转折都进一步坚定了罗斯福对欧洲战争的立场。不同寻常的是，罗斯福的特使参与了每次转折：有时极力主张总统采取行动；有时则采取安抚，说他作出了明智的决策；有时会帮助总统实施决策，或向英国或苏联领导人解释总统的决策，或将其灌输给美国民众。

值得注意的是，总统派遣他的特使横跨大西洋，而非太平洋。从个人经历和直觉上，罗斯福更亲近欧洲，他相信对美国利益和全球安全最大的潜在威胁来自德国而非日本。因此，他满脑子关注的是欧洲的局势，让赫尔国务卿和国务院负责执行他的亚洲政策，即遏制日本不发动美日战争。或许，随局势的发展，这种不平衡反映出罗斯福政策的危险盲点。但谁又能反驳魔鬼是在柏林而非在东京？[3]

在这危急关头，罗斯福委派了5位不同类型的人，其中仅一位是职业外交官，去欧洲执行七项重要使命。这象征着不同寻常的政治和外交渠道。而且，这些使命很多充满了危险。大多数是单独完成。所有的使命都超越了国务院的控制。它们将总统的特使带到了战争的漩涡中，使其进入该世纪引人瞩目的要人行列。总而言之，这些使命使得美国实现了从犹豫不决的中立国到全球领导者的参战国的转变。

我们通常认为，哈里·S.杜鲁门（Harry S. Truman）、乔治·马歇尔（George Marshall）、迪安·艾奇逊（Dean Acheson）和乔治·F.凯南（George F. Kennan）是20世纪下半叶美国全球优先政策的缔造者：他们构建了全球秩序的机制，挽救了金融崩溃的欧洲，创造了在冷战中获胜的条件。但他们的所有成就都建立在罗斯福和他的这些特使们的早期工作基础上。罗斯福和他的特使们带领美国参加了第二次世界大战，在战胜了国外的敌人和国内的孤立主义后，又带领美国走向了世界。在这两年中，美国完成了转向，罗斯福和他的特使们，这些自由的使者，在这次转向中居功至伟。

***

很少有总统像富兰克林·罗斯福那样招致敌人的仇恨。很多学者辨别不清罗斯福为何被知名演讲稿撰写人罗伯特·舍伍德（Robert Sherwood）称为"室内巨大的森林"。而将罗斯福看作是肤浅轻率，缺乏明确的目标。还有的将其对即兴演讲的爱好和他使用的灵活手段，看作是缺乏确定的和有把握的控制能力。

事实上，罗斯福是20世纪最伟大的政治家。他从大萧条中拯救了美国民主政体，带领盟国战胜了法西斯主义，赢得了史无前例的4次总统竞选；而他是以残缺之躯完成这一切的。

富兰克林·罗斯福是具有魅力的人，并且是令人愉悦的魅力：如同丘吉尔所说，与他会见仿佛是打开你的第一瓶香槟。他或许是所有总统中最具有贵族气质的人，从小是富裕悠闲的显贵之家颇受宠爱的儿子，居住在纽约远离闹市喧哗的北部。但是，他背弃了他的阶层传统的职业选择，进入了政界，先是当选州参议员，然后是海军副部长，副总统候选人，纽约州长，最终入主白宫。罗斯福绝非势利小人，他对人性有广泛理解，喜欢和不循规蹈矩者而非说教者为伍，广招天下英才。他是迷人的，也是狡诈的，有时还是无情的。他珍视友情，也能放下感情。

罗斯福也是难以捉摸的。据说，他在1943年飞越埃及上空时，向下遥望着以认可的口吻说："啊，我的朋友，狮身人面像。"后来他给私人秘书写道："我看到了狮身人面像，和她成为了密友，国会应该认识她。"岂止国会，华盛顿其他部门都非常清楚，富兰克林·罗斯福就与狮身人面像相仿。[4] 他会伪装自己，他会建议他的朋友"永远不要让你的左手知道你的右手在干什么"。他不屑于做正式的书面记录，并且在他的智囊雷克斯福德·G.塔格韦尔（Rexford G. Tugwell）看来，"是故意给未来打算仔细研究他的学者设下重重障碍。他给自己的思考蒙上厚厚的面纱"。因此，分析他便有了研究古典文献的味道，就是说，历史学家需要用无数碎片拼凑出一个他的完整图案。

不过，浮出水面的大部分画面是连贯的和有目的的，而非摇摆不定和保守的。如果贝塞斯达海军医院（Bethesda Naval Hospital）的医生能够对罗斯福的政治基因组进行排序，他们一定会发现实用主义的基因。"他倾听树叶发出的任何飒飒声，"一位精明的观察家写道，"然后用无止境的小心和敏锐来确定自己的立场。"他的步子小心翼翼，对公众舆论高度关注。他有时出现怠惰，在外人看来是陷入瘫痪状态。他无休止的变化无常，但是，在这一切的背后，可以分辨出清晰和不屈不挠的目标。用他自己的比喻来说，富兰克林·罗斯福就像掌控他心爱的帆船那样掌控这个国家，为获得有利地位变换航向抢占风头，最终将帆船带回目的地港口。

这不是说罗斯福的执政方式是有条不紊和优美得体的。他实行的是高度个性化的执政方式，哲学家和战时的外交官以赛亚·伯林（Isaiah Berlin）写道，"使那些严肃的和负责的官员抓狂，因为他们更适应节奏缓慢，注重常态的行政模式"。他拆分了指挥权限，抛弃了繁文缛节，建立了彼此相交的行政机构。通常，他会把一个任务分批给多人。对他的侍臣来说，富兰克林·罗斯福是背信弃义的君主，没有谁能够得到他的专宠和欢心。结果，他的执政很难拥有团队精神。但是，他的执政怪异蕴含了一种巧妙方法。通过广纳英才，他避免了被一个"党派"所控制。通过挑动其助手内讧，他分辨出了其论点的优劣。通过扩散权威，他保持了控制。

富兰克林·罗斯福的工作与家庭生活极为相似。亚瑟·M.施莱辛格发现，"与紊乱共存是他的生活模式"。从他娶远房表妹埃莉诺（Eleanor）为妻，到他可畏的母亲萨拉（Sara）因不愿失去儿子的不快，罗斯福都"一直生活在难以化解的矛盾的家庭中，而他也从来没有考虑如何划定母亲和妻子之间的行为界线"。

划定界线不是罗斯福的风格。在外交政策上，他对国务院的不信任强化了这一倾向。他相信，这些职业外交官大多是共和党人，对干预欧洲的冲突颇为勉强，因此与他的政策并不合拍。他的密友也感同身受，内政部长哈罗德·L.伊克斯（Harold L. Ickes）认为，国务院的观念是"非民主的"并且"充满了法西斯主义"。哈里·霍普金斯痛骂外交官们是"追逐女人混迹在社交圈的人，同性恋白面小生。此外，还是孤立主义者"。在日本袭击珍珠港后不久，富兰克林·罗斯福曾嘲讽国务院在战争中希望保持中立，他倒要看看国务院如何将这份中立保持下去。

除了思想意识上的疑虑，富兰克林·罗斯福还发现国务院是实现他目标的一个低劣工具。"你必须要让这些职业外交官在思维上、政策上和行动上有所变化，你才能够清楚问题之所在。"他对一个来访客人说。在他逝世当天，他在审看一封需他签字的信时笑了，"典型的国务院公文：空洞无物"。他感到国务院的人大多数是"废物"。他对国务院的通信渠道安

9

罗斯福和他的特使们

全根本不放心，因此，在和外国领导人通讯时是通过海军渠道进行的。最重要的是，富兰克林·罗斯福与公众的想法同样，即外交官都是些缺乏阳刚之气的花花公子："刻板的小伙子。"对外交官的蔑视还包括白宫的其他称呼如"老处女"和"自命不凡的呆子"。

富兰克林·罗斯福从来没有认真思考过对国务院进行改革，而是使其边缘化。他吩咐关键位置的大使通过私人信件与他保持联系。只要可能，他都会培育与皇室领导人或其他外国领导人的友情。例如，1939年6月，他很高兴地在海德公园的家中款待英国国王乔治六世和伊丽莎白女王，并共度周末。他的意图是增强美国人民对英国的同情，为英国撑腰。"罗斯福以好莱坞导演般的关照和热情开始了对他们的接待。"历史学家詹姆斯·麦格雷戈·伯恩斯（James MacGregor Burns）写道。他有意像家庭老朋友那样对待皇家夫妇，亲自用他的福特汽车（经过改装后全部手控）载他们去他的私人休养处山顶小屋，用野炊款待他们用午餐，食物包括热狗、烘豆、草莓蛋糕。特别让他妈妈不快的是他在晚餐前给国王和王后陛下上鸡尾酒。当富兰克林·罗斯福到海德公园火车站为客人送行时，观众高唱"友谊地久天长"、"祝大家好运"，总统高呼，"全世界好运！"[5]

* * *

那么，富兰克林·罗斯福可以说是这样一个领袖，他讨厌毫无个性的官僚机构，不信任他的外交部，渴求各种信息，喜爱个人外交。如果这些因素还不足以让他倾向于使用个人特使，那么，还有一个因素：1921年他患上小儿麻痹症，导致他腰部以下瘫痪，迫使他在政治成功和日常生活上都依赖家庭、朋友和助手。在这场悲惨的灾难发生后的10年中，富兰克林·罗斯福曾努力地试图重新站立行走，但失败了，依靠妻子埃莉诺和助手路易斯·豪的帮助让他的名字得以继续留在公众的视野。

在他返回政治生活后，他继续鼓励妻子扮演使者和调查员的角色。作为纽约州州长，富兰克林·罗斯福每年夏天都会和妻子埃莉诺一道外出，视察医院、监狱和精神病院。埃莉诺回忆说，就是在这些视察过程中，"她接受了作为记者的最佳训练"。当这些单位的领导坐在车里向州长汇报时，埃莉诺就代表其丈夫进行实地考察。当她汇报说这些地方没有出现拥挤不堪的状况时，"他会对她的外行话开怀大笑"，"傻瓜，你怎么不去看

二战与美国命运相会

看是否有床藏在壁橱里和门背后了?"一次,他问她看见病人吃的是些什么,她把菜单上的食谱告诉给他。"你得亲眼看看灶上的锅中都有什么?"富兰克林·罗斯福告诫说。

埃莉诺此后从没忘记看看灶上的锅里是什么。在白宫岁月里,罗斯福曾让她去调查了阿巴拉契亚的贫困和波多黎各的劳工状况,在二战期间,她出访了英国、南太平洋和加勒比地区。埃莉诺代表她丈夫,让那些永远没有机会见到她丈夫的人们见到了她。从她的报告以及其他密友的报告中,富兰克林·罗斯福获得了所需的信息,并据此判断公众情绪。她作为自由主义代言人的形象也满足了这一政治目的,即让罗斯福能够牢牢控制其左翼支持者,即使他已经向中间偏离。如果保守派抱怨,他就说她只代表她自己。"你们知道我的老婆,"他会耸耸肩咧嘴笑着说,"她说的又不是我口述的。"

如果说,私人特使是罗斯福国内政治工具中不可或缺的重要部分,那么,在他的外交事务中,他们发挥了更显著的作用。罗斯福喜好私人外交,但是,国际旅行的风险,捉摸不定的安保,国际电话糟糕的通讯质量,这些都限制了他的选择,使他转向寻找另外的渠道。他特别对伍德罗·威尔逊总统(Woodrow Wilson)任命爱德华·M.豪斯上校(Edward M. House)出任无任所大使(巡回大使)的做法感兴趣(罗斯福曾在威尔逊总统任期担任海军部副部长,并在他自己担任总统期间,把威尔逊总统的画像挂在内阁会议室)。富兰克林·罗斯福一直与豪斯保持通信往来,直到后者于1938年去世。他多次表示,希望豪斯上校能够代表他出任特使。1934年春,罗斯福写道,"我多么盼望你能够去(欧洲)一趟,替我了解那里的真实情况!"一年后,他表达了同样的愿望:"我真诚地希望,有人能够完成你在战前在欧洲完成的杰出使命,但不辱使命的人只有你知我知。"

年迈的豪斯无法帮助他实现其理想,但这并不能阻挡罗斯福放弃个人特使的想法。从美利坚合众国最初的岁月开始,总统便委派个人执行超出传统渠道的外交使命。但没有比富兰克林·罗斯福更热心于特使外交的总统了,他的特使班底包括朋友、盟友、助手,乃至曾经的政治对手,其中的人大多缺乏外交经验。他将他们派往四面八方:欧洲、苏联、中东、中国、印度和拉丁美洲。国务卿科德尔·赫尔将这些外行的外交官称作是"未加工的原材料",并相信他们只会"制造混乱"。但总统对此毫不妥

11

罗斯福和他的特使们

协,他甚至将私人特使这种做法从外交界扩展到宗教界,向梵蒂冈委派了他的私人代表,并尝试向希腊东正教和"穆罕默德的世界"委派特使。

* * *

富兰克林·罗斯福对特使的运用在1939到1941年间达到高潮,在此期间,欧洲战争演变为世界大战。随着富兰克林·罗斯福一步步把美国引入了战争,5位普通的人,包括职业外交官、共和党律师、解决政治问题的高手、前总统候选人、商界大亨,成为了他的政策的灵感来源和实施工具。

1940年2—3月
萨姆纳·韦尔斯出使罗马、柏林、巴黎和伦敦

第1章
一个人的特殊美国使命

"战争扑向美国之前,"历史学家沃尔多·海因里希斯(Waldo Heinrichs)曾经写道,"它经过了多年一步一步的悄然逼近。"战争之所以会悄然蠕变,是因为美国人的历史特性,大洋的庇护和友好的邻国,使得美国人对国外的冲突和战争采取了孤立主义立场。高高的关税壁垒象征着他们这种孤立的意愿。20世纪30年代的大萧条导致的灾难性后果,和坚信美国是被蒙骗而参加第一次世界大战的观点,都强化了这种倾向。

因此,在20世纪30年代中期,国会限制军费开支,通过了一系列中立法案,以"阻止美国卷入未来的冲突"。法律禁止与交战国进行商贸往来,包括财政援助和武器销售。不过,1937年的中立法案赋予了总统根据"现付自运"原则进行非武器性贸易的权力,即交战国需现金支付商品,并自行运输。

当美国的视觉内转之际,世界滑向了危险的边缘。各国大肆扩军备战,西班牙国内冲突,中国和日本的冲突,独裁者的步步进逼。回顾历史,20世纪30年代黑暗的重大事件无不包含了耶稣受难像象征的悲惨必然性。阿道夫·希特勒强化了他个人对德国的控制,开始对犹太人进行残酷迫害,使莱茵兰重新军事化,并寻求国外的生存空间。墨索里尼征服了偏远的阿比西尼亚(埃塞俄比亚的旧称),暴露了国联的软弱无能。他越来越将意大利的命运与德国捆绑在一起。日本东京政府越来越走向军事独

裁，将其野蛮统治扩展到中国的东北，并且把目标瞄准了欧洲势力范围内资源丰富的华南。

处于冲突边缘的富兰克林·罗斯福开始将关注中心从新政和国内政治转向外交政策。他断断续续地寻求阻止战争的方法：在1937年10月，他呼吁对侵略者实施孤立，几个月后，他又起草了美国的和平倡议。但是，政治对手及他天生的谨慎阻止了他这样做，即使阿道夫·希特勒在1938年3月吞并了奥地利。"可怕的事是，"富兰克林·罗斯福对演讲稿起草人贾奇·塞缪尔·罗森曼（Judge Samuel Rosenman）说，"当你准备率队前进时，往后一看，后面一个人都没有。"据说，温斯顿·丘吉尔的名言是，"顶风的风筝飞得高"。但罗斯福更喜欢顺风飞行。

不过，富兰克林·罗斯福模棱两可的态度在1938年《慕尼黑协议》后开始减弱，根据《慕尼黑协议》，英法两国屈从于德国肢解捷克斯洛伐克的要求，这样，苏台德区被分割给了德国。《慕尼黑协议》表明，与希特勒的谈判是徒劳的：只要纳粹职掌政权，持久的欧洲和平是不可能的。罗斯福再次发出信号，加强军备和修改中立法案，但他再次遭遇了国内的阻力。

1938年11月9日至10日凌晨，史称"碎玻璃之夜"，纳粹开始在全国对犹太人展开大屠杀。犹太教堂被烧毁，商店被洗劫一空，2万犹太人被送到集中营，无数人自由的权利被剥夺。"我本人难以相信，在20世纪的文明中竟然会发生这样的事情。"富兰克林·罗斯福对白宫记者团说。紧接着，在签订《慕尼黑协议》后不到6个月，希特勒又违反协议，攻占了捷克斯洛伐克全境。经过多年饮用被英国反法西斯领导人丘吉尔称作的绥靖主义的"苦酒"后，英国和法国终于强硬起来，宣布支持波兰维护其领土完整。在华盛顿，罗斯福重新开始了对立立场的改革，并加速了对美国公众对欧洲局势看法的引领。

欧洲的局势也迅速变化。8月末，柏林和莫斯科签署了《苏德互不侵犯条约》，9月1日，置罗斯福的最后请求于不顾，希特勒入侵波兰，迫使威廉·布利特半夜给白宫打来电话。

* * *

尽管进行了英勇抵抗，波兰还是在德国纳粹和苏联的联合进攻下很快陷落。苏联是在9月中旬实施干预的。然后,阿道夫·希特勒和约瑟夫·斯大林开始对波兰进行了瓜分。此刻,贝尼托·墨索里尼尚未决定加入,他获取猎物的愿望因意大利军事上的准备不足而作罢。罗斯福曾保证让美国远离冲突,但他丝毫没有掩饰对波兰的同情。在第一次世界大战爆发时,伍德罗·威尔逊也许诺说,美国将在思想和行动上保持中立。富兰克林·罗斯福则不会那样绝对。"这个国家将保持其中立国地位,"他在炉边谈话中宣称,"但我却不能要求每个美国人在思想上都保持中立。即使是中立者也有权考虑事实。即使是中立者也不能被要求关闭其思想和良心。"

根据他对事实的判断,罗斯福迅速行动以实施更清晰的中立改革版本,而他曾对此颇感迷惑。他希望的中立是偏向民主国家,而美国也越来越赞同他的观点。在总统的竭力主张下,国会废除了武器禁令,将"现付自运"原则应用于与交战国的所有贸易。其主要影响是让美国强大的工业产出能够为英国和法国所利用,两国是富裕的贸易大国,能够支付并运输所购买的商品安全通过大西洋,因为英国皇家海军正守护着大西洋。

同时,罗斯福将手伸向了温斯顿·丘吉尔,他是被内维尔·张伯伦首相(Neville Chamberlain)提拔入英国内阁的,并被任命为负责皇家海军的海军大臣。"如果你愿意让我个人了解任何你希望我了解的事情,我将始终如一地对此表示欢迎。"总统在1939年9月11日写道。这是两人在战争期间往来的两千多封信件、电报和备忘录中的第一封信。与富兰克林·罗斯福通常的做法相同,政治是个人性质的。

在9月到10月期间,莫斯科开始行动,对波罗的海的三个国家,拉脱维亚、立陶宛和爱沙尼亚取得统治权。11月底,苏联发动了对芬兰的"冬季战役",并遭遇芬兰的顽强抵抗。除了这些不太重要的战役,整个欧洲的军队保持着平静。在大国之间发生了一些海上战斗,但陆上没有出现冲突。德国和法国军队在边境对峙,不过都没有跨越边境。在被占领国家,出现了针对平民的可怕犯罪,但在表面上,局势颇为平静,此时,居然有两位英国老太太让美国运通公司巴黎办事处安排到前线旅游。难怪,来自爱达荷州持孤立主义观点的参议员威廉·博拉(William Borah)认为,"这场战争隐含着骗局"。法国人也认为这是奇怪的战争。德国人使用了"坐着的战争"一词。不过,大多数观察家相信,纳粹不会永远坐而不动。发动春季攻势的恐怖迫在眉睫。

3

罗斯福和他的特使们

* * *

在这变幻莫测的关头，罗斯福决定派出他的私人特使去欧洲，与一个关键的中立国和三个主要交战国进行磋商，它们是意大利、德国、英国和法国。他所选择的人是本杰明·萨姆纳·韦尔斯，曾被《时代周刊》描述为"能够塑造上峰梦想的外交官"。他身材高大，前额突出，漂亮的鼻子，整洁的小胡子。韦尔斯总是俯首面对谈话人，他精通三门外语，按照一位大使的话说，他的思维"仿佛是瑞士钟表"般精确。韦尔斯声音低沉，语调优雅，穿着得体。他带有主教般的尊严：当他到国会作证时，他的出现使整个环境黯然失色。一位观察者把韦尔斯的自控能力比喻为外科大夫。不过人不可貌相。在其高傲的举止背后，隐藏着寻欢作乐的内心，他的好奇心导致了最后的灾难。

韦尔斯1892年10月14日出生在纽约一个古老和显贵的新教圣公会家庭。韦尔斯家族自1636年就来到美洲，其阶层包括政治家、传教士和学者。阿斯特家族（Astors）和舍默霍恩家族（Schermerhorns）仿佛斑鸠一样依偎在韦尔斯家族谱的主干上。伊迪丝·华顿（Edith Wharton）是他的伯祖母，而他仿佛是出自她的一部小说中的人物。他继承了所喜欢的伯祖父的中名，伯祖父是来自马萨诸塞州大名鼎鼎的废奴主义参议员查尔斯·萨姆纳。

本杰明（Benjamin）和弗朗西丝·斯万·韦尔斯（Frances Swan Welles）让他们的孩子萨姆纳和艾米丽在富有的社交界名人圈中成长。夏天，他们在长岛南岸的韦尔斯家别墅度过，那里有马厩和花房。玩耍的伙伴都来自附近的显赫家庭，据说，不戴上白手套，萨姆纳是不会出去和他们玩耍的，虽然这一说法有些荒唐。据说，当萨姆纳到42街卡尼女士办的男生走读学校上学时，10岁的他没有选用当时时髦的旱冰鞋，而是选择了步行。第二年，父母给他在尼克博克·格雷斯（Knickerbocker Greys）报了名，那是由第七团军械库举办的学生军训队，位于派克大街和67街之间，参加训练的学生都来自纽约上层社会家庭。"格雷斯军训队教了他很多东西，"韦尔斯的儿子和传记作家回忆说，"他终身都像卫兵那样身板笔挺。"

在他快满12岁时，韦尔斯又去了格罗顿公学上学，那是一所预科学校，由恩迪科特·皮博迪（Endicott Peabody）牧师创办，学校位于波士顿郊外的美丽田园风光中，也是富兰克林·罗斯福的母校。作为"强身派基督教"的使徒，皮博迪对20世纪中期美国精英阶层的教育有着深远影响。他给小伙子开出的药方是：冷水浴、体操和教堂。这些对饱受娇惯、不好运动的韦尔斯简直是当头一棒，他喜爱的是歌剧和日本艺术。1910年，他从格罗顿公学毕业后进入了哈佛大学，哈佛大学在格罗顿公学东南方，相距仅30英里（约48公里）远。在他一年级期间，他亲爱的母亲弗朗西丝去世，从此，他一生都佩戴黑色领带以示对母亲的哀悼。

韦尔斯并不是非常适应哈佛的生活，但他在波士顿后湾区富丽堂皇的上流社会圈子找到了更多的意气相投的伙伴，各种堂兄表妹和家庭的朋友引他跨入了门槛。就在这个上流社会的社交圈子，他邂逅了第一任妻子，法定继承人埃丝特·斯莱特（Esther Slater）。他也经常出没于波士顿其他不太优雅的场所，包括南区声名狼藉的妓院。他拼命将所有的课程用三年学完，最后一年与格罗顿公学时的一个好友去了巴黎，本来他声称是学建筑，实际上是遍尝美丽年代之都的各种享乐。多个年长的巴黎女性都被这个高贵的年轻美国男人所迷惑，他的黑色围巾，灰色鞋罩和金色顶端的手杖。直到欧洲卷入战争，韦尔斯才返回美国。

1915年，韦尔斯在外交考试中名列头筹而进入了国务院这个交际社会。他的申请得到各种显赫的亲戚和关系的支持，包括海军部副部长富兰克林·罗斯福的支持。他写道，"韦尔斯将在工作中证明自己。"这两位格罗顿公学的校友因为家庭关系而亲密起来。小时候的萨姆纳·韦尔斯曾在富兰克林·罗斯福和埃莉诺的婚礼上扮过小男傧相，在婚礼上，由新娘的叔叔西奥多·罗斯福总统牵出了新娘。与富兰克林·罗斯福的预期相符，韦尔斯在他出任东京和布宜诺斯艾利斯不久，就证明了自己是模范外交官。拉丁美洲则让他终生喜爱上了外交职业。其文化中声色犬马的方方面面与他性格中的另一面一拍即合。否则，人们只看到他性格中的严肃正经，让其妻子埃丝特悲哀的是韦尔斯在阿根廷有多个情人，包括男人和女人。

1920年，还不到30岁的韦尔斯返回华盛顿，掌管国务院拉美司。国务院坐落在一幢庞大臃肿的花岗岩大楼里，与白宫比邻。它有法兰西第二共和国建筑风格，高大而突出的楔形屋顶，顶梁柱和有圆柱的门廊。两台古老的青铜大炮屹立在其宾夕法尼亚大道的入口两旁。走进大楼，地板是黑色石板和白色大理石拼出的方格图案，办公室高大宽敞。韦尔斯的工作让上司颇为满意，他也开始相信，华盛顿需要从其在拉美的霸权性干涉主义

立场转向更鼓励该半球地区性平等的立场。但他于1925年按照加尔文·柯立芝总统（Calvin Coolidge）吩咐从外交部辞职。这已不是韦尔斯第一次因其非正统的私人生活方式而阻碍了其职业生涯。

几年前，韦尔斯遇到了他生命中的最爱：马蒂尔德·汤森德·格里（Mathilde Townsend Gerry）这位著名的华盛顿美人。约翰·辛格·萨金特（John Singer Sargent）曾以马蒂尔德为题创作了大名鼎鼎的肖像画，画像的主人是初次参加社交活动的少女，但其椭圆形脸庞和一双垂睑大眼与马蒂尔德相差无几。她比韦尔斯大8岁，富裕的铁路行业家族唯一的孩子，也是有名的女骑手。她在马萨诸塞大道的住宅是法国文艺复兴风格的华贵庄园，完全按照凡尔赛花园的小特里阿农宫（Petit Trianon）仿制的。被称作"有一百个房间的房子"这套房子后来被用作了宇宙俱乐部（Cosmos Club）会所。在所有这些方面，马蒂尔德与韦尔斯可谓门当户对。但问题是她已经嫁给了来自罗得岛州的参议员彼得·戈莱特·格里（Peter Goelet Gerry）。在漫长的地下偷情后，萨姆纳和马蒂尔德分别与配偶离婚，并在1925年6月举行了婚礼。新闻报道刊载了新婚夫妇的采访，严厉而古板的加尔文·柯立芝总统肯定读到这则消息。他将离婚看作是大逆不道，加上被韦尔斯的工作报告所触及到的人的敌意，这就足以让韦尔斯的从政仕途就此中断。

* * *

随后几年，韦尔斯四处漂流，但那也是富足的漂流。韦尔斯一家在马里兰州的奥克森山修建了俯瞰波托马克河的华贵庄园。访客会对庄园赞不绝口：路易斯15世风格的枝形吊灯，花园和温室盛开的鲜花，客厅大理石壁炉上高挂的真人大小的韦尔斯画像。清晨，庄园主人起床后，在庄园骑马专用道上骑行受过严格训练的纯种良马，晚上，他回到堆满书籍的书房，阅读或双目紧闭欣赏古典音乐。

在这期间，韦尔斯和他的良师益友富兰克林·罗斯福走得越来越近，罗斯福时任纽约州长，并极有可能成为民主党全国领袖。当罗斯福获得民主党总统候选人提名后，韦尔斯帮助其起草了民主党政纲的外交政策部分文稿，并身穿衬衫高举富兰克林·罗斯福标语牌，与出席1932年喧闹的芝加哥民主党全国大会的马里兰州代表团一道参加了游行。对严厉的婆罗门教的人来说，这是从古老的共和党家庭的巨大转向。

1933年4月，罗斯福任命40岁的韦尔斯为负责拉美事务的助理国务卿。韦尔斯得心应手地履行了使命，对富兰克林·罗斯福形成"睦邻友好政策"作出了贡献，根据该政策，华盛顿放弃对西半球邻国事务的干涉权，在该地区发挥更尊重对方的作用。1936年，他在令人厌恶的官场争夺副国务卿职务的竞争中胜出，获得国务院排名第二的职务。这一晋升将使韦尔斯直接面对其顶头上司科德尔·赫尔国务卿。赫尔的外表与美国的最高外交官位置相配：身高6英尺（约2米），温文尔雅的南方风格，满头银发，及阳刚之气的下颌。赫尔是来自田纳西州的前民主党参议员，因其公共服务和操行的良好口碑在国会和整个国家颇有威望。

但赫尔的弱点也很明显，尽管公众对此一无所知。他易动怒，对被怠慢很敏感，被激怒时会口出秽言。作为管理者，他小心翼翼，缺乏想象力。另外，他的国际视野狭小，主要关注贸易协议（富兰克林·罗斯福曾背着讥讽他，说赫尔口齿不清，总是把贸易协议读错）。多年后，韦尔斯写道，赫尔与外国外交官的谈话是"拖了20节车厢的火车，可出现的只有一个乘客"，而且总是同一个乘客，即双边贸易协议。在这个复杂危险的世界中，这显然是不够的。

出任副国务卿后，韦尔斯开始在国务院扩散其影响。他按照自己的偏好和当时局势的迫切需要，对国务院各个司重新进行了组织。他工作到筋疲力尽，自始至终处理大量电文，起草简洁的会谈备忘录。他决策迅速，很少有细节能逃脱他敏锐的目光。新闻媒体报道说，驻外大使们更喜欢韦尔斯的"敏锐准确的评论"而非与"他的模糊不清和杂乱无章的上司"讨论。总统也深有同感。韦尔斯是罗斯福真正尊重的职业外交官。记者们发现，韦尔斯越来越频繁手握象牙柄手杖穿过西行政大道从国务院前往白宫。富兰克林·罗斯福有时也会在夏日黄昏乘车去奥克森山，与韦尔斯商谈要事，品尝冰镇薄荷酒。

自然，所有这一切打破了国务院的平衡。尽管韦尔斯赢得了总统的信赖，但还是招致了国务卿的敌视，后者感到他被忽视了，没有得到充分赏识。赫尔被富兰克林·罗斯福的忽视伤害，也被下属的行为激怒。但是，对他来说，毕竟大势已去。赫尔饱受多种慢性疾病的折磨，包括肺结核病和糖尿病，使他越来越力不从心，让韦尔斯实际上成为了代理国务卿。随着国际局势的变化加剧，世界滑入战争的深渊，韦尔斯的作用越发显著。

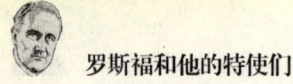

他是反对轴心国的"智力战争"中的"元帅"。一本杂志评论说:"萨姆纳·韦尔斯天然地适合他的职位,就像他量身定制的衣服一样天衣无缝。"

韦尔斯的这种量身打造的特质成为华盛顿杂乱无章的媒体众多评论乃至好奇的对象。无论何种场所,韦尔斯总是衣装得体,举止优雅。挑剔尖刻的观察家发现,在潮湿的日子,他的贴身男仆会在中午来到国务院,给其主人带来换洗的衣服。韦尔斯的打扮装束:素净、一丝不苟、品味卓越,成为对他个性描述的常用词语。他也毫不例外地被冷冰冰的术语描述。《华盛顿邮报》刊载文章称"他冷漠的、冷淡的、冷冰冰的行为举止,足以使受蒙骗的外国外交官在10分钟就被冻僵凝结"。《时代周刊》将"高深莫测的,冷冰冰的,半遮半掩的萨姆纳·韦尔斯"所带来的外交挫败的后果比喻为"一个冰柱直插心脏"。

韦尔斯的同事对上述评论并无异议。罗斯福朴实的内政部长哈罗·伊克斯(Harold Ickes)认为,韦尔斯"哪怕是在决斗中,也表现出冷漠的高傲"。"如果他还会笑的话,"伊克斯在另一次谈话中说,"肯定是我不在场的时候,他总是表现出自命不凡的庄重,仿佛他肩负擎天大力神阿特拉斯的所有责任。"甚至连英国保守党政治家,伊顿公学毕业的男爵之子安东尼·伊登也认为,韦尔斯是"相当呆板拘谨的家伙"。

* * *

1940年2月9日上午11点,富兰克林·罗斯福在其椭圆形办公室举行定期的记者招待会。大约150名报刊记者蜂拥而至,把这漂亮宽敞的办公室挤得水泄不通。在稍事说笑逗乐后,总统拿出打印好的文稿,开始大声读了起来:

> 根据总统要求,副国务卿萨姆纳·韦尔斯先生将很快动身前往欧洲,对意大利、法国、德国和英国进行访问。本次访问的目的主要是就欧洲局势向总统和国务卿提出报告。韦尔斯先生也得到授权,不以美国政府名义提出任何建议或作出任何评论。各国政府官员与他的谈话将以最高等级的机密予以保存,并且由他本人呈送美国总统和国务卿。

这一通告立即引来记者们暴雨般的提问，但总统将大多数问题敷衍而过。他特别担心他私人特使的出访导致人们猜测其目的不仅仅是限于了解欧洲局势的现状。当一位记者问道，韦尔斯是否会讨论美国政府对可能的和平的看法，富兰克林·罗斯福总统有些恼怒地回答，"你又来了。"他回答："现在，大家都不要迂腐地刨根挖底了。你们都要坚持这一观点：'就欧洲局势向总统和国务卿提出报告……整个情况就是这样。这个句子说明了一切，你们如果添加其他的任何内容……对此添油加醋，你们就搞错了。'"

当然，因上述插曲预兆着美国对欧洲事务不断加深的卷入，见诸报端的这一插曲不会局限在仅仅猜测罗斯福的这一句话中的字面意义。人们提出了各种看法，但富兰克林·罗斯福拒绝给出他派出特使这一做法的任何理由。他对一位顾问说："他本人才是唯一清楚为什么派韦尔斯出访的人。"他口授给韦尔斯的指示，并且对内阁成员说，特使收集的任何信息可能都不会与他们分享。就连陪同韦尔斯出访的一个人都承认，对"所发生的一切一头雾水"。

就像罗斯福通常的做法那样，他设置了错综复杂的环节。根据他当时的一次私人谈话[6]，我们有可能分析出他派遣韦尔斯出访欧洲的五个动机。[7]第一个动机是延缓所担心的德国春季攻势，并且为英国和法国赢得时间，以对德国的进攻进行备战。富兰克林·罗斯福对一位亲信说，"他希望在德国展开其残暴的进攻之前，英法两国有尽可能充分的时间准备"。第二个动机，是他希望通过让意大利保持中立，从而削弱轴心国的力量。意大利的宣战将不仅会使法国面临更加复杂的局面，危及英国在地中海的行动自由，还会显示局势正朝不利于民主国家的方向发展。韦尔斯肩负的使命是富兰克林·罗斯福在1939年到1940年作出的多个尝试之一，以撬动墨索里尼远离希特勒，或者，按他的话说，"在两个疯子之间打进一个楔子"。

第三个动机就是所给出的官方理由：获得欧洲境遇的第一手信息，并且，获得其领导人的政治情报。《时代周刊》猜测说，这一使命是根据"爆破前最后一次清场的理论"进行的。[8]亚瑟·施莱辛格曾经注意到罗斯福："就像蜂蜜中掺了砂子这样的细节也休想逃脱罗斯福的脑袋。"现在，他就有了机会来获得欧洲的细节情报，以此来仔细估量罗马和柏林的独裁者。相当长的一段时间，法西斯分子和纳粹分子冷落了美国外交官，使得罗斯福总统失去了他偏爱的情报。

　　第四个动机,是韦尔斯肩负的使命能够服务于罗斯福的国内政治目标。近几个月来,他采取了一系列引人注目的措施来让美国人关注欧洲的战争局势,特别是德国的罪行:如同他所说的"聚焦在德国"。[9]他对英国大使洛西恩勋爵(Lord Lothian)说,这一新策略实际是满足公众舆论的惯例,表示"穷尽了一切结束战争的手段"。很多人相信,其中还包含了更多赤裸裸的政治动机。竞选政治从来就没有离开罗斯福的视线,特别是在选举年。很多人认为,如果他再次参加11月的大选,韦尔斯的使命无非是他将和平作为拉选票的工具。[10]毕竟百分之九十六的美国人反对对德国宣战。国会准备将美国军队预算削减百分之十。孤立主义者和绥靖主义者正竭力催促罗斯福"探寻一切途径来为和平斡旋"。将韦尔斯派遣欧洲,总统希望能将美国人的目光引向更关注国际事务,同时释放出他作为爱好和平的领导人的善意。

　　最后一个动机,是罗斯福希望让自己确信,已经没有任何残存的可能实现和平了。富兰克林·罗斯福曾经提出了和平倡议,他也曾多次谨慎地向来访者提到作为世界事务的"一种仲裁人"或"调解人"。他的白宫声明草稿曾指出,他最初是打算让他的特使要求交战各国政府表明"他们愿意进行谈判的基础",但当英国政府对此反对后,他将这一观点模糊掉了。[11]在出访欧洲期间,萨姆纳·韦尔斯也表现得仿佛他有兴趣于在欧洲各国之间兜售和平建议。

　　这并非表示在1940年春,富兰克林·罗斯福愿意赞成对希特勒的姑息绥靖。罗斯福早已确信,可能是在《慕尼黑协议》期间,但肯定是在欧洲战争爆发期间,和纳粹不可能有持久和平。例如,在1939年9月11日,他指示赫尔国务卿警告美国驻英国大使约瑟夫·P.肯尼迪(Joseph P. Kennedy),"美国人民不会支持自己的政府去帮助一个依靠武力和侵略为主的政府,或是得以苟延残喘的和平建议"。[12]

　　还有,从韦尔斯出访的日程安排看。罗斯福从未认真考虑过和平谈判。在宣布这次出访之前,他咨询了伦敦但没有告知柏林。他让韦尔斯携带了他给墨索里尼、张伯伦和法国总理爱德华·达拉第(Édouard Daladier)的亲笔信,信中表达了他的善意,但没有给希特勒的信。韦尔斯出访的顺序有利于盟国,旅程表也不包括莫斯科:如果罗斯福真的希望实现欧洲和平的话,这次使命真的令人费解。国务院的人们倾向一个折中的和平，包括韦尔斯本人。但是，罗斯福本人的意愿绝不可能与其顾问的意愿混合，因为他的顾问来自方方面面。这次出访刚打开了一扇和平谈判之窗，富兰克林·罗斯福又亲手把它关闭了。

我们该如何解释罗斯福思维中的这些前后矛盾？如果他反对与纳粹进行和平谈判，为什么又派遣韦尔斯去寻求可能性？答案在于，富兰克林·罗斯福心安理得地坐观各种矛盾观点的同时出现，并耐心等待直到矛盾自我化解。不久就会被罗斯福任命为内阁成员的共和党人斯廷森发现，"他的思维不太容易跟随连贯的思绪……就像是在空荡荡的房间追赶一束游移不定的阳光"。与沃尔特·惠特曼相似，罗斯福是博大的，能够包容一切。

1940年春，富兰克林·罗斯福的政策仿佛战争爆发前的平静那样，也是带有试探性的。他在寻找既能帮助民主国家，又能让美国置身事外的方法。他估量和平解决的几率是"微乎其微"，这一方案大概包括柏林的彻底投降，或者如韦尔斯所说，"德国军队对希特勒反戈，"政权彻底改变。如果真有机会阻止灾难，为什么不让他的人试试，哪怕他超越了罗斯福本人的立场？而韦尔斯的使命则是为了另一个目标。为什么不是上述目标呢？这是一次尝试，而非深思熟虑目标清晰的政治行为，但罗斯福对两者都得心应手。

* * *

尽管富兰克林·罗斯福的椭圆形办公室发出"都不要迂腐地刨根挖底了"的禁令，但大多数美国媒体还是将这次出访看作是试探和平的行动。《纽约时报》将其评论为："总统等待已久的'和平攻势'"的启动。孤立主义的媒体如《芝加哥每日论坛报》对这次不动声色的卷入欧洲事务的行动反应强烈，把它与豪斯上校在美国参加第一次世界大战前夕的秘密出访相提并论。还有的媒体讥讽罗斯福玩弄政治。

在紧邻白宫的国务院，其反应是压倒性的消极态度。国务卿科德尔·赫尔告诉一位亲信，他是被这一消息"震惊了"，他相信这会"导致混乱，带来"虚幻的希望"，并且产生"防不胜防的谣言"。[13] 曾被赫尔作为副国务卿人选的贾奇·R. 沃尔顿·摩尔将韦尔斯的这一使命比作是"射击月亮"。罕见的支持来自前驻莫斯科大使约瑟夫·戴维斯，"萨姆纳·韦尔斯是能够对当事人同时进行客观透视并获得对其的客观看法的不

11

罗斯福和他的特使们

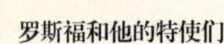

二人选，"他写信给总统说，"驻欧洲的大使无一人能够胜任这一使命。"

派驻在韦尔斯出访国的美国外交官对韦尔斯的使命极为关注。驻罗马大使是威廉·菲利普斯（William Phillips），也是一位出身名门，衣着考究的新英格兰人。菲利普斯是韦尔斯的仰慕者，但他私下怀疑这位特使"在大群美国媒体人的包围下"究竟能取得什么成就？并且担心这次出访落入德国人的圈套。在柏林，美国使馆临时代办亚历山大·柯克（Alexander Kirk）的反应具有代表性，因为罗斯福总统在"碎玻璃之夜"后召回了美国驻德国大使。柯克正对即将成行的韦尔斯的使命缺乏信息而苦恼。

驻法国和英国大使威廉·布利特（William Bullitt）和约瑟夫·肯尼迪（Joseph Kennedy）在公布韦尔斯使命的消息时正在美国，并对此表示愤慨。布利特是费城一显赫家族的后代，才华横溢但刚愎自用，他曾是美国首任驻苏联大使。他听到这一消息后气得脸色铁青，因为他自认是罗斯福总统的主要欧洲事务顾问。布利特把自己的看法透露给多位内阁成员和多家媒体，媒体立即报道了国务院的分歧。为表示他的不快，布利特拒绝返回法国，一直到韦尔斯离开巴黎，他都在佛罗里达州的霍比桑德（Hobe Sound）度假。

约瑟夫·肯尼迪是爱尔兰裔的美国商人和宗族族长，也是直率的孤立主义者，但罗斯福令人费解地任命他出使驻英国大使。肯尼迪是韦尔斯的朋友而非对手，但也被韦尔斯出访欧洲的消息激怒。他听说这个消息后大发雷霆，"那把我放在什么地方？""你们是不是认为我在那里就会喝茶聊天，而不是苦心积虑地工作。如果他们认为需要一个特使来获得我未能获得的英国情报，那就别指望我干点什么。"

这些大使所驻国政府的反应同样是复杂交错的。意大利作出一副怀疑的姿态，但私下对韦尔斯先访问罗马而非柏林颇为高兴。而英国、法国和德国则根据自己的处境和担忧对罗斯福的决定给出不同的解读。

伦敦和巴黎担心罗斯福会摇摆不定。罗伯特·范西塔特爵士（Sir Robert Vansittart），一位争强好斗的资深外交官，他与绥靖主义誓不两立，认为他的政府应该"警告罗斯福总统除掉那些讨厌的野草，然后我们才能接待这条青草蛇，韦尔斯先生"。他的同事，尖酸刻薄的亚历克·卡多根爵士（Sir Alec Cadogan），外交部最资深的外交官，极为震惊地说："将萨姆纳·韦尔斯派往欧洲，并大肆鼓吹要收集罗斯福和平计划所需要的信息，这是一个糟糕的，幼稚的想法。"因为提前一周获悉消息，内维尔·张伯伦首相写信给富兰克林·罗斯福，承认他"怀有深深的焦虑"，唯恐这次使命会使民主国家难堪，而让德国获益。富兰克林·罗斯福立即安慰英国人，保证澄清这次使命并非和平使命。英国人部分地平静下来。当韦尔斯出访的消息公之于世，卡多根也承认它"不算太糟糕"。

法国政府没有预先得到消息，被韦尔斯出访的消息搞得有些措手不及。法国外交部和爱丽舍宫（The Quai d'Orsay）向美国驻法国大使馆表示了"对这次出访的保留态度"。在私下，一些法国人抱怨，这是只会让住在贝希特斯加登的希特勒受益的美国风格。英法两国媒体在政府的暗示下，对认为这次美国出访的动机是为了争取和平的看法进行了强烈抨击，并宣称他们的国家誓与纳粹战斗到底并将其击败。[14]

但是，德国政府并不认为韦尔斯的使命会表现出它的强大，反而担心会暴露其弱点。为了防止其激发公众对和平的期盼，阿道夫·希特勒的宣传部长约瑟夫·戈培尔（Joseph Goebbels）下令，对该消息实现新闻管制。希特勒认为，这次使命的目标是"阻止我们的进攻"。德国政府烦恼的是这次使命会加强华盛顿与伦敦的联系，更糟糕的还可能加强与罗马的联系。元首采取措施来巩固轴心国的关系，他写信给墨索里尼说："美国这次出访的唯一目的，是为同盟国赢得时间。即麻痹德国人，松懈其进攻决心。"德国对华盛顿当局给出冷冰冰的官方回应，柏林愿意接待韦尔斯，仅此而已。

* * *

1940年2月17日，萨姆纳·韦尔斯登上"雷克斯"号轮船从纽约出发前往那不勒斯。"雷克斯"号轮船船身细长，是有两根烟囱的51 000吨级意大利轮船，被称作是"漂浮的旅游胜地里维埃拉"。该船航速快，曾在1933年向西航行中超越了"蓝丝带"号而被誉为跨越大西洋的最快客轮。

韦尔斯的这次旅行颇有几分排场。随从人员包括玛蒂尔德·韦尔斯，身穿有光泽的毛皮外套而显得华贵漂亮。她侄女托拉·罗纳德小姐（Thora Ronalds）和各自的女仆。在整个出访欧洲期间，他们都将呆在罗马。还有黑头发的杰伊·皮尔庞特·莫法特（Jay Pierrepont Moffat），他也是从格罗顿公学毕业后进入哈佛大学的，时任美国国务院欧洲事务司司长，韦尔斯的贴身男仆里克斯（Reeks）。出现在名单中的还有韦尔斯的宠物犬托比，那是有名的西部高地白梗犬。托比总是伴随韦尔斯出席外交会议，据说，它曾朝国务卿科德尔·赫尔"放肆地狂吠"。报道这次出行的一位记者说，她希望这条"勇气十足的小东西"从欧洲返回时，"牙缝中还残留着褐色内衣的碎片"（可惜，托比没有得到大显身手的机会，他一直和韦尔斯夫人呆在罗马）。

在西52街下面的92号码头，在"成排的豪华游轮"中间，挤满了欲采访报道的媒体记者，媒体的兴趣高涨。一位电台记者发现，韦尔斯曾被描述为"一个监听站、实情调查者、精力充沛的斯芬克斯、单打独斗的美国奇特使者，是1940年版本的豪斯上校"。

* * *

"这次海上航行与以往并无二致，"国务院欧洲事务司司长杰伊·皮尔庞特·莫法特在日记中写道，"这是人生中的又一次出发，所以值得珍重。""雷克斯"号轮船上的其他旅客包括一些年幼的比利时王室成员，一位瑞典大亨，著名专栏作家沃尔特·李普曼（Walter Lippmann）及妻子，及跟随报道萨姆纳·韦尔斯访问的一群记者。现场没有"任何紧张感"，莫法特写道："也没有感到大西洋洋面正在开战，战争或许就在海平线的那面。"

不过，在到达控制地中海入口的英国殖民地直布罗陀后，战争的气氛就可以感受到了。英国海军对欧洲进行了海上封锁，以防止德国获得国外的援助。"雷克斯"号轮船按要求被拖移到靠近其他等候的船只旁停靠，韦尔斯倚靠在船栏上，面无表情地看着英国联络官走来。韦尔斯受邀与英国高级官员在露台甲板饮茶聊天，其他英国检查官发现了需检查的334袋美国邮包，上写寄往德国和波兰字样，他们给"雷克斯"号轮船的货物发放了航海证明："航运证明书。"表示这批货物不是走私品。邮件检查一直是华盛顿和伦敦双方关系的麻烦。经过3个半小时的迅速检查，这是因为韦尔斯在船上的缘故，"雷克斯"号轮船被告知可以开航。

2月25日，星期天，午后不久，"雷克斯"号驶入了那不勒斯平静湛蓝的海湾，春光明媚。那不勒斯展示了"正式访问的所有程序"，莫法特注意到，包括平民和军人，摄影记者的闪光灯，和嗡嗡作响的摄影机。在皮亚扎·加里波第的火车站，服务人员一遍又一遍地轻刷了临时铺在庭院的红色绒毛地毯。韦尔斯一行乘坐私人列车经过3小时到达罗马。沿途穿过美丽的乡村，修筑了防御工事的城镇和古堡，跨越了彭甸沼地（Pontine marshes），最后抵达首都中央火车站布满鲜花装饰的皇家站台。欢迎仪式绽放出斑斓色彩，包括当地用羽毛装饰的红色和蓝色帽子，法西斯准军事部队的黑色衬衣。托比对此毫无反应，将腿放在了庄严的古瓷器上。抓着小狗皮带的韦尔斯男仆里克斯颇为窘迫。身穿黑色西服的韦尔斯"冷冰冰地看着另一边"。

罗马的杏树上紫色的鲜花盛开，人们欢乐地哼着小曲，"美国大片"总是受到观众的喜爱。但是，总有点什么不对劲，韦尔斯感觉"法西斯的魔掌牢牢控制了意大利"。报纸对他的来访一致缄默。走在大街上，他能够察觉到某个东西在束缚着意大利人天性中的热情洋溢。意大利人在餐厅悄无声息地进餐，墙上的告示警告："休谈国事"，咖啡短缺特别严重。"意大利已经意识到前途的迷茫"。莫法特在日记中写道："人们担心货币的问题，大家都在抢购，赌博成风。"

第二天，韦尔斯和意大利外交部长加莱阿佐·齐亚诺（Count Galeazzo Ciano）伯爵在他豪华官邸基吉宫（Palazzo Chigi）进行了两小时会晤。年近四十的齐亚诺显得非常自负，头发光鲜，容易激动，带有几分贵族派头。他是墨索里尼的心腹和女婿。但他蔑视纳粹，担心意大利会卷入战争，并相信西方国家最终会打败德国。韦尔斯强调了罗斯福总统建立更密切的意大利和美国联系的愿望，并特别提到中立政策对意大利的好处。两人在会晤后都对对方颇有好感。齐亚诺在日记中写道："韦尔斯是一具有绅士风度的君子，和他所接触的德国官员不同，没有自以为是的粗俗。"韦尔斯则认为齐亚诺聪明、坦率、咄咄逼人。但在会晤结束，摄影师完成了两人会晤的拍摄后，齐亚诺便恢复了其法西斯风格，摆出了"抬头挺胸"的姿态。

当天下午，齐亚诺陪同韦尔斯和美国大使菲利普斯去见法西斯创始人。领袖的办公室在原罗马教廷宫殿的威尼斯宫，被称作世界地图厅。房间高大威严，60英尺（约18米）长，40英尺（约12米）宽和高。阳台俯瞰威尼斯广场，就是在这阳台上，墨索里尼向民众发表了他的"阳台演说"。房间尽头，是丑陋的金字塔型油画，画面是一束棍棒，从中冒出一柄斧刃，这是古罗马执法官的权标，油画坐落在巨大的壁垒上方。这巨大的房间家具寥寥，只在角落有张桌子，和几把供客人坐的椅子。房间灯光幽暗，给人阴森的感觉，整个房间唯一的照明来自桌上的一盏台灯。

作为对来访者肩负使命的回应，墨索里尼身穿平民服饰代替了常见的军装。从他的照片和文字描述中，韦尔斯曾以为领袖活跃而富有生气。但此时站在他前面的这个人，短短的白发，臃肿的肌肤，看上去远远超过他56岁的实际年龄。"他严肃呆板，呆滞缓慢，"韦尔斯在给富兰克林·罗斯福的报告中说，"他步态笨拙，每迈出一步仿佛都颇为吃力。"他吹嘘每天早晨骑马，并且每天打网球，通常以6比2击败专业选手。在韦尔斯眼中，他显得是"戴着沉重枷锁移动的人"，韦尔斯认为，这部分可以从他最近又有了新情妇得到解释。可惜的是，后来因为一封英国电报被意方破译，韦尔斯对主人外貌近距离观察的评论最终被呈现到愤怒的领袖面前。

墨索里尼显然很高兴能收到罗斯福的亲笔信，他表示同意罗马和华盛顿关系的重要性的看法。韦尔斯兴奋地听到墨索里尼表示，同盟国和轴心国之间有可能实现"真正的持久和平"。墨索里尼认为，柏林的条件包括奥地利作为德国之一部分，德国对捷克斯洛伐克和波兰部分领土的控制，在中欧的领导权，和恢复其殖民地。他要求意大利在地中海和大洋拥有自由通行权。韦尔斯对领袖的机敏深深打动，他告诉英国驻罗马大使说，他对受到"友好和坦诚的接待"非常惊讶。

事实上，韦尔斯误判了他面前的对手。墨索里尼在慕尼黑扮演了调停者角色，并且对此心满意足。但战争爆发以来，他已经对折中的和平失去兴趣。他相信，他的国家作为强国的地位，及其"民族的阳刚之气"都需要一场战争来彰显。对希特勒的胜利心怀妒羡，对建立他自己的帝国的极端渴求，这些使他迅速向德国靠拢，将意大利推入了战争。墨索里尼对"真正的持久和平"毫无兴趣。

第二天深夜，韦尔斯一行登上齐亚诺的私人专列离开意大利。留下心满意足的美国驻罗马大使。威廉·菲利普斯感到这次访问极其有益，促成了双边关系合作的"新精神"。在边境城市基亚索（Chiasso），代表团一行换乘了瑞士的观光旅游火车前往壮观的阿尔卑斯山，经过了圣哥达山口（St Gotthard Pass）到达苏黎世。他们在这座瑞士城市逗留了24小时，并引发了"诸多谣言和猜测"。媒体提到的可能性包括神秘的会晤，德国和平计划，调停俄罗斯和芬兰战争的举动等等。实际上，韦尔斯希望的仅仅是美美地睡一觉，并能够从离开华盛顿就患上的感冒中恢复。

不过，在苏黎世的临时滞留确实也带来了一些小麻烦。韦尔斯遭到不明身份的人的跟踪。一位美国外交官和化名为"史密斯"的韦尔斯共进了晚餐,但这一伪装数小时就被媒体破解。一位身穿黑色外套的纽约小报的女记者还曾试图给被揭穿的韦尔斯秘密开价。一位宣称携带了戈培尔信件的神秘奥匈帝国王妃,则要求面见韦尔斯。莫法特说,"我们有礼地婉拒了这位王妃的要求。据说,她还为此泪流满面。我真想知道她背后究竟是什么人"。

* * *

第二天,韦尔斯一行前往柏林,在边境,他们换乘了希特勒派来迎接他们的专列。但在有关方面要求下,火车车厢的百叶窗帘被放下,不过,稀薄的百叶窗未能阻挡这些乘客感受德国的氛围。在斯图加特,韦尔斯走出火车车厢,从车站站台感受着覆盖整个原野的一片漆黑,他"感受到了沉重的身体压抑"。当他阅读车厢里摆放的德国报纸,看见上面的满纸丑陋和荒唐的谎言,这种压抑感受更加强烈。根据戈培尔的指令,没有一家报刊杂志对他的访问进行了报道。

3月1日,星期五早晨,韦尔斯的火车抵达安哈尔特(Anhalter)火车站。迎接特使的既没有彩旗,也没有军人仪仗队。在乘车通过林登大道前往阿德隆酒店途中,韦尔斯注意到一批波兰囚犯在武装警卫的看押下清扫积雪。阿德隆酒店是柏林最豪华的酒店,毗邻布兰登堡门和美国大使馆,在该酒店下榻的多是美国外交官和记者,他们在酒店的酒吧随时可见。该酒店也靠近众多德国政府部门,包括外交部、宣传部、空军部,和希特勒的总理府。韦尔斯将下榻在魔鬼首都的心脏。

韦尔斯的车刚靠近阿德隆酒店,震耳欲聋的警报声便刺破天空,这是又一次空袭演习。他注意到酒店广场旗杆上没有悬挂美国国旗,但却有纳粹附庸国斯洛伐克共和国的三角旗。就在此刻,一个由年轻的准军事部队军官带领的斯洛伐克代表团出现在酒店门前。《时代周刊》记者报道说,当空袭警报声呼啸尖叫,阿德隆酒店大厅"满是打着手势,皮靴发出喀哒声,高声寒暄的斯洛伐克人,使韦尔斯的到来悄无声响",而在整个过程中,韦尔斯一直面无表情。

柏林刚刚度过了预兆春天来临的温暖天气,但当韦尔斯到来后,冬天又回来了。战争的迹象随处可见,满载部队的军列每天通过首都驶往西面、肉类、新鲜蔬菜和巧克力出现短缺。但电影院和歌剧院依然开门营业，餐馆依然车马盈门。总体上，战争时期的德国与和平时期的德国并无不同。"处于为了进行战争而特意营造的状态"，美国记者霍华德·K.史密斯（Howard K. Smith）观察道，"这两种状态的界线是微妙的，几乎是隐性的"。动员数百万士兵在波兰作战，"其对德国本土的影响如同摩托艇激起的浪花对巨大的轮船冲击那样微小"。

对像韦尔斯这样多年未到过德国的访客，纳粹政权的黑暗氛围令人震惊。中间是黑色卐字的红白色旗帜四处可见。纳粹高官驾驶马力强大的大型轿车飞驶而过。纳粹党卫军军服和国防军混杂一起。墙上到处是宣传画，将张伯伦或丘吉尔描绘为战争贩子，释放毒气的罪犯，让儿童忍饥挨饿的坏蛋。门楼到处张贴着告示，写的是"不要犹太人"。

在对柏林的三天访问中，韦尔斯与多个纳粹高层官员进行了交谈。根据希特勒的翻译后来回忆，这些会话如同播放相同的留声机唱片。元首早就命令德国官员用一种声音说话，指令他的官员要强调德国的无辜和胜利的决心。他下令说，不允许谈论和平的话题。"我要求，绝不给萨姆纳·韦尔斯先生任何理由，让他怀疑德国获得战争胜利的决心，德国人民在数千年历史上从来没有像今天这样团结，德国的领导人对胜利的信心决不动摇。"

在到达柏林的当天中午，韦尔斯身穿常礼服，头戴丝绸高顶礼帽，在相关人员陪同下到外交部会见外交部长乔基姆·冯·里宾特洛甫（Joachim von Ribbentrop），所有的德国官员，包括部长，都身穿军装。阶梯上方站着警卫，其面容"在令人发指的残忍中透出低能和弱智"。在前厅等待了三分钟（韦尔斯总能准确地估算这种间隙的时间），韦尔斯和美国使馆临时代办亚历山大·柯克受到里宾特洛甫在办公室门口的接见。"冷若冰霜，没有任何哪怕虚伪的笑容或者欢迎的言辞"。外交部长英语流利，如同韦尔斯在报告中鄙视地写道："他曾在北美做过红酒销售员，也曾做过德国驻英国大使，但他坚持通过翻译进行谈话。"

如同他在罗马做过的那样，韦尔斯向主人重复解释他的使命。作为回复，里宾特洛甫让他倾听了两个小时欧洲历史的纳粹版本，这段歪曲事实的历史从希特勒上台开始。在里宾特洛甫滔滔不绝地大谈这些早已熟悉的标准教义时，他"在椅子上坐得笔直，双目紧闭，仿佛沉浸在幻觉[15]中"。韦尔斯后来不留情地给出尖刻评价："里宾特洛甫的内心完全是封闭的，"他在给罗斯福的报告中说，"他和任何愚蠢的人没有两样……。最近几年，他在陈述德国的政策时出现不下一百处的前后矛盾。再也没有更令我厌恶的人了。"韦尔斯告诉华盛顿专栏作家德鲁·皮尔逊（Drew Pearson）说，里宾特洛甫是"历史上最怪诞的人之一"。

第二天上午11点，韦尔斯和柯克被人引领到德国总理府会见阿道夫·希特勒。总理府一年前才竣工，一排排房间坐落在长方形的四周。室内多是光滑的猩红色大理石，使得地板和楼梯滑溜溜的。但希特勒认为，"外交官应该学会在滑溜溜的地板上行动"。拜访元首的正式来宾在受到接见前，应该步行穿过整个总理府。"从入口到会见厅，这漫长的道路会让外交官体会到德意志帝国的强盛和伟大"。当希特勒最初审查大楼的设计时，曾狂喜地这样表示。事实上，总理府是专门设计来让像萨姆纳·韦尔斯这样的人刮目相看的。

韦尔斯的车先驶入宏伟的青铜大门，进入迎宾场，这是一个长方形庭院，四周高墙围绕，并屹立着圆形立柱。身穿黑色制服的纳粹党卫军礼宾官上前迎接，礼兵们队列整齐，步枪在阳光下闪闪发光。韦尔斯走上台阶，进入总理府，两旁是一模一样的威武青铜裸体像，象征着"党"和"军队"，头顶是坐在十字标记上的老鹰石像浮雕。与此同时，纳粹党卫军礼兵立正，用纳粹手势向他敬礼。魔鬼的迷人魅力全部展现。

在大厅，韦尔斯注意到"一群穿制服的仆役"，他们身穿"浅蓝色绸缎制服，头发显然是扑了粉"。一位仆役引领韦尔斯及随从通过了两层高大的门，经过了多重令人印象深刻的房间，最后来到巨大的艺术长廊，长廊有480英尺（约150米）长，是凡尔赛宫镜厅（Hall of Mirrors）的两倍。希特勒的建筑师艾伯特·斯皮尔（Albert Speer）是按照巴黎城外的枫丹白露宫的舞厅设计这一艺术长廊的。在韦尔斯眼中，这一艺术长廊更像是德国远洋客轮的画廊。稍等了片刻，韦尔斯一行被引领到希特勒的接见大厅，那里可以俯瞰曾经是俾斯麦官邸的花园，花园现在成为希特勒的私宅。

总理在门口迎接了韦尔斯一行，并且立即让访客留下深刻印象。他比韦尔斯想象的要高，轻松自在，健康良好。"他无论是言谈还是举止都表现出端庄，丝毫没有漫画中看到的讥讽形象：小胡子和偏向一边的头发。"韦尔斯在报告中说。只是希特勒偶尔会失去镇静，此时，他的眼光不再可爱，他的声音透露出"人们从他的演讲中听到的沙哑刺耳声"。

韦尔斯开始就说："他在罗马就欣慰地获得这种印象……领袖相信仍然有可能打下公正和持久和平的基础。""他希望总理能够证实这种印象的可能性。"但韦尔斯只会遭遇失望，希特勒对德国所遭受的不公正待遇的审视，和他本人的德国政策，尽管在语气上较里宾特洛甫温和，但实质是相同的。"德国人民完全有权要求恢复他们一千年来拥有的历史地位"，包括在中欧和东南欧的经济霸主地位。《凡尔赛和约》所剥夺的德国殖民地必须物归原主。发动战争的责任在于英国和法国本身的行动。"我根本看不到任何实现持久和平的希望，"他用单调的音调缓慢地说，"除非英国和法国摧毁德国的意愿本身被摧毁。"韦尔斯最后孤注一掷仿佛抓住了稻草般宣称，他不会忘记希特勒的结束语："德国的目标，无论是否通过战争来实现，最终都将是公正的和平。"但这种前景并不乐观。

一场猛烈的暴风雪在星期天袭击了柏林，天空降下了大雨，雨夹雪，最后是大雪。《纽约时报》报道说，"这是给这次特殊的访问加上了晦暗的注脚"。早上，韦尔斯在纳粹党总部会见了纳粹党副手鲁道夫·赫斯（Rudolf Hess），那里光秃秃的，没有任何装饰，仿佛是监狱一般。韦尔斯发现，赫斯具有"毫无疑问的低智商相貌。他的前额狭窄并下陷，其深陷的双眼之间距离非常靠近。据说是他对希特勒有狗一般的忠诚"。参加会晤的还有一些粗野的纳粹年轻人，他们"显得是与赫斯预先排演了要说出的每一个单词"。

赫斯拿出预先准备好的打印卡片，然后在整个会晤中照本宣科读了一遍。他背熟的演讲词与里宾特洛甫的声明毫无二致。他强调说，德国人民和国家社会主义不可分割：德国人民"团结如一地支持元首"。实现持久和平的唯一途径是"通过彻底的和势不可挡的德国军事获得胜利"。在他身后的年轻纳粹齐刷刷地点头同意，他们的眼中燃烧着"近乎疯狂的狂热"。

当天的进程越发奇怪。韦尔斯最后一个实质性安排是在豪华"狩猎人小屋"庭园的卡琳宫（Carinhall）会晤赫尔曼·戈林（Hermann Goering）元帅。戈林不仅掌控德国空军，还是德国政权中权力极大的人物，是希特勒提名的继承者。戈林的继承人身份被许多西方人看作是有益的，因为他们相信戈林的目标比元首温和得多。卡琳宫位于柏林北部的斯科夫赫德（Schorfheide）森林的国家狩猎保护区中。在长长的入口道路两旁，有很多围栏，戈林在那里饲养了大量珍贵的异国动物，包括一群大型牛，这些是他打算用来重新引进古老的欧洲野牛计划一部分：通过遗传工程在欧洲重现已经灭绝的欧洲野牛。卡琳宫是对戈林的莫大讥讽：为纪念他去世的前任妻子而命名的普通狩猎小屋，被重新翻修成了挪威风格的豪华庄园，庄园的宽阔奢侈如同其主人。韦尔斯对豪华住宅并不陌生，他注意到卡琳宫的面积等同于华盛顿新建的国家美术馆。

韦尔斯和面带凶相的戈林交谈了整整三小时，他们坐在火堆旁，紧靠着描绘了满天飞雪的巨大的油画窗户。韦尔斯对主人的描述一针见血："他的大腿和胳膊粗壮，"韦尔斯写道，"他的腰围同样粗壮。"戈林的面容"让人联想到他涂抹了浓厚的胭脂"，他身穿白色外衣，上面是各种颜色的勋章。他脖子挂了铁十字架，和黑色细绳系住的单片眼镜。"他的手像是獾用来挖掘的爪子"，韦尔斯观察到，"他右手戴着巨大的戒指，镶嵌了6颗庞大的宝石，他左手戴的绿宝石戒指至少一英寸见方"。

韦尔斯回忆说，戈林远比其他的德国官员说话更坦率清晰，但表达的意思如出一辙。他怀疑希特勒会相信"除了军事的胜利，还会有其他的途径来摧毁英国人摧毁德国的意愿"。他提醒韦尔斯，这次与上次的战争不同，德国已经"胜券在握"。他祝愿韦尔斯避免战争的使命能够成功，但他的立场和希特勒是南辕北辙。稍后，戈林带韦尔斯参观了他的庄园，那里满藏着他多年来掠夺的战利品。墙上挂满数百幅各种各样的绘画，玻璃柜展示着各国政府和渴望元帅恩宠的德国组织送的礼品。韦尔斯对戈林的庸俗颇为反感，因他的言谈感到极其沮丧。暮色笼罩，在返回柏林漫长的归途中，韦尔斯看见排着长队的柏林人，他们要么在等待购买食品，要么是电影院的门票。但他没有见到一张笑脸。

当晚，韦尔斯在灯火管制的黑暗中前往安哈尔特火车站（Anhalter station）。他的柏林之行成了虎头蛇尾。会晤中没有看到丝毫实现和平的可能性。与他接触的每一个德国官方对话者都背诵复述的是他越来越熟悉的回顾历史的套话，并且把所有的责任推给英国和法国。此外，他与在柏林的外交官们的交谈表明，德国国内反对希特勒的力量微乎其微。华盛顿曾寄希望于军队来推翻希特勒，这种想法看来是天真的。事实上，所有的权力都掌控于元首。而在所有会晤中，韦尔斯本人也没有表现出是积极地寻求和平谈判的框架。参与所有重要会晤的德国翻译回忆说，韦尔斯表现出的"冷漠和矜持"难以打动希特勒开口讨论和平，哪怕他也曾闪过这一念头（他不知道的是，韦尔斯就是在情绪好的时候才显得冷漠和矜持）。

罗斯福和他的特使们

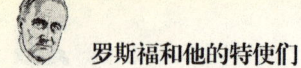

在火车站的黑暗中，韦尔斯与一位德国外交官进行了短暂交谈，韦尔斯显然正在思考他的使命的其他目标，包括预先阻止春季攻势，使意大利和德国的关系复杂化。他告诉德国人说，他期望能够不辱使命，如果欧洲能够在"接下来4—5周"保持安静的话。但即使是短期来看，韦尔斯的使命也未能阻碍希特勒的步伐。韦尔斯对柏林的访问没有阻止希特勒加快下次攻势的准备：对丹麦和挪威的进攻。一周后，希特勒派遣里宾特洛甫去罗马，督促墨索里尼加快行动。领袖首次私下表示，在恰当时机，他会率领意大利参战，与德国并肩战斗。

韦尔斯对此一无所知，他乘坐的火车在九点左右驶离了柏林。但根据德国媒体的报道，他能够猜测希特勒的意图。在他离开德国之际，德国外交部已经令人沮丧地向媒体公布了会晤的细节。希特勒曾告诉韦尔斯，媒体的报道称，根本不存在和平谈判的可能，战争必须进行到最后一刻，直到德国赢得自己的生存空间。如果说韦尔斯是带着问题来柏林的，那么，他已经获得了问题的答案。

* * *

韦尔斯乘坐的火车在夜色中向南朝瑞士急驶，他计划访问法国前在那里休息一下。临近海德堡，火车已经进入法国大炮射程，德国的工事隐约可见。在距瑞士边境50英里（约80公里）的地方，火车沿着银色的莱茵河东岸行驶，穿行在法国构筑的马其诺防线（Maginot line）和德国构筑的齐格菲防线（Siegfried line）之间。就在他们眼皮底下，大家看到了德军的战壕和大炮阵地。在河对面，有时仅一百码远的地方，大家看到了法国的工事。富兰克林·罗斯福的特使事实上处于两个交战国之间，这一位置让他获得了观察谣传中的战争的绝佳角度。他的火车通过时，德军士兵和法军士兵各自忙着自己的事。他们晾晒的衣物在风中飘曳。传令兵骑着摩托往返穿梭。老百姓在田野劳作，或者在葡萄园整理藤蔓。"没有听见一声枪响，也没有任何声音打破寂静，"杰伊·皮尔庞特·莫法特说，"这场战争的非真实性给我带来一种从未有过的强烈怪异感觉。"

随韦尔斯出访的《芝加哥论坛报》记者沃尔特·特罗安写了一篇容易引起感情共鸣的报道，描述了他从车窗看到的景色。

"士兵聚集在韦尔斯乘坐的火车通过的沿线多个要点，履行其前线警戒任务，"他写道，"在火车所通过的沿线，士兵们在修建铁路、钢筋混凝土的碉堡、要塞、战壕和其他防御工事，在列车通过时停下干活观看火车，如同美国的铁路工人那样。清晨灼热的阳光把莱茵河上的薄雾驱散，干活的士兵只穿了汗衫，仿佛大萧条时期美国公共事业振兴署雇佣的劳工一般。他们对战争或者敌人漠不关心……儿童四处嬉戏。三个男孩，都不到8岁，在石桥上摇晃着腿，观看搅拌车把混凝土倾倒在修建的碉堡里，如同汤姆·索耶和哈克贝利·费恩观看蒸汽轮船一般。"

在距离瑞士边境6英里（约10公里）的地方，火车进入西格弗里德（Siegfried）铁路。飘扬的瑞士国旗示意这里已是中立区。莫法特感受到车厢里气氛的变化。"紧张感消失了，人人面带笑容，有的甚至笑出声来。没有食品配给，没有新闻管控。思想是自由的"。

在瑞士西北部城市巴塞尔（Basel），韦尔斯一行登上快车前往美丽的度假城市洛桑（Lausanne），洛桑位于日内瓦湖北岸，遥望法国的阿尔卑斯山。在那里，韦尔斯在由瑞士警察警卫的美岸酒店（Beau-Rivage Palace）悠闲地休息了两天，希望能从顽固的感冒中恢复过来。3月6日，星期三深夜，他登上由法国政府派遣到洛桑的特殊火车车厢，该车厢将挂到辛普朗东方快车上（Simplon-Orient-Express）。不过，车厢并不令人赞赏。"意大利和德国的车厢干净、舒适、豪华，"莫法特不无抱怨地说，"法国的车厢肮脏、简陋，更糟的是，床单是湿漉漉的，我们难以在上面入睡。"俾斯麦从远方的马蹄声中听到了历史的进展，而韦尔斯一行则从亲身体会到的邋遢家务整理中目睹了历史的进展。

* * *

而在华盛顿，同样被笼罩在一场不同的战争前的平静中：富兰克林·罗斯福是否参加竞选第三次总统连任，如果参加，他能否获胜？美国的传统惯例是不得超过两次以上连任，可以设想打破惯例的唯一理由是面临严重的外国威胁。记者们不屈不挠地挖掘有关总统想法的任何线索。《华盛顿邮报》刊载了一幅狮身人面像的卡通画，但脸部换成了富兰克林·罗斯福。其一个爪子按着一堆文件，标题是"韦尔斯报告？"其另一个爪子按着的文件写着"第三次总统连任？"

富兰克林·罗斯福用极大的细心和巧妙处理这类政治问题，他的演讲稿撰写人罗伯特·舍伍德观察到，他从每一个可能的角度研究这些问题。几个月来，他尚未确定如何行动。作为总统，他已经获得了巨大成就，但是，如果再次参选，按照惯例，他有可能遭受屈辱的失败。他倒有几分希望回到哈得逊河畔的私宅中，他正主持在那里修建摆放他书籍文稿的总统图书馆，和一个私密的山顶退隐处：山顶小屋。他在图书馆奠基仪式上的演讲中以怀旧的情调谈到过去：他在达切斯县（Dutchess County）度过的童年，放游玩具船，从树上摘取黄花梨，在田野上挖掘美洲旱獭的洞穴，躺在草莓地中饱餐阳光催熟的草莓，那是世界上最美味的草莓。

当美国卡车和汽车司机工会（Teamsters Union）的丹尼尔·托宾（Daniel Tobin）此时造访白宫，希望罗斯福能够再次参选，他毫不含糊地回答，"不，丹尼尔，"富兰克林·罗斯福说，"我不能那样做。我告诉你，我在这里呆得太久了。我累了，我真的累了，你根本不知道那是什么生活……不行，我不能再做总统了……我想回家，海德公园的家。我想回家看看我的树。我在那里栽了很多东西。丹尼尔，我想我的农场该有收获了。我还想把山顶小屋修好。我也想写写历史书。真的，我不能再参选了，丹尼尔。"

可是，富兰克林·罗斯福会放心谁掌管白宫钥匙？谁能够保持新政带来的种种益处及让美国在面对来自外的种种威胁前作好准备？在不同场所，富兰克林·罗斯福与各种民主党继承人进行了周旋，包括国务卿科德尔·赫尔和哈里·霍普金斯。但他从未真正确定继承人计划。或许，他根本就没有打算这样做。相反，他在等待恰当时机的出现。"我不想参选，"他告诉财政部长亨利·摩根索（Henry Morgenthau），"除非从现在到（1940年民主党）全国大会期间，欧洲的局势发生非常非常糟糕的变化。"

* * *

德国使莱茵区重新军事化4年后，3月7日上午10点，东方快车驶入具有新艺术风格的巴黎里昂车站。法国当局在车站的欢迎颇为隆重，包括一支特警护卫摩托分队和便衣警察。韦尔斯乘坐防弹雷诺汽车，在前导摩托护卫队带领下,飞驶前往他的下榻地里兹大饭店,这座高层建筑能够俯瞰八角形的旺多姆广场。

韦尔斯后来写道,"他发现巴黎整个变样了,带有'忧郁的冷漠'气氛。春天的天气既带来欢乐,也带来了焦虑,因为它预示着战争的临近。空气中弥漫着可怕的期盼氛围。成千上万的法国人被动员起来,四处可见身穿军服的法国军人。重要的建筑物,如凯旋门(the Arc de Triomphe),协和广场(the Place de la Concorde)上的'马利骏马'(the Marly Horses)和'埃及方尖塔'(Obelisk of Luxor)都围上了沙袋。"同时访问巴黎的加拿大外交官文森特·马塞(Vincent Massey)评论道:"巴黎不再是她自己了,相反,倒像一个心灵饱受哀伤折磨的美妇人。"

不过,在其他来访者眼中,这里的气氛更与和平时期相似,而不是相反。阳光让咖啡店前台阶上摆满了桌子,欢乐的人群在香榭丽舍大街熙熙攘攘。报亭可以看到英语报纸,餐馆人头攒动。"法国人的食品配给让我们都笑了起来,"莫法特写道,"在没有肉的日子,人们好歹可以享用鸭子、火鸡、鹅,各种禽类等。在死气沉沉的日子里,人们不能享受鸡尾酒,但可以(并且确实如此)享受一杯香槟作以此开胃。"夜晚的巴黎一如既往地充满诱惑。电影和音乐厅都保持营业;法兰西喜剧《风流剑侠》再次流行,《茶花女》则在巴黎歌剧院上演。莫里斯·切瓦力亚(Maurice Chevalier)和约瑟芬·贝克在巴黎赌城音乐厅表演。这里的灯火管制远非伦敦和柏林那样严格,实际上,它根本就是"被控制的昏暗而已"。

关于韦尔斯为人傲慢的传闻很快在法国首都传播开来。在他到达后两小时,一份报道称,"整个巴黎都在轻蔑地冷笑,据说为了表示对韦尔斯的敬意,克利翁酒店的酒吧(Hotel Crillon)创制了新的鸡尾酒"。那家酒店是美国人频繁光顾的地方,并且,"其唯一的原料是冰水"。

韦尔斯前往圣奥诺雷街(Rue du Faubourg Saint-Honoré)的爱丽舍宫,对共和国总统阿尔贝·勒布伦(Albert Lebrun)进行了礼节性拜访。这里的仪仗队没有希特勒总统府的纳粹党卫军仪仗队那样可怕。勒布伦是老一辈政治家,文雅、小心翼翼、高傲,但缺乏霸气和远见,非常不幸的是,还缺乏记忆力。他的记忆力开始衰减,当他叙述法国从前和德国的战争时,他已经难以记住名字和日期了。他带韦尔斯游览了爱丽舍宫时,并竭力想辨别出画像上的主角。勒布伦象征着法兰西第三共和国的虚弱。

法国特工驱车"以风驰电掣般速度"送韦尔斯一行离开爱丽舍宫,跨越塞纳河去会晤总理爱德华·达拉第（Édouard Daladier），达拉第不仅担任总理，还担任国防部长。达拉第大多数时间呆在豪华的18世纪的布里昂酒店（Hôtel de Brienne）里的国防部总部，酒店位于狭窄的圣多米尼克街（Rue Saint-Dominique）。达拉第办公室的装修风格是新古典主义，外面是一座小花园。室内最大的特色是一幅巨大的绣帷挂毯，画面是国王路易斯十六世签署多佛条约的场面，该条约使法国和其宿敌英国短暂结盟。

韦尔斯喜欢达拉第，一位结实但机械的政治家，他刚毅的外表掩盖了性格上的优柔寡断。这位总理曾在《慕尼黑协议》上签字，但他对希特勒不抱幻想，其野心不仅仅是像他所宣称的，"中欧德国人的统一"，相反，是"欧洲和近东的最终征服"。无论达拉第在公开场所说了什么，他私下对韦尔斯表示，只要能确保法国的安全，他不会拒绝与目前的德国政权打交道。当晚，总理在塞纳河畔的法国外交部设宴款待韦尔斯一行。多位法国部长和外交官出席。尽管法国面临巨大的战争威胁，但传统的礼仪必不可少，为来宾们服务的男仆身穿制服和长及膝盖的短裤。

韦尔斯在与前社会党总理和1936年至1937年法国人民阵线政府领袖莱昂·布鲁姆（Léon Blum）会晤时，感受到欧洲的反犹太主义敌意。布鲁姆是富兰克林·罗斯福的倾慕者，他居住在圣路易岛上波旁街的公寓楼里，那里能够鸟瞰塞纳河。韦尔斯和布鲁姆在他漂亮的小书房恳谈了很长时间，书房依然透露出当年生活的痕迹。韦尔斯从布鲁姆的话中感觉到一种"深深的悲伤和难以回避的沮丧"的暗流，一种对法兰西共和国的日子屈指可数和时光飞逝的感觉。布鲁姆的悲伤不无根据。在接下来几天，美国大使馆收到近三千封法国人的来信，许多来信言语粗鲁，抗议美国总统特使竟然拜访犹太人。

随后一个月，美国驻法国大使布利特才姗姗来迟回到法国，他向罗斯福报告说，韦尔斯给巴黎带来了不良影响。他写道，法国政治家告诉他，"韦尔斯在每个人面前都'赞扬'了墨索里尼，并且给人的印象是德国是不可战胜的"。布利特认为，这显然伤害了法国的自尊心。他用惯常的固执说，"我在这份报告中已经高度克制了，因为我听到的很多反应和言辞非常极端。我们还是永远把这事忘记了吧"。

当然，韦尔斯是用自己的方式来缓解法国人对墨索里尼及其政权的憎恨，这也是给轴心国制造矛盾的手段。这毕竟是他的受托之事。但是，对其访问更详细的描述来自英国驻法国大使罗纳德·坎贝尔爵士（Sir Ronald

Campbell），他在给伦敦的报告中写道："韦尔斯留下绝佳的个人印象。尽管韦尔斯表现得'有些显而易见地被墨索里尼先生所迷惑'，但他清楚地表明了对在德国所见的不满，并且，他的同情毫无疑问是偏向同盟国一边的。"

至于媒体的编辑，他们都认为，如果与德国严厉控制的新闻报道界线相比，像他这样聪明的人不会对在法国听到自由表达的思想而无动于衷。《巴黎晚报》就直截了当地对富兰克林·罗斯福的特使说："在德国，你是寡头政权的客人。在巴黎，全体人民欢迎你……一边是一党专制，一边是自由的人民。"该报还重复了官方的观点，"只要纳粹政权还在台上，就不可能有和平。严峻的历史经验表明，纳粹的许诺毫无价值。"通往和平的唯一道路，如同达拉第领导的政府公开表明的，是战胜德国，或是政权的更迭。在私下，向韦尔斯表达的立场从未如此清晰。

* * *

星期天早上，韦尔斯一行乘坐客机飞往英国，有三架法国战斗机和一架英国侦察机护航。从巴黎布尔歇机场起飞后几分钟，巴黎在他们的视线中就只剩下刺破云霄的埃菲尔铁塔塔尖。九十分钟后，他们飞抵英国领空，飞机飞行高度很低，韦尔斯能够看见下面田野上准备春耕的人们。他头戴黑色圆顶硬礼帽走出飞机，从赫斯顿机场前往伦敦西区。就在这同一机场，内维尔·张伯伦在1938年9月从慕尼黑归来，挥舞着一张报纸，仿佛象征着和平，但事实上，其象征着投降。

乔·肯尼迪走上飞机迎接韦尔斯，并将他们一行送往下榻处：现代豪华的多切斯特酒店（Dorchester）。酒店大厅挤满了记者，旁观的人群，和一位身穿长风衣的男人，他鼓胀的臀部裤兜暴露出他的便衣警察身份。本来打算让韦尔斯一行入住另一家豪华的梅费尔酒店：克拉里奇酒店（Claridge's），当大使馆听说该酒店的意大利籍经理具有法西斯倾向，担心韦尔斯的房间被安放了窃听器。当时通知了英国特工组织军情五处。但他们也没有发现任何窃听装置，但也不能保证窃听器没有埋入墙壁里，因此，韦尔斯入住的酒店被调换了。"或许，英国人是想让代表团住到他们而不是意大利人掌控麦克风的地方。"莫法特开玩笑地说。

当天下午，肯尼迪带代表团全部人员去了伦敦的基尤皇家植物园

（Kew Gardens），在温暖的周日阳光下，大批伦敦市民在植物园游览。肯尼迪一边漫步，一边告诉来访者他对局势的看法。张伯伦政府决心不与柏林的"匪帮"和谈。但政府也清楚，长久的战争会拖垮英国，上层阶层对此深为担忧。华盛顿对参战的犹豫不决正在激发起英国的反美情绪：尽管肯尼迪充耳不闻地进行了解释，但丝毫没有消解这种情绪。"我的上帝，不要把这场战争弄成圣战，因为无人会相信你的话，"他告诉韦尔斯，他就是这样直言不讳地对英国官员说的，"作为一个帝国是为自己的生存而战，这就足够了"。

在伦敦，战争的气氛比巴黎更显紧迫。银色的拦阻气球点缀着首都的天空，街道布满沙袋和铁丝网。白金汉宫（英国的王宫）的警卫身穿黄色卡其布军装，警察头戴钢盔。一位记者报道说："在英国，防毒面具几乎成为了民族团结的标记，相当于德国纳粹党的十字型党徽。"美国人还发现，这里的灯火管制比巴黎更严重。伦敦市民在遮住窗户灯光上比巴黎人更认真。韦尔斯没有在英国看到任何迹象表明"德国的宣称取得效果，但其沉重地虚弱了法国的士气"。他感受到了"战斗到底"的潜在决心，而不是像1938年秋季那样向希特勒屈服。[16]

表面上，国王陛下的政府对韦尔斯的使命颇为乐观。张伯伦首相告诉肯尼迪，他曾经"最初非常担忧"，但后来，华盛顿表述得很清楚，"这次出访的目的不是'给出和平计划'，现在，他已经完全满意了"。事实上，白厅依然不确定卡多根所说的"韦尔斯先生出访的最终的根本目的"。不仅如此，这次出访时间正是同盟国处于惊恐之际，与苏联入侵芬兰的时间巧合，而这一事件被看作是英国和法国的挫败（10天后，达拉第辞去总理职务）。因此，大多数与韦尔斯会晤的伦敦官员都证明不可能与希特勒打交道，并誓言决心要获得对德战争全面胜利。在接见韦尔斯时，国王的讲话稿，按照一位历史学家的话，"听上去更像是宣传部长的新闻通气稿"。

在来自苏格兰场的便衣警卫全程护送下，韦尔斯会晤了大多数英国领导人，包括张伯伦首相的内阁成员；反对党工党领袖克莱门特·艾德礼（Clement Attlee）；前首相劳埃德·乔治（Lloyd George）；大使和高级专员；外交部官员等。当然，韦尔斯穿着得体地出席了每一场所和各种集会。有时，这涉及高超的应变能力。例如，在某一天，他得先穿着正装，然后换上条纹西裤，长外套和礼帽，接着又在傍晚换上白色领带，燕尾服和丝绸帽。毫不奇怪，《芝加哥每日论坛报》戏言说，他被推上了"英国的社交旋转木马"。而伦敦的时装界对其品味大加赞叹,并把他选为仅次于国王的公共场所穿着最佳者。

韦尔斯在伦敦的会晤中获得大量信息,尽管与另一位特使后来的访问相比,韦尔斯的总统特使身份并未使他具有获得英国情报的特权。英国外交部的观点是:"我们应该让他充分了解我们的政策和目标,但不向他提供全部军事情报。"战时内阁认为,英国处于战争状态,军事情报不能与中立的美国分享。

一天下午稍晚,韦尔斯前往海军部拜访与富兰克林·罗斯福进行通信交往的温斯顿·丘吉尔。这位65岁的海军大臣在一战中也曾担任相同职务,后因他所参与指挥的同盟国军队在盖利博卢战役中失利,丘吉尔引咎辞职。现在,他说,四分之一世纪过去了,他还坐在同样的黑色镶板房间里,使用同样的八角形桌子,头顶是同样的海军大将纳尔逊勋爵画像,面对着同样的局势和敌人。"德国人的目标没有改变,也不会改变,"他告诉韦尔斯,"那就是世界霸权和军事统治,这些目标既威胁着大英帝国的安危,也威胁着美国的安全。他曾经预见到当前的危机,也曾多次向英国政府指出这点,但别人对他的话充耳不闻,现在,威胁最终悬挂在了他们头上。"

韦尔斯在给总统的报告中有些苛刻地描述了这次会晤。当韦尔斯走进丘吉尔的房间,他抽着24英寸长的雪茄,喝着一杯威士忌和苏打水。美国人想,"在我来之前,他肯定喝了许多杯酒了"。丘吉尔让他享受了两个小时的演讲,在这一过程中,韦尔斯根本没有任何机会插嘴。"在演讲中,华丽而深刻的辞藻,伴随着大量的风趣妙语,如瀑布般倾泻而出,"韦尔斯回忆说,"如果我不是曾经'一点一点地'读过他的书,他的演讲会让我更终生难忘(碰巧,当我离开前,他送了我一本签名的书)。因此,他对我作的演讲更像是重温旧课。"但事实上,丘吉尔的魅力深深地穿透并打破了韦尔斯的矜持。几天后,他告诉一位熟人,"他精神疲惫地进入海军大臣的房间,但精神为之一振地走了出来。丘吉尔是他所见到的最吸引人的名人之一。"

这次出访伦敦最大的收获是与内维尔·张伯伦首相和外交大臣哈利法克斯勋爵进行的会晤。3月11日星期一晚上,韦尔斯和肯尼迪来到唐宁街10号首相官邸,进行首次会晤。早在两个世纪前,这座宏伟的古老建筑就成为了英国首相官邸。首相正在他的长条形的内阁办公室里,办公室窗户高大，首相坐在铺有绿呢桌布的会议桌前，背后是白色大理石壁炉架。韦尔斯发现，张伯伦显得比他的照片更年轻和健壮，丝毫没有传言中所谓"困惑的母鸡"形象。"他的头发漆黑，只是前额有一缕银色白发……他的突出特征是一对大大的非常敏锐的黑眼睛，和他低沉清晰的声音"。不一会儿，哈利法克斯也进来了，"他的相貌与照片完全相同：特别高大，体型瘦削，不太成熟的容貌"。

韦尔斯表示，他在柏林的逗留让他相信，德国发生政权更迭的可能性尚不明朗。因此，任何和平方案都会涉及到希特勒提出的条件。韦尔斯给出他认为能够顾及到各方的安全考虑条件：德国从波兰和捷克斯洛伐克撤军，交战各方裁军，建立一支国际空军部队，以防止德国今后入侵小国。在韦尔斯看来，整个问题的关键是裁减军备。张伯伦反驳说："他已经在过去两年向德国作了一切可能的妥协。"而他收到的回报则是欺骗和谎言。德国是"当前世界一切麻烦的始作俑者，"首相表现出脸色煞白的震怒并坦率地说道，"只要目前的德国政权还在台上，就不可能有真正的和平希望"。没有重新建立信任，裁减军备是不可能实现的。他断言说，这要求德国人民更换他们的统治者。

韦尔斯回答说，这一问题让他想起"先有鸡还是先有蛋的老问题"。张伯伦强调的是除非欧洲重新建立信任，否则不可能实现裁减军备，而韦尔斯则认为，只有裁减军备，特别是裁减轰炸机和其他进攻型武器，各国才能达到相互信任。韦尔斯强调，他并没有给出任何建议，但在张伯伦和哈利法克斯看来，美国人是在寻求和平建议，他好向罗斯福汇报，并且会让英国人难堪。一贯对韦尔斯怀有敌意的罗伯特·范西塔特爵士（Vansittart）听说了这番对话后大发雷霆。范西塔特气急败坏地说："建立信任当然必须先于裁减军备，而韦尔斯颠倒黑白，并且拿出鸡和蛋的废话作掩护，他彻彻底底是错误的。"确实，当希特勒在柏林策划征服和屠杀时，听到一个美国人在反复谈论鸡和蛋，这是够奇怪的。

两天后，在唐宁街10号首相官邸举行了第二次也是最后一次会晤，同时也是韦尔斯在伦敦的最后一晚。这次，张伯伦的决心有些动摇了。韦尔斯直接询问首相，如果德国纳粹撤出波兰和捷克的波希米亚和摩拉维亚地区（Bohemia and Moravia），并且制定出裁军方案，他是否仍然拒绝与纳粹谈判。对此，哈利法克斯增加了新的条件，包括奥地利的自由选择。韦尔斯回答说，墨索里尼认为"按照这些条件和谈不是不可能"。此刻，一直伴随其美国同胞的乔·肯尼迪作出了令人意外的干涉。如果和平在望，而英国拒绝参与和平谈判，他大声喊道，其立场是难以接受的。"如果你们坚持这种立场，"他说，"为什么我还要带头反对张伯伦政府。"首相的回答是如果出现这种政策的奇迹般逆转，他不会拒绝和谈。

当晚，张伯伦为美国人和少数英国同行举行了宴会。唐宁街10号首相官邸楼上的宴会厅宽敞明亮，装饰着厚重的镶板，挂着惠灵顿、纳尔逊、皮特和福克斯的画像。张伯伦满怀深情地谈到他的老朋友"卡蒂"（Cotty），恩迪科特·皮博迪牧师（Reverend Endicott Peabody），皮博迪是韦尔斯、莫法特及罗斯福的校长。丘吉尔对人们谈起了他对英国人思维方式的看法，"比如工人，"他说，"他们就有主见，他们不能容忍反对德国战斗的懈怠。"对此，乔·肯尼迪终于使用了礼貌语言，"如果你能够给我找到一个比你还强硬的工人，我就把我的帽子吃下去。"[17]

第二天早上，韦尔斯给人们留下各种不同印象后离开伦敦。张伯伦在议会上形容他是"能力超群，思维敏捷，才华横溢的人"。哈利法克斯出人意料地喜欢韦尔斯这个人，但认为他"有些脱离实际的空想，倾向于感觉问题可以通过字面上的诚意解决"。罗伯特·范西塔特的评价便没有如此宽容，他多次激动地指出："韦尔斯过于天真、油腔滑调、轻率浅薄，"并且，"是个国际麻烦。"[18]

萨姆纳·韦尔斯在伦敦的行动出现了变化。他开始提出自己的观点而非征询对方的观点，他开始寻求和平计划的轮廓。很多与之交谈的人认为，他这样做是在自我发挥。外交部认为，特使超越了总统的使命，这两人的思考"肯定是分道扬镳的"。"韦尔斯有他自己的想法，"一位英国外交官谨慎地说，"但我们得等等看，他是否能把他的想法'销售'给罗斯福先生。"[19]这一天比人们预料的来得要快。

* * *

3月14日早晨，韦尔斯一行乘坐首相专机从亨登机场起飞，很快就陷入暴风雪包围中。飞机完全靠盲飞，所有乘客都遭到无情颠簸，但飞机终于在云层的空隙中找到了勒布尔歇机场（Le Bourget），并且用"令所有人耳朵失聪数小时的速度"降落。他们仅在法国首都逗留了数小时，然后登上前往罗马的火车。两星期前，韦尔斯答应了外交部长齐亚诺伯爵的要

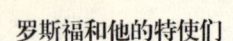

求，在他返回美国途中与意大利方面再次会晤。他希望在其大军开拔前，为破坏轴心国之间的关系再走一步棋。或者，他有可能阻止他们发动战争。

在罗马，媒体的各种虚幻推测层出不穷。记者密切关注韦尔斯对罗马的再次访问，认为"空气中出现了非常重要的东西"。几个无足轻重的巧合都将韦尔斯牵连其中：一位德国信使当晚到达罗马；当天德国大使出现在外交部官邸基吉宫，这些报道都引起一片哗然。

在与外交部长齐亚诺和墨索里尼进行的第二轮会晤中，韦尔斯再次慷慨地奉献上甜言蜜语，强调意大利对欧洲事务中的中心作用。他降低了英国和法国不让步的调门，说他的感觉是，在波兰和捷克斯洛伐克某些地区独立，奥地利全民公决，和普遍裁军的基础上，和平是有可能的。他让齐亚诺感到如果盟国"能够得到某种安全保证，他们愿意或多或少作出让步，并且承认既成事实"。而这已经远远超越了张伯伦和哈利法克斯许诺的让步。韦尔斯是在竭尽全力弥合各方的分歧。

在威尼斯宫昏暗的办公室里，看上去更加精力充沛的领袖警告韦尔斯，德国人即将发起攻势："距离半夜仅剩一分钟了。"两天后，他就要去意大利和奥地利交界的阿尔卑斯山的勃伦纳山口与希特勒会谈。如果他能够看到推迟进攻的任何希望，墨索里尼坦言，他必须让元首也看到这种希望：盟国在关于德国的生存空间问题上不是不能妥协的。墨索里尼询问韦尔斯，是否愿意委托他将韦尔斯关于欧洲和谈可能性的观点转告给希特勒。特使回答说他需要得到华盛顿的批准。当晚，他给罗斯福打了整个出访期间的唯一一次电话，总统当即拒绝了这个要求。

这次通话的内容永远无人所知。据韦尔斯说，他建议罗斯福拒绝墨索里尼的要求，以免总统被认为是帮助希特勒决定欧洲和谈的基础。但这与韦尔斯过去几天的外交目的不相符。齐亚诺则相信，根据意大利情报部门的电话窃听内容，韦尔斯是希望得到许可，进行某些隐晦的和谈行动，但得到的答复是否定的。或许，越洋电话的线路当晚特别嘈杂。但无论电话内容如何，罗斯福的立场很清楚：考虑到当时的机遇，他对鼓励与柏林进行和谈毫无兴趣。

在拒绝墨索里尼要求的当晚，富兰克林·罗斯福公开发表了对德国不加掩饰的批评，其实际上已排除了与纳粹和谈的可能性。"今天，我们在寻求和平的道德基础，"他从白宫发表纪念基督教传教士的广播讲话说，

"但如果不能承认兄弟情谊，就不可能是真正的和平。如果和平的结果是压迫，或者饥饿，或者残忍，或者用武装集团控制人类的生活，就不可能是持久的和平。如果弱国生活在强大邻国的恐惧下，就不可能是健全的和平。如果自由被作为贡物出售，就不可能是道义上的和平。如果不能自由地获取对理想的追求，让人们发现共同的基础，就不可能是明智的和平。如果不能敬拜上帝，就不可能是公正的和平。"欧洲认真倾听了这次演讲。英国人士对《纽约时报》说，他们"对演讲的每句话都深表赞同"。

韦尔斯欧洲之行的使命结束了。3月18日，希特勒和墨索里尼及随从在勃伦纳山口举行会晤。领袖私下保证，意大利参战与德国并肩战斗是"不可避免的"。[20] 在罗马，韦尔斯被引见与梵蒂冈罗马教皇见面。[21] 当晚，他目睹了一场特别的表演。听说韦尔斯是歌剧爱好者，罗马市长特意安排在罗马歌剧院演出威尔第（Verdi）的歌剧《假面舞会》（*Un Ballo in Maschera*），歌剧院坐满了系着白色领带的绅士和精心化妆的女士。歌剧的主角是著名意大利男高音歌唱家贝尼亚米诺·吉里（Beniamino Gigli），经常在纽约大都会歌剧团演出的吉里声音极其优美。在《假面舞会》中，一位有权势的新英格兰人卷入了不道德的爱情，并最终因此丧命。几年后，歌剧《假面舞会》中的情节恰好印证了韦尔斯自身的遭遇。

* * *

韦尔斯离开欧洲，在他出访期间逗留在意大利的妻子与他一道返回。他们一行于3月20日乘坐"康特·萨瓦"号（Conte de Savoia）轮船离开热那亚（Genoa）。"康特·萨瓦"号轮船比她大西洋航线上的姐妹船"雷克斯"号轮船小，但更漂亮。8天后，"康特·萨瓦"号轮船抵达美国纽约州的哈得逊河市中心的码头。当天下午，记者观察到韦尔斯和科德尔·赫尔国务卿走进白宫。他们一道踏上白宫门前的地毯，在蓝色制服的黑人门卫的手势下，闪闪发光的玻璃青铜大门洞开。《时代周刊》杂志报道："脱下帽子和外套，赫尔和韦尔斯进入嗡嗡作响的小型电梯，电梯吱吱嘎嘎地上升到二楼的椭圆形办公室，富兰克林·罗斯福坐在巨大的坚决桌前。就这样，韦尔斯的使命结束了。"

他辗转旅行了14 000英里（约22 000公里），会晤了两位国王，两位首相，一位元首，一位领袖和一位教皇，难以计数的外交部长，政治家和官

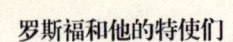

员。"如果仅看所观察到和所倾听到的一切,"《时代周刊》杂志报道说,"在这41天中,萨姆纳·韦尔斯是世界上对世界最大的问题:第二次世界大战最具洞察能力的人。"毫不奇怪,有报纸给他对这次出访写的回忆开出了6万美元的报酬,这在当时可是一笔巨款。

韦尔斯在返程的"康特·萨瓦"号上完成了报告,报告包括在欧洲每次会谈的独立备忘录,以及罗斯福喜欢的细节描写。即使赫尔也承认报告非常"出色"。报告的结尾谈到了意大利的作用和和平的前景。他预测说意大利将"随墨索里尼一个人的决定而行动。墨索里尼是一个聪明绝伦的人,但却不能忘记,他在内心和本能上又是一个意大利农民……他崇拜武力和权势"。美国应该寻求和意大利改善关系,韦尔斯建议道,可以加深贸易往来,对法西斯主义的态度更委婉一点。[22]

在宏观层面,韦尔斯认为:"如果和平的目标是针对安全问题,那么,本来可以有一线希望谈持久和平的。""德国人民,"他写道,"过着仿佛来自另一个星球的人的生活。对他们来说,谎言已经成为真理,邪恶成为善行,侵略成为了自卫。尽管如此,在所有这一切的背后,他们真实的要求是安全,是有机会能够幸福理想地生活,是拥有和平。""一个非常细微的和平希望,只要纳粹还掌管政权,便只能是草草拼凑一个关于安全和裁军的切实可行的计划。"而对这个计划的深度加工需要最高层面的政治家才能,加上远见、勇气和胆识。韦尔斯在欧洲没能发现这种领导能力:只有受到其他中立国支持的美国具有这种能力。

可是,罗斯福对此毫无兴趣。在他与韦尔斯和赫尔在白宫办公室会晤的同时,他的新闻秘书斯蒂夫·厄尔利(Steve Early)召见了驻白宫记者,警告他们不要引用"据说是来自权威的,或可靠的,或真实的渠道的消息",而把自己牵涉进去。副国务卿的报告仅限于总统和国务卿赫尔阅读,厄尔利强调,两人都不会透露半点风声。

第二天,总统宣告韦尔斯的使命结束。"他所获悉的情报,"富兰克林·罗斯福宣称,"将对政府对外关系的普遍准则有巨大价值……谨向韦尔斯先生表达我的感谢和感激,他以非凡的机敏和智慧,完全遵循美国外交惯例完成了这项艰难的使命。"

这项使命就这样淡出了公众视野,政府对报告守口如瓶,赫尔断然拒绝了参议院外交委员会要求韦尔斯出席听证的要求。两周后,这项使命随欧洲局势的急剧变化而被彻底遗忘。

***

  半个世纪后才公开出来的亚瑟·M.施莱辛格的证词是,"萨姆纳·韦尔斯的欧洲之行并非载誉而归"。他既没能延缓德国人发动攻势,也没有削弱轴心国的力量。尽管他的罗马之行使意大利和美国的关系出现短暂改善,但却难以转变为持久的效益。相反,他的欧洲之行使希特勒加强了与墨索里尼的联系。韦尔斯的使命或许在轴心国和同盟国都引起了同样的惊恐不安。

  它也在国务院导致了不和谐,引发灾难性后果。韦尔斯的使命加深了科德尔·赫尔对他的忌妒,并让威廉·布利特成为韦尔斯的死敌。迟早而言,对韦尔斯的任命产生的敌意最终会导致他的下台。

  罗斯福从未设想韦尔斯的使命是缔造和平的手段。但是,富兰克林·罗斯福未能明确这次出访的界线,而韦尔斯的自行其是使他的使命滑出正轨。当韦尔斯到达伦敦时,随他寻求和谈内容的明确定义时,即使是短暂和简要的,他使命便转向了高风险的穿梭外交领域。一位历史学家说,"现实总会让人猛然回头","当韦尔斯和罗斯福通电话时,总统断然拒绝了美国参与和谈的任何可能性"。韦尔斯对此该负部分责任,但是,最终还是罗斯福该负全部责任。1940年2月到3月,总统的观点显而易见,但他的政策却模棱两可。韦尔斯的使命就反映了这种犹豫不决。

  作为国内政治策略的手段,这次使命的影响更难衡量。这次使命或许激发了美国人对欧洲事务的关注,与该使命巧合的是,相信美国将会参战的美国人数量急剧上升。很快,这次使命就淹没在欧洲传来的不断变化的消息中。它对美国人关于战争的态度和富兰克林·罗斯福的再次当选的影响微乎其微。

  但是,回顾历史,这次使命在富兰克林·罗斯福的政策变化中起了它应该起的作用。和其他美国外交官不同,韦尔斯能够亲自与希特勒和墨索里尼面谈,并帮助富兰克林·罗斯福对他们进行判断。总统偏爱的是对整个欧洲局势的"一个人"观察,而非各种不同的和不相关的报告。韦尔斯内容丰富的报告让富兰克林·罗斯福看到了栩栩如生的欧洲局势。并让他坚信一个贪得无厌的希特勒将很快发动"专制战争",并且抛弃了柏林即将会出现政权更迭的幻想。这表明,美国如果作壁上观其影响将非常

罗斯福和他的特使们

微弱。

　　最后，韦尔斯使命的瑕疵反映了其代表的政策的缺陷。在随后几个月中，随着欧洲大战的爆发，富兰克林·罗斯福的立场开始越来越清晰和强硬。他所派出的特使的任务同样如此。瑕不掩瑜，韦尔斯的使命预兆着它将是该世纪最重要的外交行动。

二战与美国命运相会

1940年7—8月
比尔·多诺万出访伦敦

第2章
一位明智的豪斯上校

从萨姆纳·韦尔斯回到华盛顿到比尔·多诺万上校出使伦敦的这四个月期间，世界发生了翻天覆地的变化。富兰克林·罗斯福称其为"系列事件的飓风"，这股飓风近年来不断蓄积，最终于1940年春天在欧洲着陆。希特勒先前已经征服了捷克和波兰；4月里他又入侵了丹麦和挪威。其中英国首相内维尔·张伯伦（Neville Chamberlain）是被殃及的诸多受害者之一，5月10日，其首相职务被富兰克林·罗斯福的信件交谈者温斯顿·丘吉尔所取代。一个由保守党、工党和自由党成员组成的联合政府已经形成。作为首相在下议院发表就职演讲时，丘吉尔为大不列颠设计了新的方向：

如果你问，我们的政策是什么？我会说：我们的政策是用上帝赋予我们的所有力量和优势，在海上，陆地上和天空中进行战斗；同人类可悲和黑暗的罪恶史上从未见过的穷凶极恶的暴政战斗，这就是我们的政策。如果你问，我们的目标是什么？我可以用一个词来回答：胜利，不计一切代价去争取胜利，不畏一切恐怖去争取胜利，无论道路多么遥远和艰难也要去争取。因为没有胜利，就无人能够幸免。

罗斯福和他的特使们

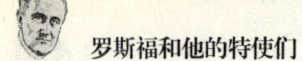

似乎是为了证明丘吉尔所言不虚，德国元首发动了闪电战。他的军队很快击败了比利时、荷兰和法国。这三国都在令人惊讶的短时间内放弃抵抗向强敌投降。法兰西第三共和国的脆弱在萨姆纳·韦尔斯访问巴黎时就已经显现。这种脆弱如今昭然于世。6月16日，菲利普·贝当元帅成为新任法国总理，并立即请求与德国签订停火协议。许多参见了韦尔斯的人士，包括埃都阿德·达拉第（Edouard Daladier）和莱昂·勃鲁姆（Leon Blum）很快被维希政府当局逮捕。如今在巴黎，除了德国占领者和他们的法国帮凶外，再也无人喝香槟了。

当时只有英帝国还在坚持，但谁又知道它能坚持多久？华盛顿对世界的观点突然转变，"几乎是一夜之间"。历史学家沃尔多·海因里希（Waldor Heinrichs）说，"美国自拿破仑战争以来所享有的'免费安全'已不复存在"。大西洋不再是友好的海洋："希特勒已控制了彼岸……一个很大的可能性就是美洲新大陆会发现在轴心国统治的世界里，他们就像身处孤岛。"此时，希特勒胜利的浪花也传到了太平洋。在东京，新当权的政府决心加强日本同德国和意大利的联盟，同时在亚洲建立新秩序，从而削弱欧洲的影响力。

罗斯福的外交政策也有所改变。他对这一系列惊人事件作出的回应，是在弗吉尼亚大学令人激动的毕业典礼上的激昂陈词。他并不是像政府内部和外部人士所催促的那样龟缩回西半球，而是加快美国的军事装备准备，并加速对"反对力量"的援助，尤其是对英国和法国的援助。富兰克林·罗斯福在弗吉尼亚州夏洛茨维尔市演说的当天，墨索里尼将意大利卷入进攻英法的战争中。墨索里尼的这一决定深深地激怒了罗斯福，因为这意味着他和韦尔斯为了让意大利不参战所付出的努力化为泡影。他愤愤不平地说："那只手握着的匕首已经刺向了他邻居的背心。"

罗斯福政策的两个重点包括重振军备及向盟国提供援助。重振军备是紧迫的需要。十年来，吝啬的国会军费拨款导致美国的武装力量非常薄弱。据观察家估算，从5月底比利时部队投降后，美军实力上升至全球第十八位，仅略胜于保加利亚的军事力量。美军部队训练时用排水管代替迫击炮，用大扫帚代替机关枪。如今看到欧洲的情况后，参议员和众议员迫不及待的要为自己之前的过错赎罪。议员们拨发了罗斯福要求的全部拨款，甚至更多。当罗斯福要求国会批准一年制造5万架军用飞机时，议员们回以热烈的掌声。但并非所有人都如此高兴，在一次通过哥伦比亚广播公司对全国演讲时，著名飞行员查尔斯·林德伯格上校对富兰克林·罗斯福紧急国防项目提出了尖锐的批评，并且公开指责他"对灾难和入侵喋喋不休地唠叨，而且越来越频繁"。美国不会遭到他国侵略，他说，除非美国人干预别国事务而自找苦头。"如果我们渴望和平，我们只需呼唤停止战争，"被激怒的富兰克林·罗斯福告诉他的朋友，"如果由戈培尔本人来写拨款申请，效果或许会更好。"

历史学家J. 加里·克利福德（J. Garry Clifford）和塞缪尔·R. 斯宾塞（Samuel R. SpencerJr）注意到，在总统呈给国会要求扩充军力的国防报告中，他并没有提到一个很重要的实事：那就是需要大量的受过训练的人来驾驶坦克，飞机和扛起步枪。这支部队几乎不可避免地需要一个强制性军事训练和服兵役的体制。但是，富兰克林·罗斯福对在美国历史上首次提出和平时期的征兵法犹豫不决，除非他清楚会在国会通过。相反，一群纽约银行家、律师和参加过第一次世界大战的军官主动参与进来，为"义务兵役制"寻求基础，其将登记注册及招募数百万的美国年轻人。

1940年5—6月，罗斯福更专注于其政策的第二个重点，也是更有争议的部分：向盟国提供援助。他目前正在处理来自巴黎和伦敦越来越迫切的武器援助请求，这些设备能够用以应对正在逼近的德军。总统运用各种计谋避开了立法限制，下令运送了大量美国军用物资，包括二十五万支步枪（后来武装了英国国土防卫军），一亿三千万发子弹（美国部队四分之一的库存），八万挺机枪，九百门大炮和一百四十架轰炸机。对于那些支持加强而非摧毁美国国防的议员来说，这样规模的军用物资转移是很不受欢迎的。即便是在美国陆军部，这也是富有争议的。捉襟见肘的美国陆军部理所当然地担心自己的资源被分割出去。富兰克林·罗斯福的决策显示出了极大的政治勇气。一些白宫同僚认为这"代表了罗斯福的自杀行为，也还可能代表了整个美国的自杀行为"。

法国沦陷时，公众开始赞成总统关于援助英国的政策，但是三分之二的美国人仍然对英国的最终胜利持怀疑态度。很多美国人担心英国很快就会退缩到绥靖政策并谋求和解。富兰克林·罗斯福无法消除这种担忧，特别是当其亲信也持有这种担忧，且得到来自战地的报道相佐证。据州政府官方报道，尤其是乔·肯尼迪从伦敦发回的电报，按照一位国务院官员的话说："带有很强的悲观情绪……肯尼迪给人的印象是英国已经走到了尽头，并说如果我们美国人要参战，我们会独自背上整个包袱。"

罗斯福和他的特使们

* * *

在这异乎寻常的危急时刻，威廉·J."疯狂的比尔"·多诺万（William J."Wild Bill" Donovan）走上舞台。多诺万是爱尔兰裔美国战斗英雄。他曾立志在纽约政府谋一职位，但如今忙于其律师业务并偶尔客串一阵外交官。他本可以成为美国的战时情报机构首脑，但在1940年，他还游离于国家政治的边缘。二战中曾在多诺万手下工作的亚瑟·施莱辛格（Arthur Schlesinger）把他描述为"一位了不起的人，一个魅力、胆识、想象力、乐观情绪以及活力的成功组合……一位不循常理的管理者和果敢的决策者，行动迅速、出谋划策、抢占先机且乐此不疲"。换句话说，他和富兰克林·罗斯福有很多共同个性特质。但除此以外，多诺万和总统就大相径庭：他是天主教徒，共和党成员，出身在布法罗的工人阶级家庭，而不是哈得逊河谷中的上流社会家庭。

威廉·多诺万是爱尔兰移民的第三代。祖父于19世纪40年代因爱尔兰土豆大饥荒从库克县移民到美国。他们最终在纽约西部兴旺的布法罗市定居。该市备受新移民青睐，因为湖边繁忙的磨坊、谷仓和仓库能提供大量的工作机会。多诺万的祖父蒂莫西（Timothy）是一名虔诚的天主教徒，据说也是爱尔兰争取民族独立的反英运动芬尼亚的支持者。他在轮船的谷物舱当上了斗式升降机手。在家中，他反对饮酒并推崇个人行为自律。和他重名的儿子起初是一名火车轮机工，最终成为了一名重要枢纽车站的调度长。因为他遗憾自己缺乏教育，便收购了一个收藏有莎士比亚、但丁和狄更斯作品的图书馆，并一跃成为一名共和党成员。他和他一样爱读书的爱尔兰美女安娜·利蒂希娅·伦农（Anna Letitia Lennon）结为连理。

和大多数居住在布法罗市的爱尔兰人一样，多诺万家族居住在城市的第一行政区。这是一个条件艰难的部落式社区。从加拿大吹来的寒风在横扫整个伊利湖后，猛烈地席卷了这个社区。威廉·多诺万于1883年的新年出生于这样一个地方。后来，当他确定加入罗马天主教时，他将约瑟夫作为了自己的教名。他们家有九个孩子，最终却只有五个孩子活了下来。全家住在祖父母房子的二楼，直到他们存够了钱，搬出了第一行政区。年轻的威廉和兄弟们在后院的简易拳击台上吵闹并成长。每逢周六晚上，父亲还会带他们去布法罗市的某个酒吧，灌满他们耳朵的是男人们的争吵或歌唱，尽管作为多诺万家的孩子，他们只能喝姜汁啤酒而不能碰其他的酒精饮料。

多诺万先就读于教会学校，然后进了尼亚加拉大学，这是布法罗市郊外的一所小规模天主教大学。多诺万被证实不过是一名普通的学生，但却是一名惊人的阅读者和自信的公众演说者。一位见地高明的牧师看到他的才华所在，劝他不要和多米尼加人搅混在一起。这样，他转去了纽约市的哥伦比亚学院。在那里他管理学生联谊会场所以换取住宿和伙食。在哥伦比亚学院，多诺万的学业并不出众，但他参加了校划船代表队，并在哥伦比亚雄狮橄榄球队打四分位。后来，他和富兰克林·罗斯福在哥伦比亚法学院成为同学，虽然在当时他们并非亲近的朋友。毕业后，多诺万回到布法罗市从事法律工作，这一次，他进入了比孩提时高贵得多的社交圈子。凭借出色的教育背景和天生的魅力，他被古老的布法罗市家族的名人俱乐部和社团接纳，他们通常是不接受天主教徒的。1921年，多诺万和其他一些社团成员建立了一支骑兵部队，官方编制为国民警卫队第一骑兵团第一连。但因该骑兵连战士们的家庭血统，镇上的人都叫他们"丝袜男孩连"，多诺万被选为连长。

英俊的比尔·多诺万很受布法罗市女士们的欢迎，并因其风流而得名。但1914年，他深深地爱上了露丝·拉姆齐（Ruth Rumsey）。她是一位金发美女，圣公会教徒。其先父曾是布法罗市的首富。露丝身材苗条，有一双蓝色的眼睛。她见识广博，才思敏捷。起初，她的母亲对女儿交往的这位眼神恍惚的爱尔兰裔天主教徒并无什么印象。但多诺万最终让她刮目相看。不久，他便娶露丝为妻。布法罗市的人们认识到这个当初住在第一行政区的穷小子真的攀上了高枝。

多诺万于1916年7月应征入伍，当时骑兵团第一连被命令到墨西哥边境协助抓获匪徒潘乔·维拉。美军沿着格兰德河追踪神出鬼没的匪徒，但多诺万和他的战士们没有遭遇任何行动，次年3月被遣返。此刻，美国似乎不可避免地要参与世界大战了，多诺万被纽约著名的第69步兵团任命为营长。该团的光辉历史可以追溯到内战时期，据说是当时南方邦联部队统帅罗伯特·李将这支部队命名为"善战的69团"。这支新整编为美军第165步兵团的部队作为美国远征军的先头部队被派到欧洲，美军第165步兵团隶属于美军第42师是或被称为"彩虹师"，该部队由全国各地的国民警卫队抽调人员组建而成。

罗斯福和他的特使们

第165步兵团在长岛亨普斯特德平原的米尔斯营地进行了训练。多诺万对指挥官说他打算带出整个美国军队中最好的营来，他可以说是通过不折不扣的严格鞭打士兵来实施了自己的计划：在训练中，多诺万的一名中士鞭打士兵的头，居然将牛鞭打裂。在这期间，多诺万被他的部队起了绰号"疯狂的比尔"，这些士兵被他残酷的训练和越野行军折磨得筋疲力尽。多诺万甚至购买了拳击手套并向士兵们教授拳击课程。当前总统西奥多·罗斯福听说这一发明时，他邀请多诺万和他的军官们到牡蛎湾附近的萨加莫尔山的家中，并称他们是"了不起的战斗材料"。多诺万一贯敬重西奥多·罗斯福生活中的阳刚之气，对他来说，总统的话是很高的赞赏。八月份，比尔和露丝的二女儿帕特丽夏在米尔斯营地接受了洗礼。洗礼由步兵团牧师弗朗西斯·达菲（Francis Duffy）神父用饭盒里的水完成。帕特被称为"步兵团之女"，而那个饭盒也被多诺万家视为传家宝。

1917年10月底，曾经的第69步兵团乘船向法国挺进。比尔·多诺万在这里一战成名。战斗并没有让他疲惫，相反，他对妻子说战斗让他觉得自己就像"万圣节时的小家伙"。他通常身先士卒一马当先，大声地鼓励战士们向前冲。"冲啊，"他大声喊道，"我们要瞬间打得敌人落荒而逃。"他完全不把敌人放在眼里，曾经笑着高喊："冲啊，兄弟们，敌人的子弹打不到我，自然也不会打到你们！"理查德·奥尼尔中士曾被纽约称作第一次世界大战最勇敢的英雄，也被多诺万在枪林弹雨的战场上表现出来的从容惊呆了："你会以为多诺万是站在百老汇和第42大街的拐角，而不是在枪林弹雨中。"有时多诺万对装病的士兵非常粗暴，但有时他又很有同情心，将手臂搭在被吓坏了的年轻士兵肩膀上，为他鼓劲。

有一次在法国北部的红花森林，德军的炮弹炸塌了防空洞的洞顶，将一个排的战士埋在了数吨重的岩石和泥土中，多诺万不顾自身安危，亲自带领救援队前去营救。法国人因为他屡次英勇，奖励他十字军功章。但多诺万拒绝接受此奖，后来直到另一位应被嘉奖却被忽略的犹太裔中士获得表彰时，多诺万方才接受了对自己的奖励。同时身为记者和诗人的乔伊斯·基尔默（Joyce Kilmer）当时在法国担任多诺万的副官，他在名为"红色的花束"的一诗中缅怀那些长眠于废墟的战友时写道：

　　三发炮弹轰鸣于此，
　　意外却又清晰可辨，

也许他们年轻勇敢的灵魂听到，
军号在唱着催眠：
"睡吧！
睡吧！
在炮弹咆哮和落下的地方安息休眠。
让你的枪支安葬在这泥土里面，
因为你已不再需要他们冲锋上前。
危险已经过去，
现在终于可以
安详地睡眠！"

1918年7月，多诺万带领他的一营官兵前进并跨过了乌尔克河，为此他荣获"杰出贡献十字勋章"。那场战役让第69步兵团的战斗力丧失殆尽；多诺万少校的所有连长，包括副官基尔默都壮烈牺牲。被提拔为陆军中校和团参谋长后，他最耀眼的时刻出现在10月的默兹阿尔贡战役期间。他投入战斗时看上去几乎非常干净整洁：胡须剃得干干净净，一尘不染的制服上挂满了缎带，勋章和军级肩章，靴子和萨姆·布朗皮带被擦得锃亮。在朗德尔和圣乔治附近的战斗中，子弹击中他的胫骨，但他拒绝放弃指挥权，始终坚持指挥战斗并调动大炮和迫击炮。四年多后，经历了部队多次斗争，他因为战争中突出的大无畏精神，被授予美国军队最高表彰，荣誉勋章。他高姿态地将此勋章转授给了第69步兵团，并将其保存在列克星敦大街的第69团军械库里。

达菲神父这样描述多诺万："他的士兵会很高兴地和他一起下地狱，作为牧师，我实话实说。"多诺万的英勇事迹让他成为了美国远征军的战斗英雄，在露丝的努力下，她把多诺万写的家信打印出来，并将它们寄给全国的报社发表。特迪·罗斯福写信给他，称赞他是"美国战斗的绅士中最出色的榜样"。1919年3月，多诺万被任命为上校团长。次月，他率领着他的一团官兵回到故乡纽约。他们的胜利游行非常著名。有些老兵回忆说，当日的天气也预示了佛兰德斯之战的胜利。美军第165步兵团：曾经的第69步兵团，在华盛顿广场花园集结，以整齐的队形昂首通过纽约凯旋门，沿着第五大道而上直到第110号街。每名士兵都头戴钢盔，手持步枪、700名伤残军人坐在敞篷车里，跟在检阅部队的后面。近一百万纽约

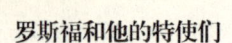

市民簇拥在第五大道两旁，观看善战的爱尔兰人高唱着"加里·欧文"、"基拉尼"、"穿上绿军装"和其他进行曲和民歌北上，围观的人们向官兵们抛洒鲜花，团旗和金星军旗，五彩纸带从办公室窗户飘下。威廉·J.多诺万上校有权独自走在最前列，但他并没那样，而是和战士们肩并肩行进在一起。

* * *

多诺万在战争中一举成名，但他的军衔却没有随荣归故里时的气势所预示的前景那样节节高升。他回到了自己的律师行业，并被任命为布法罗和纽约州西部地区的兼职联邦检察官。他仍然一如既往的精力充沛，对酒类走私犯、诈骗犯、非法经营者和大毒枭提起公诉。他下令关闭了违反禁酒令的酒吧。但当他突然查抄了专用的撒图恩会所时，他做得就越界了，要知道他自己也是这家会所的会员。这一举措对上流社会来说太过分了，而多诺万也觉得自己被上流社会所排斥。他失去了朋友，失去了律师事务所的合伙人以及在布法罗成功的政治生涯的前途。所以，当1924年他被任命为美国司法部长助理时，他可能感到一点安慰：加尔文·柯立芝（Calvin Coolidge）连任总统被证明是对萨姆纳·韦尔斯职业生涯的沉重打击，但对比尔·多诺万却是天赐良机。他成了华盛顿炙手可热的人物：在最高法院和国会里，他的游说精力十足，绘声绘色且非常有效。

多诺万同时和赫伯特·胡佛也关系紧密。胡佛被共和党提名为1928年柯立芝卸任后的总统候选人。多诺万帮助胡佛准备竞选活动演讲稿，并将他和露丝购买的坐落在乔治敦第30大街与R大街交汇处的豪华住宅提供来举行私人聚会。但是，当胡佛当选后，却背弃了当初承诺给多诺万的司法部长职位。作为安慰奖，让他担任菲律宾总督。多诺万拒绝了这一职位，辞去了司法部的工作，随后离开了首都。在胡佛就职典礼后不久举行的一年一度的烧烤晚宴上，参会的新任总司令在简短发言中给多诺万颁布了一个他唯一不曾拥有的奖励："告老还乡。"

多诺万一家搬到了纽约市，住在比克曼街1号的联排豪宅里，享有东河的美丽风景。虽然多诺万开始患上抑郁症，但他仍然像变戏法一样成功建立了自己的律师事业，成为公共事业公司大型集团和好莱坞明星们的代理人。他身形发福，生活挥霍，就餐于曼哈顿最高档的俱乐部，光顾最出色的裁缝店，成衣店和鞋店。但多诺万并不满足于当律师，1932年，他接受了共和党提名，与现任州长富兰克林·罗斯福竞选新一届纽约州州长。罗斯福当时正忙于准备总统竞选。但当年对共和党来说注定是不走运的一年，更糟的是多诺万并非是耀眼的候选人。他同时陷入了自身政治角色的矛盾中，对一些共和党选民来说，他太不循常轨；而对蓝领阶级的爱尔兰裔来说，他又显得过于富裕。最终，出现了关于多诺万婚姻的谣言。任何目睹过多诺万用他的魅力吸引美女的人都无法拒绝那些谣言。大选当日，富兰克林·罗斯福在海德公园发表竞选成功宣言，这次竞选将他送到了白宫；而在350英里（约560公里）外的布法罗，多诺万发现他失去的不仅是州长竞选，还有他自己家乡的大多数选票。

那10年余下的时光里，多诺万的法律业务被越来越被频繁前往动乱地点的海外出行所打断。年轻时，他就因善于帮客户说服官方代表团和为客户侦察商机而得名。在20世纪30年代，由于他的政治前途暗淡，他出国旅行的频率不断增加。在某国的首都或者某个战区，经常可以发现他的身影，而且是不请自来。1935年，多诺万在威尼斯宫窑洞似的房间里会见了贝尼托·墨索里尼，从他那里获得了参观意大利在利比亚和阿比西尼亚的司令部的许可。1939年春天，多诺万访问了西班牙内战的前线。在他前往加拿大育空区之前的整个夏季，他遍访了躁动不安的西欧各国。

战争爆发后的数月里，流传着这样的谣言：总统正寻求将共和党成员引入内阁，以此来提高国家的凝聚力。12月，罗斯福拿海军部长的职位试探了弗兰克·诺克斯的意见。弗兰克·诺克斯是《芝加哥每日新闻报》的出版商，共和党前副总统候选人，曾在特迪·罗斯福的莽骑兵部队服役。诺克斯对此很感兴趣并推荐他的老朋友比尔·多诺万到陆军部工作。富兰克林·罗斯福和多诺万曾在1932年的竞选活动中是对手，但现在看上去总统对这位纽约同乡很有好感。多诺万提出了需要提升全国军备的有益建言。富兰克林·罗斯福在给诺克斯的信中写道："比尔·多诺万也是我的旧友，我们曾是法学院的同学。我欢迎他加入内阁不仅是因为他自身的能力，而且也是为了弥补胡佛总统在1929年冬天对多诺万相当不公的安排。"但此后并没有什么发生。多诺万最接近军事行动的事便是1940年初协助发布了华纳兄弟电影公司的新片《善战的步兵第69团》，该片颂扬了该团在上次世界大战中的功勋。

多诺万在该片预告推广活动中扮演了一个很有魅力的角色。他现年57

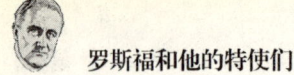

岁,多年来富足的生活让他身形发胖,面色红润。但他那双蓝色的眼睛依然清澈而动人。他身材并非特别高大,但给人的印象却很魁梧。他英俊、幽默而精明,对人的名字和长相有超乎寻常的记忆力。他比他的绰号显得要温和得多。《纽约时报》称他似"一个乖巧小孩子的护士一样狂野"。他不抽烟,同时如多诺万家族一样,几乎不饮酒。他没有吹嘘自己的从军生涯和整箱的奖章。事实上,他拒绝在衣领上镶嵌荣誉勋章受奖者专有的蓝色丝绸花结。但他不知疲倦的精力和勃勃雄心显而易见。多诺万通常早起,并享用丰盛的早餐。如一位朋友所说:"他需要补充弹药才能工作。"他一周会狼吞虎咽地看完两三本书。特别是历史和战争类书籍,他会站立在自己办公室的小讲台前阅读。"他的想象力是无限的,"另一位朋友回忆道,"层出不穷的新想法对他是轻而易举,惊险刺激让他如赛马般兴奋。"

1940年4月,多诺万遭受到了沉重的打击。他宠爱的女儿帕特丽夏在弗吉尼亚的一场车祸中丧生,终年22岁。他几乎因悲痛而崩溃,且一夜白头。富兰克林·罗斯福从白宫发来唁电说:"面对这突如其来的不幸,我同你一样悲痛。请你和与你同时处在悲痛中的人们接受我真挚的同情和亲切的问候。"多诺万感谢总统的慰问,但这并不能减轻他的悲痛。一个月后,在一个细雨绵绵的阴天,"步兵第69团的女儿"在阿灵顿国家公墓安葬。作为"荣誉勋章"获得者的女儿,她享有被安葬在那里的特权。

* * *

当比尔·多诺万还沉浸于丧女之痛时,华盛顿已被欧洲传来的骇人消息弄得手忙脚乱。6月20日,罗斯福为了让他的重整军备和援助盟友的双重政策赢得两党支持奠定基础,委任了两位旗帜鲜明的干预主义共和党人,亨利·L.斯廷森(Henry L. Stimson)和弗兰克·诺克斯为内阁成员,分别担任陆军部长和海军部长。这一次,多诺万再次成为局外人,但为让诺克斯顺利上任,他做了他能做的一切,他要求共和党同仁抛弃积怨接受上述委派。当诺克斯于7月初抵达华盛顿机场时,发现多诺万已在那里等候多时了。多诺万坚持要求诺克斯在他准备听证会期间住在自己乔治敦的家中。多诺万豪华的住宅拥有八间卧室,宽阔的草坪,环形私家车道且尽收波多马克河美景。这为诺克斯提供了完美的根据地。住宅设备完善,隐秘幽静,而且晚上特别凉爽。露丝当时去了多诺万位于缅因州的度假屋,但在乔治敦的家中仍然有三名仆人值班照料多诺万和诺克斯。

那一周,多诺万在华盛顿也有自己的任务,其中包括就一份议案向国会作证。多诺万是纽约一活跃组织"生姜集团"的成员。该集团此前提交了一份选征兵役制法议案,该议案要求对所有二十一岁到三十五岁的美国男性实行登记。并以内布拉斯加州参议员爱德华·R·伯克(Edward R. Burke)这位反新政的民主党人,和纽约共和党众议员詹姆斯·W·沃兹沃思(James W. Wadsworth)的名义提交给了国会。在该议案递交给参议院的同一天,罗斯福提拔斯廷森和诺克斯这两名议案支持者为内阁成员。7月3日,多诺万在参议院军事委员会第一次听证会上对议案进行了作证,一同作证的还有自由共和党律师格伦维尔·克拉克(Grenville Clark)、哈佛大学校长詹姆斯·B·科南特(James B. Conant),以及其他数人。多诺万告诉参议院军事委员会,他曾在法国见证了将缺乏训练的士兵送上战场的惨痛后果。第69步兵团的很多战士到达前线时都没有配备防毒面具,从来没有打开过枪的保险栓,枪膛里还满是润滑油。他说,该议案是以"最民主的方式"来建立一支训练有素的队伍。该议案还有一个简单的好处,那就是让这个国家的年轻人当然也包括年长者明白,我们的义务中包含的简单美德。如果我们不做出某种牺牲,我们将一事无成。如果议案潜在的目的就是一种要大家做出牺牲,我想这种牺牲对我们国家来说是巨大的好事。

诺克斯和多诺万很可能是在乔治敦多诺万的家中共同度过的那一周商量出了出访英国的主意。[23] 诺克斯可能希望出国访问可以帮助他的朋友度过丧失女儿帕特丽夏的哀痛。在7月9日前后,多诺万被召集到白宫参加会议,出席会议的有诺克斯、斯廷森和赫尔,还可能有罗斯福本人。与会者对急需的英国方面的信息展开了讨论,诺克斯举荐多诺万来执行一项寻找事实真相的外交使命。随后,多诺万以特使身份离开了白宫。

但多诺万究竟是代表谁的特使呢?这是一个让大西洋两岸的外交官们议论纷纷的问题。政府拒绝为多诺万的任命发表声明。从官方角度来说,他是新任海军部长的代表,海军部长曾于7月11日在多诺万上任的第一天为他写过介绍信。但是,显然多诺万也是总统的代表。诺克斯告诉一名英国部长说:"多诺万是他的官方代表,并得到了总统的全权认可。"而国务卿在提醒驻里斯本和伦敦大使馆时,确认了总统对此次访问的认可。

这次使命的目的在当时还是含糊不清的。战后,多诺万说明了他当时出访英国的两个目的:"(1)找出那里藏在我军内部的敌方第五纵队间

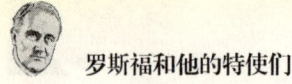

谍；（2）了解英国是否如所有人说的那样一败涂地。"富兰克林·罗斯福此前担心纳粹破坏者和间谍分子在西欧和斯堪的纳维亚半岛的活动，害怕美国内部出现敌方第五纵队行动的幽灵。因此，对英国的反间谍活动进行第一手了解是有意义的。虽然调查第五纵队是很重要的因素，但多诺万告诉几个同事说，他"真正的任务"是第二点这个更为宽泛的问题。他向独行侠式四处漂流的记者埃德加·莫勒（Edgar Mowrer）透露，他的任务是"为罗斯福总统弄清楚他最想知道的事情：英军是否愿意并能够抵抗德军？"简单地说，这个问题就是看伦敦是不是"一个有价值的盟友"。

此次出访，埃德加·莫勒将作为多诺万的副手。莫勒是《芝加哥每日新闻报》驻欧洲的通讯员。他的反纳粹报道让他在德国遭人憎恨，却在英国受人敬仰。1940年3月，他在巴黎向韦尔斯使命的代表团成员揭露了德国人的罪恶，并宣称任何试图与德国人寻求和解的企图都是"对上帝和人类的背叛"。莫勒在纳粹入侵法国后逃离了法国。鉴于希特勒一提到他的名字就非常愤怒，他的离开是明智的。戈培尔通过广播说他将动用一个师的兵力将莫勒抓获。当莫勒在经过葡萄牙里斯本前往美国的途中时，作为《芝加哥每日新闻报》的出版商，弗兰克·诺克斯命令他飞回伦敦，听候多诺万上校的调遣。在多诺万停留伦敦期间，莫勒扮演着半独立的信息采集员角色，不时会和多诺万见面并交换各自的记录。

从多诺万的出访可以得到关于罗斯福的思考和行为方式的两点启示。总统认可多诺万作为特使出访表明了他倾向于加大对英国的支持。多诺万和他的导师弗兰克·诺克斯及他的副手埃德加·莫勒一样，是干预主义外交政策和全力支援伦敦的强烈支持者。在起用多诺万时，富兰克林·罗斯福并没有指明要客观地、没有偏见地弄清英国方面的情况的目标。相反，他倾向于帮助英国，但首先他想让他认为"英国能够存活的直觉"能够得一份第一手报告的证实。而且，查找敌方第五纵队的任务只是为更大任务的一个"掩饰"，这更加体现了罗斯福不仅打算要避开他的官方代表们，而且还要欺骗他们。

* * *

多诺万出访英国这个主意让乔·肯尼迪很愤慨，他已经接待并见识了韦尔斯使命，并且越来越因为罗斯福和丘吉尔的直接交流而烦恼。在7月

10日和11日，科德尔·赫尔通知乔·肯尼迪大使，说多诺万很快会抵达伦敦执行一项弗兰克·诺克斯下达的任务，并且要求提前做好"安排与准备"。乔·肯尼迪在12个多小时内以三封电报的形式进行了回复。7月12号下午五点，乔·肯尼迪写道："对我所了解并喜爱的多诺万上校，我会提供一切便利。我不可能提前做任何准备和安排，因为我不知道他这次任务的目的……无意冒犯弗兰克·诺克斯上校，对我来说，在这个时候送一个新人来这里，是无比荒谬的，是对一个优秀机构的严重打击。"四个小时后，和埃德加·莫勒通话后，乔·肯尼迪怒气冲冲地说："这是一派胡言……如果弗兰克·诺克斯上校不停止派遣莫勒和多诺万上校来此，这个机构将不会有效运转。"第二天早上第一件事，他发出第3封电报抱怨埃德加·莫勒，提出目前这种情况让他自己很尴尬并作出结论说："这里到处都是制造轰动的人。"

肯尼迪大使非常气愤，于是他拨打了跨洋电话给他在华盛顿的朋友萨姆纳·韦尔斯，要求把他的意思转达给总统。韦尔斯给罗斯福的备忘录中说，"肯尼迪大使非常坚定地认为，如果多诺万上校不通过现有的使馆陆军和海军武官，将不可能得到任何信息。那他的到访只会直接地给英方造成困惑和误解。我告诉大使我会向您转达他的意见，但我也理解您已经做出了决定"。总统写给诺克斯上校的回复是令人欣喜的："请和国务卿赫尔一同着手处理这件事，尽量解决这个问题。某人的鼻子看上去要气歪了！"

当天，赫尔给肯尼迪发去的电报是政府对来自伦敦的多次交涉的最终回复。电报强调了肯尼迪所担忧的外交使者事实上是报纸通讯员，而不是政府代表。但是这些安抚之词无法平息愤怒的大使。赫尔报告称："海军部长通知我，他是在官方授予的权限内行事的，而诺克斯上校非常感谢大使馆及陆海军武官们的出色汇报，但他并不认为这一措施会对大使馆和专员的工作产生任何干扰。"

多诺万上校和他的助手莫勒的确切身份问题在白厅也造成了恐慌。7月10日至13日，英国驻美大使洛西恩勋爵发了四次电报通知伦敦关于两人被派往英国"调查"第五纵队的活动，并要求向他们提供适当的协助。他指出，因为多诺万和诺克斯先生的密切关系，他会在回到美国后会对华盛顿方面产生重大影响。随之而来的外交部会议纪要揭示出困惑和违反得体的礼仪之感。一位外交部官员写道："我们肯定不应该把莫勒先生当作一名美国政要来接待……我们正要电报洛西恩勋爵以明确该如何接待多诺

罗斯福和他的特使们

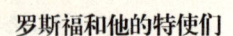

万上校。"7月16日，洛西恩勋爵确认多诺万上校是在"执行一项非常重要的任务，该任务得到了总统和国务卿的充分授权"。他同时主张应该给这位特使机会会见首相和其他英国的高层人物。两天后，洛西恩勋爵报告说："多诺万除了调查第五纵队的活动，同时还要执行其他一些特殊任务。"

弄清了多诺万的身份后，英国人开始着手准备，意图让多诺万刮目相看，但对莫勒的身份定位仍然心存疑虑。一名安全部门的官员担心他会是"一个碍手碍脚的人"。对莫勒含糊不清的委任产生了一些有趣的结果。美国大使馆和英国新闻部同意"对莫勒先生采取完全不同级别的对待"；每次他要求协助时，都需要他澄清是以诺克斯上校代表的身份还是以《芝加哥每日新闻报》报社的名义。

7月13日星期六，是多诺万在华盛顿逗留的最后一个下午，他和诺克斯以及其他朋友登上海军部长的"巨人杉"号游艇游览波托马克河。这艘豪华游艇长达104英尺（约32米），光亮的橡木甲板和红木壁板。"巨人杉"号游艇是诺克斯新职务最好的福利。随后，多诺万和诺克斯换上了就餐服装，移步至马萨诸塞大街的英国大使馆和洛西恩勋爵大使以及澳大利亚驻华盛顿公使理查德·凯西（Richard Casey）共进晚餐。凯西因为美国对参战的犹豫不决陷入困惑，但他认为"疯狂的比尔"多诺万在这方面"让人耳目一新"。多诺万将美国对盟国的"疲软"归因为"缺乏领导力"。他的方法与此相反，即"破釜沉舟"。午夜时分，他启程前往纽约。

* * *

次日，多诺万从拉瓜迪亚机场起飞，此前他和露丝通了电话，告诉她他将去国外进行"秘密行动"。在机场，多诺万告诉记者们他"因私事"出行，但海关人员却无意中透露他持有特别护照。在华盛顿，当诺克斯被问到多诺万的出行时，他拒绝对此发表评论。但记者们确定政府已经解除了美国中立法案禁止美国人进入战区对这位外交官的约束。

拉瓜迪亚机场优雅而富有装饰艺术的海军航站楼坐落在鲍厄里湾的海岸。它于数月前刚刚完工，以容纳泛美航空的巨型银色波音314水上飞机或称"飞艇"。这款"飞艇"彻底改变了跨海旅行。它全金属结构，带双层客舱，有四组发动机，是世界上最大的飞机：机身长达106英尺（约32

米），机翼长达152英尺（约46米）。乘务员身穿航海式制服，机上的豪华设施可以和航海游轮相媲美：乘客可以四处走动，用精致瓷器享用牛排午餐或羊排晚餐，在休息室喝鸡尾酒或在特等客舱舒适的卧铺睡觉。每一名乘客都是头等舱乘客。克雷尔·布斯·卢斯（Clare Booth Luce）写道："五十年后，人们还会认为今天的'飞艇'之旅是历史上最浪漫的旅程。"

"大西洋"号飞机于7月14日下午4点起飞后不久，便开始横跨大西洋，途经百慕大群岛、亚述尔群岛，最后抵达里斯本。中立国葡萄牙的首都里斯本是间谍的巢穴，所以对多诺万很有吸引力。只有最具权势的掮客、信使、外交官、避难人员和王室成员才会住在多诺万下榻的豪华宾馆阿维什大饭店。他在这里认识了另一位具有国际主义思想的美国共和党人约翰·G·怀南特（John G. Winant）。他现任国际劳工组织的总裁，此前担任新罕布什尔州州长。怀南特正要乘坐泛美航空的"迪克西"号飞机前往和多诺万相反的方向。他正将国际劳工组织的运作机构从日内瓦转移到加拿大的蒙特利尔，以保护它不受独裁者控制。怀南特为多诺万提供了一份在伦敦要拜访的要员名单并给他又写了一封介绍信。

* * *

当多诺万在飞越大西洋时，富兰克林·罗斯福被民主党提名为第三任总统。富兰克林·德拉诺·罗斯福的密友认为，希特勒和墨索里尼的举动让他下定决心要再次连任。罗斯福没有参加7月中旬在芝加哥举行的民主党全国大会，而是从布莱克斯通饭店的套房里发出指令，派哈里·霍普金斯代表他处理现场事务（霍普金斯的浴室设置了一条直通白宫的电话，让两个人可以单独通话）。大会宣读了来自总统的讯息，其中说道他不愿连任。这时，芝加哥体育场的高音喇叭不断传出响亮的呼声："我们需要罗斯福！"喊话人后来被认出是芝加哥下水道的主管，这座城市民主机器的忠实拥护者。他此后被誉为"下水道的声音"。代表们这种明确支持罗斯福的感情被芝加哥警察乐队演奏的"幸福的日子又回来"以及消防乐队演奏的百老汇流行乐曲"富兰克林·德拉诺·琼斯"煽向高潮。总统在第一次投票表决中以压倒性优势成功获得再次提名，并很快获得一致赞成票。7月19日星期五早些时候，在芝加哥播出的来自白宫的讲话中，他接受了提名。

* * *

同一日晚上，多诺万抵达英国。由于中立法案禁止泛美航空的飞机进入交战国的港口，他在行程的最后一站乘坐了英国的商业飞机。一位大使馆官员把他带到了梅菲尔的克拉里奇酒店。这里将是他未来两周在伦敦的总部（酒店的意大利经理因为3月份的时候给美国大使馆造成了很多麻烦而被解雇）。进入酒店，走过沙袋和战时的遮光窗帘，多诺万发现了一间富有装饰艺术的休息室。休息室灯火通明，墙上挂着装饰镜，地上是黑白镶嵌的瓷砖。包括流亡的欧洲皇室在内的伦敦上流社会把克拉里奇酒店作为行宫，经常在这里聚集。

法国的沦陷使英国的保守派当权者垂头丧气，萨姆纳·韦尔斯几个月前曾拜访了他们。丘吉尔取代张伯伦令人振奋，但这并不能掩盖局势的严重性。在英国民众的心中，入侵的威胁压倒一切。当时多诺万还在路上，希特勒秘密下令高级军官开始准备代号为"海狮"的登陆行动。多诺万抵达当日，德国元首公开表示，如果英国不接受被丘吉尔断然拒绝的条款，他会把英国夷为平地。碉堡、火炮掩体和绵延百里的锋利铁丝让英国的农村地区大变样。《伦敦新闻画报》发表了一些特刊，标题是诸如"如何有效修建战壕"。也采取了一些迫不得已的措施：食品部部长伍尔顿勋爵甚至让英国人遵守茶叶限额，即每周不得超过两盎司或二十五杯。他的口号是"少喝点茶可以打胜仗"。

多诺万的造访恰逢不列颠之战的序幕，德国试图在入侵前建立覆盖全英国的制空权。战争的交响曲直到8月中旬才全面奏响，但7月里已经发生了太多的局部战争以渲染恐怖气氛。除了在英吉利海峡袭击商船，纳粹德国空军的袭击逐步升级，目标对准了英国皇家空军的飞机场，和其他诸如制造飞机设备及炸弹工厂的地面目标。英德双方的空军每天都会在空中搏斗厮杀。7月20日一天，在英国反击德国空军针对船队的大规模轰炸的战斗中，记者们统计已有超过一百架战机在英吉利海峡上空翻滚坠落。英国对德国还以颜色，派出轰炸机对德国工厂、码头、炼钢厂和工业地区进行了轰炸。

在战争的这一危急关头，英国政府不得不向罗斯福领导的美国政府提出两个艰难而且带有潜在矛盾的要求：英国正英勇抗敌并值得加以援助；

不加以援助对美国安全的后果是极其恐怖的。毫无疑问，英国政府理解美国人到访的意义，和上次造访的韦尔斯一样，被认为深得总统的信任；但和副国务卿韦尔斯不同的是他被看作是"英国的好朋友"。英国为了让多诺万成为自己的支持者使出了浑身解数。

几个人携手合作共同促成了一个计划。多诺万利用了他通过多年及在海外的冒险活动所建立的广阔交际网络。美国海军武官艾伦·G.柯克上尉和英国海军部进行了大量磋商。老朋友如英裔美国人罗纳德·特里议员，同时也是美国最大零售商和批发商，芝加哥马歇尔·菲尔德商城的财富继承人，给了他内线路径。英国秘密情报局，代号MI6（军情六处）的局长斯图尔特·孟席斯（Stewart Menzies）也提供了帮助。和历届英国秘密情报局的局长一样，孟席斯用绿色墨水写字，同其杰出的前任局长一样，用"C"代替签名。多诺万和孟席斯之间建立的联系意义重大。多诺万对间谍活动有兴趣，并且在伦敦的一项任务就是与查间谍相关；而孟席斯对英美情报机构协作以及两国更为广泛的关系感兴趣。他驻纽约的代表威廉·斯蒂芬森（William Stephenson）提前向孟席斯通报了关于多诺万的造访，孟席斯便着手准备开门迎宾。多诺万下车伊始，他便在圣詹姆斯公园地铁站对面的英国秘密情报局总部百老汇大楼接待了多诺万，并简要告诉了他需要注意的情况。

多诺万在英国期间，隐秘地会见了包括孟席斯在内的英国官员。他没有被媒体所干扰。他的访问和萨姆纳·韦尔斯的访问形成了鲜明的对比：没有宣布，几乎也没有报道。韦尔斯的访问被《华盛顿邮报》专栏作家多萝西·汤普森讽刺为"差不多和好莱坞明星离婚一样隐秘"。而多诺万的访问的确很保密。

到英国后的整整一个星期，多诺万在英国海军部获得了详细的通报，在那里他会见了作为丘吉尔继任者的海军大臣，工党政治人物A. V. 亚历山大。多诺万还会见了海军情报局长，海军少将约翰·戈弗雷（John Godfrey），他后来成为很重要的朋友，帮助多诺万成为美国情报机构首脑。在空军部，多诺万会见了自由党人，空军大臣阿奇博尔德·辛克莱爵士，并与其讨论了他一贯提倡的让美国志愿者加入英国皇家空军的设想。多诺万还在美国大使馆与美国武官雷蒙德·E.李陆军准将共进早餐。将军此前就肯尼迪针对多诺万的负面评价与之针锋相对，此次和多诺万一见如故。李在日记中写道，"我欢迎任何能够获得情报并将其带回国的人"。多诺万告诉李武官，鉴于在华盛顿讨论了关于和平时期的征兵法草案，他在伦敦做的工作中还包括想获得关于伦敦征兵法的第一手知识。他对李说美国关于征兵的态度"将考验我们的灵魂"。

7月25日星期四下午晚些时候，多诺万在唐宁街10号会见了温斯顿·丘吉尔。此前，包括英国驻美大使洛西恩勋爵和外交部的罗伯特·范西塔特爵士（Sir Robert Vansittart）在内的多方人士敦促首相举行此次会面。他俩对这位总统代表的观点要比前一个代表友好得多。范西塔特建议说，让首相会见多诺万是为了让他把英国对驱逐舰的迫切需求带回美国。"哪怕和他交谈十分钟就能很容易地把这个话题提出来，"范西塔特写道，"如果你能抽出时间，你无论如何都应该和他见一下。他是位重要的人物，而且将来会对我们更加重要。给他这份荣幸很可能将来会有所回报。"

尽管这次会见没有见诸任何报道，但据说多诺万被丘吉尔周围环境的闲谈式的，贵族气派的，和带有"18世纪氛围的风格"惊呆了。会见是在无休止的午宴和晚宴中进行的，在这样的氛围里，非工作人员（比如，女人）有时和官员同样重要。后来，罗斯福的特使们也都被这种氛围深深地吸引了。

当晚，多诺万和海军少将约翰·戈弗雷在时尚的皇家泰晤士河游艇俱乐部共进晚餐。这位严厉的海军间谍首脑是詹姆斯·邦德系列小说中人物M的原型之一。詹姆斯·邦德系列小说的作者伊恩·弗莱明中校（Ian Fleming）是戈弗雷战时的副官。有些美国人认为戈弗雷阴险狡诈，但多诺万很快就喜欢上了他。他告诉戈弗雷说，有人警告过他，认为英国人"不易相处，遮遮掩掩，居高临下"。他真实的体验是恰恰相反。戈弗雷注意到，多诺万对肯尼迪来说没有任何用处，肯尼迪像布道一样鼓吹"一切都完了"。而事实上，多诺万在大使馆也感觉到了普遍的失败主义之风。

周末，多诺万和英国军队的朋友四处走走闲逛。他参观了几个军事基地，并在索尔兹伯里平原以及英格兰南部几个地点观看了军事演习。星期天晚上，多诺万驱车前往温莎，和乔·肯尼迪在他名为圣伦纳德的乡间别墅共进晚餐。因担心伦敦被轰炸，故从一位美国汽车公司继承人那里租来了这座拥有70个房间的庄园。乔·肯尼迪已经将他的家人送回了美国，而他会在周末和有时晚上去圣伦纳德庄园隐居的做法使得他的敌人批评他是胆小鬼。参加晚餐的还有柯克，他希望这顿饭能够一扫两人之间的芥蒂，但事与愿违。多诺万后来自夸说他批评了乔·肯尼迪，说："美国的政策是用一切方法去提供帮助。而喋喋不休地对英国人说他们没有任何机会，这并不会起到帮助的效果。"

当晚，多诺万的性情粗暴事出有因，所以应该原谅而免受责备。为了会见肯尼迪，他放弃了有丘吉尔出现的一个舞会。舞会由公认的上流社会美女黛安娜·库珀夫人在多尔切斯特主办。她是风流成性而臭名昭著的新闻部长达夫·库珀的妻子。多诺万给黛安娜送去鲜花以表歉意。为此黛安娜夫人回信表示感谢，信中颇露风情媚骨。

亲爱的疯狂的上校：
　　非常感谢你送的黄色玫瑰花。她让我对缺失了你的陪伴稍微好受一点。很遗憾我们两国之间的利益关系成为我们之间的隔阂。
　　我很高兴告诉你温斯顿表现了他最有趣、最活泼的状态。我确信你也会完全喜欢这次舞会。为让你高兴，我美丽的伊芙·居里（皮埃尔和玛丽·居里的女儿，参见了在伦敦的自由法兰西运动）和我最美丽的侄女也参加了舞会。但愿你和乔也度过了一个惊心动魄的夜晚。我也希望能改日和你共进午餐或晚宴。

你的黛安娜·库珀

至于多诺万是否改日和黛安娜夫人一起用餐，历史没有记载。

7月29日星期一早上，柯克开车送多诺万去了南面的海滨，在那里他们参观了用于训练海军官员和水手的海军岸边基地。柯克一再告诫多诺万，英国向他展现了最好的情况，并坚信精明的多诺万对此应该有足够的洞察。第二天早上，多诺万参观了皇家空军海岸指挥部，然后，返回伦敦参加保守党议员南希·阿斯特（Nancy Astor）在位于圣詹姆斯广场的家中举行的小型午餐会。下午，多诺万参观了位于埃塞克斯的一个战斗机飞行中队，然后乘坐皇家空军飞机去了轰炸机指挥部。多诺万在那里度过了一夜并与刚执行完轰炸德国的投弹手们进行了交谈。

在英国期间，多诺万大受欢迎，他接连收到部长、部门主管、官员和各大家族的邀请。和他进行过会谈的有丘吉尔在议会的私人秘书布伦达·布拉肯，这位一头红发的爱尔兰人是一名商人并担任议员。多诺万还会见了艾伦·布鲁克爵士（Sir Alan Brooke），他是新上任的英国本土部队总司

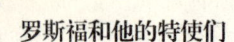

令。多诺万拜访了精明善辩的欧内斯特·贝文（Ernest Bevin），现任劳工大臣的前工会领导人。他身材魁梧却有一双小而闪烁的眼睛。贝文描述了组织有序的劳工和工人阶级对战争体现出的坚定支持，这让多诺万对贝文刮目相看。供应大臣赫伯特·莫里森（Herbert Morrison）带领多诺万参观了军工制造厂，并把他介绍给了工人们。

多诺万从军情五处收到了报告，政府对从事破坏活动的可疑外国人实施了扣押。他还会见了经济大臣休·道尔顿（Hugh Dalton）。他于一周前刚接受温斯顿·丘吉尔的命令，负责一个新的旨在从事游击战的秘密组织的运作：特别行动委员会。丘吉尔对道尔顿下的命令是"让欧洲燃烧起来"。道尔顿将关于经济战的报告交给多诺万让他带回美国，并简要介绍了英国海军封锁欧洲的情况。

8月2日星期五，这是多诺万在英国的最后一天。他和李及几名大使馆同事在克拉里奇饭店进行了长时间的工作早餐。这位武官很宽慰地发现，与一系列的大人物会谈之后，从国王到丘吉尔，多诺万同意了武官们的结论，他也并非是一个失败主义者。多诺万打赌英国有六成机会打败德军。多诺万同时还要求向他提供一系列报告，以便呈送到华盛顿的决策者们桌上。

那天晚上，海军上将戈弗雷邀请了多诺万去他伦敦郊外的宽大住宅共进晚餐。两人聊到凌晨2点，多诺万挑明了自己的结论，一切都让戈弗雷很满意，他立即打电话将这些结论一一向上级作了汇报。关于英国是否"认真对待这场战争"，是否"值得支持"的这些问题，多诺万的答案是"绝对如此"。英国既不会屈服于空袭，也不会屈从于大规模的入侵。他已经见证了"不列颠民族的精神特质：这是取得胜利所不可估量的因素，而与乔·肯尼迪忽略了这些因素"。多诺万的观点并不只是基于超乎寻常的指标和数据，而且是根据英国部队，特别是皇家空军的素质，英国军用机场的分散性，都让纳粹德国空间很难占到空中优势，及根据英国海岸线的防御情况。

多诺万相信，英国值得相助，而且美国应该提供帮助。他告诉戈弗雷，"还有时间让美国提供援助，包括物资和经济两方面的援助，从而对战争起到决定性的作用"。而且他还相信，"如果我们决心相助，我们就该马上行动"。他将带着具体援助内容的明确方案回国，即包括美国驱逐舰、飞机和轰炸机、枪支、大炮，美国雷达引导的轰炸瞄准技术，这对高海拔准确投弹非常关键,用于训练英国飞行员的美国军用机场使用权,以及情报事宜的合作。多诺万坚决的态度让戈弗雷十分高兴。

最后,多诺万表明,他有一个关于增强双边外交关系的提案。除了"提名一位明智的大使",他还打算敦促富兰克林·罗斯福委任"一位明智的豪斯上校"。此人应该来回奔走于两国之间,让各国在对方领导人脑海里保持"新鲜感"。他应当能够识别"能让两国互相谦让与协作的所有途径",他同时解释了一些棘手问题,如涉及到国家主权和尊严,或者应该避免本该忽略但太过坚持要求对方让步的问题。毫无疑问,多诺万上校把自己想象成了这个"明智的豪斯上校"。

* * *

8月3日星期六,美国报纸的头版刊登了报道,罗斯福总统对有关选征兵役制法的辩论实施了强烈干预。迄今为止,他都不确定是否应该在公开发表明确声明支持《和平时期义务兵役法草案》。如今,当议会辩论迫在眉睫,而来往的信件十之八九是反对征兵,他便走了出来表示支持选征兵役制法案。在总统椭圆形办公室举行的新闻发布会上,他宣称他"明确地支持选征兵役制法案",并且认为"该法案对充分保障国防至关重要"。他表示,充足的训练犹如保护生命,这必须在危机来临之前开始实施,而不是等到战争爆发之时。私下里,富兰克林·罗斯福担心这个问题可能导致他九月的竞选失利。但在写给一位犹豫不定的议员的信中,他说明了自己的立场。"如果我此时此刻不告诉美国人民,他们目前面临的真正危险,我会被认为是玩忽职守。"富兰克林·罗斯福说,让军队作好准备需要花上一年的时间,而他"无法保证在未来的日子里不会遇到袭击"。"请务必考虑这件性命攸关的大事,"总统在信中最后说,"为了保卫你和我的国家,请给予我支持。"

同日,比尔·多诺万乘坐英国海外航空公司的"克雷尔"号飞机离开了英国。英国航空部为他找了一张卧铺。他的外套和衣物随后用美国外交包裹寄出。由于这是一年里从英伦岛屿到美国的首次跨大西洋客机飞行,而且害怕敌人中途拦截,飞机被涂上橄榄绿和蓝色伪装色。甚至飞机连螺旋桨都被刷成了黑色,以避免阳光的反射将自己的位置暴露给纳粹德国空军。多诺万的朋友,空军大臣阿奇博尔德·辛克莱爵士到机场送行,并且送了"克雷尔"号飞机在普尔机场起飞，在向西横跨爱尔兰海时，英国战斗机进行了护航。虽然有各种猜测，飞机一路平安无事。多诺万抱怨道就像来时的波音314水上飞机或"飞艇"一样无聊。有幸的是，飞机上为他提供了娱乐：布伦达·布拉肯的书，其中包括关于埃德蒙·伯克的那一卷，以及由空军总参谋长送的一瓶香槟。

"克雷尔"号飞机在爱尔兰利默里克郡福因斯村的香农湾着陆，在那里，多诺万和指挥一支爱尔兰分遣队的年轻中尉进行了简单的交谈。"你准备好面对侵略者了吗？"善战的步兵第69团前指挥官问道。"这是我们的首要任务。"年轻的爱尔兰人回答道。从福因斯村，飞机横跨大西洋，依次飞过加拿大的博特伍德，纽芬兰和魁北克的布谢维尔。星期天晚上稍早，"克雷尔"号飞机在拉瓜迪亚机场上空盘旋了两次后，降落在鲍厄里湾的水面上，然后滑行至海军码头。和旁边闪闪发光的银色飞机比起来，"克雷尔"号飞机深色的油漆让她了无生气，但是她自豪地身披英国国旗。多诺万是"克雷尔"号飞机上唯一的乘客，其他两位乘客已在加拿大下了飞机。在等待的人群中，有两名在码头迎接多诺万的联邦调查局特工和一群新闻记者。多诺万拒绝回答记者对本次出访的问题，仅说他执行弗兰克·诺克斯的一项任务。多诺万强调："我出国是代表海军部长，你们必须去问他。"

正当多诺万返回美国时，另一位有名的美国上校，查尔斯·林德伯格（Charles Lindbergh）在芝加哥的"士兵场"体育馆向四万名欢呼的群众讲话，这次聚会是要表示反对参与欧洲的战争。备受欢迎的林德伯格认为，如果德意志帝国赢得战争，我们必须和德意志帝国寻求合作。"在过去，"他说，"我们和英法主导的欧洲来往。在将来，我们可能不得不和以德国为主导的欧洲来往。"次日晚，在海德公园与亲信就餐时，富兰克林·罗斯福认为，林德伯格的讲话是令人担忧的发展态势。他说，"这事很严重的"。

* * *

多诺万直奔华盛顿向政治领导人们汇报他的结论。8月5号星期一早上，他和弗兰克·诺克斯磋商了一个小时。当晚，海军部长在"巨人杉"号游艇上举办了晚餐会，让政府官员们可以同时听到多诺万和先期回来的埃德加·莫勒的报告。诺克斯回忆说："两份报告都特别有趣，我们晚间进行了长时间的交谈：非常令人长见识。两个人都带回了非常有用的信息……比尔和埃德加都倾向于认为英国能够击败可能的入侵。他们认为英国士气高昂但英国的设备短缺。"多诺万和海军上将哈罗德进行了激烈的讨论。海军作战部长贝蒂·斯塔克（Betty Stark）担心向英国提供军用物资会让美国捉襟见肘，但他向柯克报告说，上将大方地改变了自己的想法。

此时，关于多诺万使命的消息才首次在媒体上出现。尽管缺乏细节，《纽约时报》抱怨道：他的使命是"当前海军部队众多谜团中的一个"。当晚，神秘之人和陆军部长亨利·斯廷森在伍德利官邸共进晚餐，从部长殖民地风格的官邸可以远眺罗克克里克公园的美景。"多诺万详细地告诉了我们他最近对英国的访问，以了解那里的真实情况，"斯廷森在日记中写道，"多诺万和英国部队的所有最高指挥官首脑都有所接触；他走遍了整个国家，踏遍了整个岛屿，所以他了解到了作为一个外国人可以了解到的一切。他描述说英军的士气非常高涨，而他最后的结论是如果现在发生一场突袭，英国人很可能赢得胜利。"斯廷森日记最后写道："他下定决心要通过一切可能的方式投入战争。他还是我们从前知道的并且非常喜爱的老比尔·多诺万。"

8月7日，英国大使洛西恩勋爵向外交大臣哈利法克斯勋爵汇报，说多诺万称在英国所见到的所有人的坦诚都给他留下了深刻的印象，对所给礼遇心怀感激。他正积极地对这里的所有人施压，要求立即向我们提供所要求的驱逐舰和其他所需装备。在美国的英国秘密情报局（军情六处）驻美国代表向局长证实情况的确如此。多诺万告诉他的同胞们，英国人"下定决心，不会动摇，具有必胜的信念"，他相信英国在这个冬季不会失败。多诺万强调，美国人不应当把英国人看作是家门口的乞丐，相反，应该把他们看作保护我们不受威胁的"盾牌"，看作是我们的"实验室"。作为一名爱尔兰天主教徒，共和党战斗英雄，多诺万发出的这一信息更引人注目。

***

两天后，多诺万向总统做了简要汇报。罗斯福正呆在他位于哈得逊河畔的私人庄园斯普林伍德，以避开华盛顿的酷暑，同时着手准备巡视新罕布什尔州、马萨诸塞州、康涅狄格州和罗得岛州等地的海军防御准备。他和弗兰克·诺克斯将乘坐总统专列、游艇和豪华轿车，花3天时间检查海军基地、防御工事、潜艇码头以及兵工厂、鱼雷工厂、训练基地和其他设施。目的是为了让美国公众注意到由于德国人已经发起春季攻势，美国当局正以前所未有的速度加快战争准备。

此次巡视安排不包含竞选集会，也打算不谈政治。但是愤世嫉俗的人注意到，总统此次旅行的路线跨越民主党东北部的重要据点，还包含了沿着公开宣布的路线驱车穿越波士顿（车队还将经过缅因州的一角，该地区是1936年唯一两个给共和党投票的州中的一个）。作为罗斯福的一次考察，在公事中也掺杂了一些消遣：在马萨诸塞州海滨钓鱼，以及回家探亲。

8月9日星期五早上11点，富兰克林·罗斯福在私人庄园斯普林伍德的书房里会见了媒体。他在书房像孩提时那样做足了功课。房间很小，装满了书和小装饰物，挤得满满的记者们一直拥到了门廊。"我将告诉你们谁会和诺克斯部长一起到来，然后乘坐火车，接着乘船游览波多马克河，"罗斯福说，"就是比尔·多诺万，这样，他就能告诉我，他在出访大西洋的另一面时所发现的一切。"一名记者问道："总统能否对多诺万使命的性质给出一些线索？"对此他欣然回答道："我不能告诉你，他也不会告诉你。"

弗兰克·诺克斯和多诺万差不多下午6点才抵达海德公园，然后被埃莉诺·罗斯福送到的度假小屋瓦尔-基尔，瓦尔-基尔距离斯普林伍德庄园东面两公里。富兰克林·罗斯福为他的妻子设计了这座荷兰殖民时期风格的鹅卵石小屋。埃莉诺为她的客人们奉上了野餐热狗、汉堡包，并不时询问多诺万有关英国的情况。这位被埃莉诺认为举止温柔和言谈谦和的上校发誓，他确定英国会撑得住。他称赞了参与丘吉尔内阁的工党人物，甚至预言欧内斯特·贝文很可能会成为下一届首相，这让第一夫人非常高兴。

当天深夜，富兰克林·罗斯福的火车离开了海德公园火车站。总统的专列通常有8节车厢，包括运送白宫工作人员，记者和美国特工处警卫人员的车厢。最后一节车厢是为富兰克林·罗斯福自己准备的个人普尔曼式卧车。火车奔驰在黑漆漆的乡村原野上，多诺万则讲述了他印象中的欧洲。他后来公开说："他非常坦白地和总统有过长时间的交谈。富兰克林·罗斯福起初打算让对话成为一场个人独白，但多诺万精彩地预测英国会渡过难关。"这让富兰克林·罗斯福非常振奋。多诺万主张向英国援助美国的驱逐舰和轰炸机，让总统对训练英国飞行员等问题"有所准备"，并建议让伦敦使用雷达引导的轰炸瞄准技术。讨论一直延续到富兰克林·罗斯福回到他的特等车厢休息，而多诺万和哈里·霍普金斯一直讨论到黎明时分。有趣的是这次对话被认为是将接力棒从一位总统特使手上传递到了下一个特使的手中。

　　总统的专列于8月10日星期六早上抵达新罕布什尔州朴次茅斯。特工处警卫人员协助身着轻质灰色西装，头戴巴拿马草帽的富兰克林·罗斯福坐进了早已停在他前面的豪华轿车。这是辆长达21英尺（约6米）的黑色凯迪拉克敞篷防弹车，让人联想起了远洋班轮，因此被称为"玛丽女王"号。总统和诺克斯以及新罕布什尔州州长一起乘车穿越了朴次茅斯的街道。这里曾经是美国海军之父约翰·保罗·琼斯著名的单桅纵帆战舰"突击者"号的母港，现在，站满了一万五千名欢迎的人。在朴次茅斯海军基地，总统用20分钟检阅了航行着的和停在装配码头的新潜艇。然后他被簇拥着登上了他的美国海军"波多马克"号游艇。霍普金斯、多诺万和其他随行人员已在此等候。在这样一个美丽的新英格兰纪念日，游艇朝南扬帆起航，在旁边一艘驱逐舰的衬托下，游艇显得非常渺小。游艇在马萨诸塞州纳汉特的小河湾停留，这样富兰克林·罗斯福便可以第一次去看他最小的孙子，刚刚两个月大的黑文·罗斯福。随游艇沿着马萨诸塞州海岸航行，多诺万有更多的时间和罗斯福呆在一起。下午3点刚过，"波多马克"号游艇经过了古老的木壳美国海军"宪法"号军舰，然后停泊在了查尔斯敦的波士顿海军基地码头。美国海军最新式的"大黄蜂"号航空母舰的乐队奏响了国歌，波士顿海军基地码头响起了21响礼炮。

　　比尔·多诺万在波士顿下了船。罗斯福继续他的检阅航程，"波多马克"号游艇驶过了几艘停靠着的新驱逐舰，并查看了波士顿海军基地码头价值百万美元的新建筑和机械工厂，其中包括一个用来修理大型军舰的干船坞。根据重整军备计划，码头现在雇佣了九千工人三班倒不停地工作。接着，富兰克林·罗斯福乘船沿着查尔斯河来到一个名叫"沃特敦军火库"的美军制枪厂。他的车队径直开过了军工厂的枪械车间以及组装生产线，检查了新型高射炮，并观看了大型火炮的运输车辆和炮台的建设。国防工作"正有条不紊地进行"，总统在车里举行的即兴新闻发布会上，他对记者们说道："我今天看到的一切让我非常高兴……我们正在逐渐实现

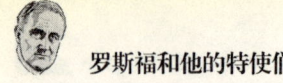

我们的设想。"他预计，波士顿海军基地码头和军工厂将于晚秋满负荷运行。

鉴于在乘坐"玛丽女王"轿车时，诺克斯正坐在富兰克林·罗斯福的身边，记者们以为他们会谈到"疯狂的比尔"的话题上来。比尔的伦敦之行现在已有更多的细节见之于报端。

记者：关于多诺万先生访问欧洲一事，您和诺克斯先生有什么要说吗？

诺克斯：我可以回答这个问题吗？

富兰克林·罗斯福：可以。

诺克斯：他是作为我的耳目去发现他所能了解的情况。

记者：先生，您有什么要说吗？

富兰克林·罗斯福：嗯，你从他的口中就可以看到了。

记者：您的耳目以及多诺万上校的口中？（笑声）

总统对国防建设的巡视又持续进行了两天，他去了纽波特的鱼雷基地，一个训营地，位于罗得岛州纽波特的美国海军军事学院；昆塞角的海军新机场；位于康涅狄格州新伦敦的潜艇基地以及格罗顿附近的潜艇制造厂。在巡视各处间隙，他还在"波多马克"号游艇旁在巴泽兹湾举竿垂钓，那里因有鲈鱼、遍罗鱼、比目鱼和鲷鱼而得名。后来在纳拉甘西特湾，总统也曾举竿垂钓。当记者问他是否钓了鱼时，富兰克林·罗斯福回答："没有正经地钓过。"海军部长和其他几人只是误打误撞地抓到了"一些小马鲛鱼"，他高兴地说，"那完全只是意外抓到的。"

* * *

回到华盛顿，多诺万继续散播好消息。8月11日星期日，他会见了在育空地区捕猎时的同伴罗伯特·E.伍德将军。将军刚同意领导新孤立主义运动"美国优先"，而多诺万竭力缓和他反对援助英国的意见。周一，他对财政部长亨利·摩根索进行了游说，强调了敦促富兰克林·罗斯福将军用物资运送到大西洋对岸的必要性。

当晚，多诺万作为贵宾参加了由参议院选征兵役制法提案发起人，内布拉斯加州议员爱德华·R.伯克在法拉格特广场的陆军及海军俱乐部举办的晚餐会。这场关于征兵法的辩论十分激烈,既是由于问题的严重,也是因为华盛顿异常潮湿的天气。加州的孤立主义者议员海勒姆·约翰逊称这个法案是他公共事业生涯里遇到的"最阴险的法律"。所谓的"美国的母亲们"组织掩饰着自己的真面目,对该法案举行了"临终关怀",他们把一个支持征兵法的议员雕像倒吊在树上。在陆军及海军俱乐部,多诺万告诉他的观众,伦敦正面临着一场严峻的考验,但是她会生存下来。他说,为了美国,他出自"民主和必要"而支持征兵法案。

当月下旬,多诺万和莫勒发表了一系列文章,揭示德国在欧洲资助第五纵队间谍的方式。这些文章被全美国的记者所关注。诺克斯在对文章的介绍中写道,这些文章是精心设计的,为的是让美国人熟悉独裁者们的手段,以防他们用来针对美国。他写道:"我认为除了防范敌人的武装侵略外,防范敌人可能的宣称攻势是最重要的。"《芝加哥每日论坛报》质疑说,多诺万仅在欧洲呆了两周,他能否被认为是一名"专家",但这一质疑并没有限制住文章所产生的巨大的影响。多诺万对布拉肯吹嘘说:"文章已经引起了人们对当前危险的警觉。"[24]

多诺万很快变成了英国人的宠儿。一位空军部官员评论说:"多诺万的价值等同于和他体重相当的铂金或者铝(两者中更稀有的那一种)。"丘吉尔的好友,英裔加拿大报业大亨,空军生产大臣比弗布鲁克勋爵想到了圣经中的一个比喻,他在9月份给多诺万的电报中说:"你就像久旱逢甘泉。"[25]

英国人从多诺万来访的插曲中得到的体会是,对罗斯福的特使保持开放坦率是有好处的。他们并没有把所有的秘密都告诉"疯狂的比尔",但是他们确实也让多诺万分享了不少。在多诺万访问英国后的几个月里,英国官员就华盛顿感兴趣的问题向多诺万提供了更多的信息,包括反间谍技术、英国部队和信息与后勤部的组织结构、欧洲粮食现状,货物运输。有7名英国官员被指派负责为富兰克林·罗斯福准备一份关于英国经济控制的报告。

和韦尔斯使命的鲜明对比是:英国早已明白他们的希望都寄托在美国身上,并打算充分满足美国对情报的需求。多诺万不断的支持让英国相信这一新的开放政策是成功的。在美国的英国采购委员会会长亚瑟·珀维斯(Arthur Purvis)告诉丘吉尔,给多诺万印象最深刻的是给予他的欢迎,尤

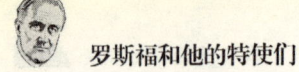

其是我们向他公开信息的程度。于是，他一直不遗余力地为我们的利益而奔走。如今英国在共和党的阵营里有了一位忠实的朋友。换言之，乔·肯尼迪对多诺万使命的预言是完全错误的。英国政府很快会对富兰克林·罗斯福总统的新特使延用新的开放性透明政策。

* * *

与此同时，有关选征兵役制法案的白刃战仍然在国会山继续。在众议院甚至发生了拳斗事件。华盛顿的氛围（以及气候）已经白热化，竟然使来自亚拉巴马州的威廉·B.班克黑德议长在投下关键一票后因突然中风而死。多诺万则通过在中西部孤立主义的中心芝加哥录制全国广播讲话来参与论战。他说："征兵法将是对我们的人民的一种鼓舞，对那些要攻击我们的人来说是一种警告。"伴随最后几波激烈的口舌之争，法案最终于9月14日获得通过。伯顿·惠勒议员警告说："该法案会撕开世界仅存之民主政体的咽喉。你们的整个国家都会变成美国黑手党老大卡蓬的世界"，该议员说，"你们会看到这个国家烧杀抢掠肆意横行。"

两天后，富兰克林·罗斯福在白宫的内阁会议室签署了《选征兵役制法》，斯廷森、马歇尔和支持该法案的国会议员出席了签署仪式。"时间和空间被缩短了，"他说，"最近几周，几个大国相继沦陷。我们不能再对这全世界范围内猖獗蔓延的势力的思想保持缄默……我们必须而且一定要聚集我们的潜力，把战争挡在海岸线以外。我们必须并且一定要防止我们的领土变成侵略的牺牲品。"多诺万很高兴，他在写给罗伯特·范西塔特的信中说，"征兵在即，我认为这是展示真实自我的真正方法"。

这是在和平时期的历史上，美国首次征召其公民入伍。学者加里·克利福德和塞缪尔·斯宾塞写道："根据《选征兵役制法》，约有四千五百万人最终将进行登记注册，并有一千万人被征召入伍。"1940至1950年间，该体制使美国军队从不到三十万人扩容至八百万人。在这一意义上，那天下午在内阁会议室富兰克林·罗斯福签署的其实是即将帮助赢得第二次世界大战的部队出生证明。

与此同时，另一场重大的变迁也在美国出现。那是在1940年夏秋之间，历史学家韦恩·S.科尔（Wayne S. Cole）详细叙述道："孤立主义在美国公众的心中失去了优势地位。"六七月间，差不多三分之二的美国人认为远离战争比冒着战争的风险帮助英国更为重要。而当富兰克林·罗斯福签署了《选征兵役制法案》之后，美国人民对这两个问题的态度成均衡态势。但到11月，摇摆不定的态势完全转变，绝大多数人认为冒着参战的危险帮助英国比躲避战争更为重要。没有谁比富兰克林·罗斯福对这一具有划时代意义的变化起到了更大的作用。

* * *

在这个潮湿闷热的夏天，比尔·多诺万也处在所有这些争论漩涡的中心。富兰克林·罗斯福和诺克斯委任他去英国取得当地情况的第一手报告。他们得到了他们所要的，而多诺万的报告起到了强化华盛顿的认识的作用，即英国能够抵抗德国的猛攻，并且帮助英国具有重要的战略意义。多诺万也对自己在这方面的贡献毫不隐晦。他向他的英国朋友夸口说，当他返回美国时，他感到了"一丝无助"，对此他认为部分归因于肯尼迪。他写道，幸运的是他自己"关于局势的报告重新鼓起了当局中很多人的士气"。

公平地讲，其他一些人也对他给予了充分肯定。诺克斯部长在海军部接见了埃德加·莫勒，并告诉他富兰克林·罗斯福"从多诺万的报告中得到了鼓励"。专栏作家沃尔特·李普曼（Walter Lippmann）写道，"多诺万几乎单枪匹马击败了无法缓和的失败主义，拯救了麻痹中的华盛顿"。多诺万的努力得到欧洲局势的进一步支持：就在罗斯福完成国防巡视的同一天，德国向英伦三岛派出了一千五百架飞机，试图一举摧毁其机场和飞机制造厂。纳粹空军的"鹰日"行动标志着不列颠之战的正式开始。战斗机司令部的飞行员们付出了巨大努力，向世界证明了英国的坚韧。后来，在德军对伦敦的大轰炸中，英国的老百姓也表现得同样出色。

在富兰克林·罗斯福总统8月份作出转交55艘老式美国驱逐舰给英国的决定中，多诺万的报告也是其所考虑的因素。英国早在5月份就开始寻求获得美国的驱逐舰，这更多的是考虑其一种表示支持的信号，而非在军舰的本身价值。富兰克林·罗斯福一直犹豫不决，直到8月初，当他的想法开始转变时，才同意转交。这当中有几个导致他变化的因素。对斯廷森和诺克斯的委任重新赋予了政府强硬的手腕。干预主义者"百年集团"的游说缓和了公众舆论和共和党领导层的观点，并从（包括年轻的迪安·艾奇逊在内的）一群律师那里获得了建议：可以通过行政许可而不是立法来进行交易。从来都是足智多谋的富兰克林·罗斯福坚持用"糖浆"来粉饰这场交易，即在西半球比如纽芬兰，百慕大群岛和加勒比海地区，将驱逐舰租借到在英国的区域，并保证皇家海军永远不会让其落入敌人之手。但历史学家大卫·雷诺兹强调说，另一个关键因素是总统对英国前景逐渐乐观，对此，多诺万"积极向上的报告"起到了一定作用。

多诺万他自己十分明确他自己在说服富兰克林·罗斯福的过程中起到的重要作用，如同他12月份对他所见过的英国官员所言可以知道。"毫不自我夸张地说，"一位官员不吝笔墨地写道，"他接受对自己的褒奖，因为他在新英格兰的行程中，对促成驱逐舰基地协议起到了积极的推动作用。"多诺万似乎对记者们也透露了是他帮助达成了这笔交易。[26]

多诺万的使命和驱逐舰的转让确实看上去有所关联。富兰克林·罗斯福于8月13日决定达成这笔交易，这一天恰好是他和多诺万一同巡视回到华盛顿的日子。处在谈判中心的洛西恩勋爵认为，多诺万帮助很大。英国秘密情报局认为，如果没有多诺万，这在当时是不可能发生的。多诺万乐观的一手资料很可能鼓动富兰克林·罗斯福冲破了心理防线；即便总统是因为其他方面的进展做出的决定，多诺万的汇报也让他更确信驱逐舰的使用正得其所。

尽管如此，但是关于具体细节的谈判拖延了时间，甚至到了1940年末，也只有不到五分之一的驱逐舰能够投入英国舰队服役。被转让的驱逐舰发挥了积极作用，它们和德国潜艇对战，对商船进行护航，以及在英国的海岸线巡逻。但是，转让美国驱逐舰给英国这种协议主要的作用不是军事上的，而在于其象征意义，向轴心国和全世界发出信号，展现新的英美亲密关系。这显然是英国的期盼。8月底，温斯顿·丘吉尔在英国下议院演说结束时这样总结道：

> 大英帝国和美国，这两个英语民主政体的伟大国家，将不得不在一些事务上以某种方式合作，从而发挥双边和总体上的优势。从我们自己这方面来说，展望未来，我认为这次合作没有任何隐忧。我无法阻止这一趋势，也没有人能阻止。就如密西西比河，它川流不息，一泻千里。奔腾的河水，势不可挡，不可逆转，满怀仁慈全速向前，奔向广阔的天地，奔向美好的明天。

但是，多诺万收获的也不全都是正面的。同萨姆纳·韦尔斯使命一样，多诺万使命也造成了外交圈的不满，尽管这次感到不满的是乔·肯尼迪。一位内部人士把多诺万和乔·肯尼迪之间的纠葛比喻为"郁闷的猴子之间的胡闹"。在多诺万离开英国一周后，乔·肯尼迪就因一则报纸上新闻愤怒地向国务卿科德尔·赫尔投诉。该新闻爆料说："一名'罗斯福秘密特使'会见了首相并向白宫发回报告。""最起码……也应该让美国驻伦敦大使，"乔·肯尼迪写道，"按照国务院的规定，完成这项任务是他应该做的事情……现在，可能有一个不错的理由来解释为什么要绕过驻伦敦大使……但是，我不喜欢这种做法。要么让我来干，要么我就辞职。"肯尼迪于10月底直接在白宫向富兰克林·罗斯福就该问题进行了投诉，但是总统立刻否认了一切，将一切归咎于诺克斯和国务院。这是总统典型的一贯做法。因为个人特使是非正式的，是可以否认的，就这样，富兰克林·罗斯福把肯尼迪留在了自己的阵营中，直至1940年总统大选。

大选之后不久，肯尼迪便辞去了他的职务。比尔·多诺万则被英国政府很是看好，亚历克·卡多根爵士建议洛西恩勋爵在适当的时候给以暗示，欢迎多诺万成为下一届大使。最后，这个想法没有成功，因为外交部认为，"通过在美国详细解释我们的理想和追求，多诺万上校可以为我们起到更多的积极作用，正如在他访问英国之后一直所做的那样。"

就比尔·多诺万旨在调查英国局势的这次外交使命而言，其好处明显大于他对乔·肯尼迪的尊严所造成的损害。富兰克林·罗斯福是一个酷爱信息的人，尤其是当这些信息是被人亲自采集到，并证实了他自己的偏好的时候。就本例而言，比尔·多诺万展现了他的同僚埃德加·莫勒所说的"一名律师的能力：从米糠中筛出米粒"，并向总统提供了生动的、及时的和周到的情报。他访问伦敦时正值丘吉尔面临的头两次重大转折，并促成了逐渐强硬的美国政策。富兰克林·罗斯福显然对多诺万的工作颇为满意；很快总统就委派给比尔·多诺万一个更为重要的使命。"疯狂的比尔"总是对世间的争斗乐此不疲。

罗斯福和他的特使们

1941年1—2月
哈里·霍普金斯在伦敦

第3章
历史的最佳婚姻掮客

在1941年的头几个月，华盛顿采取了一系列密集的外交行动。在七个星期的时间内，总统就任命了一位驻英联合王国大使，并且派遣了三位特使去伦敦，其中的第一位，也是最重要的一位，是哈里·L.霍普金斯（Harry L. Hopkins）。

所有这些任命都可以追溯到在此之前六个月欧洲发生的那些使人清醒的事件：六月法国沦陷；八月不列颠之战拉开序幕，而到了九月纳粹德国空军就对伦敦和其他英国城市实行狂轰滥炸；同月德国、意大利和日本签订了一个三方协定。这个协定是要让华盛顿在面对德国对英国的进攻和日本建立大东亚共荣圈的企图时不做出更为激烈的反应。此前在大西洋和太平洋的冲突主要是分隔开来的，而这个协定却威胁着要把战火连成一片。随着这些事件的发生，美国的态度也日趋强硬，总统批准了"驱逐舰换基地条约"，国会通过了美国历史上的第一个和平时期征兵法，向日本出口废旧金属被禁止。不过，在采取了这些主动措施后，美国在政策方面却没有了任何新招。

1940年的总统竞选活动的偃旗息鼓使罗斯福小心谨慎的天性得以凸显。然而，罗斯福的共和党对手，摆出一副亲英姿态的温德尔·威尔基（Wendell Willkie）却给他贴上了战争贩子的标签。罗斯福担心真心实意开诚布公有可能会让他在竞选中名落孙山，一败涂地，因此他采用了瞒天过海的策略。10月29日在华盛顿的宪法大道上的新古典主义风格的部门大厅里，他来到台上，观看着陆军部长亨利·斯廷森蒙着双眼抽取具有历史意义的和平时期征兵抽签的第一批号码。但是，总统在他的讲话里小心翼翼地把挑选性服役描绘为一次"集合"，它只有一个目的：保卫我们的自由。正如历史学家所注意到的，他的措辞让人联想到的是列克星敦和康科德，而不是伦敦和敦刻尔克。接下来的第二天在波士顿花园体育馆的一次臭名远扬的演说中，罗斯福信誓旦旦地向美国人民承诺："你们的孩子不会被派往外国的战场。"

但是，随着总统在11月5日的令人折服的胜利，那种麻木冷漠开始消退。没有人比英国人对这次选举结果更为高兴的了——"当我得知罗斯福赢得了选举的时候，我的心里就像一条活蹦乱跳的大马哈鱼那样激动不已，"一位英国国会议员说道——现在他们准备冒险了。美国大选结束后，在12月的一次加勒比海休假巡游中，一架海军的水上飞机给富兰克林·德拉诺·罗斯福带来了一封出自温斯顿·丘吉尔之手的长信，这位英国首相后来把这封信说成是"我所写的最重要的信件之一"。该信讲述了在面临德国空袭的情况下，英国要支付其从美国大量购买的货物以及维持供应渠道正面临日益严峻的困难。要是你没有现金，也无法运货，那么现款提货就毫无用处。接下来的几天里，罗斯福在考虑丘吉尔的请求。当美国巡洋舰"托斯卡鲁萨"号（USS Tuscaloosa）回到美国领海时，他已经勾勒出应对英国资金匮乏的办法：租借。

回到华盛顿时，皮肤晒成棕褐色的罗斯福神采奕奕，他重申了他的政策主张，将向英国提供非战争时期的最大的援助。"对英国的最好防卫就是对美国的最好防卫。"罗斯福告诉记者，因此"从一个自私的角度看……我们应该竭尽所能来帮助不列颠帝国保卫它自己，这一点是重要的"。在有关国家安全的著名的壁炉边聊天中，富兰克林·德拉诺·罗斯福告诫收听无线电广播的人民大众："如果英国失守陷落，轴心国就将控制欧洲、亚洲、非洲、澳大利亚诸大陆以及公海……毫不夸张地说，我们所有人，在南北美洲的所有人，都将生活在枪口之下。"

罗斯福提议美国应该把英国继续战斗下去所急需的物资装备租借给英国，"在战事结束后"接收实物偿还。他在白宫告诉记者，他打算"抛弃那种愚蠢荒谬的老一套的金钱交易"，他把这种两个国家之间的特殊军备交易比作一个人把自己给花园浇水的一截水管借给邻居用于灭火。总统在

罗斯福和他的特使们

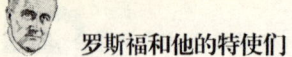

广播中敦促道,"我们必须要成为民主的巨大军火库"。为此目的,他准备向国会提交租借法案,他宣称其目的是"为了促进对美国的防卫"。作为一个爱国的象征,该法令被标注为"众议院,1776"。

富兰克林·德拉诺·罗斯福还没有做好参战的准备,可是他已准备好不惜冒着战争风险把赌注押在英国身上。他向伦敦提出的是后来被称为一个"普通法联盟"——那是一个非正式的但又是亲密的军事伙伴关系。为了表示这是他亲自提议的,罗斯福召见了他派遣使节里最重要的一位,此人也碰巧是最不被人看好的。

* * *

哈里·劳埃德·霍普金斯(Harry Lloyd Hopkins)1890年8月17日出生在衣阿华州的苏城(Sioux City),是戴维·"阿尔"·霍普金斯(David "Al" Hopkins)和安娜·皮克特(Anna Pickett)夫妇活下来的五个孩子中的老四。他的父母是非同寻常的一对。阿尔做过一段时间的勘探员和旅行销售员,后来定居下来成了一个马具生产商兼做零售店的经营,在柜台面上出售报纸、杂志和糖果,私下里也贩卖香烟。他身材高大,为人豪爽。他脾气随和,交友广泛,不信宗教。他对于经营的兴趣远不如打保龄球,那东西让他兴致勃勃迷恋上瘾。安娜是个刻板严谨而又虔诚至心的卫斯理教会成员,她来自加拿大安大略省一个名叫洛维尔(Lowville)的小镇。她年轻的时候当过学校的教师,她和阿尔一起经历了生活中经济上的风风雨雨,要把孩子们培养成为努力工作、敬畏上帝的人。《纽约人》杂志曾报道,哈里在十多岁时就"清洁地毯、擦洗地板、给奶牛挤奶,夏季他在附近的农场干活挣钱。他还经常与父亲一起相互讲一些笑话和逸闻趣事,他父亲总是认为地毯可以不必打理"。

如果说哈里继承了父亲口若悬河、能言善辩的天赋,他也养成了赌博的爱好以及他的"香槟胃口"。他继承了安娜的相貌特征,她的社会责任感和她那不屈不挠的决心,正是这种决心驱使他们一家在1901年搬到衣阿华州的格林内尔(Grinnell)。格林内尔有一个口碑载道的基督教公理会学校——格林内尔学院。这里没有酒吧,是安娜遂心如意的那种城镇。哈里在格林内尔学院是个招人喜欢的学生,尽管他身体骨瘦如柴,却是一位篮球高手。他还被选为毕业年级的学生会主席,那是他所担任过的通过选举出任的最高职务。1912年大学毕业后，霍普金斯去了纽约从事社会工作，开始了他的职业生涯。在后来的岁月，霍普金斯有时候会提到他出身小镇。他儿子曾回忆道，不过，作为一个年轻人，"他对于大城市非常向往"。

"从我第一天看见纽约，我就喜欢上了它，"霍普金斯说道，"我喜欢那座城市的每一样东西。"他喜欢城市生活的所有元素——千万富翁榜上的银行家和来自B大道的移民；支持美好政府的活跃分子和街头歹徒；歌剧院和非法经营的酒店——相互碰撞的方式。在此期间他结过两次婚，第一任妻子是从事社会工作的同事埃塞尔·格罗斯（Ethel Gross），他们有三个儿子。和格罗斯离婚后，他娶了比他小十岁的芭芭拉·邓肯（Barbara Duncan），他们有个女儿。在工作中，他表现出富有同情心、抱负和与众不同的干劲。二十年之中，通过为纽约的贫苦大众服务的一系列慈善活动，他声望鹊起。当时经济大萧条的阴影笼罩着这个国家，穷人的数量不断增加。1931年，时任州长的富兰克林·德拉诺·罗斯福指定他作为失业救济工作的头面人物，向州里占十分之一的人口提供援助。后来罗斯福竞选总统成功，霍普金斯追随他去了华盛顿，出任新的联邦紧急救济署（FERA）的负责人。总统希望尽快采取行动，而霍普金斯在他走马上任的头两个小时里就支付了500万美元。罗斯福那时对霍普金斯还不是非常了解，但他对那些热爱工作、兢兢业业的人总是刮目相看。在罗斯福要让这个国家重振旗鼓的关键部门里，霍普金斯很快就成为了一个引人瞩目的活跃人物。他负责和领导一系列的联邦救济和工作机构——联邦紧急救济署（FERA）、民用建设管理署（CWA），以及工程发展管理署（WPA）。其雇员多达数百万人，支出达数十亿美元，他很快就"被视为是新政的得力干将，也被它的敌人认为是发自内心里最为痛恨的人"。也有许多新政的支持者讨厌霍普金斯，其中包括内政部长哈罗德·伊克斯（Harold Ickes），他也监管作为霍普金斯竞争对手的公共工程管理署（PWA）。然而，霍普金斯的明星地位持续上升，尤其是1936年路易斯·豪（Louis Howe）去世后以及罗斯福的其他挚友不再受宠后。

在总统眼里，霍普金斯具有无可挑剔的资格和条件进入内层的小圈子。首先，他具有一种不可思议的能力，能够抓住一个问题的关键所在。富兰克林·德拉诺·罗斯福对霍普金斯的一些举动大为惊讶。霍普金斯常常坐在会议室里注视着在场的每一个人争来吵去，倾听着你来我往相互矛盾的发言，接着他会用一句话"一针见血地指出争吵的要害所在，然后把整个事情道得一清二楚，透彻明了"。再有，霍普金斯对于官场的清规戒律是个新手。霍普金斯在行动上从未有过犹豫不决。富兰克林·德拉诺·罗斯福会说："现在，哈里，去把那见鬼的事情解决了。"两个钟头后，那事就已经妥善处理。最后，他是完全坚定地忠心耿耿。在一次批准任命的听证会上，有人问到要是他不同意总统的决定，那他会怎么办。"一旦政策确定下来，"他回答道，"十五分钟后我就已经在为之奋斗了。"

除此之外，罗斯福就是喜欢霍普金斯。他精明能干，胸怀坦荡，言语简练。他为人随和，轻松愉快，即使是和下级官员在一起。他曾经的一位下属回忆说，"幽默，爱开玩笑，说俏皮话"。他有一双作家的眼睛，善于捕捉细节；他还有一对善于倾听的耳朵，能够抓住关键重点。他有时恶作剧，也玩不那么高雅的扑克游戏。他讲罗斯福喜闻乐见的那些猥亵下流的段子。他有可能粗鲁失礼，可是他从来不用名字称呼总统。在首都的一派炫耀浮华和阿谀奉承中，霍普金斯的从容自如就像给湿气凝重的华盛顿带来一股新风。

霍普金斯渐渐显现出他对于华盛顿最重要的"室内游戏"具有一种特殊的天赋："理解、明察、预言，通常是猜测而且往往能准确猜到富兰克林·罗斯福心里所想"。在一位观察家眼里，霍普金斯"几乎有一种非凡的能力，可以察觉到罗斯福的心情；他懂得如何以奉承的形式提出建议，也明白如何在建议里包含奉承；他知道什么时候向他的老板施加压力，什么时候应有所克制，什么时候开口说话，什么时候专注倾听，什么时候遵命服从，什么时候据理力争"。

如果霍普金斯是罗斯福的好伙伴的话，他对于记者就是一件好的复制品。看上去他不像一个华盛顿的重量级人物。的确，他曾给一位外国客人留下的印象是一个"瘦高个的乡巴佬"。霍普金斯长着长长的瓜子脸，棱角分明，算不上一个帅气的男人。他穿的衣服就好像是在地板上的乱衣堆里放了一夜似的，并且衣服还映衬出瘦骨嶙峋的膝部和肘部的凸起。一位记者写道，他给人的印象是"烟抽得厉害，头发有点稀疏，有头皮屑，不时冒出几句讥讽的话，衣服有些磨损，令人可以理解的那种若有所思、心事重重"。但是在他身上还显露出一股机关枪似的紧张激烈。记者们注意到他"说话没有逗号，就像一封老式的电报"。碰巧他对电报很在行，每天他还花上好几个钟头在电话上处理事务，弄清情况。霍普金斯具有理想主义者的一腔热血和实用主义者的精明手腕。

他当然不是一个正经八百的自由主义者。《波士顿星期日环球日报》曾经报道，"就像一匹赛马场上的骏马与农场主年迈的灰色母马相去甚远那样，他同那些循规蹈矩的社会工作者截然不同"。这个比喻是经过仔细推敲的，因为霍普金斯喜欢赛马，他常常与社会名流、企业大亨一同观看赛马。霍普金斯的政治同情心在于社会下层人士，可是他也喜欢同贤达名士结识交往。他"对于财富不屑一顾"，他的一位对手说道。"总统的手下从来不会为了钱这样的小事去赌一把。"有时候霍普金斯需要借款来支付他的房租，甚至是在他手里支配着数十亿美元的时候。可这并不影响他享受生活中更为精致高雅的东西——鸡尾酒和美味珍馐，有专职司机驾驶的轿车以及乘坐头等舱旅行并且与那些手头阔绰的大佬为伍。

霍普金斯的生活在1937年发生了转折。那年秋天，他的第二任妻子芭芭拉（Barbara）因癌症去世。两个月后霍普金斯住进了明尼苏达州的梅奥医院（Mayo Clinic），医生在给他做胃大部切除手术时，摘除了一个大肿瘤。一条头版的报道宣称由于当时罗斯福正在安排，要是他本人不再参加1940年的总统竞选的话，就让霍普金斯取而代之，因而导致霍普金斯胃溃疡穿孔。为了提升霍普金斯的资历信誉，罗斯福任命他出任商务部长而成为内阁一员。由于日益恶化的健康状况，他在这个职位上继任的希望渺茫，更不用说作为总统候选人了，已经毁于一旦。从1939年春起，霍普金斯的身体毛病就不是单个而是接二连三地出现：虚弱、疼痛、消瘦、双脚浮肿、视力衰减以及上吐下泻。到希特勒的军队大踏步入侵波兰时，霍普金斯再次住进了梅奥医院。

霍普金斯的癌症没有复发。他的病痛来源于营养不良，他无法从食品中吸收营养，这用记者的话来说，"食物从他胃里经过就像是通过玻璃管子"。这个病案一直没有完全确诊，也没有被治愈，不过它很有可能是腹腔的疾病或是由于癌症手术并发的机体问题。在富兰克林·德拉诺·罗斯福的敦促下霍普金斯接受了全面治疗，其中包括输血、静脉进饲，以及在他手臂、脚踝和手上注射铁和维生素。他曾得意扬扬地对一位记者说，"在我身上用了一些他们以前从来没有用过的方法"。他带着孱弱的身躯回到华盛顿，整个冬天的大多数时间他都卧病在床，从无线电广播收听欧洲战场的新闻。他好像成了一个局外人；哈罗德·伊克斯（Harold Ickes）流露出心满意足的心境，他写道，城里流行的看法是"哈里实际上完全从政

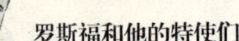

治场景里隐身退出"。但是在1940年5月10日，也就是希特勒入侵他国和丘吉尔成为英国首相当天，"拖着瘦弱的身体，两眼神情悲哀"的霍普金斯与罗斯福在白宫共进晚餐。总统邀请他周末就留在那儿。在接下来的三年半时间里，他一直在那里生活。

霍普金斯职业生涯的一个新阶段开始了。舍伍德（Sherwood）写道，总统"确切无疑、完完全全地把他的朋友转变到为战争这个目的上来了，就如同芝加哥的一位企业家……在那动荡不安的同一年中，把他原先生产墙纸的工厂改装成了生产燃烧弹的工厂"。霍普金斯随时随地可以接近罗斯福和他的想法，他成为了最高的顾问、传声筒和看门人——富兰克林·德拉诺·罗斯福的儿子称他为"左右手"。如果说总统的军事和外交政策顾问们一开始是小心谨慎地对待霍普金斯的话，不久之后，他们就对他的能力心悦诚服。譬如，亨利·斯廷森就认为，霍普金斯能够"很快地理解全面战略的基本原则，并且形成他自己的总体看法及相应的行动策略，这一点非同寻常"。英国人也是兴高采烈欢欣鼓舞，发现他非常支持他们。霍普金斯在最高行政长官住宅里居住一事引来了众多批评和议论；《纽约时报》的阿瑟·克罗克（Arthur Krock）尖刻地评述道，他"既是一个被追捧的人，也是一个被监视的人"。罗斯福的回应言简意赅："要做的事情不计其数。我需要哈里的参与，我需要他住在这所房子里。"

霍普金斯居住在白宫的二楼，那里有好些个通风良好的房间，罗斯福的家人和他们的宾客就住在那里，房间的布置比较随意，用了些家庭照片和航海图片做装饰。霍普金斯住在白宫建筑群东南角的一间大卧室里，那个房间曾经是亚伯拉罕·林肯（Abraham Lincoln）的书房。壁炉的上方嵌有一块铜质的牌子，它标示着奴隶解放宣言的签署。高大的长窗外是南草坪，稍远处坐落着华盛顿纪念碑以及杰斐逊纪念堂。卧室的角落有一把霍普金斯的内阁皮椅，那是1940年9月他辞去商务部长时得到的馈赠。有时从容不迫地沿着走廊去与总统商谈，或者偶然穿着他那色彩明亮的晨衣却撞上了埃莉诺·罗斯福的记者见面会，其余时候霍普金斯会在他房间里的小方桌上工作，或者被他那巨大的带有绿色顶棚的四柱床上的官方文件所包围，那个时候他经常会是耳朵贴着电话机听筒，嘴里叼着一支"幸运"牌香烟。他和来访的要客会坐在床边，眼睛里瞄着他刮脸用的软刷和牙膏，嘴上谈论着至关重要的政策。他的身体日渐恢复，比前几年强健一些。一位记者曾写道："他正在坠入牢笼，陷入这场最大的危机之中。"

＊＊＊

　　霍普金斯现在是总统最核心小圈子的成员，可是萨姆纳·韦尔斯（Sumner Welles）依然是富兰克林·德拉诺·罗斯福安排在国务院的头面人物。不过在1940年早秋发生的一件事引发了一场恶意反对韦尔斯的运动，并且最终导致了他的辞职，永远不再担任公职。

　　1940年9月17日晚上，罗斯福在亚拉巴马州的贾斯帕（Jasper）出席众议院议长威廉·班克黑德（William Bankhead）的葬礼后正乘坐总统专列返回华盛顿。包括将近一百位国会议员在内的数以千计的悼念者在贾斯帕闷热的天气里参加葬礼向众议院议长告别，同时也来目睹总统的风采。陪同富兰克林·德拉诺·罗斯福一道回首都的有六位内阁成员。萨姆纳·韦尔斯（Sumner Welles）替代生病的科德尔·赫尔也在那里。韦尔斯有时靠喝酒来让自己从令人生畏的工作日程中解脱出来。那天晚上他与副总统亨利·A. 华莱士（Henry A. Wallace）和其他人一块儿在餐车里，喝了一瓶又一瓶的威士忌。到第二天凌晨时分，他已是酩酊大醉，喃喃自语地说到他春季去欧洲的使命。早上四点钟的时候，韦尔斯叫了好些个在普而曼式卧车（Pullman）上工作的黑人服务员去他的包厢并对他们有同性恋的挑逗行为。他不仅遭到拒绝，还被告发到铁路官员和总统安全警卫的负责人那里。当韦尔斯在车上看见秘密特工时，他关上了包厢的门，再也没有惹是生非。当天下午，他在联合车站（Union Station）下了火车。

　　二十四小时之内记者们开始听到相关传言，尽管他们对报道此事有些反感和厌恶。时隔不久，参议院里那些反对美国参加第二次世界大战的孤立主义分子获知了此事。为了给这一届政府抹黑，他们准备把消息散布开来。到十一月的时候，消息传到了韦尔斯最坚定不移的对手威廉·布利特（William Bullitt）耳里。布利特是前美国驻法国大使，因韦尔斯的欧洲使命而遭受冷落。对于萨姆纳·韦尔斯来说，这仅仅是结束的开始。

＊＊＊

　　派霍普金斯出访英国的想法是1940年12月在美国军舰"托斯卡鲁萨"号（USS Tuscaloosa）上收到丘吉尔的长信之后形成的。罗斯福说道："要

罗斯福和他的特使们

是丘吉尔和我能一块儿坐下来待一会，许多事情都会迎刃而解。"可是，他看不出这件事怎样才能安排妥当，那是因为约瑟夫·肯尼迪（Joseph Kennedy）不久前的辞职以及英国在华盛顿的大使洛西恩勋爵（Lord Lothian）的突然离世，这意味着这两个国家在对方首都暂时都没有了大使。"总统，我去跑一趟如何？"霍普金斯问道。富兰克林·德拉诺·罗斯福直截了当地拒绝了他，说华盛顿这边需要他。这些人回到华盛顿之后，霍普金斯求助于罗斯福的两位密友"说情"来为他实现自己的想法。其中一个是总统的私人秘书米西·莱汉德（Missy LeHand），另一个是最高法院法官费利克斯·法兰克福特（Felix Frankfurter）。但是总统看上去不大情愿——他有些"犹豫不决"，法兰克福特这样说。在接下来的几个星期里，罗斯福拿霍普金斯的建议同他开玩笑："你不是想做一次长途飞行，对吗？哈里，我听说那些防空掩体里的生活是相当拥挤的哟。"不过事情仍然没有任何进展。

然后，1941年1月3日，在没有任何预兆的情况下，总统突然宣布霍普金斯"将作为我的私人代表去大洋的另一边做一次短暂的旅行，只是为了维持——我认为这是个合适的词，我和英国政府之间的私人接触"。当白宫新闻秘书史蒂夫·厄尔利（Steve Early）向总统的新使节交代他的任务时，霍普金斯感到难以置信。"你瞧瞧！"他对厄尔利说，这时他站在林肯的书房里，身上穿着那件旧睡衣，"我父亲是个马具制造商，母亲是个学校的教师，而我就要去同领导英国政府的丘吉尔会谈了。如果这还不是民主，那我就不知道它是什么了"。

罗斯福在记者招待会上谈到霍普金斯使命的实质时，故意闪烁其词，那是他的一贯作法：

记者问：总统先生，霍普金斯的出访有什么特别的任务吗？
罗斯福：没有，没有！
记者问：有什么头衔吗？
罗斯福：没有，没有！
记者问：总统先生，您说霍普金斯先生是作为您私人代表出行的，他将享有大使的身份地位吗？
罗斯福：不，他完全没有什么身份；他出访是作为我的代表。不存在头衔的问题……

记者问：总统先生，是否可以说霍普金斯先生将成为下一任大使？

罗斯福：你知道，哈里的身体不适合那个工作。

记者问：有没有人陪伴霍普金斯先生？

罗斯福：没有。他不享受这种待遇。

记者问：他有需要执行的任务吗？

罗斯福：没有，你得不到什么轰动性的消息。（大笑）他只是过去对我的众多朋友说一声"你好！"

自不待言，霍普金斯的任务之一是要与罗斯福的朋友们保持个人的接触。1941年1月，罗斯福需要向英王陛下的政府通报在美国没有参战的情况下他针对英国遭到全面空袭时的计划对策。罗斯福告诉一位挚友，"我必须要面见丘吉尔以便向他说明许多事情"。与此同时，罗斯福要派出一位对他的观点了如指掌谙熟于心的使者。罗斯福对心存妒忌的伊克斯说，他派霍普金斯过去，"因此他可以像一个衣阿华州的农场主那样同丘吉尔交谈。就我的目的而言，哈里是个完美的大使，"罗斯福如此说道，"他甚至不懂得'规矩'这个词是什么意思。当他遇上官场的繁文缛节，他就会操起他那把老式的修剪树枝的大剪刀把它剪个稀巴烂。"

霍普金斯的工作之一就是要在罗斯福和丘吉尔之间建立起密切的关系。他的另外一项任务则是代表他的顶头上司观察审视英国的政治环境。罗斯福对他的另一位秘书格雷斯·塔利（Grace Tully）说，霍普金斯将会是"一个被人称道的报告者……我想知道比我从那些所谓渠道得知的信息更多的东西……因此，我没有派一个功成名就的人而是挑了一个无名小卒，无论是他的外貌衣着还是行为举止都好像一个农场主，可他得到的东西可能比其他人加在一起的还要多"。

总统仍然在对英国形势的不同评估进行筛选，此时，他手里已不再有大使的报告。由多诺万（Donovan）一手建立起来的从白厅到华盛顿的军事机密与情报渠道由于某些原因已经近乎干涸。罗斯福需要一个信得过的顾问，能够向他展示一幅最清晰的图画，以表明英国在抗击德国屠杀面前的能力，从而使他确信他鼎力相助的是一个赢家，并且对那个国家迫在眉睫的需求心中有数。

或许最为要紧的，是罗斯福想获得有关丘吉尔的情报。这位首相的

罗斯福和他的特使们

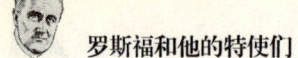

"庐山真面目还没有完全清楚"。他会不会像许多人感觉的那样是一个"古里古怪的家伙",而且"喜欢夸夸其谈"有关他嗜酒如命的传闻颇为流行,而萨姆纳·韦尔斯(Sumner Welles)来自欧洲的报告差不多证实了这一点。罗斯福1940年5月对内阁说,"他认为丘吉尔是英国拿得出手的最杰出的人,即使他有一半的时间都喝得酩酊大醉"。不过,丘吉尔曾经对新政横加指责,应该承认那已是陈年往事了,但是近来在总统竞选中又被温德尔·威尔基把旧账给翻了出来。罗斯福可以同这样的一个人打交道吗?

因此,霍普金斯将成为罗斯福在伦敦的代表,在总统与英国政府之间建立起更为密切的接触,同时也给总统的政治谋划收集必不可少的信息。他将成为比尔·多诺万五个月之前所想象的"理智的豪斯上校(Colonel House)"那种类型的人。

* * *

与此同时,英国外交部想弄清楚所有这一切意味着什么。罗斯福记者招待会的第二天,霍普金斯约见驻华盛顿的英国临时代办内维尔·巴特勒(Nevile Butler),告诉他罗斯福希望派遣一个非常清楚他的观点及美国政府想法的人,同那些管理着英国的人进行会谈并带回一个全面的描述,包括军舰船只的具体细节,飞机以及所需的军火装备。这个人回到美国后,霍普金斯和总统就能够利用情报"来压制和推翻国务院削减'英国'订单的任何企图"。霍普金斯明确无误地对巴特尔说,他打算抛开国务院另辟蹊径单独行动。他还强调了罗斯福的非中立的意图,并且指出"美国为了它自身的利益要让英国能够打败希特勒,这是一个至关重要的问题。他就是以这种态度来承担他的使命的"。

巴特勒得出结论,在援助英国这个问题上,霍普金斯是个"彻头彻尾、完完全全的支持者",而且是个"有待培养的人物,因此我希望要全力以赴,竭尽所能欢迎他、协助他"。然而,起初白厅并未引起注意。"我认为在霍普金斯来访这件事上体现不出任何重要性。"常驻英国外交部的美国专家诺斯·怀特黑德(North Whitehead)轻蔑地表示,"总统老是喜欢朝各个方面派遣特别代表,尽量不激怒任何人,他通常手里同时有两个或者更多的解决问题的方案。"

幸运的是，与官方渠道相比，非官方渠道发挥着更大的作用。坐在大西洋两边的两个人，就像是不般配的一对书立，现在开始显山露水。第一位是在奥地利出生的犹太人费利克斯·法兰克福特（Felix Frankfurter），他是哈佛法学院的教授，被罗斯福任命为最高法院法官。他个头不高，总是衣冠楚楚，头脑灵活，对蠢人毫无耐心。支持崇拜他的人与诋毁贬低他的人在数量上旗鼓相当。记者马奎斯·蔡尔兹（Marquis Childs）把他称之为"世上最为忙碌的爱管闲事者"。这个说法得到来自两大阵营为数众多者的赞同认可。他也是一个坚定不移的亲英人士，被国务院部分官员认为是"政府中干涉主义派的幕后推动者"。

法兰克福特曾经敦促罗斯福派遣霍普金斯出访英国，他觉得这项任务"有可能获得巨大成功"，可是他也明白，"要是这些化学物质没能熔合，就可能意味着巨大的祸害"。现在法兰克福特担心，唯恐霍普金斯带着"一种争强好胜的心境"出使英伦。他安排了一个三人会晤，与霍普金斯和琼·莫内（Jean Monnet）见面。莫内是一位颇具影响力的法国人，他与英国购买委员会一块儿常驻华盛顿。据法兰克福特的观察，那两个人的心智特征迥然相异，有天壤之别。一个是"冲劲十足、直觉敏锐、洞察力强"，另一个则是"条理清晰、办事严谨、逻辑性强，有法国人的风范"。可就是在法兰克福特的家里，他们三人相聚。莫内告诫霍普金斯在伦敦除了首相之外不要去寻求任何权势："丘吉尔就是战争内阁"。霍普金斯看上去对关于丘吉尔的传奇早已厌倦，回答说："他认为丘吉尔自以为他是世上最伟大的人。"但是法兰克福特告诉他不要带着"一个沙文主义的中西部人的态度"去英国。法兰克福特满心喜悦，他看到霍普金斯"明白他的整个使命成功与否将取决于向丘吉尔正确无误地阐释罗斯福的想法，以及反过来向罗斯福传递丘吉尔的信息——'扮演历史上最佳的婚姻掮客'"。

就其自身而言，法兰克福特决心要成为婚姻掮客当中的掮客。在向霍普金斯介绍了丘吉尔的基本情况后，他又要通过驻华盛顿和伦敦的澳大利亚外交官理查德·凯西（Richard Casey）和斯坦利·布鲁斯（Stanley Bruce）去向丘吉尔简单介绍一下霍普金斯。凯西和布鲁斯都是社会名流，是剑桥大学毕业的保守党人。布鲁斯穿护腿套在澳大利亚是闻名遐迩，他的敏锐与机敏的行动也同样尽人皆知。凯西在最高法院法兰克福特的办公室与他见过面后，就给布鲁斯发了一封电报，建议他敦促丘吉尔"尽早打破常规向霍普金斯表示他对总统的热烈而由衷的崇拜……要赢得霍普金斯

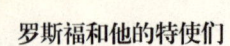

的好感，这是最保险的方法。而且最适合于做这件事的非丘吉尔莫属"。两天之后，布鲁斯答复道："今晚已同首相会晤并转达了你的意见。他对此深表感谢，一定会照此办理。"

于是，在霍普金斯抵达英国的当天，丘吉尔发表了一个讲话，对罗斯福大加赞扬。凯西把有关此事的报告转给了法兰克福特，指出这与他和布鲁斯之间的通讯"很可能没有联系"。在霍普金斯从英国返回之后，法兰克福特更为直截了当地宣称哈里·霍普金斯的伦敦使命大功告成最根本的因素是法兰克福特、凯西、布鲁斯之间的联络。

另外一端的书立是丘吉尔的副官布伦丹·布拉肯（Brendan Bracken）。布拉肯与丘吉尔的亲密关系如同霍普金斯与罗斯福一样，的确，还有人误以为他不仅是首相的密友知己而且还是他的私生子。在霍普金斯住进白宫不久后，布拉肯搬进了唐宁街10号，这样一来，常常喜欢在半夜三更找人谈话的丘吉尔就省去了许多麻烦。三年前有一次，在名声显赫的报纸编辑赫伯特·贝亚德·斯沃普（Herbert Bayard Swope）在长岛基瓦丁（Keewaydin）的别墅里款待宾客时布拉肯曾经与霍普金斯有过一面之交。基瓦丁是一幢典雅别致的装有白色楔形护墙板的房子，位于桑兹角（Sands Point）之上，面朝盖茨比县（Gatsby county）。这是一个传奇的好客之地，有一个网球场，一个海水游泳池以及一个著名的板球场。在一天非常愉快的运动和交谈的最后，霍普金斯驾车送布拉肯回曼哈顿，而布拉肯一路上也非常高兴倾听一位出类拔萃的演说家滔滔不绝的谈话而不去插嘴。当丘吉尔被告知霍普金斯1941年1月的使命时，他的第一个反应是"霍普金斯不会是个重要人物，否则总统会告诉我他要来英国"。但是一直关注着霍普金斯的仕途并且同他保持着联系的布拉肯把首相纠正了过来。"霍普金斯是来访我们这个国家的最重要的美国人，他告诉丘吉尔的小圈子。所有在世的人里边，没有谁比他更能够影响总统了。"舍伍德在报告里说道，"他下令在德国的狂轰滥炸之下也要竭尽所能隆重接待。"

同英国人一样，美国人对这项任命也不知就里、大感不解。国务院的行家里手把它视为罗斯福器重霍普金斯的一个表现，而不是作为一个重要的外交行动。他们对霍普金斯的资历不屑一顾，担心他会因此使得名副其实的使节的声誉毁于一旦。"人们会说罗斯福是过分宠爱一个无能的人，"共和党外交政策的重量级人物威廉·卡斯尔（William Castle）言辞犀利地说道，"但是宠爱绝不是派遣此人作为'总统的私人代表'去伦敦的理由。"长期关注宫廷政治的哈罗德·伊克斯担心罗斯福的目的是"要在这个国家面前建立起一点哈里的形象"。像专栏作家雷蒙德·克拉珀（Raymond Clapper）这样见多识广的消息灵通观察家错误地以为霍普金斯的任务是要调查战争爆发以来英国的社会和经济的变化——他就成了"新政罗斯福"的使者而不是"打赢战争的罗斯福"的使者。持孤立主义立场的《芝加哥每日论坛报》（Chicago Daily Tribune）挖掘得更接近真相，它告诫要警惕"迄今为止要把和平的美国同陷入战争泥潭的英国连接起来的最重要的行动之一"。[27]

在去伦敦的途中，霍普金斯在纽约暂作停留去完成一项差使。罗斯福在他的"花园水管"记者招待会以及民主兵工厂（Arsenal of Democracy）演说之后，收到了不计其数的支持信件和电报，为此他感到欢欣鼓舞，这时他的助手们几乎还没有开始起草租借提案（Lend-Lease bill）。有传言说约瑟夫·肯尼迪（Joe Kennedy）反对租借，总统担心这有可能对租借法案的通过产生影响。因此，霍普金斯给住在沃尔多夫酒店（Waldorf Hotel）的这位前驻英国大使打去电话，对政府在英国事业上承担的责任义务没有做过多渲染，给肯尼迪留下一个印象，那就是不管是他还是总统"对英国人都不太在意"。完成了这项任务之后，霍普金斯又收到来自埃莉诺·罗斯福（Eleanor Roosevelt）和费利克斯·法兰克福特（Felix Frankfurter）的祝福好运的电报，现在他准备踏上旅途了。

1月6日早上八点过，霍普金斯抵达拉瓜迪亚机场（LaGuardia Field），陪同的有几位家庭成员，还有没带助手的泛美航空公司总裁胡安·特里普（Juan Trippe）。他坐在候机室里等了一个钟头，一边呷着黑咖啡，一边抵挡着记者的刨根问底。"我不知道会在伦敦待多长时间，"他对记者们说，"使命结束我就会回来，这不会太久的。我无法回答你们的其他问题。"当有位记者把他比作豪斯上校时，他皱了下眉头，但拒绝作任何评论。在这个场景的上方是海军陆战队航站楼内壁的大理石圆顶。圆顶的四周是詹姆斯·布鲁克斯（James Brooks）创作的描绘飞行历史的巨大壁画，这幅作品得到了霍普金斯的公共事业振兴署（WPA）的赞助（"见鬼，他们也像其他人那样要吃饭的！"面对有人批评新政支持艺术家时，霍普金斯如此回应道）。

终于，告别的时候到了，霍普金斯沿着走道朝停在水面上的"扬基快马"号（Yankee Clipper）水上飞机走去。说了两句笑话，亲吻了孩子们

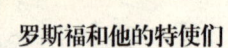

后，霍普金斯拿起了他那有些破旧的灰色毡帽、报纸和几本简装小说，登上了飞机。几分钟后，飞机滑过鲍厄里湾（Bowery Bay）的水面，然后腾空而起。

霍普金斯还随身带着另一件东西：一封非同寻常的来自美国总统的私人信件：

亲爱的霍普金斯：

我对你寄予特殊的信任和信心，请你尽早在方便之时作为我的私人代表赶赴大不列颠。并代我向乔治六世国王陛下致以问候。

当然，在你以美国的最佳利益为行为准则执行使命时，可以将你关注的任何问题及时与本政府沟通。

我对于你的使命圆满成功予以最美好的祝愿

富兰克林·德拉诺·罗斯福谨上

***

霍普金斯还在途中的时候，罗斯福向国会发表了一年一度的国情咨文。比起往年的这种时候，现在的气氛更加阴沉忧郁。为了修复屋顶建筑结构上的问题而竖立起来的巨大钢管支架，使得这个场面有一些战争的氛围。观察家们注意到，外交使团旁听席上没有轴心国代表的身影。富兰克林·德拉诺·罗斯福在严密的保安措施中来到会场，他神情严峻。新上任的来自德克萨斯的众议院议长萨姆·雷伯恩（Sam Rayburn）过于紧张疲劳，在敲击他那精致的牧豆木质的小木槌时用力过猛使其破裂，碎片朝四面八方飞去。

"第七十七届国会的各位议员，"总统开始了演讲，"在这个国家史无前例的时刻，我向你们发表演说。我使用了'史无前例'一词，是因为今天美国的安全受到外来的前所未有的严重威胁。"罗斯福谴责道，"今天，新的专制暴政企图扩张到每一个大陆，"他宣布："美国人民已经不可改变地坚决与之血战到底。"他告诫要警惕那些为绥靖主义摇唇鼓舌的人，并要求"坚决迅速地增加我们的军火生产"。他向"民主国家"发出的信息是："我们将不断增加运送给你们的舰艇、飞机、坦克、大炮。这是我们的目标和承诺，为实现我们的目标"，他又说道，"我们不会屈服于独裁者的威胁恫吓。"

演讲最著名一段出自于它的最后高潮：

在我们力求安定的未来的岁月里，我们期待一个建立在四项人类基本自由之上的世界。

第一是在全世界任何地方发表言论和表达意见的自由。

第二是在全世界任何地方，人人都有以自己的方式崇拜上帝的自由。

第三是不受匮乏之苦的自由——这种自由就全世界范围来讲，是一种经济上的和睦融洽，它将保证全世界每一个国家都能够让其居民过着健康的、和平时期的生活。

第四是没有恐惧的自由，这种自由就世界范围来讲，是全球性的裁减军备，要以一种彻底的方法把它裁减到如此程度：在世界上任何地方都没有一个国家有能力对任何邻国进行武力侵略。

这些话是由罗斯福亲自写成。几天以前，哈里·霍普金斯、鲍勃·舍伍德（Bob Sherwood）和萨姆·罗森曼（Sam Rosenman）和他一起在白宫的书房里讨论起草演说稿的时候，罗斯福突然宣布他"对演说的结束语有了灵感"。"他斜靠着转椅背凝视着天花板，我们在一旁等待，"罗森曼回忆道，"这是个很长的暂停，时间之长让人开始感到坐立不安。"接下来他坐在椅子上往前靠，一气呵成口授出这一段。之前他曾有一次提及这些自由，那是在几个月前的一次记者招待会上；"可是现在这些句子就如同他曾经练习过多次那样滔滔不绝地从他嘴里流淌出来"。霍普金斯对"在全世界每个地方"这个短语表示反对。"它涵盖的地方太广了，总统先生。我不知道美国人对爪哇民众会有多大的兴趣。""恐怕有一天他们会那样，哈里，"罗斯福回答，"这个世界正在变得越来越小，现在就连爪哇的老百姓都快成我们邻居了。"

国会议员们神情严肃地听完了罗斯福的演讲，缺少了往常的嘈杂的掌声；记者们注意到共和党议员大都缄默不语。参议员们和众议员们的反响形形色色、各不相同。德克萨斯州的民主党参议员莫里斯·谢泼德（Morris Sheppard）认为这是"自古以来最伟大的演讲之一，而不仅限于美国历史"。但在另一方面，宾夕法尼亚州的众议员罗伯特·里奇（Robert F.

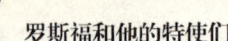

Rich）认为这篇演讲意味着"在这个国家里的战争和独裁"；与他同是共和党的马萨诸塞州众议员乔治·廷克汉姆（George H. Tinkham）宣称罗斯福是"向全世界宣战"。

不过，专栏作家阿瑟·克罗克（Arthur Krock）认为总统演讲时议员们清醒节制的行为举止"比字字珠玑的评论更为雄辩"。他们先前已经读到过总统对租借的言论。现在从他的演讲中正式获悉政府当局的意图，"议员们一方面在努力设想其带来的后果，一方面并没有在这些后果前畏葸不前。当罗斯福说到下面这句话的时候，他们必须得尤其认真地考虑一番了：'当专制独裁者，如果专制独裁者准备向我们开战的时候，他们将不用等待我们这一方的战争行动。'"

* * *

1月9日下午稍晚的时候，霍普金斯乘坐的波克（BOAC）飞机在英格兰南部的港口城市普尔（Poole）着陆。糟糕的飞行条件让他在里斯本耽搁了一天，在那里他同保守的葡萄牙总理安东尼奥·德·奥利维拉·萨拉查（Antonio de Oliviera Salazar）以及英国驻葡萄牙大使罗纳德·坎贝尔爵士（Sir Ronald Campbell）进行了会晤。在韦尔斯出使欧洲时，罗纳德爵士还在巴黎任职。眼下，大使盛气凌人地谈论起英国"下层阶级"的令人振奋的精神面貌，不合时宜地冒犯了霍普金斯自由开明的本性。

四天的旅途劳顿加上阵发性眩晕，霍普金斯浑身瘫软。丘吉尔派来负责迎接的布雷登·布拉肯（Brendan Bracken）在其他旅客都下了飞机后，发现这位尊贵的美国客人霍普金斯瘫倒在座位上，看起来"面带病容、精神颓萎，身体疲惫以至于无法解开他身上的安全带"。另外一位观察家认为，"他好像病得厉害、身体虚弱，一阵风就会把他刮走似的。可是霍普金斯具有非凡的康复力，在丘吉尔派来接他去首都的专列上，他喝下戴着白手套的侍者给他斟得满满的几大杯威士忌后精神倍增"。当列车穿行在景色如画、充满田园诗意的乡村时，他向老相识问道："你会让希特勒从你们手里把这片土地夺走吗？"布拉肯只有一个字的回答完全在他的意料之中。

希特勒疯狂行动的后果很快展现在霍普金斯眼前。他乘坐的专列在阵阵空袭的间隙中驶抵重兵把守的滑铁卢（Waterloo）火车站，焚毁倒塌的建筑的残垣断壁有些跌落在列车后面的轨道上。霍普金斯从灯火管制的列车下来，踏上昏暗的终点站站台。在防空炮火的怒吼中，他不得不加大嗓门以便让别人听见。"我旅途很顺利，感觉不错。"他面带笑容对已等候多时的新闻记者们说道。几分钟后一辆大使馆的车载着他驶向克拉里奇酒店（Claridge's）驶去，这时掩护的防空炮火又响了起来。一位记者看见他在走进饭店戒备森严的入口之前抬起头来看了看伦敦的天空。因为旅途劳顿，他谢绝了在唐宁街晚餐的邀请，而是在他下榻的房间里同驻伦敦的美国大使馆代办赫谢尔·约翰逊（Herschel Johnson）一起享用了一顿安静的晚餐。这次经历对这位朴实无华、大智若愚的外交官产生了深刻的影响。有好几个月的时间，柏林派遣大量轰炸机对伦敦实行狂轰滥炸的时候，华盛顿传来的指令只是严格保持中立，使得约翰逊感觉像一个被围困在一幢燃烧的大楼里的人，被告知"要在消防队与大火之间做出选择"一样。现在一位决心助英国一臂之力的特使的来到，"希望能够得以实现的真正保证终于首次来临"。

约翰逊也有作为迎接霍普金斯的好消息——他简单地描述了丘吉尔对于罗斯福的一段评价，那是丘吉尔当天在萨沃伊饭店（Savoy Hotel）的英美友好协会"朝圣者"午餐会上的讲话：

> 我一直认为在人类非凡的旅途上的财富主要是由美好或邪恶所决定——但主要是美好，因为这条道路是往上的是由人类的最伟大的人物和最重大的事件决定的。
>
> 因此我把下面这件事称为在世界事务中最幸运的事，那就是在美利坚合众国的巅峰上站立着一位著名的政治家，在政府和行政部门的工作中经历过长久的风风雨雨，在他内心燃烧着抗击侵略和压迫之火，他的同情与天性造就了他成为正义与自由，以及世界各地蒙受灾难与苦楚的民众真诚和毫无疑问的领袖。
>
> 同样地，因为我可以说目前在美国的两党之争已经结束，我祝贺这位出类拔萃的杰出人物近来收获的前所未有的荣誉，在压力与风暴的日子里第三次扛起美国民主的大旗。

第二天早上霍普金斯醒来时，一份包括土司、水果和美国风味咖啡的早餐已经准备就绪，他还和饭店的服务员开了几句玩笑。那个可怜的男侍对于接待五花八门的客人早已司空见惯，现在却感到震惊，因为霍普金斯来的时候只带了几件衬衫，没有一件是按照伦敦崇尚的品质那样带有可以拆卸衣领的——而且还没有冬天穿的内衣。这是霍普金斯与酒店职工之间惺惺相惜、同境相怜的友谊的开端。那些酒店服务员发现他总是把他那些身居高位的朋友送来的像鸡蛋这样的礼物慷慨相赠，而且比起那些克拉里奇酒店的顾客来他更招人喜爱。每天早上霍普金斯离开房间时，那个男侍都尽可能在场，帮他整理外表。这时霍普金斯总是喃喃地说："啊，对啦，我必须记住我是在伦敦——我必须看起来有气派才行。"他们会在他不注意的时候给他那顶旧帽子整形做清洁，把他的外套拿去熨烫，结果才发现他把护照、钱包，甚至是秘密文件都放在了衣袋里。霍普金斯的不拘小节与前一年来伦敦的萨姆纳·韦尔斯的偏偏风度形成了鲜明的对照。

上午10点30分，听取了美国武官和海军副官的简要汇报后，霍普金斯乘车去了外交部。那是一座宏大装饰华丽气派的建筑，位于白厅和圣詹姆斯公园之间。在外交部，他要会晤新任外交大臣安东尼·伊登（Anthony Eden）以及他的前任、即将赴华盛顿出任大使的哈利法克斯勋爵（Lord Halifax）。这幢建筑富丽堂皇的内部装饰展示出帝国的威严雄风，不过，战争时期的来访者也注意到走廊里没有点灯，破碎的窗户以黑色的布帘遮挡。霍普金斯对艾登没有深刻印象，认为他"温文尔雅、无可挑剔、毫不重要"。"我有这样的印象，"他在给罗斯福的报告里写道，"安东尼·艾登（Anthony Eden）在履行战争职责方面不比最高法院强。"——考虑到法兰克福特近来的努力，这个结论对于最高法院有失公允。另一方面，他发现哈利法克斯是个"完全不同的有些难对付的家伙。一个高个子有些驼背的贵族，一只手戴着灰色的手套"，以掩盖先天萎缩的手臂。霍普金斯向哈利法克斯简单介绍了他在华盛顿应该见哪些人，并且承认"在总统和赫尔力所不能及的范围，我深陷困境，只好退出"。霍普金斯认为哈利法克斯是个"彻头彻尾的保守党人，但如果我们能够专注于打垮希特勒的话，那一点就完全不重要了"。实际上，哈利法克斯不仅是个彻头彻尾的保守党人，他还是个无可救药的绥靖主义者，至今公开宣称要与希特勒谈判而不是要把他送入坟墓。[28]

中午过后，霍普金斯去唐宁街10号同丘吉尔共进午餐。布伦丹·布拉肯在那扇闻名遐迩的黑色大门前迎接他，门上镶有狮子头的门环和铜质的信箱。在霍普金斯看来，这地方显得"有些破旧邋遢"，这也难怪。由于很容易受到德国空军的轰炸，政府的许多职能部门已经搬出唐宁街，大多数房间里价值不菲的绘画作品、家具和地毯都已经不见踪迹。房间的窗户多数是飘窗，到处都是在对炸弹毁坏的部分进行维修的工人。丘吉尔和夫人也搬到更为安全的唐宁街10号的附属建筑斯托里盖特楼（Storey's Gate）里，到那里有几百码的距离，刚好在地下的内阁作战室的上方。可是首相对于副楼有些过敏，他喜欢在白天的时候继续待在唐宁街10号工作和进餐。

在楼下，花园房间（Garden Rooms）已经用坚硬结实的梁柱加固，窗户也用钢板保护起来，营造出一种像船舱似的环境氛围。布拉肯把霍普金斯带到这一层的一个小饭厅，给他倒了一杯雪利酒，让他在那里等候丘吉尔。

霍普金斯对随后发生的事情的记录包括了罗斯福多年来依赖的那种观察方法，以便在远方形成对人的个性的判断：

> 一个胖胖的，笑容满面的，红脸的绅士出现了，伸出一只肥胖但却有力的手并欢迎我来到英格兰。他身穿一件黑色短外套、条纹裤子，这位英格兰的领导人给我的印象是目光清澈明亮、声音柔软，他带着显而易见的洋洋得意的神情向我展示了他那漂亮的儿媳妇和孙子的照片。

霍普金斯显然喜欢丘吉尔的品性，谁又能责怪他呢？丘吉尔的地位正处于巅峰时期，在夏天他发表了六七个打动人心的讲话，导致其声望与日俱增。丘吉尔生逢其时，在大英帝国处于岌岌可危的境况下被委以重任。丘吉尔也马上被霍普金斯所吸引。"我很快就理解了他个人的活力以及他使命的极端重要性，"他后来写道，"我十分明白特使是受对我们的生命至关重要的总统派遣而来。"丘吉尔常常是基于简单的一两眼"敏锐的端详"来对人做出判断（并非所有的都正确）。此时，他有更有力的证据，即霍普金斯从华盛顿带来的强有力的信息。"总统已下定决心，我们要一起打赢这场战争，"来访的美国人说道，"这一点非常明确。他派我来这里告诉您，他会不惜一切代价、采用所有手段来支持您，而不管对他可能发生什么，只要他能够，他就会为之不遗余力。"

午餐比较简单，只是汤、冷盘牛肉以及绿色沙拉、奶酪、咖啡、波尔

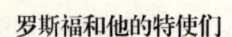

图红葡萄酒和白葡萄酒。服务的是一位相貌平常，看上去像是长期做家政工作的女性，主人身子前倾以方便把更多的肉冻放进客人的餐盘里（这顿饭不是太简单，丘吉尔忘了从一个小银盒里取出鼻烟）。谈论的话题集中在罗斯福和丘吉尔见面峰会的可能的时间地点。首相与总统一样急于会晤，而且"越早越好"。霍普金斯转达了总统的租借方案的信息，结果丘吉尔保证要让他"得到所有相关消息和看法的详情细节"使他确信"英国为了赢得这场战争所需要的确切物资援助的急迫性"。霍普金斯也提到华盛顿有些人的看法，认为丘吉尔是反对美国的，或者是对罗斯福存有敌意。对此，丘吉尔"矢口否认"，"有节制地指责肯尼迪大使，他认为这种印象的产生完全是因为大使的缘故"，并派了一位秘书去取他发给罗斯福的电报，这封电报表达了他对于罗斯福总统再次当选的衷心喜悦之情（让首相感到不安的是，罗斯福从未回复过这封电报）。

丘吉尔向霍普金斯揭开了结果是全面情况的第一幅场景，表达了他对于德国可能入侵的观点（要是发生这种情况，他说，"我们将要把他们全部赶出去"）和对地中海地区局势的展望。丘吉尔在地图上比画着英国跨大西洋船队以及德国轰炸机的航线，谈话是在楼上的内阁会议室炉火前结束的。两人"都给对方留下深刻印象"，首相的私人秘书之一约翰·科尔维尔（John Colville）记下了当时的情况，"两人间的促膝谈心持续到接近四点钟"。

"和丘吉尔先生的谈话使我度过了最为愉快的时光，"霍普金斯稍后不久告诉美国武官李（Lee）准将，"不过，上帝啊，那个人有多么强大的力量啊。"就首相本人而言，他感觉终于同总统建立了一种明确直接而真诚坦率的接触。

这种接触的长度使得霍普金斯原定的英美记者招待会推迟了两个小时。他在美国大使馆的大使办公室里，坐在约瑟夫·肯尼迪的就办公桌后面会见了记者，"他手指敲打着椅子的扶手，看起来好像可能要泄露天机似的"。可是，除了说他来这儿是为了"讨论两国共同关心的问题"之外，他未透漏只言片语（一位编辑回忆，有位记者的提问刨根问底特别执着，霍普金斯对他的热情予以积极回应，"是的，我想你可以说紧急的事情"）。纽约时报记者注意到，霍普金斯"成功地给人留下一种印象：如果有人要进一步深挖，那他就有那么一点不爱国了"。记者们把他比作"牡蛎"和"蛤蜊"。但他们却喜欢上了霍普金斯；甚至当他以一个歪嘴的小小微笑或者一个笑话来回答他们的提问时,他依然魅力不减。《每日先驱报》的记者注意到霍普金斯讲话时脚不停地晃动,但他肯定也在考虑自己在媒体前的机敏表现,这位记者把他想象成一部名叫"总统的伙伴"(President's Pal)的电影里的男主角弗雷德·阿斯泰尔(Fred Astaire)。

那天晚上与电台播音员埃德·默罗(Ed Murrow)一起吃晚饭时霍普金斯就更为直接坦率。战争爆发时,他正躺在梅奥医院与死神作斗争,他从收音机里听到了默罗的报道。现在,他请默罗来到他在克拉里奇酒店的房间,向他询问有关英国政界人物的事情。"我来这里是为了在两位主要领导人之间找到一种促进融合的方式,"他充满自信地告诉默罗,"我想真正了解丘吉尔,以及他在半夜以后会见的那些人。"

*＊＊

总统的特使作为丘吉尔的客人在牛津郡的迪奇利庄园(Ditchley)度过了周末,那是一幢精致气派的房屋,被英国空军参谋长视为是一个比首相的乡村官邸契克斯别墅(Chequers)更安全的住所,不易引起德国空军的注意。几个月前丘吉尔在下议院他的房间里召见了迪奇利庄园的主人、国会议员罗纳德·特里(Ronald Tree)。"有没有可能把你的迪奇利庄园提供给我在望月时住几个周末?"他问道。不久,电话专线架设就绪,相关设施也安装完毕。在1940年至1942年期间的十多个周末,当未来一两天能见度可能比较好的时候,首相和他的随行人员就来到迪奇利下榻。一个周五的下午,会有两位特工先来庄园里里外外彻底检查一遍,接着来的是一位男管家和一个带着行李的女佣,另外还有一队负责安全保卫工作的士兵,他们都来自牛津郡以及白金汉郡轻步兵团。然后五点钟,特里回忆道,丘吉尔的车队会准时抵达。"还有不同岗位的秘书,红色的公文箱,汽车以及一辆丘吉尔很看不顺眼的老式的装甲车,这辆车不会驶入庄园的别墅,所以周末它都是待在车库里,从人们的视野里消失"。

霍普金斯星期六抵达迪奇利庄园,在那里用的午餐。汽车沿着两旁有山毛榉树的大道一直驶入大门,经过一片树林和另外一条榆树遮荫的道路,这才看到别墅本身——一幢帕拉弟奥新古典主义(Palladian)的建筑,比例协调,其正面是金色的石柱,顶端是两个突出的形象:忠诚与名望。一路上花的时间比预想的要多,那是因为司机在小道上迷了路,路边

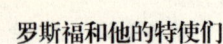

的道路指示牌由于可能面临敌人的入侵而全部撤掉了。陪同中午就餐的人不多，不过科尔维尔（Colville）记录下了当时的情景，他写道，霍普金斯"平静温和的魅力和器宇轩昂的庄重氛围笼罩着饭桌"。他让丘吉尔放心，说租借提案一定会通过，尽管也有些反对的声音。他还热情洋溢地提及国王和王后1939年的北美洲之行。下午布拉肯带霍普金斯去附近的布莱尼姆宫（Blenheim）看了看，那里是丘吉尔祖上的家园，也是丘吉尔的出生地。丘吉尔就是在布莱尼姆宫里湖边的一座仿希腊神庙的式样小房子里向克莱门坦求的婚。在汽车行驶途中，霍普金斯告诉他罗斯福"下定决心，'英国'应该拥有生存下去和赢得胜利的物质手段"——哪怕这些物质手段不得不取自美国军队。

晚宴伴有烛光，餐桌周围是一片简朴的金色背景。更多的客人已经到达，都颇有兴趣要见见这位"神秘人物"哈里·霍普金斯，其中包括开着他那辆破旧的劳斯莱斯汽车从牛津匆匆赶来的丘吉尔的科学顾问弗雷德里克·"教授"·林德曼（Frederick "The Professor" Lindemann），以及英国贸易委员会主席、商界精英、国会议员奥利弗·利特尔顿（Oliver Lyttelton）。布拉肯还邀请了英格兰最漂亮迷人的两位女士来此度周末，她们是上流名媛维尼夏·蒙塔古和爱德华八世的情人弗雷达·达德利·沃德。布拉肯十分清楚，她们的盎然生气将激发出丘吉尔最优秀的品性。在餐桌上，国会议员谈论起他最喜欢的一个话题，美国和英国之间需要更为密切的关系。女士们退场后，霍普金斯对丘吉尔前一年的几个讲话恭维了一番，透露了罗斯福在白宫的内阁会议室安放了一台无线电收音机，这样大家就能够收听他的讲话了。丘吉尔语气有些谦恭地回答道，他几乎已经不记得去年夏天他都讲了些什么了，他只知道"眼睁睁地看见如此一个横行霸道的家伙嚣张获胜还不如我们自己被毁灭了的好"。

就好比一位演员在热烈的掌声中重返舞台一样，丘吉尔当时发表了一个"威严的独白"，对到那个时候为止的战争缘由以及战争发展的道路进行了论说。论及未来，他描绘了英国战后的目标，似乎经过精心措辞要取悦于他那胸襟开阔的来访者，这篇讲话与罗斯福四大自由的演说异曲同工，"我们不寻求财宝，"丘吉尔承诺，"我们不寻求领土扩张，我们追求的只是人的自由的权利；我们追求他崇拜他的上帝的自由，以他自己的方式过他自己的生活，安全稳定，不受迫害之苦。一天的工作结束后，卑微的劳动者朝家里走去，在清澈的傍晚天空里看见炊烟从他家小屋袅袅升起，我们希望他知道没有秘密警察的砰砰砰的敲门声。"——说到这里丘吉尔在桌子上敲了几下，"会来打扰他的闲暇或打断他的休息。我们追求人民支持的政府，人们拥有言论自由，当他认为自己受到了伤害，能够在法律面前接受公平待遇。但是战争的目的绝非如此。面对这一切，总统会说些什么呢？"

霍普金斯差不多有一分钟没有说话，当他终于做出回答时，一位客人认为"这种缄默与我们刚听过的一气呵成的雄辩形成鲜明对照"。另外一位客人对霍普金斯的回应作了如下描述：

  他夸张地拉长他的美国调子，不紧不慢地说："啊，首相先生，我想总统才不会在意呢。"老天爷在上，我想，这弄错了吧。然后又是一阵停顿，接着哈里说道："你们看，我们唯一的兴趣就在于要那个狗娘养的希特勒被打得落花流水。"人群里传来一阵大笑声，此刻，友谊得到巩固加强，任何动荡变故也不能将它破坏。

＊＊＊

霍普金斯星期日才第一次观察到丘吉尔周末的常规安排。在迪奇利庄园，丘吉尔会在九点左右用早餐，食物有熏咸肉、鸡蛋、吐司面包加橘子酱和头一天晚上剩下的——或许松鸡什么的。早上他会在床上看报纸和公文箱里的文件，嘴里叼着一支没有点燃的雪茄，一位秘书记录他的口授。他会在午餐之前露面，在餐厅一边喝着白兰地，一边随意地慢慢踱着步子。下午他很可能与私人秘书待在"中国室"里，那房间得名于其墙壁的中国风格的装饰。或者他会带着客人从有警卫看守着的后门的两尊高大的威尼斯石狮之间走出去，很快地在花园里转上一圈。下午五点钟，丘吉尔会穿上长及脚踝的睡袍，带着一个装有热水的瓶子上床小睡一会儿。他的客人们通常会在迪奇利辉煌宏大的大厅里娱乐玩耍。这个大厅的宏伟壮丽在英格兰是数得上号的，特里一家给大厅配上了舒适的椅子。有可能就在这样一个星期日下午，那位坚定的完全戒酒主义者南希·阿斯特夫人会把她侄女、罗纳德·特里的妻子南希叫过来斥责一番，因为她让霍普金斯了解到了丘吉尔的坏习惯。"你怎么能让那个体面的周日学校的教师……和那个嗜酒如命的首相一起待在你房子里？"她厉声说道，"他回家的时候会

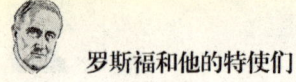

带上一大堆错误的印象。"就在此时，霍普金斯手里正端着一大杯威士忌在玩扑克。

丘吉尔时常在吃晚饭时发脾气，特别是战争的消息不太有利的时候，那天晚上他得知英国皇家海军的"南安普敦"号轻型巡洋舰在地中海被德国的轰炸机炸毁了。随着夜晚越来越深，白兰地开始显现出它的威力，丘吉尔"变得随和起来"。那天深夜，大家围拢在迪奇利图书馆两个壁炉中的一个前面，坐在精美的绯红色扶手椅上。这个图书馆是一个典雅漂亮的房间，差不多有50英尺（约15米）长，书架一直抵到天花板。丘吉尔抽着一支"特大号的雪茄"，在壁炉面前踱着步子，"简要地描述着这场战争的整个历史"，霍普金斯只是偶尔插话评论一下，而其他的客人则"坐在那里瞪大了眼睛"。这是一个作为精心表演的全面展示。丘吉尔在这种情形下的举动，一位当时在场的人回忆道："是让他自己（以及你）沉湎于战争的某些严峻方面的阴郁中……然后是'他摆脱困境'直到他目光闪烁着战斗的光芒，在地上来回走着。"在这个特殊的夜晚，战斗在凌晨两点钟结束，大家都拖着疲惫的身子睡觉去了。然而，在利特尔顿（Lyttelton）进入梦乡之前，霍普金斯悄悄地溜进他的房间，一屁股坐在炉火前面的一把椅子上，断断续续地嘟哝道："我的耶稣啊！他真是个不同凡响的人物啊！"

* * *

为了给搭乘皇家海军的新战舰"乔治五世国王"号去美国履职的哈利法克斯勋爵送行，丘吉尔和霍普金斯星期二一同去了苏格兰。两个人在行前都与罗斯福进行了联系。丘吉尔在电报里说："我衷心感谢您派来的杰出使节，他非常看重与您的密切关系和您的信任。"霍普金斯的信息稍长一些却不乏热情。这是他写给罗斯福的第一封有实质性内容的报告。报告写在克拉里奇酒店的便笺上，由与哈利法克斯同行回国的美国武官李（Lee）准将送交总统：

> 从丘吉尔到他的属下都让人感到惊奇，如果单凭勇气就能获胜的话——其结果将毫无疑问。但是他们极端需要我们的帮助，我肯定您将不会允许任何东西来加以阻碍……在各个方面丘吉尔

就是政府——他制定宏观的方针策略而且经常亲自处理细节的问题。工党信任他，陆军、海军、空军都不遗余力地支持他。政客们和上流社会假装喜欢他。我想无论如何强调也不过分，他是这里的一个、唯一的一个您需要与之从思想上进行全面交流的人……我确信您和丘吉尔的会面是必不可少的，而且必须尽快，因为战火在蔓延，希特勒不会等待美国国会的决议……这个岛国现在需要我们的帮助，总统先生，需要我们力所能及的一切帮助。

他在报告的结尾部分使用了更为常见的说法："那些炸弹好像不那么友好，看上去有些不人性……有人给我拿来了一顶金属帽盔和防毒面具，对那帽盔我只能说它看起来比我那顶帽子还要糟糕，而且大小也不合适，防毒面具也戴不上，不过还算幸运。有太多的要向您报告，不过得等一阵子了——我必须得去查林十字车站（Charing Cross）了。"

实际上，去苏格兰的火车是从国王十字车站发车，而不是查林十字车站。衣衫不整的霍普金斯在能够做到的最后一分钟赶到，对于让人头昏脑涨的英国地名他算是领教了。在车站恭候他的有首相和夫人克莱门坦（Clementine），哈利法克斯夫妇，丘吉尔的军事助手黑斯廷斯·"狮子狗"·伊斯梅少将（Hastings "Pug" Ismay），他的副官海军中校查尔斯·"汤米"·汤普森爵士（Charles "Tommy" Thompson），他的私人秘书约翰·马丁（John Martin），以及他的私人医生查尔斯·威尔逊爵士（Charles Wilson）。威尔逊只是在不到一个小时之前才被告知这次旅行，由于丘吉尔正患重感冒，他试图劝说丘吉尔放弃旅行。"一派胡言！我肯定要去。"丘吉尔回应道，扔掉了睡衣。另外，他宣布，威尔逊也得去。所以那个可怜巴巴的威尔逊要去严寒冻人的北方却甚至连一把牙刷也没有带，尽管有首相借给他了一件带苏联羔羊毛领的厚长大衣。

第二天早晨车上的人醒来时，列车已经停靠在了北苏格兰的凯思内斯（Caithness），"一片长有低矮灌木的荒原中间，地面白雪皑皑，暴风雪拍打着车窗"。当他们最终抵达苏格兰最北端的瑟索（Thurso）后，便登上了一艘澳大利亚皇家海军驱逐舰"内皮尔"号（Napier）驶向斯卡珀湾（Scapa Flow），那是奥克尼群岛（Orkney Islands）上的一个开阔的天然良港，是英国舰队的主要停泊地之一。在一年当中的这个时节来到奥克尼群岛的访客常常面对"严寒的暴风雪天气，在漫长的茫茫黑夜之间只有几个钟头的灰暗的白昼"。不过当那艘驱逐舰驶入斯卡珀湾时，伊斯梅（Ismay）回忆道："太阳穿透了云层，阳光照射下停泊在港的英国舰队的景色使人振奋。"他想让霍普金斯看看这番景象，却发现他面带愁容在舰上公共休息室里冻得瑟瑟发抖，就是再给他一件毛衣和一双衬有毛皮的飞行靴也难以说服他到甲板上稍微走动走动。霍普金斯在甲板上找到一处能够遮风挡雨的地方，他坐下来让身子骨休息一下，却被一位海军军士告知他正坐在一枚深水炸弹上。

同"乔治五世国王"号上的哈利法克斯勋爵和夫人告别后，首相用了两天的时间来视察舰队和港口设施，而霍普金斯却留在了皇家海军旗舰"纳尔逊"号（Nelson）的船长室里。当丘吉尔要求展示一下安装在"纳尔逊"号回转炮塔上的一门试验性的火箭推动的防空火炮时，发生了令人难堪的尴尬局面，一枚火箭推进射弹被卡在器械里，一颗果酱罐大小的弹体朝着舰桥飞去，落在了离霍普金斯站立的地方大约5英尺（约1.5米）的地方，并发出"砰的"一声巨响。他觉得这场事故滑稽可笑，但首相却不那么认为。丘吉尔紧紧咬住嘴里的雪茄，眼睛盯着舰上的桅杆说道："我看你们在使用这种新式武器上还有什么地方没有搞对。"在离开的那一天，暴风雨中的大海使得要从海军上将的专用艇转移到将送他们回瑟索的那艘驱逐舰上去变得十分艰难。当霍普金斯沿着驱逐舰的绳梯往上爬的时候，脚下滑了一下。要不是两个五大三粗的水手伸手抓住了他的衣领，他早就失足掉到海里去了。"我不该在那里待得太久，哈里，"丘吉尔说了句好听的话，霍普金斯命悬一线的时候，他身子往前倚靠在栏杆上，正抽着一支大号的雪茄。"在风急浪大的海上两条船靠得太近时，就容易受伤。"

这一行人在返回伦敦的途中于1月17日在格拉斯哥停留，视察了这座城市的民防工作队伍，包括空袭预警管理、消防队、警察、红十字会以及妇女自愿组织。每到一处，丘吉尔都向人们介绍霍普金斯是总统的私人代表，为的是给老百姓留下美国支持的印象，并且让霍普金斯感受英国精神的氛围。这可能会让人激动不已，但是也让人筋疲力尽。没过多久，霍普金斯就掉在了后面，试图混在人群里。然而伊斯梅观察到，这样的逃避完全是不可能的："哈里，哈里，你在哪儿？"的呼声响起来，可怜的哈里不得不再次露面。

那天晚上霍普金斯发表了一次讲话，那是少数几次涉及他使命的讲话之一。这次讲话给听众留下久久不可抹去的印象。为了欢迎首相的到来，苏格兰的工党国会议员、民防专员汤姆·约翰斯顿（Tom Johnston）在位于乔治广场的一家宏伟气派的铁路宾馆北不列颠车站饭店举行了一个私人晚宴。在俯瞰着广场的21号房间，客人们与格拉斯哥的普罗沃斯特勋爵（Lord Provost）以及另外一两位当地的社会名流共同举杯。

在举杯祝福国王和总统后，约翰斯顿请没精打采的霍普金斯对在场的人说两句话，当时他脸色苍白，面容憔悴。"主席先生，我不在这里发表讲话，"霍普金斯说，"我把亲眼所见向我的富兰克林·德拉诺·罗斯福总统，一位伟人，非常伟大的人做出汇报。但是现在我在这里站立着，或许我可以引用圣经的话来说（他停了下来，两眼直视坐在桌旁的丘吉尔）：'你往哪儿去，我也往那儿去；你在哪儿住宿，我也在哪儿住宿；你的国就是我的国，你的神就是我的神'。"接着，他放低了声音，非常平静地说道："即使走到尽头。"

霍普金斯默不作声坐了下来。屋子里的每一个人都为之感动。丘吉尔潸然泪下，就像他后来重述这个故事时热泪盈眶一样。"他懂得那意味着什么，"首相的医生查尔斯·威尔逊回忆道，"在我看来，那些话就像是扔给一个在水里垂死挣扎的人的救命绳索。"

*　*　*

那个周末，丘吉尔和霍普金斯一路的表演在白金汉郡首相别邸契克斯别墅画上了句号。那是一座漂亮的、红墙古色古香的都铎时期风格的庄园，坐落在离伦敦大约40英里（约64公里）的奇尔特恩丘陵地区，它是20世纪早期馈赠给国家作为首相短期休息之地的。除非是月圆的时候，丘吉尔在战争期间大多数周末都是在契克斯别墅度过的。他在那里出手阔绰，有人开玩笑说契克斯别墅的招待津贴只够那些把他的客人从伦敦送来过周末的司机的吃喝。

如果说在契克斯别墅的款待让人感觉温暖的话，那房子却不是那么回事了。这次在冬天出使英国，霍普金斯在契克斯别墅住了三个周末，都遭受感冒的痛苦折磨。别墅的主大厅是客人度过时间最多的地方，隔热很差，只有一个烧木块的壁炉和几个散热器。中央供暖系统只有最基本的。在房子里霍普金斯经常拒绝脱下大衣，他时常裹着它钻到楼下的卫生间里去看他的那些官方文件，他发现那里的温度比楼里的其他地方要稍高一

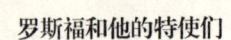

些。克莱门坦·丘吉尔很快就对霍普金斯产生了好感，她尽可能把那个卫生间弄得暖和一些，还给他送来热汤。"她试图减轻寒风对那怕冷的羔羊的影响"，她女儿玛丽回忆时说。作为回报，霍普金斯发誓，战争结束后美国将给契克斯别墅装上合适的中央供暖系统，以此作为一个胜利的礼物。

不过在这个周末，他的工作是要在两位领导人之间建立起电话联系。与罗斯福谈话之后，霍普金斯把话筒递给眉飞色舞的丘吉尔，后者一开始就说道："总统先生，是我，我是温斯顿！"据说很快这俩人之间就以名字相称，几天以后霍普金斯告诉记者："今后罗斯福和丘吉尔很可能会经常保持电话联系。"显而易见，得到改善的不仅仅是电话联系。后来丘吉尔对他与霍普金斯的这次苏格兰之行做了这样的描述："我逐渐认识了这个人——而且认识了他的上司。霍普金斯和我待了大约十天，就在这段时间里，他使我同最近再次当选的伟大共和国的领袖建立起和谐的精神联系。"

当霍普金斯还在契克斯别墅过周末的时候，一条令人感兴趣的信息通过加密电报的方式送到了他手里。1月15日，罗斯福给他的特使发来一封电报，要求他调查有关约瑟夫·肯尼迪的一个传闻，说就在德国入侵捷克斯洛伐克之前，他通过卖空捷克证券赚取了一大笔利润。"我甚至不愿意去想约瑟夫在任大使期间靠内部消息去做了一个卖空投机，"罗斯福说道，"但是必须得调查这件事情，我建议你……尽量追查，如果有必要就请英国政府协助，来查清中间的经纪人，如果真有的话。这应该不是特别困难。我不知道还有别的什么办法可想，我要你来处理此事是因为你刚好在伦敦。"

这封电报非同寻常：一位总统给非官方的使节下达指示，要求一个外国政府来协助对一个人据称的违法渎职行为进行调查，而这个人在直到现在都还被委以大使的重任。关于肯尼迪参与非法的盈利活动早有传言，罗斯福是从哈罗德·伊克斯那里得知有关捷克传闻的。伊克斯在日记里曾推测，"要是此事不能查出与肯尼迪有关，我们也不必担心他会在绥靖主义方面的所作所为"，因为这个说法"将完全毁掉他在公众中的形象"。毫无疑问，这是罗斯福喜欢的消息，因为白宫可以把它归档，以防曾在前一年的大选中对总统有些反对的肯尼迪现在租借法案上再极力阻挠。他很快让霍普金斯展开调查，表明他急迫需要一个答案。[29]

罗斯福一方面要对肯尼迪进行调查，另一方面又对他进行安抚。在给霍普金斯写那封信的第二天，他接见了肯尼迪，表现出"非常友好"的态度。总统向内阁报告说，他认为肯尼迪不会走得太远，结果他是对的。肯尼迪在租借法案辩论中的两次主要介入，一个无线电广播以及在参议院外交关系委员会的作证，对于援助英国没有预料的那么激烈反对，并且他还表达了对罗斯福总统在处理外交政策事务上的把握充满信心。不幸的是霍普金斯在对捷克证券方面的调查没有任何结果。

* * *

星期一霍普金斯回到伦敦，继续执行他先前被委以的寻查真相和评估局势的任务。在接下来的三个星期里，他会见了所有关键的英国决策人物，用他那直截了当的非正式的方式同他们每一个人交谈。对这个国家的前景以及它的需求有了一些了解和感受。他同丘吉尔的大多数大臣进行了谈话，还会见了一系列的各界人士：生产、运输和金融领域的相关官员，英国军界的负责人，报纸的业主，工业领袖，像哈罗德·拉斯基（Harold Laski）和约翰·梅纳德·凯恩斯（John Maynard Keynes）那样的知识界精英，外交官员，流亡的君主以及其他领导人。他对局势有了个尽可能宽广的视角。实际上，霍普金斯感到他的日程安排过于紧张，抱怨说大使馆给他指派的负责约见工作的秘书"把各种怪人都放进来，那些人没有什么事要见我"。新闻界注意到了这个"四面出击者"的狂热节奏，把他称为"匆忙（跳跃、蹦跳和跳动）霍普金斯先生"和"匆忙的哈里先生"。

所有这些活动都是在一个戏剧性的背景下发生的。伦敦无处不弥漫着战火，眼下的空袭更加频繁。在查林十字车站，骑在马背上的查尔斯国王的雕像现在被装进了"一个瓦楞铁皮的大箱子"。防空所的标记随处可见。威斯特敏斯特大教堂张贴有通知，要求一旦出现警报，"唱诗班要尽快离开教堂去他们作为空袭预防措施官员的各自岗位"。到处都有空袭留下的碎石瓦砾和弹坑。上流社交界摄影师塞西尔·比顿（Cecil Beaton）的一幅作品记录了一所小房子，它的正面像一个玩具房子那样被削去一大块，桌子上还摆放着吃了一半的饭，爆炸后残存的家庭照片歪七倒八散落在地，还有一截通往楼上的楼梯，可是楼上的那一层已经荡然无存。

然而这座城市依旧有一种奇特的魅力。"人们感觉到自己处在重大事件的中心，"一位伦敦市民回忆时说道，"还有一种对于首次抵挡住了德国

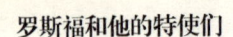

威胁的自豪感。"大型轿车在街道上飞奔急驶，车牌上有几个神秘的字母表明这些轿车的非同一般。衣服的配给制还未实行，人们的穿着看上去时尚，在餐馆里仍然能够享用到佳肴美酒。在晚上灯火管制的时间里，你只能在街上看见昏暗的人影，但是接下来一道门缝打开，你走进一间灯火通明、欢天喜地的房间。面对死亡强化了人们享受生活、及时行乐。霍普金斯在伦敦时，J. M. 巴里（J. M. Barrie）的喜剧"亲爱的布鲁图"（Dear Brutus）在西区的剧场重新上演。在一场演出中，女主角挺胸昂头喃喃低语道："我想我听见什么声音了。"正在此时防空警报的刺耳长啸打破了剧场的沉静。观众席上响起了阵阵欢呼声和笑声。

这时欢乐的气氛回荡在空中。比弗布鲁克勋爵私下在克拉里奇酒店为霍普金斯举行晚宴就充满了这样的气氛，出席晚宴的都是伦敦新闻媒体界的名流。《每日先驱报》的编辑韦尔什曼·珀西·卡德利普（Welshman Percy Cudlipp）回忆，到场的记者编辑们都被空袭搞得情绪低落，却对自从来英国后很少公开发表评论的尊贵客人有着强烈的兴趣。用餐完毕后，看上去"瘦弱、羞怯、不修边幅"的霍普金斯"扶着他座椅的后背"对这些人发表了讲话。他告诉听众（包括外交部的一位情报官员），他和首相的旅行已经表明"这个国家伟大的精神和非凡的控制力，丘吉尔先生正是以此在对待社会的各个层面——他说在这一点上罗斯福总统还没有完全认识到"。霍普金斯向听众表示，罗斯福"决心要'鞭挞希特勒'，为此目的，他将最大限度地使用立法所赋予他的权力。那天晚上在克拉里奇酒店也有美国联邦调查局的特工，埃德加·胡弗向罗斯福报告说："听众对霍普金斯的言谈举止感到非常吸引人……充满了生机与活力。"《星期日泰晤士报》的一位专栏记者把霍普金斯描绘成"一位美国的哈姆雷特……他讲话的时候就像是在自言自语——效果特别好"。卡德利普引用了莎士比亚的另外一个比喻：

> 他的讲话让我们感觉到虽然美国还没有参战，但她是在我们身旁同我们一起行进，一旦我们要摔跤，她会确保不让我们倒下。总之，他使我们相信总统以及他周围的人对于民主的未来充满着坚定不移的信心……离开时我们心满意足……我们都欢欣鼓舞；我们的信心和勇气被一次见面激发了出来，正如莎士比亚在"亨利五世"里用的一句话："哈里在黑夜里轻轻触碰了一下。"

***

　　1月24日星期五，霍普金斯又回到首相身旁一起去了英吉利海峡边的港口城市多佛尔视察炮兵阵地。那天下午丘吉尔从一个工人身边走过时听见他对另一个人说，"这就是那个该死的大英帝国"。当天晚上在契克斯的橡木餐桌上吃饭时，霍普金斯对丘吉尔提到了工人之间的谈话。科尔维尔回忆说："温斯顿满脸笑容转过头来有点口齿不清地对我说，'很好'。我想很长时间都没有什么事情让他心情如此舒畅。"丘吉尔心情豪爽，宣称他坚信希特勒入侵英国的时间之窗已经关闭，现在他早上醒来"就像肚子里有一瓶香槟似的，很高兴又一天的到来"。他也不再担心被轰炸，引用法国政治家雷蒙德·普恩加莱（Raymond Poincare）的话说："我在概率不能穿透的拱门之下躲避灾难。"

　　星期天霍普金斯醒过来时是"一个寒冷阴郁的早晨"，他在床上吃的早餐，有猪腰子、熏咸肉，还有李子。他躺在床上看了一会儿丘吉尔给他的一份"令人吃惊的文件"——用浅绿色纸张印刷的一份战时内阁（War Cabinet）文件，其中有丘吉尔在1940年晚些时候西部沙漠战役早期发给他的中东指挥官阿奇博尔德·韦弗尔爵士（Sir Archibald Wevell）的电报。霍普金斯对于电报的"敢作敢为"和"大胆无畏"感到非常兴奋，即使在埃及受到意大利武力威胁以及英国遭到德国狂轰滥炸的时候，丘吉尔在电报里仍然在给韦弗尔的部队打气，并要再给他们提供装备物资；然后丘吉尔催促他们在12月的反攻中向前迈进，要把意大利军队赶回去而且要把他们追击到利比亚。这真是不同凡响。"请求，你将会得到；寻求，你将会找到，敲门，它将对你打开"，这是一份近期信息的一部分。那天晚餐的时候，霍普金斯听见另外一种丘吉尔风格的说法。要是德国人侵英国，丘吉尔说道，他的演讲会简单地这样结尾："时候已到，杀死德国佬。"

　　星期日晚上大家都聚集在大厅里。已经喝过白兰地，女士们也已经安歇了。霍普金斯、科尔维尔、林德曼，丘吉尔的弟弟杰克和空军元帅查尔斯·波特尔爵士（Sir Charles Portal）围着壁炉坐成了一圈，壁炉的条纹大理石烟道上装饰有纹章的图案。与此同时，首相站在壁炉旁边高谈阔论，"嘴里衔着雪茄，双手插在西装背心的腋窝处"目光紧紧盯着他的这位或者那位客人，谈起了他对于他的前任在凡尔赛的"迦太基和约"上的罪过

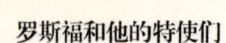

的看法，以及他认为第一次世界大战后的安置问题应遵循的原则。最后，他"沉重地在沙发上坐下，说他已经谈得太多，并让霍普金斯发表他的观点"。作为回应，那个美国人给丘吉尔讲解了总统的欧洲政策在国内受到的约束。他简要地介绍了美国公众舆论的不同特点但是强调说"总统决心给予最大的援助而不惜冒任何风险"。

"这种情况下的一个重要元素，"一位客人回忆霍普金斯的讲话时说道，"就是总统的非凡胆识，他将引领舆论而不是追随它。总统相信如果英格兰被打垮了，美国也会被包围挨打。如果需要，他会使用他的权力；为了推进他的目标他会毫无顾忌地去解释现有的法律；他会让人们大吃一惊，正如……英国外交部看见租借法案的条款时一定是惊讶不已。总统的非凡胆识是这种情况下的一个重要因素。他不希望战争，的确，他把美国视为应该为这场冲突提供武器的军火库而且不考虑代价；但是他不会在战争面前畏缩后退。"如此直截了当的观点本来只会在私下由接近总统的人士来披露。它在很大程度上减轻了丘吉尔对于罗斯福是否坚定不一的那种挥之不去的忧虑。

在接下来的一个星期里，霍普金斯大部分的时间花在了在华盛顿和伦敦之间传递情报上。他让英国人了解罗斯福对于租借法案在美国产生的反响方面的最新想法，还向华盛顿发回了一系列的报告。比如，他告诉罗斯福，他总统决定乘坐他的游艇"波托马克河"号驶出港口迎接哈利法克斯勋爵从皇家海军"乔治五世国王"号上下船，这超出了传统的外交礼仪，"在这里却是好评如潮"，"所有的报纸都在头版刊登大幅报道，并且在广播里也反复宣传"。

霍普金斯是两位领袖之间通讯的完美媒介。他算不得是催化剂，而更多的却是黏合剂，把他们黏合在一起，矫正他们的期待，协调他们的行动。1月29日星期三，他在美国大使馆会见了加拿大高级专员文森特·马西（Vincent Massey）。比起"外界所说汇报战争进程的使命"更重要的是，他告诉马西，"帮助罗斯福和丘吉尔了解彼此的想法"。霍普金斯感觉"他们并没有真正地理解对方，而且这里边有内在的危险。他对于两位领导人在气质方面的相似印象深刻，他们的历史感，他们的想象力，他们对于事物在技术方面的感觉，在所有这些里面既有好的一面，也存在危险"。

记者埃姆里斯·琼斯（Emrys Jones）用了一个想象的手法来描写霍普

金斯担当的角色。希特勒和墨索里尼在勃伦纳山口（Brenner Pass）有过一次引人瞩目的会面，而丘吉尔和罗斯福还不曾碰面，他在《每日邮报》上写道，"然而，在英国首相和美国总统之间有一个勃伦纳，它不是阿尔卑斯山的山口，而是一个活生生的人——哈里·霍普金斯"。

　　一系列的报告展现了霍普金斯对此次使命的中心结论。"您的'海军人物'，"他在电报里告诉罗斯福，用了丘吉尔在与总统的通讯里使用的假名，"不仅仅是首相，而且是……这场战争里一切要素的战略和行动背后的决定力量。他对于英国所有社会群体和阶层有着令人惊奇的掌控"。即使出现德国入侵，"这些人们的精神和决心令人赞叹不已，无论进攻多么激烈，你都可以肯定它将遭到抗击，卓有成效的抗击"（事实上，希特勒已经做出至关重要的战略决定，搁置入侵英国的计划而开始策划对苏联的进攻）。

　　随着霍普金斯判断英国能够存活下来，他开列出了一张单子，上面是"我们能够援助英国的紧急手段"，包括提供更多的被淘汰的驱逐舰，更多的商船，B-17轰炸机，PBY卡塔利娜水上飞机以及其他型号的飞机，步枪和弹药并且协助把它们运往英国、飞行训练学校。"对于那些我知道您已经确信的事情，我不应该催促您，"霍普金斯最后说道，"我之所以这样做，是因为英格兰的军人让我印象深刻，给了我十足的信心。决定性的行动现在可能意味着胜利与失败之间的差别。我肯定在您领导下的政府里，您所采取的行动以及您所说的话对于自由从未有过如此的重要性，为打垮专制独裁者您已经做过的事以及将要做的事也是如此。"

　　1月30日星期四，霍普金斯在白金汉宫与乔治六世国王和伊丽莎白王后共进午餐。两位陛下在北美之行时，他见过他们，那是在阳光明媚的白宫草坪上举行的一次茶会，当时他向他们简要介绍了美国救助体系的运作情况。在私下，国王比他的臣民根据他在公众场合的举止猜想的要更善于言谈，消息更灵通。身材娇小、雍容华贵的王后在1939年便使霍普金斯崇拜不已，那时身着高雅的白色长裙，佩戴珠宝首饰，头上戴着冕状头饰的王后同意让霍普金斯的女儿黛安娜（Diana）去见她。"啊，爸爸，"黛安娜对她父亲说，"我见到了天仙王后。"现在霍普金斯在这座王宫闻名遐迩的白色大理石正门的后面看见了在空袭中遭到数次轰炸的建筑，它保持着斯巴达风格以适合战时的环境。王宫的许多房间被关闭；中央供暖的温度被调低；被炸弹损坏的窗户被钉上木板遮盖起来；王宫里的浴缸里边漆上

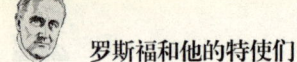

了一条五英寸的直线用来标示盛水的最大高度。

一位王宫侍者和侍从武官带领霍普金斯走过"又长又冷狭窄无窗的通道"来到国王面前。国王向霍普金斯问起了美国外交使节的情况并对他们给予了评价。王后表露出一点英国依赖美国的心境,她非常随意地对霍普金斯提到"她曾给罗斯福夫人写了三封信却没有收到任何回信,她打算坚持下去再写第四封"(她丈夫直接说道"他完全无法理解"为什么埃莉诺总是忙于记者招待会和演讲,霍普金斯回忆道,不过"又面带笑容地说他不想批评我的国家的行为方式")。王后给霍普金斯讲了一件逸闻趣事。当时他们同罗斯福一家人,包括有皇家威严傲气的罗斯福的母亲萨拉(Sara),在海德公园的一座小型灰色石头建筑圣詹姆斯圣公会教堂(St James Episcopal Church)做祈祷。"看上去那位老夫人手里的祈祷书不停地掉下,王后只好弯身把它拾起来,"霍普金斯干巴巴地写道,"这个事还没有完她又开始掉手绢了。最后,祈祷书掉到长椅的前边,这才没有什么事再可以做了。"

就在三人坐下吃午餐的时候,防空警报响了起来,在喝咖啡和波尔图葡萄酒的时候,王宫里的铃声响了,表示对空观察员已经看见头顶上的德国飞机了。"那意味着我们必须得去防空所。"国王说道,随着高射炮声"阵阵响起"这一队人走下两三段梯子,在一名警卫带领下穿过一个黑暗的通道,最后来到一间有亮光的小屋,里面有一张桌子,几把椅子。这个王室防空所是一个很深的地下室,有一台无线电收音机,一部电话,好些盒糖果饼干,一个给饮料加热的电炉,还有为王后打发时间的一些编织活儿。他们在防空所又谈了一个小时的英美关系,霍普金斯写道,当他"强调总统要打垮希特勒的巨大决心。他坚信英国和美国在这个方面有着共同的利益,他们可以指望美国的援助,这个时候国王和王后都甚为感动"。

* * *

那一天在华盛顿,总统庆祝了他的59岁生日。按照传统,在首都的多家高级酒店以罗斯福的名义举行了一系列的"生日舞会"来为患脊髓灰质炎致残的儿童筹集资金。有超过15 000人参加的舞会的主题是"为了他人能够走路而跳舞"。普通的华盛顿市民与政界名流以及演艺界明星摩肩接踵融洽相处,有些明星专门为了参加舞会乘飞机而来,其中包括拉纳·特纳（Lana Turner），蒂纳·德宾（Deanna Durbin），莫林·奥哈拉（Maureen O'Hara），乔治·拉夫特（George Raft）和本尼·古德曼（Benny Goodman）。埃莉诺轮流在所有舞会上露面，她在伍德利公园（Woodley Park）的沃德曼公园酒店（Wardman Park Hotel）停下来，切开一个装饰有波丝糖做的美国国旗和一张她丈夫照片的六层生日蛋糕。

按照他生日的习惯，罗斯福在白宫同所谓的"金链扣帮"的成员共进晚餐。这个金链扣帮的最早成员是由罗斯福在1920年竞选副总统未果时的一帮挚友，后来扩大吸纳了其他的一些朋友，如亨利·摩根索（Henry Morgenthau），山姆·罗森曼（Sam Rosenman），鲍勃·舍伍德（Bob Sherwood），史蒂夫·厄尔利（Steve Early），米西·莱汉德（Missy LeHand）和格雷斯·塔利（Grace Tully），当然还有埃莉诺和她的女性朋友。总统赠送给每一位成员一对衬衫的袖口金链扣，上面刻有他本人以及被赠与者的名字缩写。俱乐部每年的碰头会都包括一个晚宴，对于男士还有一场友好的扑克比赛。在这次特别的聚会上，主人收到一封来自一位货真价实的会员的电报，此人碰巧刚好在国外——他就是哈里·霍普金斯。"我真希望今天晚上能够同你们在一起，"他写道，"在你们坐下来和老朋友一起享用美酒佳肴时，我也举起手里的酒杯，遥祝你们健康长寿，哈里。"

晚餐后，总统从椭圆形外交接见室发表了一个对全国的广播讲话，在场的有金链扣帮成员和好莱坞明星。他没有提到自己二十年的瘫痪，那是一场重新塑造他生活的艰难斗争。他只是说："对于在过去二十年全国范围内在治疗婴儿瘫痪方面取得的明显进展感到欣慰。"他感谢"所有生日礼物中最为珍贵的——你们慈善的礼物，你们对于他人和对于国家的心意的礼物"。即使在这样的场合，罗斯福也没有对欧洲的战事掉以轻心："正如你们能够完全理解，我不可以说这是一个让人完全高兴的生日。对于世界上我们当中的任何人，现在都不是完全高兴的日子。"但是美国的生日比起别的地方来要更高兴一些，他述说道，"那是因为我们所有人依旧生活在一个自由人民的观念和原则之中"。"我们相信并且坚持，"他语气肯定，"每一个地方的无助的人们都有权利，弱小的人们都有权利，受苦的人们都有权利，来参与生活——而且继续生存下去。"

罗斯福和他的特使们

***

哈里·霍普金斯在英国的使命即将结束。在王宫午餐后的第二天，他最后一次走出伦敦与丘吉尔一起远足，这一次是去了英格兰南部沿海地区。在南安普敦民防中心的台阶上，首相大声问道："我们泄气了吗？"从人群里传出山呼海啸声的回答"没有！"在朴茨茅斯修船厂，这一队人的到来让人群自发欢呼起来，丘吉尔处于他最让人喜爱的时候。他见到了英国船只"杰维斯湾"号（Jervis Bay）的几位幸存者，"杰维斯湾"号是一条旧货船，后来改装成了护卫舰，不久前在北大西洋的一次著名的交战中被击沉，船长还被追授了维多利亚十字勋章。他站在那里同一位码头工人交谈，手臂就搭在他肩膀上。那工人找他要一件纪念品，他就把正在抽的雪茄送给了他。人群里一位男士朝他竖起了大拇指，丘吉尔也以同样的手势作为回应；很快就有两百多只大拇指竖立了起来。在一艘船边，他提议为"美利坚合众国总统"高呼三声，得到的是震耳欲聋的响应。朴茨茅斯市议会由于行会大厅在空袭中被炸毁而在当地一家酒店举行集会，在会上丘吉尔介绍说，"霍普金斯先生是罗斯福总统的使节和朋友，罗斯福总统是伟大的政治家，是自由和民主的朋友"。

那天在契克斯庄园别墅的晚餐后，霍普金斯拿出了一大盒美国的唱片。丘吉尔在大厅里来回走动，还一边评论道："在这个危机时刻，两个国家如此紧密团结在一起是一件多么美好的事情。"他又说："和着音乐来跳一曲舞。"一位在场的客人回忆说："在晚餐的美味佳肴和音乐的影响下，他们都有些心旷神怡，对英美关系充满信心。"

接下来的一周是霍普金斯在伦敦的最后一个星期，他向白宫发送了更多的报告；与罗斯福总统和美国陆军参谋长乔治·马歇尔将军通了电话；出席了流亡的荷兰女王威廉敏娜在克拉利奇酒店举行的午宴；好几次与安东尼·艾登会面，自从首次见面他对艾登就有些好感。艾登对日本准备侵犯英国在亚洲的领地深感关切，他希望美国能够"找到一种方式来强调它决心不让日本得寸进尺"，霍普金斯向罗斯福转达了艾登的关切和希望。艾登认为出自华盛顿的一条明确信息"有可能让他们暂停下来"。但是罗斯福不愿冒这个险，因为它可能会引起强烈的回应，他担心这样会导致国内在租借法案方面的争论事与愿违，或者迫使美国海军从大西洋冲突中抽出部分资源。

2月8日星期六，霍普金斯在契克斯庄园别墅向丘吉尔告别。两人花了几个钟头来讨论首相正在草拟的一篇讲话稿，这是主要针对美国听众的一次广播讲话。到此时霍普金斯已经是两个国家政府的领导人亲密顾问了。霍普金斯回国的时候，丘吉尔把他的自传《我的早年生活》作为礼物送给他，并题赠给黛安娜·霍普金斯，同时还送给他一瓶粉红色的药片，丘吉尔说此药对恢复精力很有功效，他自己就经常服用（后来在华盛顿进行的化学分析表明这些药片既没有什么危害也没有什么好处）。

　　霍普金斯在一张契克斯庄园的记事簿上草草地写下了他的感受：

我亲爱的首相：

　　我永远不会忘记和您在一起的这些日子——您那非凡的信心和赢得胜利的坚定意志，我一直喜爱英国，现在我更加热爱它。

　　在我今晚即将回国之时，我祝您好运，给您的敌人带去迷惑，给英国带来胜利。

您衷心的哈里·霍普金斯

　　下午一点钟，霍普金斯在普林斯·里斯伯格车站（Prince Risborough Station）登上一列专车，踏上了他回国路程中的第一段。他的飞机星期一早上从普尔起飞，一个月前他曾抵达过这个港口城市。"霍普金斯先生在没有任何欢送仪式的情况下登上飞机之前，没有人知道他已经启程回国"，《纽约时报》记者当时这样报道。从里斯本他搭乘"扬基"号快速飞机（Yankee Clipper）回国，虽然在其中一段路程他乘坐了美国海军的PBY型水上飞机，那是由于天气的原因而使得"扬基"号无法起飞。

　　这是一次比预想更为平淡无奇、枯燥无味的旅行。早些时候，丘吉尔和海军大臣曾经探讨过派遣一艘皇家海军战舰送霍普金斯回国的可能性，但是霍普金斯坚持不要为他做出任何特殊的安排。即使如此，英国方面决心要确保霍普金斯返程的安全。当霍普金斯决定乘坐飞机返回美国时，海军大臣向丘吉尔保证，一旦出现紧急情况，会派一艘驱逐舰在二十四小时内赶到里斯本去把霍普金斯接回来。

　　英国方面还采取了其他的预防措施。当局选派了一位年轻有为的爱尔兰卫队军官随霍普金斯出行，替他携带装在一个密封包里的秘密文件，同时他还要"不离霍普金斯的左右，精心照看着他"，负责酒店、消费之类

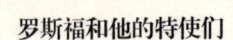

的事情。霍普金斯也让赫尔确保水上飞机上没有德国或者意大利的旅客。考虑到霍普金斯在伦敦的经历以及他亲自携带的文件，伦敦的一家报纸预计他能够告诉罗斯福"关于英国的战争机密比除了英国内阁之外的任何人都要多"。

2月16日星期天早上八点刚过，"扬基"号水上飞机溅落在了鲍厄里湾风向变幻无常的水面上（霍普金斯觉得飞机"不是那么颠簸"，"就像是坐在婴儿车里一样"）。在海军陆战队航站楼迎接霍普金斯的有他儿子戴维（David）、埃夫里尔·哈里曼（Averell Harriman）、一群观光者以及纽约市长菲奥雷洛·拉瓜迪亚（Fiorello LaGuardia）。就在霍普金斯迈出机舱踏上水上平台时，一架巨大的B-24轰炸机出现在机场上空。这架B-24机身上漆有灰绿色斑点的伪装图案以及英国皇家空军的徽章标志，它是在加州圣迭戈为皇家空军生产的二十六架该型号轰炸机中的第一架。

在航站楼，霍普金斯对新闻界发表了讲话。"我刚完成总统的使命归来，"他说道，"在英国的四个星期里，我看到了他们的防卫，他们的舰队，他们的战士，和他们的空军。有一件事情我可以说：我坚信英国人民将赢得这场战争。他们需要我们的帮助；他们迫切地需要；他们现在就需要，我肯定他们会得到的。他们应该赢得胜利。"接着拉瓜迪亚和哈里曼用市长专车把他送到曼哈顿中区的罗斯福酒店，去那里会见罗斯福新近任命的驻英国大使、国际劳工局前局长吉尔·怀南特（Gil Winant）。在简要地告诉了怀南特他在英国的所见所闻后，霍普金斯赶上了下午三点三十分去华盛顿的火车。后来那天晚上在联合车站（Union Station）的记者们报道说，"眼袋明显、瘦削、精神不振的霍普金斯带着一个鼓鼓囊囊的公文包从特等车厢下来，然后钻进了一辆政府的豪华轿车去完成他旅行的最后一段路程。回到白宫，他同罗斯福的谈话一直持续到凌晨两点钟。毫无疑问霍普金斯把他在罗斯福酒店向同事通报的信息同样带给了他的上司：英国的前景光明，她的精神伟大——但是她的需求和期待也是同样巨大的"。

第二天一早会议重新开始。下午的时候，陆军部长、海军部长、农业部长和预算总局局长被召集到白宫来听霍普金斯的情况介绍。白宫的新闻媒体秘书史蒂夫·厄尔利告诉记者，政府当局很关注，一旦租借法案在国会通过，"许多的实施细则将确定下来，做好准备"。就在同一天，亨利·卢斯（Henry Luce）在《生活》杂志上发表了他那篇著名的题为"美国世纪"的文章，号召美国人干预这场战争并且承担起全球的领导责任。在接下来的几个星期里，霍普金斯把他关于援助英国紧迫性的感受在华盛顿传播。当时驻华盛顿的英国大使馆里的哈利法克斯勋爵记载说，霍普金斯的使命"非常具有建设性"。[30]这位使节走进了陆军部，给高级军官们做了一个激动人心的报告，他简要地讲述了英国迫切的军事需求以及他们的防卫准备情况。亨利·斯廷森最初认为，霍普金斯由于同英国领导人走得太近，所以接受了他们那种不恰当的乐观态度，可是一个星期以后，他得出结论："他待在白宫是上帝的旨意，总统派他去英国，他同那里的人们如此融洽也是天意。"

* * *

无论是否天意，霍普金斯的使命都大获成功。在一个非常短的时间内，总统的使节就赢得了首相的信任和好感，甚至是赞扬。"我父亲想要喜欢他，想要与他相处融洽，这对于战争的进程至关重要，"丘吉尔的女儿玛丽（Mary）承认道，"但是与此同时有一点显而易见，他们的气质相近趣味相投。"他们两人之间的接触交往从根本上改变了两国政府领导人的关系，使每个人都认识到了对方的可靠与值得信赖。沃尔多·海因里希斯（Waldo Heinrichs）写道，很快，"两人之间就很轻松地交换起信息来，丘吉尔通常提出问题，而罗斯福有时也给予答复"。

两位领袖都亲自对这个使命的成功予以评述。1月28日，首相在给总统发去的电报里称："与霍普金斯交上朋友对我是一件非常愉快的事情，他对于每一个见过他的人都是巨大的安慰和鼓舞。人们很容易明白为什么他同您如此亲近。"至于罗斯福方面，我们手里有伊克斯（Ickes）对于2月7日的一次内阁会议的描述：

> 总统一开始就对派遣霍普金斯去伦敦一事沾沾自喜……他要我们知道，是他想到他来自衣阿华州的朋友正是能够给丘吉尔以最好印象的那种人，而丘吉尔则是一位公爵的儿子，英国绅士等等。而且，按照总统的说法，这场精心策划的安排取得了比预期更好的效果。显然，丘吉尔早上醒过来后的第一件事就是要见霍普金斯，而且哈里是他在晚上见的最后一个人。

107

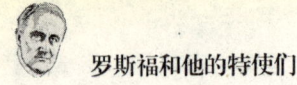

不过伊克斯也禁不住加上了他自己有点尖酸刻薄的评论："我认为，总统派去伦敦作为他私人代表的人，就算是鼠疫染身，丘吉尔也会经常同他会面的。"

如果说霍普金斯在执行使命中能够把他上司的声音传递过去的话，那他也就是总统的眼睛和耳朵。他在英伦诸岛的广泛旅行，收集各方面信息，把他所见所闻及时而有说服力的报告提供给罗斯福。那些报告证实了罗斯福在英国问题上，下的赌注是深谋远虑的——但今后他需要更加小心。尽管霍普金斯低调行事，英国公众对霍普金斯的到来还是十分清楚，更不用说丘吉尔每到一处都喜欢向人群介绍霍普金斯。其后果就是既激发了英国的士气又没有直接把罗斯福牵涉进来，使他在美国国内免受批评。这让罗斯福能够对不同的听众唱不同的调——正如埃莉诺在家里的角色使得他能够让那些持开明观点的选民继续站在他这一边，即使在政府当局表现出的开明特点还比较少的时候。罗斯福毫无疑问对于英国在霍普金斯来访意义上的高调宣传感到高兴，而他本人对此却从不张扬。

霍普金斯显然对于他会见的英国人产生了重大影响。用赫谢尔·约翰逊（Herschel Johnson）形象生动的语言来说，"霍普金斯就像是一个带电的针头扎在英国人身上"。

华盛顿的有些人认为霍普金斯对英国的要求总是来者不拒。"我们不能把晚上喝酒之后提出的要求当真。"一位军事官员说道。显而易见英国人注意到霍普金斯的到访，正如一位官员所指出的，"向我们自己证明了最大的价值"。丘吉尔故意讨好霍普金斯[31]；一些官员试图通过特殊照顾的手段把他拉入英国的阵营。[32]然而，霍普金斯十分精明，他能够分辨什么是奉承讨好什么是哄骗劝诱。在执行使命从头到尾的过程中，他的行为始终保持对富兰克林·罗斯福的耿耿忠心。在公众场合，他保持谦恭克制。不给他的上司带来任何麻烦。他不代表罗斯福做出任何承诺，也不强迫插手任何事务。霍普金斯发回来的信息是亲英国的，但是信息真实可靠，有他的独到分析见解。毋庸置疑，他在情感上受到英国的局势、作为一名使节的兴奋以及丘吉尔个性感染力的影响。不过，对英雄的顶礼膜拜并非霍普金斯的风格。的确，接近他的人士宣称，他对于丘吉尔具有吸引力，部分的原因在于他愿意实言相告，而无论情况是多么的令人不愉快。[33]

霍普金斯完全像总统所希望的那样完成了他作为总统私人代表的任务。罗斯福早已决定向英国提供大量的援助，正是基于这种认识，他派遣

108

了霍普金斯去那里。通过媒体的报道和霍普金斯的电报，他对于霍普金斯在英国的活动以及他所接触的人士都完全知晓，对于在丘吉尔和霍普金斯之间建立起来的密切的关系，他感到由衷的高兴。罗斯福想知道霍普金斯对于英国实际情况的看法和判断，不过这两个人早已是英国事业的支持者了[34]。

霍普金斯代表总统完成的第一次外交使命大获成功。不久之后还有更多更加危险的使命在等待着他。

罗斯福和他的特使们

1941年1—2月
温德尔·威尔基在伦敦和都柏林

第4章
向前行进，国家之航船

哈里·霍普金斯还在英国四处走动的时候，富兰克林·罗斯福正在同孤立主义的势力展开最近一场他早已精心策划的斗争。他们在义务兵役上遭受挫折，而且由于这个国家的情绪已经在朝援助英国这个方向转移，也使得他们感到困惑不解，但是他们下定决心要坚决抵制租借法案（Lend-Lease）。如果说有什么值得一提的话，近来的失败使他们愈发变得气焰嚣张、目标坚定而又充满危险。

"主要的孤立主义者里没有人赞同德国希特勒的独裁或者是意大利墨索里尼的专制"，历史学家韦恩·科尔（Wayne Cole）指出。但是到了租借法案的争执时，"他们中许多人认为罗斯福在美国对于民主的危害远胜于希特勒或者墨索里尼"。罗斯福的租借法案击中了他们内心最深处的恐惧。他提出要派大量美国军队去一个他们不信任的国家，而那个国家也无法向美国支付现金，他还以与众不同的逻辑宣称，这是避免战争的最佳途径。《芝加哥每日论坛报》把租借法案称为"战争独裁法案"。由比尔·多诺万（Bill Donovan）的狩猎伙伴杰纳勒尔·伍德（General Wood）领导的专门对立法施加压力的新孤立主义组织"美国第一"承诺要竭尽全力来反对这项法案。罗斯福私下对一位密友开玩笑说，在此期间把美国最高领导人扣押在"马萨诸塞州的南塔基特岛"或许还是个办法。

大多数共和党的领导人对于该法案怒气冲天。"租借战争装备就好像是出借口香糖，"一位参议员不无道理地评说，"它是有去无归，你不会再想把它要回来的。"别的共和党人把租借法案视为一个"法西斯主义"的动议，并宣称它"将终结美国的自由政府"。但是持反对立场的并非全是共和党人，许多西部进步党人同极端的保守主义者一样也是孤立主义者。正是来自蒙大拿州的民主党参议员伯顿·惠勒（Burton Wheeler）给租借法案贴上了臭名远扬的标签："新政的最高等级外交政策；它将埋葬四分之一的美国男青年。"罗斯福告诉记者："那是我听到过的最荒诞不经的……最卑怯最缺乏爱国心的事情。"

然而，最强烈的反对还是来自共和党。在争取共和党人（或者至少让他们保持中立）方面，罗斯福有一位意料之外的盟友——1940年总统竞选中他的对手温德尔·刘易斯·威尔基（Wendell Lewis Willkie）。威尔基是二十世纪美国公众生活里最引人瞩目的人物之一。他的一位支持者说他具有"迷住树上小鸟的品性——如果他愿意的话"。另外一位把他描绘为"一个大块头的男人，头发蓬乱而有魅力，声音低沉，具有和蔼可亲的朴实风格"。威尔基身材魁梧，心胸开阔，在不到一年的时间里完成了从一位登记在册的民主党人到共和党总统提名人的大跨度转变。几个月后，他将继续走上另外一次非同寻常的旅程。

* * *

温德尔·威尔基（Wendell Willkie）1892年2月18日出生在印第安纳州的埃尔伍德（Elwood）。不久前在该地区发现了天然气，给埃尔伍德带来了那种常见的繁荣兴旺，其中包括居民人数增长了六倍，出现了四十家台球室和四十家妓院供人们娱乐消遣寻欢作乐。赫尔曼和亨里埃塔·威尔基（Herman and Henrietta Willkie）以及他们的六个孩子是小镇的骄傲，他们追求自我改善的理想和积极为社区服务。威尔基的爷爷奶奶、姥爷姥姥都为了追求自由离开了专制的德国而来到美国。赫尔曼光明磊落平易近人，曾经担任过小学校长和学校的督学，后来成了埃尔伍德的主要初审出庭律师。他是个思想开明的民主党人，主要代表工人和工会。他的家庭图书馆有六千册藏书，每天晚上他都会给孩子们大声朗读一个小时。多年以后温德尔已功成名就，一位儿时的朋友提醒他："不要太得意忘形趾高气扬。你父亲比你要高大两倍。"而此时温德尔的回答总是："我心里非常清楚。"

罗斯福和他的特使们

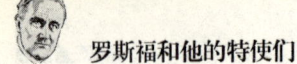

对于她的孩子们，亨里埃塔要疏远一些，不过和丈夫相比，她一点也不逊色。她是第一个在印第安纳州从事律师职业的女性，也享有在埃尔伍德第一个抽烟女性的名声，她在瓷器上作画，学习外国语言，从事法律工作；她的阅读广泛，脚穿法国高跟鞋，在1940年的时候她离开人世。温德尔从她那里继承了持久不衰的旺盛精力和远大的志向抱负。威尔基家的儿子们给父亲挑选的墓志铭是："他把生命献给了儿女"；给母亲挑选的是："一位意志坚定，不屈不挠的女性"。

童年时期威尔基和兄弟姐妹们过着一种田园式的生活，放飞风筝，水里游泳，搭建棚屋，乡村远足，河里划船。但是威尔基在高中默默无闻地读完一年之后，父母替他整理行装送他去了卡尔弗（Culver）军事学院的夏令营去磨炼他的秉性和身躯。可是，很可能不是由于卡尔弗的军事训练，而更多的是埃尔伍德高中新来的一位给人以灵感的教师，使得威尔基有了大的转变。很快他就成为了辩论队的队长。与此同时，他那探求的性格开始出现。高中时期他在暑假的工作包括在本地的锡盘厂打工，那里的高温能够把鞋带烤得卷起来；在南达科他州管理一家帐篷旅店；在山区的一家农场切割干草；在黄石国家公园给游客开旅游车（他第一次出行就漏停了车站，结果很快就被炒了鱿鱼）。

在印第安纳大学，他获得了一个称号：穿高领衫的激进分子。他大事宣传反对继承，反对联谊组织，尽管后来在一位女友的坚持不懈的劝说下他加入了一个联谊会，那女友认为他需要学点优雅文儒的气质。大学毕业后，他在堪萨斯州的科菲维尔（Coffeyville）做过教师，又去波多黎各当了一段时间的化学教师，然后回到布卢明顿来完成他的法律学位。这位年轻的民主党人成绩优异，在毕业典礼上他发表了激情四溢的演讲，批评了这所法学院的教学方法并号召对印第安纳州的公司企业采用更严厉的法规。温德尔·威尔基总是给人留下深刻印象。

在伍德罗·威尔逊总统要求国会对德国宣战的当天，威尔基加入了美国陆军。在俄克拉荷马州希尔要塞（Fort Sill）的炮兵学校他展现出他的英勇无畏，为了赢得五十美元的赌注他身背降落伞（未受过任何训练）从空中的热气球上跳了下去。1918年9月威尔基中尉随部队乘船去了欧洲，当时他新婚不久，只好让他那做图书管理员工作的娇小害羞的妻子在美国独守空房。可是与比尔·多诺万（Bill Donovan）不同，威尔基没有机会成为英雄。他所在的步兵团抵达法国后不久战争结束了，使得他只能为那些因违反军队纪律，尤其是因擅离职守而正在受到军事法庭审判的军人进行辩护。退伍后回到美国，他考虑过从政，却最终回到法律老本行，在俄亥俄州阿科隆（Akron）的费尔斯通（Firestone）轮胎和橡胶公司工作，然后又去了私人法律事务所。

威尔基职业生涯的重大转机出现在1929年证券市场大崩溃之前的几个星期，那时他把一家人搬到纽约，因为他在那里获得了实力雄厚的联盟和南方公用事业持股公司（Commonwealth & Southern utilities holding company）的法律顾问职位。在子公司的运作下，它主要为这个国家中西部和东南部的六百万美国人提供电力。像哈里·霍普金斯一样，威尔基认为纽约是"世界上最令人激动、最为刺激、最让人满足的地方……我不会在别的地方生活"。在公司、在纽约他如鱼得水事业发达，1933年他被任命为公司的总裁，当时离罗斯福就职出任美国总统只差五个星期。在接下来的六七年里，威尔基高调地与罗斯福当局的新政调整活动相抗争，他还大张旗鼓地对威胁到公司在美国南方地位的田纳西河流域管理局公共电力项目的实施进行斗争，这些都耗费了他的主要精力。1939年田纳西河流域管理局以购买联盟和南方公用事业持股公司在田纳西河流域的大部分资产而结束了这场斗争。

威尔基的崛起导致有人提议他是个当总统的料。1939年2月，阿瑟·克罗克（Arthur Krock）提到他有可能在1940年的总统大选中作为候选人，尽管是"马厩里最黑的一匹马"。这位联盟和南方公用事业持股公司的总裁加大了在公众面前亮相的力度，开始暗示他有可能参加竞选，他还与《财富》杂志的责任编辑拉塞尔·达文波特（Russell Davenport）和别的人一起策划过他应该在这个方面如何行事。1939年稍晚时候，威尔基预计罗斯福会在民主党的旗帜下再次谋求连任，他不声不响地改换门庭，把他的注册登记改为了共和党人。

对于1940年的大选共和党完全有理由抱有希望。当时的情况是美国有1 000万人失业，360亿美元的国债以及不少人对于罗斯福可能会置传统于不顾而准备要为第三次总统任期竞选的前景感到忧虑不安。与他较量的三位主要候选人是托马斯·E. 杜威（Thomas E. Dewey），他是个年轻有为的纽约地区检查官，蓄着小胡子，因大力惩治敲诈勒索而名声显赫；来自密歇根州的参议员阿瑟·H. 范登堡（Arthur H. Vandenberg），一位政坛常青树，喜欢唠叨，总是用不多的头发遮盖住秃顶；还有来自俄亥俄州的参议员罗

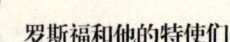

伯特·A.塔夫脱（Robert A. Taft），他是一位总统的儿子，也是最为保守的候选人。除了这些人以外，威尔基的致命弱点显而易见。他没有经费，没有计划安排，没有团队组织。他的助手都不是职业政治家而是些新手，他们放弃自己原先的工作来为他的竞选做事。作为对新政大部分措施的支持者，他不属于共和党的主流。或许对他最为不利的是人所共知他在1932年投了共和党所痛恨的罗斯福的票，甚至还为他的竞选捐助了150美元。这是共和党咽不下的一口气。

另一方面，威尔基也有三个明显的优势。首先是他的性格。用投资银行家托马斯·W.拉蒙特（Thomas W. Lamont）的话来说，"威尔基先生与众不同。"他身高6英尺1英寸（约2米），体重达220磅（约100公斤），《纽约先驱论坛报》说在任何人群中他就像"一群奶牛中的野牛"。他一支接一支地抽烟，平均每天要抽三包"骆驼牌"香烟，在"绞尽脑汁写演讲稿的情况下"，他能够一天抽完六包香烟。他从不开车，也不戴手表，因为那样只会在他周围增加混乱。他喜欢闲聊漫谈，在和一位男人谈话时他总是用手臂勾住对方的肩膀。《杰克逊市民爱国者日报》的编辑写道："威尔基像列车上的搬运工那样平易近人，像地方治安官候选人那样的具有民主精神，平等待人。"他缺乏罗斯福的精细敏锐，但是也没有他那种转弯抹角的圆滑。在为人处世方面，他无拘无束，充满活力，慷慨豪爽。

这种个人的勃勃生机促成了威尔基的第二个优势：他的支持者的热情奔放，尤其是那些四处收集请愿书并在全国各地建立起威尔基俱乐部的年轻人，还有那些出版商在他们的报纸和杂志里为他的事业大声疾呼摇旗呐喊。

不过威尔基的最大优势却在于时机。范登堡和塔夫脱在思想主张上是孤立主义者；杜威是个从业律师。只有威尔基明确无误地把希特勒视为对美国安全的威胁，他催促对盟国给予军事援助。六月份威尔基正式宣布参加竞选时，希特勒的军队正在欧洲肆无忌惮地大踏步前进。十天后法国投降了，威尔基原有的声望激增一夜走红，变得炙手可热。美国人对于威尔基的拥戴喜爱就如同十七世纪荷兰人对郁金香的狂热。那个月的月底在热气腾腾的费城举行的共和党全国代表大会上，走廊里全是齐声高呼"我们要威尔基！"的支持者，大会代表们收到多不胜数的电报要求提名他作为总统候选人——代表的投票起初对他不太有利，在后来持续到半夜以后的第六轮投票中他终于胜出，获得提名。提名的结果让人大吃一惊，对于美国的外交政策尤其如此。"风头正盛、影响广泛、堂而皇之的孤立主义已经开始成为政府对外政策的一个问题",专栏作家雷蒙德·克拉珀（Raymond Clapper）写道。但是威尔基在接受提名的讲话里,"把共和党的立场改写为对政府当局事业的明确支持"。

可是大选没有兑现以前的宣传。候选人乘坐他的有12节车厢的所谓"威尔基专列"在全国巡回竞选,激发起支持者的热情却从未达成一个统一的主题。妒忌和竞争使得他的竞选活动的混乱无序,这也提出了他管理才能的问题（不久那列火车就被车上的乘客戏称为"有组织的混乱号"）。与此同时,罗斯福尽可能不理睬他,拒绝谈论他的名字,鄙视竞选旅行而喜欢用防卫措施的"视察旅行",就像八月份他同比尔·多诺万一起的那次旅行一样。在大多数情况下,威尔基坚持他的国际事务原则,支持援助英国和租借法草案。但是随着他的前景变得暗淡,他警告说民主党的胜利将把美国拖入战争——这是个方向的偏转,他后来对此表示后悔并发誓绝不会再犯类似的错误。11月5日,威尔基获得的普选选票比以前的任何共和党总统候选人的选票都要多,可是那仍然比罗斯福少五百万张选票。新政联合阵线——南方、大城市、蓝领工人和穷人,发挥了作用。在一个令人忧虑的时期,当炸弹落在英国城市的时候,美国人依旧维持着他们原先的生活方式。"推动他获得提名的同样因素在他选举上起着负面的作用,"威尔基的传记作者史蒂夫·尼尔总结道,"罗斯福是在恶劣凶险的国际局势下从政治上获益的人。"

* * *

十一月中旬温德尔和伊迪斯·威尔基去了佛罗里达州霍布海湾丘辟特岛的一所冬季别墅休假,他们在那里要度过六个星期的时间。威尔基面前有无数的职业选择,包括律师、大学校长、公司董事、专栏作家。但是1941年1月他回到纽约的第一个星期,就决定立刻再投身政治,支持对英国的援助,尤其是罗斯福的新租借概念。大多数共和党的领导人,包括威尔基在1940年争取提名的最主要的竞争对手和两位前共和党提名的总统候选人,都反对这个法案,不过,1月12日,也就是该法案提交国会讨论的两天之后,威尔基把记者们召集到他在第42街和列克星敦大道的政治总部,宣布将支持法案在几个小的地方进行微调后予以通过。

罗斯福和他的特使们

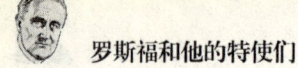

"绥靖主义者，孤立主义者或者只是口头上的英国的朋友们将会寻求在反对这个法案的幕后来破坏援助英国的计划。"他说道。威尔基传递给美国人民的信息是不同的，"就像是我们在自己队伍里边撤退一样，"他警告道，"我们做不到。我们不能对欧洲的战事漠不关心。我们不能忘记英国的那些战士们。他们正在为之战斗的不仅是他们的自由，也是我们的自由。如果眼睁睁地看着他们失败，我非常明白地告诉你们，我认为这儿的自由也无法生存下去……仅仅依靠人们在演讲中振振有词地宣称美国不会加入这场战争是难以让这个国家逃脱战争的命运的。但是依照我的判断，如果英国人民得到最大的及时的支援，我们就可以不加入这场战争。"

在康默多酒店举行的记者招待会上，威尔基还宣布了他即将访问英国去亲眼见证那里的情况，并"在民主受到攻击的时候"对于租借问题和美国面对的其他问题形成一个全面的看法。威尔基说他是在为杂志撰写一篇有关美国外交政策的文章时产生了这个想法。"我写下了对于英国局势的描述。接着我想，我怎么知道那些？为什么不去源头看看？这个念头出现在我的脑海。为什么不去英国把情况弄个一清二楚？威尔基夫人对此也兴趣盎然。"他说道。

《纽约先驱论坛报》的书评编辑艾丽塔·范·多伦（Irita Van Doren）是威尔基的情人和红颜知己，她对于这趟旅行也颇有兴趣，她本来完全可以只参与它的初始阶段。范·多伦是个优雅聪慧的离婚女人，说话带有柔软的南方口音，1937年与威尔基相识的时候就完全把威尔基俘虏了。随着他们恋情的加深，她的聪明让他视野愈发开阔，她指导他的阅读，替他的文章和演说稿润色，还把他介绍给纽约文学界的重量级人物。有关他们之间关系的传闻很有可能使威尔基1940年大选获胜的希望更加渺茫，罗斯福私下曾对一位助手说："一个可怕的能干女人，给杂志写点文章什么的，一位书评家。可这就是事实。"不过到最后，这个说法并没有传出去。

1941年元旦，与威尔基有点头之交而又无所不在的菲利克斯·法兰克福特粉墨登场了。法兰克福特和持自由主义观点的出版商哈罗德·金兹伯格（Harold Guinzburg）向范·多伦建议，为了获得第一手的认识而使得威尔基处于一个更为有利的地位，他可以去一趟英国，作为对聚集在他周围与他作对的共和党孤立主义者的回应。显然她把这个主意转告了威尔基，或者她自己可能已经意识到这点，或者当她得知霍普金斯的伦敦使命时激发了他的这个想法。但是不管其来源如何，它的目的就在于把威尔基武装起来反对孤立主义者的批评,并让他得以推进援助英国的事业而不是一项去寻找客观事实的简单活动。威尔基对欧洲冲突的观点已经形成并固定下来,这也是为什么他断然拒绝了要他不仅访问英国,还要访问法国、德国和意大利的建议。他到伦敦是去做"推销工作的",他告诉一位熟人,"不是去让他自己接受教育的"。

威尔基的计划公之于众后,其反响表明共和党人还需要好好地推销他们自己。参议员罗伯特·塔夫脱(Robert Taft)指出,威尔基不再代表共和党人;《芝加哥每日论坛报》把他解读为党外之人。1936年的总统候选人、前堪萨斯州州长阿尔夫·兰登(Alf Landon)说道:"要是威尔基先生在共和党全国代表大会之前就表明了他的立场的话,他是不会获得提名的。""在一百九十多位共和党的参议员和众议员里,"另一位共和党领导人估计,"威尔基找不出十位朋友,如果他的生活是依靠这个的话。"威尔基最有影响力的支持者之一,小个子的出版业大亨,斯克利普斯-霍华德报业联合公司(Scripps-Howard newspaper chains)的罗伊·霍华德告诉他,"他已经错过了他生命当中最大的机会"。霍华德现在认为"我花在帮助你上面的所有时间和努力都付之东流了",并且还警告他,他的报纸"将把你的名誉撕成碎片"。如果霍华德不是这样的一个小个子无赖,威尔基后来在范·多伦的曼哈顿公寓里的一次晚餐聚会上说:"我恨不能一拳把他打倒在地。"

政府当局的官员们表现出更多的支持。亨利·斯廷森认为他的共和党同伴"只是一伙妄自尊大的人",但他对于威尔基挑选了他的一位挚友,已退休的纽约投资银行家兰登·K.索恩(Landon K. Thorn)作为他旅行的伙伴之一而感到高兴。在威尔基公开宣布他的英国之行的前一天晚上同他们见面后,这位陆军部长得出结论,认为这趟旅行"给他提供了一个直接了解局势的大好机会",并对向这一行人提供简明扼要的相关文件做出了安排。

科德尔·赫尔(Cordell Hull)也扮演了一个重要的角色。赫尔意识到大选之后,威尔基处在一种"对我们非常艰辛困难和细致微妙的努力要么是帮助要么是妨碍"的地位上,赫尔曾想方设法要让他留在干涉主义者的阵营里,甚至在总统大选之后提出把国外发来的关于欧洲战事的电报抄送给这位在竞选中输掉的候选人,"这样他可以自己做出判断。"威尔基在一月份给赫尔打电话,寻求得到访问英国的许可(去交战国家旅行是受到严

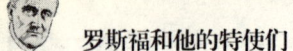

格限制的）时，赫尔明确答复说罗斯福已经批准同意，他将为此次旅行提供方便，指示护照部门协助威尔基并要求美国驻里斯本和伦敦大使馆的官员去机场接机，为他在当地的会晤做出安排。

赫尔把此次旅行的细节向罗斯福做了汇报，罗斯福邀请威尔基在去伦敦的途中顺道访问白宫。[35] 就在这次会晤之前，威尔基的决定有所动摇，索恩（Thorn）告诉斯廷森："威尔基对于去见总统有些勉为其难，他担心这将给他的国外旅行增添不少官方的色彩而使得他失去作为一个独立观察者的地位。"但是，斯廷森的观点占了上风。会晤安排在1月19日，也就是富兰克林·德拉诺·罗斯福第三次就任美国总统的前一天。

那天早上，威尔基乘飞机去首都，可是强风却使得他的飞机转往还未完工的位于格雷夫利角（Gravelly Point）的华盛顿国家机场。那个新的机场甚至还缺少基本的地面交通设施，所以威尔基与一位专门来拍摄威尔基照片的摄影记者搭车去市区。他在华盛顿下榻的豪华卡尔顿酒店的七楼套房里首先给国务卿挂了个电话。在讨论了差不多两个钟头，他们准备离开的时候，才发现酒店的大厅里挤满了好几百人，许多人都是听说威尔基住在这家酒店慕名而来。欢呼的人群摩肩接踵，酒店的工作人员只好为这俩人清理出一条通道；一位妇女奋力推开人群挤到前面，她紧紧地抓住威尔基的衣服大声喊叫"哎呀！哎呀！"他们终于走到外边，赫尔派的车载着威尔基往南行驶了两个街区抵达白宫。

罗斯福和威尔基相互认识已经有好些年了，虽然他们在1937年以后就再没有见过面。总统对于威尔基有好感，不过这种感觉并非双方都有。毕竟，在胜利的时候表现出宽宏大量比起在失败时要容易得多。当威尔基在罗斯福早期出任总统时见过他之后，给妻子拍了个电报："魅力言过其实。"竞选活动结束后，他对手下的人说罗斯福肤浅、不值得信任，还缺乏"道德感"。

不过，在这个寒冷的一月份的下午，这种恶意却没有那么明显。

当威尔基到达白宫时，罗斯福正同他的两位演讲稿起草人罗伯特·舍伍德（Robert Sherwood）和山姆·罗森曼（Sam Rosenman）在内阁会议室对他的就职演说词进行最后的润色。印刷厂就等着这最终版本。罗斯福移坐到他的轮椅里，穿过秘书办公室进入到椭圆形办公室，他将在那里会见那个不久前还在同他争夺那间办公室所有权的人。然而，当他来到门口，看见天花板上的总统印章图案和墙上挂着的哈德逊河景色的油画时，他停了下来。他把轮椅转过来,要助手们给他拿来内阁会议室桌上的文件。他们问,"总统先生,您需要哪几份文件?""哦,随便都行。"罗斯福回答。"就给我拿来几份散放在我的办公桌上,这样在威尔基进来的时候我会显得很忙的。"很快这位共和党人被引进门来,他嘴里说着"我不会耽搁您太久——我知道正在努力准备讲话稿时被人打断是怎么回事"。罗斯福伸出手来,玩弄着他经常使用的以名字称呼来访者的小花招,说他很高兴见到"温德尔"。

两位从前的竞争对手花了半个小时谈论欧洲的危机和美国的生产时间表。威尔基再次强调他支持租借法案但是提出三处修改意见:(1)在某一个日子归还总统的权力;(2)国会保持对金融的控制;(3)以及开展研究以确保所有新的权力都是完全必需的。讨论转到霍普金斯的使命上。威尔基问罗斯福,"霍普金斯不过是个无名小卒,为什么你与霍普金斯关系如此密切"。"今后某一天你完全有可能作为美利坚合众国的总统坐在我现在的地方,"罗斯福回答,"当你在这儿时,你会盯着那扇门,心里明白实际上走过这道门的每一个人都想要从你这里得到点什么东西。你会懂得这是个十分孤独的工作,你会发现需要有像哈里·霍普金斯那样的人,他们除了为你服务之外别无所求。"

在会晤中,罗斯福拿了一张印有白宫标记的便笺纸给温斯顿·丘吉尔写了一封信,由他最近的竞争对手面交。收信人写的是"某海军人士",信封上标有"请尊敬的温德尔·威尔基转交"。这封信里还引用了亨利·沃兹沃思·朗费罗(Henry Wadsworth Longfellow)的诗歌《航船的建造》中的几行诗句,该信的全文如下:

亲爱的丘吉尔:
　　温德尔·威尔基将把此信转交给你——他在这里让政治免受污染方面真的发挥了不少作用。
　　我认为这首诗既适合于文明,也适合于你的人民:

"向前行进,哦,国家之航船!
向前行进,哦,联邦,强大而伟岸。
人类的所有惧怕,
未来岁月的所有希望,

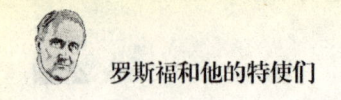

都与你的命运息息相连。"

你的永远的
富兰克林·德拉诺·罗斯福

这次会晤充满了善意的玩笑和欢快的笑声。罗斯福说他希望第二天站立在僵硬冰冷的就职演讲台上的是"温德尔"而不是他自己。威尔基回答说，当他在伦敦处于所有激动人心的事件之中时，总统就会再一次巴不得同他交换位子了。事后有人注意到，尽管威尔基名声在外，他还是需要一封介绍信，如同查尔斯·林德伯格（Charles Lindbergh）于1927年首次完成从纽约到巴黎的不间断飞行时需要一封介绍信一样。不过，威尔基心情舒畅，他宣布会谈是"令人高兴的"。那天稍晚时他乘火车回到纽约，他已约好要在纽约注射伤寒和天花疫苗。这让他免除了参加罗斯福的就职典礼的尴尬难堪与痛苦折磨。

"罗斯福从来没有做出过比写下那封引用朗费罗诗歌的信函更优雅、更有效的姿态了"，罗伯特·舍伍德注意到，而且"那个时候我们这些和他一起待在白宫的人当中也没有任何人知道他如何恰好想起了这首诗"。那是一种外交上的即兴炫耀，就像他决定亲自乘船去迎接哈利法克斯勋爵一样，在这个方面罗斯福具有特殊的天赋秉性。威尔基去欧洲有他自己的理由。与萨姆勒·韦尔斯或者哈里·霍普金斯不同，他不是由罗斯福派去那儿的。但是，通过托付一项外交使命给威尔基——向英国首相递交一封表达支持的私人信件，罗斯福把他从前的对手变成了他的外交工具。罗斯福非常善于利用威尔基的新闻价值，它比霍普金斯的新闻价值高出一大截，同时还给英国人民带去一个象征性的信息。

罗斯福的姿态也有利于在美国形成两党支持对英国伸出援助之手的局面，从长远来看，有利于美国在全球的拓展。罗斯福已经采取了行动，要把共和党人拉上船同舟共济。他任命了弗兰克·诺克斯（Frank Knox）和亨利·斯廷森（Henry Stimson）出任内阁职务，并派遣比尔·多诺万去了伦敦。赢得1940年总统大选后，他决定向威尔基伸出友好之手，他告诉劳工部长弗朗西斯·珀金斯（Frances Perkins），"他是一个非常好的人，具有多方面的才能。我在什么方面把他用起来，我打算在政府里给他提供一个重要的职位……我想这对于国家是有好处的，他可以使我们有一种团结的感觉"。

罗斯福考虑的"重要职务"就是事实上的总统特使。另一位精明老练的政治家哈罗德·伊克斯看出了这一招的奥妙之处。把引用有朗费罗诗歌的信函委托给威尔基给人留下一个良好的印象，他评论道，而且是"足智多谋的政治策略"。毫无疑问，伊克斯对于罗斯福的另外一个目的也已经明察秋毫：那就是既有利于国家的利益，又推进了他个人的政治计划与安排。两党对行政当局政策的支持很可能转化为强有力的选举地位。罗斯福让他在竞选中的手下败将去为他完成差事，还有什么能比这个更能展现罗斯福对政治权术掌控的高超艺术呢？

毋庸置疑，威尔基对某些人说他是罗斯福派遣的使节颇为恼怒，他总是一口咬定自己是独立行事。他是以一个公民的私人身份去英国的，他强调。出于个人的虚荣心和政治独立性的原因，他被视为一股独立的势力而不是那个比他技高一筹更深谋老算的人派出的信使，这一点至关重要。可是人们的那种感受却久久挥之不去。

* * *

在英国一开始关于威尔基出使的消息在伦敦引起人们对于它目的的猜测："我认为我们应该对此有更多的了解。威尔基先生为什么要来这儿？"一位英国外交部的官员问道。不过官方推测的依照是威尔基在援助英国上的立场以及他曾在白宫戏剧性地同罗斯福见面，"应该给他提供方便并好好地欢迎他"。赫谢尔·约翰逊（Herschel Johnson）告诉外交部说，在他访问了英格兰以后，威尔基应该证明是对于罗斯福援助英国政策的一个"可以信赖的人"。纳粹的媒体得出了相反的结论，它们宣称威尔基的使命说明美国人不相信英国，要"亲眼看看所有的东西"。[36]

温斯顿·丘吉尔始终关注着威尔基的动向，他给这位失败的总统候选人在康默多酒店的总部发去了一封措辞友好的电报。克莱门坦·丘吉尔（Clementine Churchill）甚至对他的来访日程安排都经过了仔细斟酌，她提出当威尔基和他的同伴们来契克斯庄园别墅（Chequers）过周末的时候，那会是"一场全部是男士的聚会"，而不会有女士来使他们心猿意马。首相批准了给威尔基提供一个"类似随行副官"的安排，此人将"对威尔基的约会等做出安排"。被挑选出来承担这个任务的是托马斯·布兰德，他出身贵族，是个商业银行家，目前由于战事吃紧而为政府工作，他被要求

"在威尔基访问期间密切注意他的一举一动"。

威尔基在准备离开美国的时候,收到了一大堆向伦敦的社会名流引荐他的介绍信件。"我想在美国的每个人都给了我一封向某人介绍的信。"威尔基后来笑着对一位记者说道。总统给丘吉尔的信只是要威尔基转交给的四封信件之一。部长、官员还有英格兰银行行长蒙塔古·诺曼爵士,都名列收信人之中。写介绍信的人也不局限于官员的范围。支持者们建议威尔基与著名的教育界人士会面,例如牛津大学的常务副校长兼巴利尔学院(Balliol College)院长,剑桥大学的约翰·梅纳德·凯恩斯(John Maynard Keynes),以及伦敦经济学院的教授们;电报都发给了教会人士、商业银行家、外交官、报纸的所有者以及英国贵族圈里的各种各样的私人朋友。

这些电报和信件的作者同接收他们的人一样地位显赫,其中包括演员小道格拉斯·费尔班克斯(Douglas Fairbanks Jr.),出版商海伦·罗杰斯·里德(Helen Rogers Reid)和康德·纳斯特(Condé Nast),以及 J. P. 摩根银行的托马斯·拉蒙特(Thomas Lamont),他写了十多封介绍信。蜂拥而来的信件和通讯充分展现出那些受过良好教育、有丰富旅行经历的东北部人士的影响力,他们数年来一直为干涉主义的事业奔走呼号、奋斗不止,而现在他们看见了一个通过威尔基的出访来影响美国政策的大好机会。它还揭示了把大西洋两岸的精英联系起来的网络的力量——罗斯福手下的许多人一踏上英国的土地就感受到了这张无形之网的存在。

* * *

1月22日上午八点三十分,温德尔·威尔基乘坐"扬基"号水上飞机离开纽约的拉瓜迪亚机场,有三百人来为他送行。这个时期的美国政界领导人还没有实行穿梭外交。最后一位在任期间跨过大西洋的美国总统是伍德罗·威尔逊;罗斯福自己从1932年起就再也没乘坐过飞机。不久前在总统大选中败北的温德尔·威尔基现在是在战争时期乘坐一架飞机去访问一个正在交战的国家。在这个新纪元之旅中与他同行的有银行家兰登·索恩和《明尼阿波利斯之星杂志》的出版人小约翰·考尔斯(John Cowles Jr.)。威尔基一时心血来潮邀请了他们,他还告诉记者他不得不拒绝了"足以装够一整条船的人"的请求。当第三个原定一同访英的竞选助手拉塞尔·达文波特(Russell Davenport)取消行程后,威尔基把这个去英国的空位子安排给了会弹尤克里里琴的美联社的记者埃迪·吉而摩（Eddy Gilmore）。

威尔基在"扬基"号精力充沛，他同其他的乘客谈论起这场战争，还评论道"一场总统竞选再加上在过去十二个月英格兰的局势，这对于人生来说意味着许多。我觉得我的人生与任何活着的人一样丰富多彩"。没有交谈的时候，他会看一本像英国士兵随身携带的那种所谓的背包诗歌书，书页是印度生产的纸张，书的内容包括从马修·阿诺德（Mathew Arnold）的"多弗海滩"到威廉·布莱克（William Blake）的"地狱之谚语"的各种诗歌。"要是我感觉好一些的话"，水上飞机在百慕大停下时他对吉尔摩说，"我将会是很危险的"。一位记者注意到，在百慕大大沙群岛（Great Sound）的达雷尔岛（Darrell's Island）上英国皇家空军的水上飞机供给站，威尔基看见了两架十三吨的轰炸机在飞往英国途中在此补充燃料，此时"他的两只眼睛瞪得大大的"。站在他们身旁的是几位赫赫有名的美国飞行员，他们正"懒洋洋地抛扔着硬币"——这里边有第一个飞越南极的伯恩特·巴尔肯（Bernt Balchen）、空中表演翻滚技巧的高手克莱德·潘伯恩（Clyde Pangborn）、第一次世界大战的王牌飞行员、试飞专家、骆驼牌香烟的广告明星霍默·贝里（Homer Berry）。"运送轰炸机越来越乏味了，"身穿皇家加拿大空军制服的贝里说道，"我马上就要加入一个战斗中队了。""谁说这世界上已经没有冒险了？"满脸惊奇神色的威尔基对记者说道。

在去里斯本途中，强风使得"扬基"号转向亚述尔群岛的霍塔市（Horta）。埃迪·吉而摩报道说，"威尔基吸引了这个岛上的两万人"，其中许多人误以为他们款待的是美利坚共和国的总统。"二十年代上一次大地震以来，在这个葡萄牙以西的大西洋上的弹丸之地，人们的热情和激动还从未达到如此的高潮。"他写道。当地的一个代表团告诉威尔基，上一次最后一位来访的美国人是马克·吐温，他认为霍塔是个"把旧衣服穿破的好地方"。"那可不是我。"威尔基回答，他像一位政治候选人那样热情洋溢地视察了当地的农场，甚至还不怕淤泥亲自察看了牲口。"'我很高兴看见了印第玉米和巴克夏猪，就像在印第安纳一样。'那些陪同的人对印第安纳是一头雾水不知所云，不过还是微笑着表示赞许。"

威尔基一路顺风抵达里斯本，受到美国公使、一大群新闻记者、摄影师和好奇的人群的欢迎。他被安排到离海边几英里的海滨度假胜地埃斯托里尔市的宫廷大酒店。这家酒店是各种珍奇的外国人物的金色樊笼，包括难民、流亡的欧洲王室、维希政府统治下的法国商人、间谍等等。英国政治家、日记作者亨利·"奇普"·钱农当时也住在这家酒店，他看见形形色色的"穷困潦倒的大人物……包括最后只剩下两百万的银行世家罗特希尔德家族后裔"。由于水上飞机的座位有限，酒店里到处是被困在这里等待乘飞机离去的人们。当泛美航空公司的代表中午或者晚上进入餐厅的时候，"他会被十多个人团团围住，询问他们是否有机会搭乘下一班飞机"。

到处都是德国人。在1941年1月，随着希特勒的军队乘胜前进，中立的葡萄牙正在与它传统的盟国英国逐渐疏远开来。有美国血统的英国国会议员罗纳德·特里此时也在葡萄牙停留，他注意到"里斯本随处可见德国人……无论你去什么地方都能够看见三四成群彬彬有礼的年轻德国人和蔼可亲地同葡萄牙人打交道"。报刊亭上粘贴有德国的宣传画。"宣传画上的德国青年头上戴着最新式的钢盔，坐在最新型的坦克、装甲车或者飞机上，笑容可掬地接受它占领的国家的欢迎。可在另外一方面我们却几乎没有什么可与之抗衡的：我们仅仅依靠战前的板球比赛和乡村的绿色的图画来传递英国的生活方式，而在葡萄牙人看来似乎这种生活即将永远消失"。

威尔基在里斯本游览了一些名胜古迹，其中有克鲁兹宫（Quelus Palace），有壮观高贵的木兰树的弗朗泰利亚宫（Fronteiria Palace）和位于蒙特塞拉特（Montserrat）的漂亮精致的植物园。他去国家议会宫拜访了桀骜不驯的葡萄牙总理萨拉查（Salazar），并在美国公使馆与新闻记者见面，他重申，"我的立场是援助英国，反对任何形式的姑息行为"。

第二天威尔基再次启程，乘坐一架英国海外航空公司的飞机去伦敦。在七个小时的飞行中，威尔基兴高采烈，精神抖擞，在机舱里来回走动，甚至还主动帮飞行员查看飞行线路。他按捺不住想亲眼见到英格兰的急迫心情。当飞机在布里斯托附近的菲尔顿机场上空开始降落时，他站起身来，结果摔倒在了过道上。好在他并没有受伤，也未因此受到影响，他自己爬了起来掸了掸衣服上的灰尘——前一周他就是穿着这身西装在纽约登上了"扬基"号的。

***

1月26日下午威尔基踏上了英国的土地。《时代周刊》杂志认为，他的外表符合人们的预期："他的领带有点歪斜，人所共知的他那难得梳理整齐的一头黑发蓬乱地搭在前额上，当他与人握手时，脸上充满友好的神情。"领带是竞选的一个标志物品——"一条蓝色的活结领带上面织入白色的条纹巧妙地拼写出他的名字"。他受到美国和英国官员及其随从的欢迎，可是他更在意的是他观察到跑道上的一伙美国飞行员。"很高兴见到你们。"他一边亲切地咧嘴微笑一边说道。在飞机的轰鸣声中他对新闻记者们说道，"我很好，实际上我比生活中任何时候都要感觉更好一些。我非常高兴来到英格兰，对于英国的事业我给予最大的支持"。在地面待了二十分钟后，他乘坐丘吉尔的座机"火烈鸟"号飞往伦敦附近的一座机场，这架飞机是由德·哈维兰公司生产的，机身上十分醒目地印着英国皇家空军的圆形标志。与霍普金斯抵达的隆重场面相比，威尔基却是在临近黄昏时分的"一片静悄悄"中乘车驶进了这个战时首都。

　　威尔基在伦敦的总部设在多尔切斯特酒店（Dorchester Hotel）。酒店是用钢筋强化混凝土修建而成，被认为是在遭受空袭的情况下在这座城市里最安全的住所。在大街对面海德公园的防空炮火接连不断的情况下，多尔切斯特酒店里聚集了形形色色的各类人物。对此塞西尔·比顿（Cecil Beaton）嘲笑道："内阁部长还有他们自以为是的可敬的妻子；脸色铁灰、棱角分明的将军们；笨拙的休班飞行员；正在揽客的妓女；女演员；落魄的上流社会人士；平庸蹩脚的音乐家和汽车推销商人。"在奇普斯·钱农（Chips Channon）看来，它就是"现代的、战时的巴比伦"。在多尔切斯特酒店的豪华地下防空所躲避空袭的时候，可以遇见身穿睡袍和正式服装等五花八门衣服的王室成员，外交官以及上述各色各样人物。比顿（Beaton）把空袭的场景比作"一艘横跨大西洋的豪华航船，充满了及时行乐和肮脏奢华的恐怖"。威尔基住进了一楼的有三个房间的套房，如果遭到德国的轰炸，它上面还有七层楼可以提供保护。他抵达时收到许许多多支持者寄来的信件和发来的电报。没过多久，他就雇了三个秘书并且又格外在酒店租了一间房来处理信件电报和安排会见。英国人对待威尔基就如同他是美国反对党领袖一样。

　　第二天一早，也就是1月27日星期一，威尔基开始实地了解情况。他向在房间里给他端茶倒水的女服务员打听战争的进展如何。"我们当然会赢得胜利，"她回答道，"不过我想我们需要美国的更多援助。"在外面大街上，他同交通警察攀谈，还拉着一位从他身旁走过、手臂打着石膏挂在胸前的英国士兵说话。那位茫然不知所措的英国士兵告诉威尔基战争的进展"不那么糟糕，先生"，美国的新闻记者却认为这是"典型的英国式的大事化小的说法"。几分钟后，威尔基来到信息部出席记者招待会，现场有些混乱。"许多人拥挤在院子里。"《芝加哥每日论坛报》的记者报道。"年轻的女打字员从窗户和阳台往下盯着他。三十个摄影记者拍下了他的每一个动作。"三百位英国的和外国的记者用"四次欢呼，两次喝彩"欢迎他的到来。助手们为他开出一条道让他走到前面来。威尔基让记者们提问，迅速地提问。记者们的回应就像是证券交易所的股票经纪人。他告诉他们，他来这个国家是为了了解当地的局势以及你们胜利之后的情况。对于他已经见到过的英国人，他说，"我喜欢他们的勇气"。

在英国外交部，他花了一个小时与安东尼·艾登（Anthony Eden）会谈。一开始艾登并没有喜欢上威尔基，他写道威尔基"没有霍普金斯的那种魅力"。霍普金斯"话不多、细心、有幽默感，说起话来有一种格外的男人的吸引力，藏而不露"。艾登描述说，而威尔基说起话来"充满了男人的那种健康的快乐，他喜欢听自己的声音"。但是当威尔基深入地向他提问时，艾登对他的看法有了改变。另一方面，威尔基对这位外交大臣依然没有深刻的印象。"你的人民必须要考虑一个更能干的人来接替丘吉尔"，后来他这样告诉哈利法克斯勋爵。"我们在美国有这样一句话：'你打开前门发现自己在一个巷子里'。"艾登送威尔基出来时，他们遇见一位工人正在修理空袭中被毁坏的窗户。威尔基走上前去向他提问，此人完全不知道这个问话的是何许人。艾登记录下了他们两人之间的谈话：

> "你对这场战争有什么看法？""你什么意思？"威尔基坚持问："想结束这场战争吗？"那人很快地瞧了他一眼："希特勒还没有死，对吧？"然后又回到手里的活儿上面。要是我的话，就不会有如此精彩的对话。

接下来是去圣保罗教堂附近的金融区，也就是伦敦老城的短暂旅行，该地区在前一年十二月的德国猛烈轰炸中已被夷为平地。克里斯托弗·雷恩（Christopher Wren）爵士设计的八座教堂在那天晚上轰炸后的大火中被烧毁。"在伦敦的中心我们看见了伊普尔（Ypres）那样残酷的战场"，第二天早上塞西尔·比顿（Cecil Beaton）写道。现在警察允许威尔基通过路障使他能够在瓦砾中穿行，亲眼目睹行会大厅的废墟。最让威尔基伤心动情的是主祷文街（Paternoster Row），那是一条中世纪的街道，过去成队的僧侣们一边吟诵着主祷文，一边从街上走过朝圣保罗大教堂行进，而圣保罗那里曾经是伦敦的图书交易中心之一。"我认为主祷文街的被毁极具象征性，那是图书出版的地方，"他告诉记者，"他们炸毁了传播真理的地方。"到这个时候威尔基情绪有些激动。"带我去你们最简陋的防空所，"他说，"我要看看你们最糟糕的东西。我要同每一个愿意和我交谈的人谈话——在街上、防空所、酒店里、火车上——每一个地方。"

"每一个地方"从唐宁街10号开始，在那里他同温斯顿和克莱门坦·丘吉尔共进午餐。威尔基小心谨慎地解释说，在美国的体制下，他的身份不具有责任只能够发表他个人的观点。丘吉尔遗憾地说竞选失败的总统候选人在政治上成了输家，这时威尔基同样心平气和地回答说，"作为为我们的体制进行辩护的一个忠实的美国人，或许我们的体制有一个长处，那是因为英国的政治家总被认为是政治人物，我们却有一套让他们退出的良好机制"。午餐的食物是鱼和鸡蛋（威尔基后来说，"我希望我们没有违反任何有关食物配给的规定"），在两个小时的大部分时间里，他们谈论了战争和英美关系。"我以前就知道他是一个了不起的人物，"威尔基事后告诉记者，"我现在更加清楚地认识到这一点。"[37]

在会见中，威尔基把罗斯福的亲笔信递交给首相。丘吉尔"深受感动"，一位助手说道，把它视为总统善意的"真诚表示"。丘吉尔第二天给华盛顿的电报表明"罗斯福对英国表达支持的信件"发挥了作用。"昨天我接待了威尔基，"他写道，"并为您所引用的朗费罗的诗歌深深打动。我将把它装裱起来作为这些非凡日子和见证我们友好关系的一个纪念品，我们的友好关系是通过电报建立起来的，也是在严峻的考验下建立的。"实际上丘吉尔对于朗费罗的诗歌要做的远不止将它装裱起来。

* * *

离唐宁街10号四千英里之外的华盛顿，美国和英国的高级军官在同一天开始了秘密会谈，谈论的是同样的话题。为了不引起外界争议，来访的代表团成员都穿上了便装并把自己称之为"英国采购委员会的技术顾问"。这些讨论确定一旦美国被迫加入战争，她和英国都将追寻"德国第一"的战略，将集中优势兵力控制大西洋并摧毁对他们安全形成最大威胁

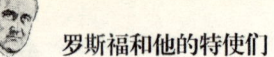

的德国，同时与日本展开一场消耗战。这些计划的实质是临时的，可是它们预示了珍珠港事件之后促使盟国采取的重要战略。

* * *

在伦敦的第二天，威尔基再次来到伦敦老城参观了雷恩最伟大的杰作圣保罗大教堂。教堂的高大祭坛，地下室以及许多窗户上的玻璃在十二月的大轰炸中被毁坏，但是其他的倒还完好无损。威尔基"登上有散乱大块碎石砖头的唱诗台"，从教长手里接受了一块燃烧弹片作为一个小纪念品，那块弹片落在教堂的大圆顶上，然后自己熄灭了。他们走出圣保罗大教堂时，响起了当天第一次防空警报。威尔基竖起耳朵，笑了笑然后说："好，那很好。"[38]

威尔基还出席了在新哥特式的下议院的一次辩论会，在会上一位工党国会议员谴责政府压制共产党的报纸《每日工人报》。他刚在重要来宾席就座，白天的警报尖叫声响了起来；不久就听见"头上德国飞机那吓人的嗡嗡声，防空炮火砰砰声以及偶尔炸弹落下的爆炸声"。威尔基认为这是"任何人能够见到的民主在发挥作用的最戏剧化的例证……这里英国正在打一场生死攸关的战争。可是一个自由的议会还在开会，人们还可以站起来抨击政府当局，而在他们发言的时候他们的国家正在从空中遭到攻击"。他只是稍微见证了一下这个民主运行的例子。他没有戴防毒面罩，本来进入威斯特敏斯特宫的人通常都会要求戴上防毒面罩的，可是他把他那个第一次世界大战时期的头盔留在了酒店里。他之所以被允许进议会大厦是因为他是伦敦的临时居民。丘吉尔得知这一消息后，立刻给威尔基一行人送来了一个装有防毒面罩和钢盔的包裹。[39]

那天晚上两人再次见了面，那是在比弗布鲁克勋爵为欢迎威尔基在克拉里奇酒店举行的晚宴上，它在规格和出席人员方面与欢迎霍普金斯那次基本相同。尽管他们都是美国人，一位《星期日泰晤士报》的专栏作者却注意到"毫无疑问两人相差甚远"。威尔基给这位笔名叫阿蒂卡斯（Atticus）的作者的印象是"身材魁梧、充满人性、大度豪爽、温和友好……从气质和体格上讲，他是那种你希望的登山导游或是海港城市里不安全地区里同行的伙伴。你觉得他出拳会有重量级拳手的杀伤力，或者会特别温柔地对待一个小孩。如果要把那理解为一趟情感的行程，我也只能认可。威尔基先生是一个有浪漫情调的人"。

星期三威尔基同英国左派进行了会谈。早上他与和平主义者薇拉·布里顿（Vera Brittain）共进早餐，还与社会主义者哈罗德·拉斯基（Harold Laski）进行了谈话，拉斯基后来提到"他发现威尔基'精明睿智、非常讨人喜欢、对人热情'；可是在政治争论上却是难以置信地幼稚不经事"。然后威尔基出席了在史密斯广场工会代表大会总部召开的理事会，这是个工会组织的高峰会议。他向与会者讲述了他卑微的出身——"我在印第安纳州的一个生产马口铁的小镇上长大，我父亲是当地工会的律师，从他们那里听说了英国在战争工作方面的团结。知道在工会代表大会旗帜下的五百万工人没有任何不同的声音……他们团结起来支持为战争做贡献……啊，我要讲，这太棒了。我经历过我生活中最棒的集会之一，我喜欢它"。像许多别的美国人一样，威尔基面临英国的阶级划分时有些窘迫不安，他喜欢这些工会主义者——"一大群不错的人"，比起他从拉斯基那里听到的那种"理论社会主义"来说，这些人对于改善工人的生活水平反而更感兴趣。

威尔基在午饭的时候看见了英国左派的另外一面。当时他正在萨沃伊（Savoy）酒店同一位商界人士吃饭，却不经意卷入了一场由共产党发起的关于食物的示威活动。食品短缺是英国的一个主要问题，罗斯福准备最近就会针对这个问题进行阐述。在这场示威活动中有六十多个衣着光鲜的妇女，许多人还穿着裘皮，有的据说是《每日工人报》的雇员，她们三三两两地走进酒店的大厅。在餐厅里她们坐在已经有人预订的座位上不肯离去。随着一个信号，她们展开了几条写着标语的横幅，诸如"富人吃煎蛋饼，我们一周吃一个鸡蛋"，"向富人实行食品配给"。接到报警赶来的警察对她们好心相劝，最后他们不得不把好些位妇女连架带拖带离现场。

那天晚上，威尔基有机会走进了伦敦的防空避难所。霍普金斯在执行使命期间也访问了公共防空所，可是对此没有任何报道；有关它的第一个消息是在他离开之后的由自动收报机收到的。相比之下，威尔基的行程事先就有公布，事后又对几十上百位记者提供了详细的描述。在三个小时的情感之旅当中，虽然头上有德国飞机飞过，威尔基在地下防空所与伦敦市民交谈。仿佛他又是在从事竞选活动。在一处防空避难所，当他进去的时候人们从床上下来欢迎他，随着一位竖琴演奏者弹拨的曲调齐声唱起了"星条旗永不落"。在另外一个防空所，人们高呼"我们不会屈服！"和

"把你们有的东西都给我们！"一位妇女冲到他面前得意扬扬地向他展示她的婴儿。一位上了年纪的男人告诉他，他已经在避难所里生活了五个月，要是有助于赢得这场战争的话，他愿意一直在那里安营扎寨："德国人占领这个国家之前我们会自杀。""当你见到这样的一位老人和这样的不屈不挠的精神，"威尔基承认，"我告诉你，你会不由得为之动情的。"另一位男士要把咖啡从杯子里分一些给他——威尔基接受了，"他抿了抿嘴，说这个咖啡的味道比他酒店的要好"。他没有听见有人抱怨发牢骚。"我想我已经算是一个不为感情所动的硬汉了，可是这场景深深地打动了我，"他说，"我眼泪都快掉下来了。"当他在地下深处一个防空所，置身于镇定自若、满脸微笑的人群当中时，他几乎流下泪水。"有好几次我不得不转过头去"。

威尔基的英国竞选活动持续到第二天。早上他走进梅费尔（Mayfair）地区的靠近谢泼德（Shepherd）市场的一家酒吧"老切斯特菲尔德武装"（Old Chesterfield Arms）去和当地人一起喝上一杯。他同一位爆破队队员玩了一盘飞镖游戏，赌的是一杯生啤酒，结果他输掉了，他还给一队身着咔叽制服在附近闲逛的皇家爱尔兰步枪团的士兵各买了一杯。他同吧台年轻女服务生打情骂俏，那姑娘警告他，她丈夫可是个当兵的。"别把你丈夫什么的扯出来吓唬我，真有意思！"威尔基回嘴道。背后有人大声说道，"要是那娘们真的知道了可就好了！"威尔基立刻回敬了一句，"什么？你老婆知道你什么时候出门？"当威尔基在这里的消息传开后，酒吧里的人很快多了起来，没过多久，这个美国人就在吧台里边倒酒，喝起啤酒来。他准备离开的时候，酒吧老板拿出一瓶香槟酒，"我原打算把这瓶香槟留到停战日才喝的。但是你的到来对我们就同停战日一样美好。我们一块把它干掉，好吗？"两人用香槟相互敬酒，酒吧里欢呼声响成一片。

午餐后，英国的大法官给威尔基简略介绍了英国司法体系在战时的运行情况，并带他一起在受到轰炸损坏的伦敦律师学院地区（Temple area）步行转了转，律师学院也就位于这个地方。威尔基来到了中殿律师学院的礼堂，看见精雕细刻的木制屏风的残骸，伊丽莎白女王曾在那里翩翩起舞，《第十二夜》也是首次在这里演出的。一枚空投的德国炸弹将它毁于一旦。在内殿律师学院的废墟上，威尔基拾起一块地窖里白兰地酒瓶的玻璃碎片，"祝律师学院早日恢复"。那天下午的大部分时间花在了在海军部听取有关海军情况的介绍上面。

富兰克林·罗斯福总统在自己的纽约海德公园的庄园游览时与记者聊天,1937年7月4日。

坐着轮椅的富兰克林·罗斯福总统与他的苏格兰小猎犬法拉和邻居女孩在海德公园的山顶小屋,1941年2月。

富兰克林和埃莉诺·罗斯福在参加第三任总统就职演说途中。华盛顿特区，1941年1月20日。

萨姆纳·韦尔斯在国务院办公室，1940年。

科德尔·赫尔和温德尔·威尔基在前往白宫与富兰克林·罗斯福共进午餐途中。华盛顿特区，1940年5月。

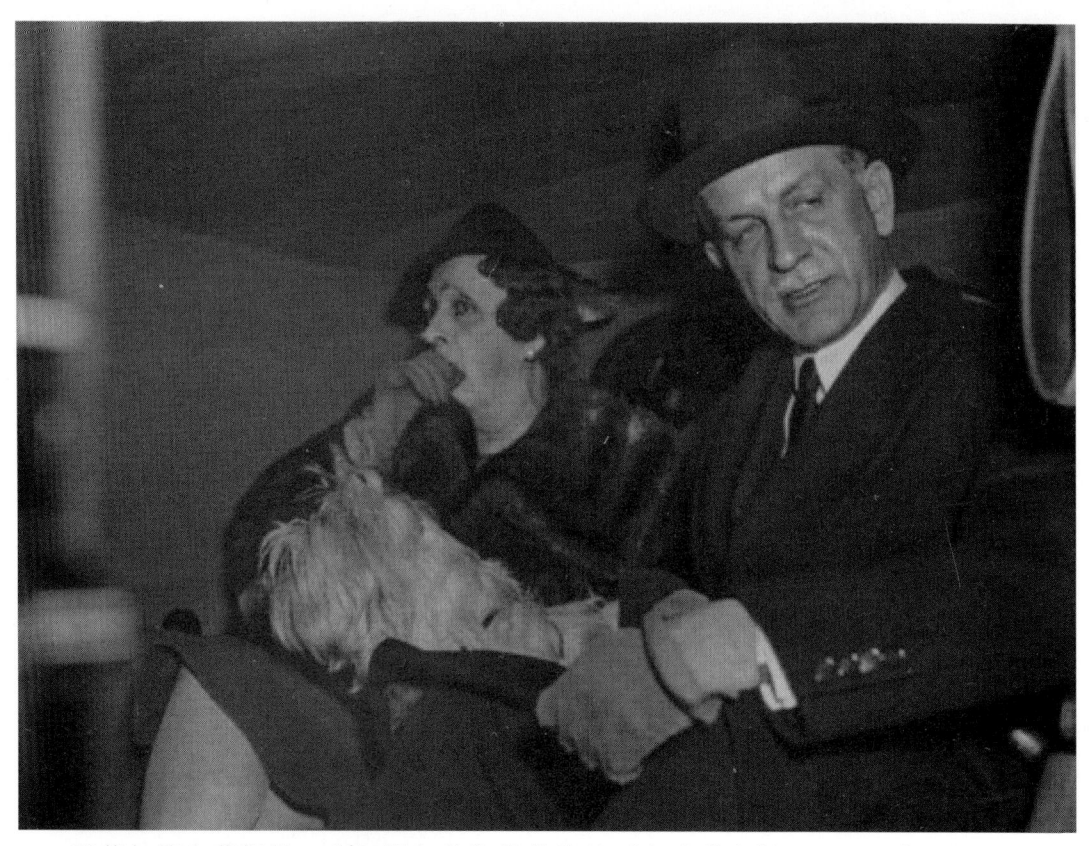

玛蒂尔德和萨姆纳·韦尔斯与他们的苏格兰西高地猎犬托比，1940年。

赫尔曼·戈林在"狩猎人小屋"庭园的卡琳宫给萨姆纳·韦尔斯展示他的绘画收藏，1940年3月3日。

萨姆纳·韦尔斯与约瑟夫·肯尼迪在伦敦，1940年3月11日。

比尔·多诺万中校，美军第165步兵团（原"英勇善战的第69团"），在法国哈扎旺，1918年9月6日。

比尔·多诺万在唐宁街10号,伦敦,1940年12月18日。

比尔·多诺万乘坐英国海外航空公司的"克雷尔"号飞机抵达纽约,1940年8月4日。

哈里·霍普金斯与富兰克林·罗斯福在白宫二楼的椭圆形办公室，1942年6月。

温德尔·威尔基，1940年。

富兰克林·罗斯福在给温斯顿·丘吉尔写的"国家之舟"信，落款日1941年1月20日。

漫画：温德尔·威尔基将罗斯福的信递交到唐宁街10号，匹兹堡《市政邮报》，1941年1月28日。

温德尔·威尔基检查伦敦市区被轰炸情况,1941年1月30日。

温德尔·威尔基在伦敦公交车上付费，1941年2月1日。

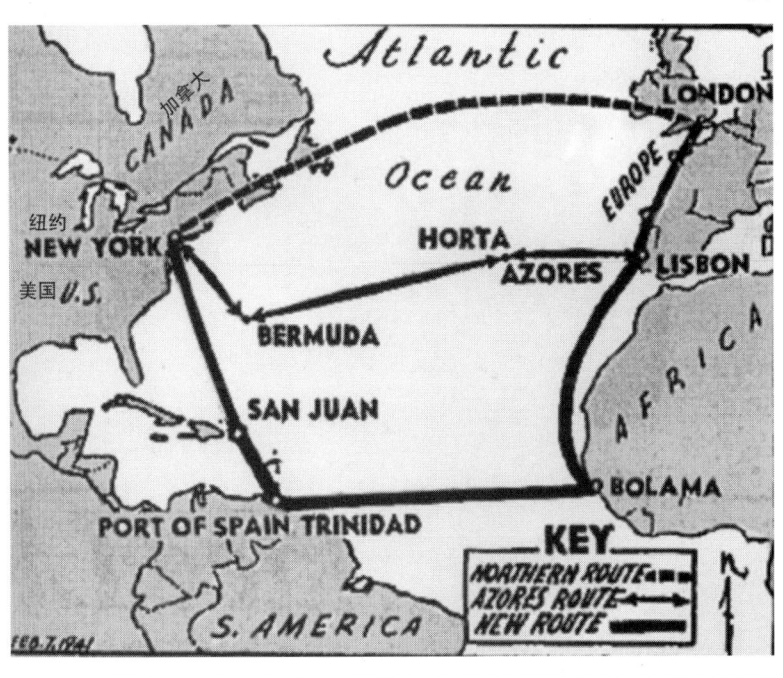

温德尔·威尔基的"美国飞艇"返回美国途中采用了新的南面航线，通过了葡属几内亚、特立尼达、波多黎各。亚述尔群岛航行是战时的常用航线，多位总统特使也采用了该航线，北方航线是战前使用的。

埃夫里尔·哈里曼打门球，1940年。

凯思琳和埃夫里尔·哈里曼及丘吉尔的秘书布伦达·布拉肯，1941年。

埃夫里尔·哈里曼和约翰·G.怀南特在伦敦，1943年10月4日，站在两人中间的是美国欧洲战区总司令雅各布·德弗斯中将。

凯思琳和埃夫里尔·哈里曼与帕梅拉·丘吉尔（左起第一人）参观皇家空军基地，1941年。

哈里·霍普金斯和约瑟夫·斯大林，玛格丽特·博克-怀特在克里姆林宫拍摄，1941年7月31日。

哈里·霍普金斯和美国驻苏联大使劳伦斯·斯坦哈特在莫斯科中央机场，1941年8月1日。左边是苏联外交人民委员副委员拉佐夫斯基。

温斯顿·丘吉尔、哈里·霍普金斯和英国军官在前往布雷森莎湾的"威尔士亲王"号战列舰甲板上，1941年8月。

在皇家海军"威尔士亲王"号战列舰后甲板举行的祈祷式,1941年8月10日。这是大西洋会议的高潮。

哈里·霍普金斯,"两位大人物的黏合剂"。

富兰克林·罗斯福和温斯顿·丘吉尔在祈祷式后拍照，照片的背景是哈里·霍普金斯给埃夫里尔·哈里曼展示他新的灰色翘边帽。

富兰克林·罗斯福在白宫椭圆形办公室签署对日宣战声明，1941年12月8日。

并非每一个人都立刻喜欢上了威尔基。那天晚上他在多尔切斯特举行了一个鸡尾酒会，加拿大高级专员文森特·马西（Vincent Massey）应邀出席。马西曾与霍普金斯会晤，他发现霍普金斯"是个安静、不装腔作势、精明而又敏感的人"。他不大喜欢威尔基的那种热情洋溢的作风。"他来这儿的访问看上去就像是他竞选活动的延伸，他在多尔切斯特酒店的会客室就像是竞选委员会的办公室——助手和秘书快步地来来往往，而那个大人物在和每一个人握手，"马西在日记中写道，"我试图同酒会主持者交谈，可他一边握着我的手一边却在……看着别的人，所以我放弃了这个念头。没过多久他就回到卧室而把他的客人丢在一边再也不理会了。"

星期五威尔基旅行去了离德国占领的法国只有二十英里的多佛尔视察英国的海岸防卫。他斜戴着他那顶"白色的钢盔"，露出无忧无虑的神情。他视察了那些在横跨英吉利海峡的炮战中大显威风的大炮，两次亲眼目睹英国的防空炮群对一架多尼尔型"飞行铅笔"轰炸机开火的情形，那架飞机是趁着糟糕的天气和较低的云层飞到海岸这边来的。回到伦敦，他还没有来得及换下粘满烂泥的靴子和衣服就对记者发表了讲话："我认为要是德国人试图从我刚去过的地方入侵的话，那可是一件棘手的活儿。"他说道，"我肯定不愿意当一个冲过来的德国人"。那天晚上威尔基收到华盛顿发来的一封电报邀请他参加在参议院外交委员会有关租借法案的听证会上作证。这次在英国的访问不得不提前结束。

* * *

国会在法案上的辩论漫长而痛苦。众议院外交委员会的听证会进行了两个星期，参议院外交委员会又开始听证了。包括科德尔·赫尔（Cordell Hull）、弗兰克·诺克斯（Frank Knox）、亨利·斯廷森和亨利·摩根索（Henry Morgenthau）在内的政府当局的证人指出，侵略成性的德国威胁着美国，而英国的海军实力对于国家的防卫至关重要，尤其是从德国在西半球的渗透来看。军队将领的证词，包括马歇尔将军、海军上将斯塔克，具有特别的影响和效果。

反对派强调租借法案将把总统变成独裁者，使美国卷入欧洲的战争。林德伯格上校公开宣称他宁可"看见双方都不能获胜"并反对所有对英国的援助。批评家们认为，那是本世纪第二次狡猾的英国人试图拉美国下

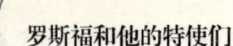

水。威尔基近来的对手参议员罗伯特·塔夫脱（Robert Taft）认为该法案将"使得美国成为世界上史无前例的最大的圣诞老人"。一位爱尔兰裔美国众议员利用歌曲"上帝保佑美国"的曲调填写了新的恐英的战斗性的歌词：

上帝拯救美国免受英国的统治：
站立在她身旁引导她，
不受那些要让她成为傻瓜的阴谋家的摆布。
从列克星敦到约克镇，
从鲜血染红的瓦利福奇村，
上帝拯救美国，
不受名叫乔治的国王的奴役。

从一开始，行政当局就知道它有足够的票数能够让租借法案通过：民主党在众议院和在参议院占了多数，确保了这一目标的实现。但是研究租借法案的历史学家沃伦·F. 金博尔（Warren F. Kimball）指出，罗斯福有一个更大的抱负：把国会的辩论作为达到使公众意见一致的手段，以支持他大规模援助英国的计划。正如他预料的那样，首都的讨论与争辩延伸到整个国家——在家庭与教堂，在"扶轮国际"分社，在退伍军人组织美国军团，在无线电广播里和报纸的读者来信里。随着他们倾听来自双方的观点，越来越多的美国人为租借法案的好处所折服。

* * *

在温德尔·威尔基能够在把有关租借法案的影响扩大到更多的民众之前，他在英国的活动还得进行。他去了在查林十字路的"美国之鹰俱乐部"，在英国军队里服务的美国人可以在那儿买到汉堡包，看到家乡的报纸。他祝福他们"好运常在"，甚至还在钢琴旁摆了一个姿势让人拍照，假装是在弹奏时下流行的歌曲"感谢罗斯福先生"。二月一日星期六的早上，他跳上一辆双层公共汽车，他不知道如何付车费，那位女售票员在认出这位名声显赫的乘客之前对着他发了一通怒气，"现在先生，要么上车，要么下去"。威尔基咧着嘴笑了笑，然后从一个座位到另一个座位同车上的乘客交谈起来。他去了伦敦南部工人阶级集居的兰贝斯街（Lambeth Walk），那条街促成了以它的名字为名的那首有名的歌曲，不过在德国的空袭中，街道受到严重创伤。他被当地老百姓团团围住，应邀在从茶叶袋到家庭照片的所有物品上签名。警察试图加以干预以保护他的安全，他挥了挥手，告诉他们"一切都棒极了"。他把某人的自行车弄来骑了一阵，和一位妇女一起喝了一杯茶，她家里的房子只剩下一堆瓦砾。可是在私下，那个地区的贫困给他留下了十分深刻的印象。他的英国助手托马斯·布兰德（Thomas Brand）向他的上司汇报说，威尔基感到"贫困地方的老百姓在这个国家里无足轻重"，但是"那些地方的人们表现出明显的要战斗到底的决心却使他难以忘怀"。

当天晚上威尔基作为在契克斯庄园别墅过夜的贵客经历了一个明显的氛围变换。外面有一个连的科德斯特里姆卫队（Coldstream Guard）在负责警卫；特工已经搜索了附近的矮树丛以防有间谍潜伏。威尔基接受了丘吉尔八个钟头的款待，很可能在这期间，首相都一直穿着连衣裤，他的这身打扮在契克斯是习以为常的，那是"一件暗蓝色的罩衫，有一根长拉链把前面拉紧"。丘吉尔是"最聪明的谈话者和思想的交流者"，威尔基后来回忆。"他能够把他的观点强加于人。他也能够接受、欣赏和认可你的看法。"有一次威尔基注意到，当他们谈起美国的南北战争时，丘吉尔的目光投向远方。可是突然间，他回到现实，询问他的客人对于英国是否能够渡过难关的真实看法。威尔基说他相信英国能够做到时，"丘吉尔马上跳了起来，走到钢琴前面弹了几个音符，跳起了三拍子的快步吉格舞"。

星期天一早，威尔基一行人离开伦敦去英格兰中部和北部遭到猛烈轰炸的工业中心城市。他告诉记者，他想要不仅对首都的，还要对外地的"生产车间的男人和柜台前的女人讲话"。他访问的第一站是古城考文垂，这座城市曾经有众多的历史遗迹，工厂云集，却在被德国人称作月光奏鸣曲行动的空袭轰炸中夷为平地。1940年11月14日夜晚，纳粹德国空军在考文垂上空扔下了装有五百吨烈性炸药的一千二百到一千六百枚炸弹。第二天早上，城市中心到处是废墟、弹坑，余烬燃烧的残墙断垣和人体残肢。五百六十八人在轰炸中丧命，严重受伤的有近一千人。"英勇的小小考文垂"的传说散布开来，说的是这个城市第二天早上苏醒过来，商店公司照常按时开门营业。信息部没有把那次空袭的后果大事化小，而是通过英美新闻界强烈抨击德国的野蛮罪行。威尔基乘坐的汽车驶进这座城市时，人们"从大街小巷蜂拥而出就为看他一眼"。窗台和门口的美国国旗在风中飞舞飘扬。在考文垂市政厅，面对庞大的人群他说道，"炸毁你们城市的消息在全世界引起了最大的同情，它证明了在面对专制统治者的攻击面前，自由的人们感受着兄弟的情谊"。他的目光落在了圣迈克尔教堂上，它曾经是考文垂的珍珠和骄傲，眼下在开阔的天空映衬下，它呈现出一种荒凉质朴的美。11月14日晚上，一连串的燃烧弹击中了教堂的房顶，着火点太多，使得消防队无法一一扑救。教堂的守护者们眼睁睁地看着它被烈火吞噬，那架闻名于世的亨得尔曾经亲自弹奏过的管风琴也随之化为灰烬。"整个晚上城市都在燃烧，教堂也在其中焚毁，"教堂的牧师迪克·霍华德（Dick Howard）回忆道，"它象征着永恒的真理，当人们遭受痛苦时，上帝也与他们一起受难。"威尔基被考文垂的景象和它的精神所震撼和打动，他告诉一位记者，"它有些让人受不了"。可是他也看到了这场轰炸给英国人带来的道德上的优势，他认为它抵得上价值五百万英镑的宣传。的确，那是整个对英国进行狂轰滥炸的特征："德国人耗费了不计其数的炸弹，摧毁了大量破旧的房屋，炸坏了一些精美的古老建筑，但是却使一个国家团结起来。"

那天下午，他在伯明翰也目睹了类似的破坏。他在城市郊区受到身上挂着标志其职位的胸链的伯明翰市市长的迎接，这条胸链也曾经挂在他的前任内维尔·张伯伦身上。热情欢呼的人群把威尔基和市长两人团团围在中间。喊叫声此起彼伏："威尔基先生，把你们所有的援助都给我们！""告诉他们，我们能够坚持下去，威尔基先生！"第二天在利物浦码头高涨的情绪同样也是显而易见；一支十五艘商船组成的船队刚闯过了德国的封锁线而毫发无损。当威尔基一边大步流星走到一群表情严肃的码头工人当中，一边兴奋地大声喊"你们好，孩子们"的时候，他们回以热烈的"你好，老威尔基"，并且都争先恐后挤上前来与他握手。

这趟旅行的终点站是曼彻斯特，在曼彻斯特的米德兰酒店（Midland Hotel）外面，兴致高涨的许多人在等候着他。当他得知德国广播电台在广播里号召曼彻斯特人起来示威反对威尔基的到访时，他走到阳台上来检验人们的感觉。"当他满脸笑容站在那里挥手致意的时候，人们大声喊叫、欢呼，并唱起了'在佐治亚行进'，"一位记者报道说，"回到房间里，威尔基先生说，'那好像就不用再争论了，我想那些德国家伙根本就没有看报！'"他假装对人们给予他的热烈欢迎表示不满，他对一个记者说道："我来这里是出于一项认真严肃的任务。你们这些人让我感到受宠若惊。

我听说这是北方人的好客方式，我可太喜欢它了——不过你们知道现在正在打仗吗？"

威尔基每到一个地方都受到盛情款待。负责防空警报的工人和士兵同他谈话时拍着他的肩膀。一位上了年纪的妇女送给他一瓶啤酒，还在他两边的面颊上亲了亲。一位年轻妇女让他抱一下她的孩子，可是他咧嘴一笑没有伸手，而是坦诚地说："我的手脚太笨拙，怕把他掉在地上了。"在总结他的外地之行时，威尔基说："欢迎我的热情让我有些吃惊……这是人生中难得的使人激动的经历之一。但是十分有效地推动着你们制造业的那种镇静、精确或许才更令人激动。"事实上在所有的破坏和毁灭当中正是人们的和善友好使得威尔基难以忘怀。"欢迎人群的规模之大几乎让威尔基感到忧虑害怕，"他的英国助手布兰德向上司汇报，"有些时候他不知道这是不是一种由于绝望而带来的表现。"

* * *

由于访问日程的缩短，2月4日星期二是威尔基在这个国家的最后一个完整的一天——即使按照他的快节奏的标准，这也是繁忙的一天，他给爱尔兰和英国的领导人打了好多次电话。那天上午他租了一架包机飞往都柏林去同爱尔兰总理埃蒙·德·瓦莱拉（Eamon de Valera）会晤。这个出人意料的访问背后有威尔基的一箭双雕，一个涉及重大政策，一个源于选举政治的考虑。他希望能说服德·瓦莱拉修改爱尔兰严守中立的政策，使英国能够利用爱尔兰西海岸的重要港口，爱尔兰是在1938年取消英国使用权的。他也要让爱尔兰裔美国人"不能够说他在这件事情上没有倾听双方的意见"。

爱尔兰裔美国人组织曾批评威尔基过于亲英，而他所信任的选举经理拉塞尔·达文波特2月2日给他拍来电报，说他在国内的敌手把他预定早些回到华盛顿视为进一步投靠行政当局的行为。"爱尔兰之行将有利于扭转形象。"达文波特说，并敦促他花"几个钟头"与德·瓦莱拉会面。丘吉尔反对这趟旅行，他认为不会有好结果因为德·瓦莱拉是个"令人讨厌的家伙"，而当访问英国的日程缩短之后就已经没有办法安排了。可在最后一分钟，威尔基发现都柏林到曼彻斯特的空中飞行只需要一个多小时，这时候他决定还是去一趟。

罗斯福和他的特使们

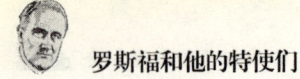

"我非常高兴来到爱尔兰,"威尔基那天上午稍晚时候在都柏林机场说道,"数以百万计的美国人把这块国土视为他们祖上先辈的土地。"在乘车去爱德华时代建筑风格的政府大厦的十分钟路途中,都柏林漂亮又宽敞的街道让他吃惊,这些街道看上去平静而欢快,与伦敦街道的伤痕累累、备受折磨迥然相异。德·瓦莱拉在他的办公室与威尔基会谈了四十分钟,办公室的墙上挂着爱尔兰革命家的肖像,桌子上有一个电话机盒,他习惯于打电话时说盖尔语。会见之后,他们在离爱尔兰国会下议院不远处的总理私人会客厅同政府的部长们和官员共进午餐。

见过德·瓦莱拉的外国客人中很少有人认为他是像乔治国王和别的人描述的那样一位"狂热者"。英国国会议员哈罗德·尼科尔森(Harold Nicolson)很惊奇地看见他"金属架眼镜后面的仁慈冷静的双眼","带着柔软爱尔兰口音的坚定而和善的声音",以及"在所有这一切之下的精神方面的确定性,使得他具有沉着镇定的外表"。澳大利亚总理、亲英派的罗伯特·孟席斯(Robert Menzies)在威尔基之后不久访问了都柏林。他在伦敦向有些不明真相的战时内阁讲述了他对于德·瓦莱拉的印象:

> 我真诚地认为,他受过良好教育,敏锐的智力中包含有许多由于偏见、艰难的个人经历以及对于过去历史的明显遵从而带来的盲点。在我看来,显然他在都柏林有大量狂热的追随者。他就是"老板"。他大步走过时,办公室的职员们迅速站起来立正。他不在场的时候,他的部长们谈话无拘无束,可是在他面前都是沉默不语点头顺从……总的来说,以我个人的看法,我喜欢他,而且偶尔能让他说两句冷笑话,这种幽默并非没有魅力。

但是威尔基似乎没有注意到德·瓦莱拉的更为优秀的品质,也没注意到在他办公室外间里的亚伯拉罕·林肯的塑像和独立宣言的摹本。根据他自己的说法,他认为爱尔兰总理"不近情理的坦率"和"非常的无礼"。对于旧世界的那些纷争他有美国人的那种焦急不耐烦。他明白无误地告诉他,他应该让英国使用那些港口设施和机场,却发现他不为所动。当德·瓦莱拉要给他上一堂课讲英国和爱尔兰的历史时——"他们不得不对英国表示怀疑,正如历史让他们产生怀疑一样",那是这位爱尔兰人的观点。威尔基反驳说:"他对这一切了然于胸,他曾经对此有过研究,还打算过就这个题目写一本书的，这一切不是问题。"反对法西斯之战是"一场为自由的战争"，威尔基说；德·瓦莱拉在已经赢得他自己的为自由而进行的战争之后，现在对正在他周围进行的新的为自由而战视而不见。德·瓦莱拉承认他担心不保持中立将可能导致德国对都柏林的轰炸，这让刚亲临考文垂和伯明翰后飞过来的威尔基感到"大为愤慨"。"要是爱尔兰不帮助英格兰，"他警告说，"它将失去美国人民的同情。"

考虑到都柏林对于美国看法的敏感，这是一个最不受人欢迎的信息。美国公使对于威尔基把"美国上下一致的观点"传递给爱尔兰政府而感到高兴。威尔基告辞之后回到机场，尽可能保持他的公开言论温和。在他的飞机引擎的噪音中他三言两语与来为他送行的官员道别，"向在场的每一个人高兴地挥手表示再见"然后登上飞机。他在抵达都柏林三个小时之后又乘坐飞机离去。

当天下午稍晚时候，威尔基在白金汉宫与国王和王后一起享用茶点。尽管他被邀请参加茶点，而且宣传上也是这样讲的，但他却要了一份威士忌和苏打水，国王作陪也要了一份。威尔基与王后在交谈时王后说他一定非常累了，威尔基的回答有一丁点淫秽的色彩，他妙趣横生地说道："啊，陛下，不会太累的。"在含沙射影提及肯尼迪大使对英国式的热情好意无动于衷的时候，他告诉她，"您的盛情款待在我身上比起另外一个人来更有效果"。"是啊，威尔基先生，"王后回答，"我在他那里并不是没有试过。"这个礼节性的拜访表明了来访者作为社会名流的身份。威尔基后来回忆说，当他还与国王夫妇在一起的时候，"一位衣着华丽的男仆羞怯地拉扯了一下"约翰·考尔斯（John Cowles）的袖子，问他是否可以帮他要一个威尔基的亲笔签名。

当天晚上威尔基显得很轻松，出席了由银行家亨利·安德鲁斯（Henry Andrews）与他妻子西塞莉（Cicely）在他下榻的多尔切斯特酒店的套房里安排的晚宴，西塞莉·安德鲁斯是个作家，笔名叫做吕贝卡·韦斯特，她也是艾里塔·范·多伦（Irita Van Doren）的朋友。其他的来宾包括《新政治家》杂志的金斯利·马丁（Kingsley Martin），剧作家和广播节目主持人J.B.普里斯特利（J. B. Priestley）和国会议员哈罗德·尼克尔森（Harold Nicolson）。威尔基曾要求有机会见一下"几位思想活跃的知识界人士，进行私下的交谈，在这样的场合里你能够畅所欲言直言不讳"。大多数参加会见的人都为此感到激动：韦斯特写信告诉范·多伦，说她感觉到"比在

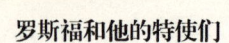

炉火旁烤暖双手更加舒服"。但是，有一个人是外交部的外交官，他抱怨这次见面会"实际上是一场独白……他对待在场的人就像在记者招待会似的"。尼克尔森认为他枯燥乏味："他展示出他的魅力，却用手指在桌子上叩击。"威尔基对出席晚宴的人们说："他来到这里，坦率地讲，是为了推销。"——把战争推销给美国民众，把一个团结的美国的观念推销给英国人和德国人。"他在整个行程中……都在贯彻这个方针。在曼彻斯特甚至屈尊让最不可能的人吻他，因为这可是一个绝好的素材"。

威尔基至关重要的观察结论就是英国是在政府坚持战斗的政策下同心同德万众一心，丘吉尔是"在这种艰难时世下一个国家的杰出领袖"。不过，他不敢肯定首相在战后重建时期是否会是一个合适的领导人，实际上，他有可能"让人讨厌"。出席晚宴的来宾对他最后的这句话报以掌声，可是外交部的官员们从出席者那里得到的反馈却不那么看好。脾气暴躁的罗伯特·范西塔特（Robert Vansittart）爵士对威尔基没有拜访他已经心怀不满，现在他感到惊恐：

> 多么可怕的一次聚会……我想……我们没有不让他与那些无用的人们接触。事实上，让这样一位人物陷入那类小人的包围之中是缺乏安排运作的可怕行为。我建议，要是我们再有任何贵客来访，我们应该要注意安排好他们的闲暇时间以免其他事情装满他们的脑袋。这一点的确是非常重要的……当你希望让那些天真的人的头脑里装进正确的东西时，你应当非常小心使他们接触的总是些合适的人，而一刻也容不得那些错误的以及三流的家伙卷入。这是宣传的第一条原则。德国人深知其中的奥妙，而我们却丝毫不懂。

晚上十一点三十分，威尔基离开多尔切斯特酒店踏上返回美国的行程，此刻他仍然穿着他在晚宴上穿的外套。客人们对他的过人的充沛精力感到惊奇，其中一位说道："他真是个让人惊诧不已，非同寻常的人物。"在火车站，他对在那里的一些美国军人大声道别"保持你们的微笑，孩子们！"之后，登上了一列去英格兰西南海岸的布里斯托的火车。黎明之前抵达布里斯托后，他同市长一起查看了这座城市遭到轰炸的地方，还录制了对德国人民的讲话，该讲话由英国广播公司通过无线电向德国广播，同时还印刷在传单上由英国皇家空军在德国上空播撒。"我对自己的德国血统感到骄傲，"威尔基说，"但是我对侵略和暴政恨之入骨……我们德国裔美国人反对和痛恨当今德国政府的侵略和对权力的贪得无厌。"这个广播讲话需要一点勇气，那是因为在总统竞选中曾有人提到威尔基的德国渊源。纳粹宣传头目约瑟夫·戈培尔在对该广播讲话做出回应时宣称威尔基的祖先实际上是犹太人。"任何美国人都会为把戈培尔当成敌人而感到骄傲。"

丘吉尔曾经要求海军部研究一下是否可能派一艘巡洋舰送威尔基回国，而且航行路线由他自己确定，可是已经定下来的威尔基在外交关系委员会作证的日期排除了这样一个随心所欲的航行计划。二月五日早晨，在皇家空军战斗机的护航下他搭乘飞机由布里斯托飞往里斯本。在里斯本威尔基一行与泛美航空公司的官员和政府航空视察员一起登上了"迪克西快马"号，这是该飞机在试验性冬季跨大西洋航线上的首次验证飞行。这条新航线差不多是原先航线的两倍长，经过葡属几内亚，特立尼达和波多黎各而不是亚速尔群岛和百慕大；不过，它将使得飞机顺风飞行而不是顶着时速50英里的西风逆风而行。

在非洲西海岸外的博莱马岛（Bolama）的二十四小时短暂停留是此次开创性飞行中最五彩斑斓的部分。威尔基接受了这个葡萄牙殖民地总督的邀请去热带雨林猎杀狮子，但是他的所有收获也就几只野鸭子而已。他也苦口婆心规劝一位当地的酋长，这酋长有二十七个老婆。威尔基问他如何能够养活那么一大家子，酋长解释说："他每娶一个新的老婆，就多了一个地里的劳动力。"威尔基说到他看见酋长的一个女儿在河里洗澡时，他差点掉下眼泪来，这也结束了与酋长的不期而遇。第二天一大早机组人员还在为水上飞机的起飞做准备时，一条独木舟划了过来，小船上坐着那个女儿和她的母亲。依照部落的风俗，威尔基说话时提到那个女儿就有责任娶她做妻子，聘金是十二块银元。接下来马上是谈判，其结果是那女孩得到不被卖做人妻的自由，那母亲照样得到聘金，而威尔基也没得到第二个妻子。

二月九日早上八点刚过，一位记者看着"迪克西快马"号水上飞机在明亮的早晨的阳光下熠熠生辉，从怀特斯通大桥（Whitestone Bridge）上空掠过，在纽约的拉瓜迪亚机场以外波涛起伏的水面上完美地降落。威尔基大步迈上人行走道，在他儿子菲利普的肩膀上拍了拍，吻了一下他的妻子伊迪丝（Edith）。他对着拍摄新闻纪录片的摄影机镜头说了几句话，又对着各大报社的摄影记者们挥了挥一把博莱马原住民的短剑。当天下午，他在康默多酒店（Commodore Hotel）同记者们见了面。就在前一天，在众议院主要是两党各自为政已经以260票对165票通过了租借法案。展望在参议院的作证，威尔基决心要驳斥孤立主义者的那种援助英国将会把美国拖入欧洲战场的论点。"根据我的判断，"他对记者说，"如果我们援助英国，可能我们就不会打仗，要是我们不援助英国，我们很有可能被卷入战争。"有人问英国之行值得吗？对于一个前不久刚参加了竞选美国总统的人来说，回答是令人吃惊而又鲜明强硬的："那是我一生中最令人感到兴奋的一次经历。"

就在威尔基回到纽约的那一天，美国人民收听到了温斯顿·丘吉尔的一次打动人心的广播讲话——是霍普金斯在契克斯庄园别墅同丘吉尔商量好的同一篇讲话。该讲话回顾了英国在中东和英国空战中取得的胜利，宣布"一个同情、祝愿和有效援助的巨大浪潮已经开始在大西洋的另一边流动，它全力支持已处于危急关头的世界人民的事业"。首相提到了"尊贵的美国客人"霍普金斯和威尔基的到访，并且拒绝了把租借法案作为一个战争手段的说法，他宣称英国将不需要"在美国正在建立的英勇之军"。然而他明确说到，英国需要"巨大的源源不断的战争物资以及各种技术装备的供应"。丘吉尔再次讲道："罗斯福总统委托他在总统竞选中的对手交给我一封介绍信，信里他亲笔抄下朗费罗的一首诗。"丘吉尔重复了那首诗，然后用下面的话结束了他的讲话：

> 以你们的名义，对于这位伟大的人物，一个一亿三千万人的国家的首脑，我将给出什么样的回答呢？这就是我将要给罗斯福总统的回答：信任我们。把你们的信心和祝福给予我们，在上帝的指引下，一切都会转危为安。
>
> 我们不会失败，不会动摇；我们将不会畏缩，不会倦怠。战争的突然冲击和震撼，长期的警惕不懈和艰苦斗争的磨炼都不能压垮我们。给我们工具，我们将完成任务。

这篇讲话是完美的丘吉尔式的对美国国会辩论的干涉，展示了英国要战斗下去的坚定决心。强调了英语国家人民之间的联系，安抚了公众对于需要美国军队的关切,点出了霍普金斯和威尔基对于英国事业的支持,并且非常聪明地主张通过租借法案。非同寻常的一点是在讲话里以不同的方式涉及到罗斯福的两位使节。

* * *

两天以后的二月十一日,威尔基在外交关系委员会引人瞩目的听证会上进一步对租借法案予以支持。他的作证是在最后,在他之前作证的有支持法案的政府官员,哈佛大学校长詹姆斯·科南特(James Conant)、神学家莱茵霍尔德·尼布尔(Reinhold Niebuhr)、市长菲奥雷诺·拉瓜迪亚(Fiorello LaGuardia)以及像查尔斯·林德伯格(Charles Lindbergh)和阿尔夫·兰登(Alf Landon)这样的反对派人士。在日出之前,人群就开始在装饰气派的、大理石圆柱的参议院会议厅聚集,到威尔基在半下午出现时,已有一千多人挤进了那间只坐得下不到那么多人一半的会议厅,其中还包括身穿貂皮大衣和穿戴金银首饰的参议员的夫人们。大厅入口处人满为患,有些参议员很艰难地挤过人群才坐到他们的座位上。水晶大吊灯下的气氛高度紧张热烈,不过各家报纸在描写这个场景时所用的确切比喻却取决于它们的立场观点。对于持干涉主义观点的《里士满时报快讯》(Richmond Times-Dispatch)看来,这场听证会就好比是棒球世界杯系列赛或者玫瑰杯经典足球赛的开幕式。在孤立主义者的《芝加哥每日论坛报》看来,它倒更像是一场谋杀案的审判或者是一场马戏团的演出。

威尔基身体往前靠近一个大麦克风,发表了他准备好的证词,这个证词是在艾里塔·范·多伦的协助下拟定的。在证言里他只是转弯抹角地提及他的英国之行,但是他的发言从那次访问中汲取了巨大的情感上的力量和急迫性。他说,美国唯一现实的做法就是要"意识到对于世界上一个地方的自由的进攻是对另一个地方的自由的威胁。如果英国的自由被摧毁,就会对美国的自由构成真正的直接的威胁"。他对租借法案有一些批评,建议进行修改,并敦促通过法案是"保持我们免于战争的最好最明确的机会"。威尔基的观点与那些"在英国身居高位的人看法一致",那就是要是英国能熬过这个夏天,"那么,我们长期援助的效果将终于开始显现出来,局势将会扭转"。要是美国不支持英国,"英国则将处于被独裁统治的国家所包围的困境;受到那些意在征服奴役它的独裁者的威胁;遭到那些

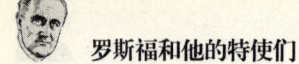

言而无信的国家的背叛；身负军事装备和国内生产的巨大债务，面临生活水准的急剧下降"。

在听证会接下来的问答环节，威尔基以机智和口才回应了持敌对立场参议员的攻击，他一会儿把腿跷在椅子的扶手上，一会儿又在桌子上俯身往前，不停地抽烟，双手比画着做出不同的姿势。当来自密苏里州的参议员贝内特·C.克拉克（Bennett C. Clark）问及伦敦的报纸都暗示他是美国反对派的领袖人物时，威尔基回答道："有些人总是用更大的官阶称呼你，我也总是把一个上尉叫做少校。"克拉克提到他时误把他称为"总统先生"，这时威尔基发出爽朗的笑声，"参议员，你只是说出了本来应该的事。"提问的人引用了他在竞选时对罗斯福的批评指责，以此来为难他，可是威尔基却镇定自若毫不在乎。当孤立主义者的主要代表人物、来自北达科他州的参议员杰拉尔德·P.奈（Gerald P. Nye）说他在大选时曾预言到1941年4月罗斯福将把美国带入战争，问他对此做何解释时，威尔基挥了挥手，不屑一顾地回答："那只是选举的策略而已。我很高兴你读过我的讲话，因为总统说他没有看过。"对于一个更为严肃的话题，他评论道："我曾经竭尽全力要打败富兰克林·罗斯福，试图摆脱谨慎的言行的影响。他曾经是竞选总统，现在他是我的总统。"华盛顿的重要记者们都驻足关注着威尔基的那些"高超的表演"。罗斯福对那些在下午四点钟的白宫记者招待会上露面的记者们开玩笑，"说他们那个下午来到了宾夕法尼亚大道的这一端是走错了地方"。

当天晚上稍晚时候，威尔基来到宾夕法尼亚大道罗斯福的这一端，参加白宫每年一次的为美国陆军、海军和海军陆战队举行的招待会。这是本季最后一次国家级别的招待会，它五光十色、丰富多彩。陆军军官们身着正式的蓝色军装，海军将领展示着军服上金色的镶边穗带；各种奖章和外国勋章夺目生辉。海军陆战队的乐队队员们身穿有鲜红色和金色点缀的礼仪服，奏起了欢快的乐曲，军官们则在音乐声中沿着走道依次进入蓝厅。罗斯福与来宾握手完毕后，就离开了招待会回到他在二楼的书房同威尔基见面。这个椭圆形房间的墙上挂着旧时的海图印制品，地板上散布着各种船只的模型，这里是罗斯福的静处之地。两位曾经的竞争对手谈论了威尔基对英国和爱尔兰的印象，会谈持续了一个半小时，直至接近半夜时分。一位外面的厨师被带进白宫，用别人送给罗斯福的水龟肉烹制了一道菜。罗斯福指示任何人不得打扰这次"老朋友之间的晚餐"。那些想知道究竟发生了什么事的人——还有相当数量的白宫工作人员当晚都想去房子的那个地方一探究竟。他们听见从那道紧闭的门后传出"阵阵开心的笑声"。不过,那里的氛围并非是一个强人的独角戏。罗斯福事前曾告诉哈罗德·伊克斯,他打算以"温德尔"来称呼威尔基。

二月十三日,租借法案在外交关系委员会提出的报告里得到支持;三个星期之后的三月八日它在参议院获得批准。这里边有没有威尔基的功劳呢?像托马斯·拉蒙特(Thomas Lamont)这样的威尔基支持者认为是他们的人"推动法案得以通过"。罗斯福对于威尔基的精诚努力总是表示感激,有一次霍普金斯曾在谈话里贬低威尔基,结果被罗斯福制止。罗斯福说"他是在我们最需要的时候上帝派到这个国家来的人"。实际上,威尔基的支持在委员会的会议室或者参议院都没有使得票数发生大的变化。但是他的英国之行以及他的作证打击了反对派并且使得他们指责租借法案完全是一个党派的见解一说无法成立,也无法强行增加不可接受的修正方案。毫无疑问,他的呼声影响了二千二百万投票选他做美国总统的选民中的一些人的考虑。

威尔基回国后的好几个月里,都在为英国摇旗呐喊。"我在尽力而为,"他在给一位英国的红颜知己的信里写道,"在这边大张旗鼓地宣传'全力援助英国'的主张。"澳大利亚公使理查德·凯西(Richard Casey)在康默多酒店(Commodore Hotel)曾见过威尔基,他说道:"他在为尽可能多的美国援助奔走呼号,以便英国能够打败德国。"在各种讲话和为杂志撰写的文章里,威尔基描绘了"他的亲眼所见"。他同哈利法克斯勋爵保持着密切联系,以及时获得一些资料数据来"唤起公众",他甚至还向这位英国大使建议,要奉劝丘吉尔去讨好罗斯福的政策来满足总统的虚荣心。三月份他访问了加拿大,在那里受到了自1939年英国王室到访以来最隆重的接待。在多伦多,他接受了加拿大总理麦肯奇·金(Mackenzie King)在约克俱乐部的宴请,乘车在街头行进时受到民众抛投纸带的热烈欢迎,他还对安大略省议会以及在枫叶花园一万七千多人的集会上发表演说。"温德尔·威尔基比喷火式战斗机更有价值",这是多伦多一家报纸社论的标题。在蒙特利尔,有两万人聚集在温莎车站聆听他的演讲。

可是,所有这些活动却给威尔基与共和党人的关系带来巨大伤害。在纽约的沃尔多夫酒店,他提醒全国共和党人俱乐部,他们的党"是为了保卫自由而建立起来的",因而它无法忽视这样一个事实,就在离这里几天路程之外的地方,"炸弹被投掷下来,摧毁着像我们一样的自由的人民居住的城市"。然而,赫伯特·胡佛(Herbert Hoover)却对周围的人说,这位从前被提名的人已经"成为众矢之,成为政治冒险者……他心甘情愿被政府所利用"。《芝加哥每日论坛报》发表社论指出,他决定"匆忙回国为战争法案助威"显示出他是罗斯福的走狗,并且要求被他蒙骗的共和党出面对于他"彻头彻尾不知羞耻的行为"进行调查。在威尔基的家乡印第安纳州,州参议院的共和党多数派想方设法否决了一项谴责他在英国所作所为的决议。一直有流言蜚语四处传播说他的旅行花费是由像诸如托马斯·拉蒙特(Thomas Lamont),亨利·斯廷森(Henry Stimson)或者海伦·罗杰斯·里德(Helen Rogers Reid)这样一些财大气粗的老相识资助的。一位记者问道,"威尔基的价码是多少?"在公共场合,威尔基拒绝后退妥协;在私下,他对于那些批评责难以及反复出现的要把他同政府当局分离开来的企图感到伤心和忧虑,尽管这种企图不是从政府政策的方向上来加以区分。

在另外一方面,总统对于自己在威尔基问题上采取的主动性感到满意,这一点可以从白宫一直努力试图得到给丘吉尔原信的复制件中窥见一斑。罗斯福争取同威尔基保持密切的关系,他与威尔基之间一直有友好的通信,在最终弄到那封信函后,他还把那封信的一份复制件送给了他。他说威尔基的英国之行和他对租借法案的大力支持已经把总统竞选中的恩恩怨怨一扫而光。总统甚至还规劝他这位不久前的对手出席在拉什莫尔山的四位美国总统纪念雕像的落成典礼,说这"对于至关重要的国家团结一致的需要是一个崭新突出的强调"。但威尔基并没有对总统的话言听计从。在三月份,这种尴尬的关系被呈现出来,那是在白宫记者联合会的年度晚餐会上放映的一部电影,当时他们两位都在场。头戴罗斯福和威尔基面具的两位演员躺在一张双人床上,床下面有一条标语"为了英国捆绑在一起"。当扮演威尔基的演员意识到与他同在床上的是谁时,他大声呼叫,"救救我,救救我,救救我!"而扮演罗斯福的演员却只是不动声色地抽着香烟。

* * *

《时代周刊》杂志宣称,"温德尔·威尔基出访英国和爱尔兰是美国历史上最非同寻常的远行之一"。《华盛顿邮报》把它看作是"一场现代史诗"。评论界能够想到的唯一可以与之相匹敌的是伍德罗·威尔逊总统的巴黎和平会议之行以及西奥多·罗斯福在卸职白宫后去欧洲的凯旋之旅——但是他们两位所到的地方都不是正在遭受战争蹂躏的区域。

后来丘吉尔回忆,"每一项安排都是我们做出的,敌人也助了我们一臂之力,让他看见了他要亲眼目睹处于水深火热之中的伦敦"。威尔基亲眼见证的英勇气概和坚韧不拔使他深受感动。有一次他在白天乘车经过特拉法加广场,这时二十多架德国飞机从头顶掠过,防空警报发出刺耳的尖叫声,高射炮火砰砰作响,他非常惊奇地发现地面上的交通没受到影响,一些上了年纪的妇女在纳尔逊雕像的圆柱下安详地喂着鸽子。

钟爱之情是双方面的。威尔基吸引了英国公众的注意力。《泰晤士报》发现他"什么地方都去,什么东西都看,什么人都见"——从"国王到兰贝斯街的蔬菜水果小贩"。对于每一个人,他都留下了真诚友好、充满活力、情绪高涨的印象,这让人感到非常振奋。威尔基是"来自印第安纳的源源不断的动力"。丽贝卡·韦斯特(Rebecca West)告诉艾里塔·范·多伦说:"关于他的到访有一种狂欢的感觉。"英国的报纸对威尔基连篇累牍的消息完全压倒了对于哈里·霍普金斯的报道,这种兴师动众让霍普金斯忐忑不安。霍普金斯尽可能避免公开抛头露面,而大张旗鼓高调行事却正是威尔基求之不得的。

英国的城市、机构以及个人都向威尔基发出邀请。崇拜者们向他赠送书籍、围巾、毛皮手套、威士忌和自己动手搭建的防空洞的图画。作为传统社会认可的一个标志,许多绅士俱乐部在他逗留英国期间都向他提供临时会员的身份。显而易见,向他提供的好处远不止这些。回到华盛顿作证后,威尔基变得特别富有正义感,在一次晚餐会上他说,"由于战争,道德标准在英国得到极大提升",他非常清楚地注意到,"就在他所住的酒店,他出门走不了多远就会感受到家庭里的各种舒适温暖"。

众多英国人证实了威尔基说的话并非空穴来风。坎特伯雷大主教感谢威尔基,"您的到来和讲话对于这个国家的许多地方都是一种鼓舞"。美国海军部副部长詹姆斯·V.福里斯特尔(James V. Forrestal)在伦敦访问时写道,"您高高地矗立在英格兰——他们十分清楚您为他们做出的努力"。美联社记者埃迪·吉尔摩（Eddy Gilmore）在二月份的报道里说，"他刚在一家夜总会听见一首关于您的歌。歌曲里充满了赞扬和称颂。您真的让他们感激涕零。"

比弗布鲁克勋爵一贯喜欢拍美国人的马屁，他让助手起草一封将由他亲笔签名的给威尔基的信："给他讲一个我们在战争中不屈不挠的故事，它就一定会看上去像是一条内部消息，一条多少能够攫住他的消息……在最后再加上一点有关他自己的信息……这样他来到我们国家访问的故事就会流传久远。"那个助手点头称是，照此办理。丘吉尔告诉怀南特（Winant），威尔基富有同情心的态度，他的资历，再加上更多的真心诚意，使得"这个岛国被围困的民众有一种美国精诚团结一致支持英国的感觉"，并且"极大地振奋了英国的士气"。

如果富兰克林·德拉诺·罗斯福象征性的外交的部分目的在于英国的话，它也在美国国内激起了轩然大波。在使共和党支持者摆脱孤立主义方面，威尔基是罗斯福最好的朋友。"他在这儿的整个旅行当中，"托马斯·布兰德在给丘吉尔和其他官员的报告里说道，"他时刻牢记那些反对援助英国的美国人的观点，而不是那些支持英国的观点。"他的副官注意到威尔基在制造一种微妙的平衡，"因为要是他做得太差，美国民众会担心英国会很快被打败，要是他做得太有利于英国，人们就不会意识到援助的紧迫性"。布兰德担心威尔基过分渲染了他自己，但是精明的美国人已经意识到人们对于照片和新闻纪录片的兴趣。"一个严肃的话题上对公众的吸引力要远胜于重要报纸上再多的对领导人的报道"。

威尔基的直觉是正确的。他的出访以及罗斯福的批准赞同所产生的影响，在他回到美国之后很长一段时间里都能感受到。英国国家广播公司在四月播发了温斯顿·丘吉尔的又一次讲话，这个讲话主要是针对美国人的，在讲话里他提醒听众"罗斯福总统亲笔为我抄下的朗费罗的诗句"。现在丘吉尔以阿瑟·亨利·克拉夫（Arthur Henry Clough）的诗句作为回应，克拉夫的名气不大，但这几行诗句似乎对今晚我们的命运特别适合，而且我相信只要是在讲英语的地方或者是自由的旗帜高高飘扬的地方都会做出同样的理解。在英国和美国收听广播的每一个人都能够明白丘吉尔引用它们的用心良苦：

> 倦怠的波涛徒劳地破碎着，

似乎在这里痛苦挣扎却毫无收获,
在远处,穿过海湾和峡口,
大浪悄无声息滚滚而来。
当白日破晓,明光照耀,
不仅在东窗,
前方红日慢慢升起,多么缓慢,
但是往西看吧,大地一片辉煌。

罗斯福和他的特使们

1941年3—7月
埃夫里尔·哈里曼在伦敦和中东

第5章
让英伦诸岛浮而不沉

　　哈里·霍普金斯（Harry Hopkins）从欧洲回来后第三天，富兰克林·罗斯福把自由主义派商人威廉·埃夫里尔·哈里曼（William Averell Harriman）召到白宫，交给他一项任务。"我要你到伦敦去，"总统说，"向我建议除了战争以外我们所能做的一切事情，让英伦诸岛浮而不沉。"

　　当时，罗斯福已经想好租借方案，并已派霍普金斯到伦敦去进行解释。温德尔·威尔基（Wendell Willkie）也已经帮着说服人们——尤其是小心谨慎的美国人——接受这个方案。现在，第三位特使将协助把这个方案送过去。

* * *

　　1891年11月15日，埃夫里尔·哈里曼出生在纽约一栋四层楼的棕色石头房子里，这里是东51街和麦迪逊大街的相交处，离圣帕特里克大教堂仅几步之遥。他的父亲，爱德华·亨利·哈里曼（E. H. Harriman），人称华尔街"小巨人"，是当时美国的铁路大王之一，"留着启斯东警察式的胡子"，他是个精明的人物，野心勃勃、行事果断、胆量过人。他从一位每周5美元的办公室勤杂工起家，去世的时候，他的联合太平洋铁路公司和南太平洋铁路公司控制着7万5 000英里（约120 000公里）的铁路线，雇用的员工比美国陆军人数还多。爱德华·亨利树敌众多，其中就有西奥多·罗斯福（Theodore Roosevelt），后者认为他是一个"无良公民"、"国之公敌"。

爱德华·亨利的妻子玛丽·威廉姆森·埃夫里尔（Mary Williamson Averell）是一位银行家和铁路商人的女儿。他们生的孩子存活了五个，埃夫里尔是第四个。哈里曼家的孩子从小就沐浴在天赐般的特权中。埃夫里尔在最好的预备学校读书，跟萨默尔·威里斯（Summer Welles）一样，在著名的尼克伯克格莱斯基地（Knickerbocker Greys）进行课外训练。暑假的旅行要么是乘坐爱德华·亨利的专列"乌托邦"横穿美国，要么是乘坐顶级的汽车漫游欧洲。爱德华·亨利想到阿拉斯加去射猎克迪亚克熊（Kodiak）了，就弄一艘65个船员的大轮船，带上同样多的客人，包括亲戚朋友、科学家、艺术家、摄影师、速记员、内科医生、动物标本师，外加一位牧师。和家人在日本旅游的埃夫里尔需要赶回格罗顿学校上学了，爱德华·亨利就会派一艘自己的轮船将其接回来，陪同他的是战争部部长，也就是后来的美国总统威廉·霍华德·塔夫脱（William Howard Taft）。埃夫里尔和哥哥对划船感兴趣，爱德华·亨利就为他们在一个私家湖边建一个划船营地，为他们请来全国最好的划船教练。埃夫里尔后来也承认父亲的性格和人格对他有"巨大的影响"。他时时不忘父亲的训诫，一定要"出人头地，有所作为"。

埃夫里尔进耶鲁大学那年，爱德华·亨利去世。大四的时候，埃夫里尔成为联合太平洋董事会的一员，也加入了耶鲁大学最著名的秘密社团骷髅会。毕业后，经商二十多年，最开始是在铁路行业，也涉足过一些其他行业，一路顺风，但都没达到他父亲的成就。1917年，他辞去在联合太平洋公司的副总裁职务，到特拉华河上建了个船坞，为美国的商船队建造钢铁货船，也为船坞的工人们建了一座新的城镇，这就是今天宾夕法尼亚州的哈里曼镇。哈里曼从华盛顿政府那儿赢得了大量的合同，但对于自己协助疏通运输瓶颈挣大钱而没到部队服役这个决定，他"一直耿耿于怀"。

一战结束后，哈里曼建立了一家船运公司和一家私人银行，后来成为布朗-哈里曼兄弟银行（Brown Brothers Harriman）。他在欧洲投资各种风险行业，并经常在他的巡回考察中会见重要人物。1924年，哈里曼从苏联政府获得特许权，到高加索山脉开采丰富的锰矿矿藏。但是这项投资一直受到劳动纠纷和政治麻烦的困扰，哪怕哈里曼1926年与苏联领导人列夫·托洛茨基（Leon Trotsky）长谈了四个小时也无济于事。哈里曼觉得托洛茨基"很冷淡"，非常遗憾与其根本没有任何共识性的交流；托洛茨基当时的地位正受到约瑟夫·斯大林的威胁，有比照顾一位美国资本家的感受重要得多的事情要考虑。在返途中，哈里曼在米兰会见了还比较年轻的贝尼托·墨索里尼（Benito Mussolini），那间办公室奇大无比，堪比这位独裁者1940年在罗马接见萨默尔·威里斯的那间办公室。在法国嘎纳（Cannes），哈里曼找到了正在度假的温斯顿·丘吉尔，当时英国的财政大臣。"我需要找个见他的理由，"哈里曼说，"所以我跟他聊起了俄罗斯。"丘吉尔回忆说，自己1919—1920年间曾试图干预俄罗斯，打压布尔什维克革命，但未能成功。

很少有年轻人如哈里曼这样自信地结交重要人物。但是哈里曼正在成为他自己所称的"权力势利眼"。"重要人物是哈里曼的专长"，后来有一家杂志在人物介绍时这样评价哈里曼。"哈里曼关注的是少见的人物，一如集邮爱好者钟爱少见的邮票"。跟众多集邮爱好者一样，哈里曼的这项业余爱好早就养成了。

哈里曼是一个业余爱好广泛的人，且都比集邮更刺激。游戏类，他极为擅长桥牌、伯奇克牌、双陆棋、拉米纸牌以及麻将。他的羽毛球进攻性很强，单座二轮马车也驾驶得像模像样，酷爱拉布拉多寻物猎犬，滑雪高手，马球（后来是槌球）场上真正的冠军。在这些业余爱好里，很少有他天生就会的，但他是极有韧劲儿不服输的人，无论如何一定要击败对手。大学三年级的时候，他是新生划船队的教练，专程飞到英国，花了六个星期学习"牛津划法"，忍受着英国人的傲慢和恶劣的气候，就为了学到他们的绝招。他的攻击性和韧劲儿，再加上一位朋友所称的"世界上最好的马球矮种马"，使他成为一名一场能进八球的队员，入选国家马球队。这种韧劲儿也体现在槌球运动中，他可以花一个小时研究他的球，让对手去喝一杯，甚至吃午饭，自己则琢磨如何进球。这种态度在他的工作中表现更突出，他玩命地工作，眼睛经常是明显的黑眼圈；后来替他工作的外交官乔治·F.肯南（George F. Kennan）称"他的行为让人觉得，他的身体不过是一个附属品跟着他而已"。

但是哈里曼也有缺点。他是个极为较真的人，特别是对自己。他可不是个好陪客，他性格冷淡，对小话题毫无兴趣，不会说好听的话，哪怕他想那样做。逗乐也不是他在行的事情。他是出了名的会因无聊而在餐桌上睡着的人。长期跟随他左右的得力助手鲍勃·梅克尔约翰（Bob Meiklejohn）也说他"不擅长于人际关系"。据他的回忆，在他们几千个小时的共事时间里，居然没有一次逸闻趣事。作为雇主，哈里曼的要求是很高的。他思维缜密，行事谨慎，但在沟通方面却显得很笨拙。"他经常把演讲给弄砸了。"他的另一位助手不太客气地说。"他是世界上最糟糕的演说者。"还有一位助手说。哈里曼也很不大方，很少付账单或者给出租车费。由于他不喜欢随身携带现金，旅行时，他的随从们不得不自掏腰包替他买报纸和剃须刀，还替他付小费给酒店的行李搬运工。

很多人觉得哈里曼不讨人喜欢，但有些人却觉得他很有魅力。他是一个英俊的魔鬼——高高的个子，黝黑的皮肤，头发有光泽，掠过前额，褐色的眼睛温润柔和。他曾经被评为美国最好看的男人之一。哈里曼的第一任妻子是身材高挑的基蒂·兰尼尔·劳伦斯（Kitty Lanier Lawrence）。当时他俩在中央公园附近的上西区骑马，基蒂从马上摔下来，摔得不轻，哈里曼与其结了婚。但是基蒂的健康从未恢复过，他们的婚姻也就走到了尽头。哈里曼花了不少时间和心思在卡巴莱歌手泰迪·杰拉德（Teddy Gerard）身上，陪着她畅游欧洲，把她养在格林威治村一家公寓里。1929年，埃夫里尔与基蒂在巴黎离了婚，那里是有钱的美国人可以悄悄地了断自己私事的地方。第二年，他娶了玛丽·诺顿·惠特尼（Marie Norton Whitney），后者的前夫就是著名的科尼利厄斯·范德比尔特·"桑尼"·惠特尼（Cornelius Vanderbilt "Sonny" Whitney）。

玛丽与埃夫里尔相当般配，因为她与他正好相反——不光长得漂亮，而且不矫揉造作、不拘小节、幽默风趣。"她朗声大笑、骂脏话、嚼口香糖、跳查尔斯顿舞。"哈里曼的传记作家鲁迪·爱布拉姆森（Rudy Abramson）这样写道。她在东57街开了一家画廊，开业仪式上出席的人包括亨利·马蒂斯（Henri Matisse）。她还让埃夫里尔接触到金融家、铁路商、马球运动员、共和党人以外的人士。在老哈里曼君王一样的哈德孙河谷房产亚顿（Arden）里，玛丽开创了过沙哑感恩节周末的传统，参加者包括记者、艺术家、戏剧界人物、埃夫里尔的槌球球友，甚至新政人员。不知是因为埃夫里尔吝啬，还是玛丽不讲究，这些周末聚会上的食物是出了名的糟糕，那感觉就像"你进入新英格兰一家二流的小旅店"，有位客人这样回忆道。人们带来了食物，但是都藏在自己的房间里不拿出来。

对于大多数20世纪30年代的人来说，哈里曼就是联合太平洋董事会的主席。他最著名的一次创举是在爱达荷州开一家大型滑雪场——太阳谷（Sun Valley），以刺激铁路交通，恢复壮观的乘火车旅游的场景。联合太平洋的火车将好莱坞的明星（连带着那些独立的影棚小明星）从洛杉矶带到这里，也确实达到了哈里曼的目的。但是这时哈里曼的脑子又跑到另一个方向去了。1928年他支持埃尔·斯密斯（Al Smith）竞选总统，此人是富兰克林·罗斯福任纽约州长时的前任。竞选之后，哈里曼成为一名民主党人。四年后富兰克林竞选成功，入主白宫，哈里曼也紧跟着到了华盛顿，就像一块烙铁紧贴着磁铁一样。

哈里曼跟新的罗斯福领导班子有一些联系。两家都对彼此有所了解，但是像罗斯福这种在哈德逊河的老资格家族，自是将哈里曼家族视作新"暴发户"，而他们的亚顿房产也着实"太过招摇"。哈里曼在戈顿（Gorton）与埃莉诺（Eleanor）的弟弟霍尔（Hall）在一起，并拜访了罗斯福一家在曼哈顿的住所和他们在坎波贝洛岛（Campobello Island）的避暑山庄。而埃夫里尔的姐姐与他们的联系更紧密。玛丽·哈里曼·拉姆西（Mary Harriman Rumsey）是一位非同一般的女人。她不顾父亲爱德华·亨利的反对，去巴纳德学院（Barnard College）学习社会学，并在其首次进入社交场的那一年组建了低年级女生联盟（后来，她嫁给了来自巴法罗的查尔斯·卡利·拉姆西，也是鲁思·多诺万的表亲）。玛丽·拉姆西实在是能量惊人，他们的世交、冷战时期国防秘书罗伯特·洛夫特（Robert A. Lovett）这样评论她，"如果在纽约有灯火管制，给她接上一两根线，她就可以照亮整个城市"。罗斯福竞选总统后，拉姆西将这种能量带到华盛顿，在全国复兴总署（National Recovery Administration）谋到一席之地，与老朋友、劳工部长弗朗西斯·珀金斯（Frances Perkins）一起住在乔治镇（Georgetown）的一栋房子里，并在里面举办政治沙龙。哈里曼跟着姐姐到了首都，在罗斯福的前届两任期里，他一直徘徊在"新政"计划的边缘，在自己的喜爱的商业活动和政府里的几个兼职之间游刃有余地穿梭，包括全国复兴总署，全国产业复兴委员会（National Industrial Recovery Board），以及商务部商业顾问委员会（Commerce Department's Business Advisory Council）。

但是哈里曼在朝中最重要的朋友是哈里·霍普金斯（Harry Hopkins）。哈里曼自己说二人相识于从纽约到华盛顿的火车餐车上；但是有些人则说他们是赫伯特·斯沃普（Herbert Swope）撮合认识的，地点就是赫伯特位于长岛的家"基韦丁"。在这里霍普金斯还遇到了布伦达·布拉肯（Brendan Bracken）。1938—1939年的冬天，哈里曼担任商业顾问委员会的主席，帮了霍普金斯一个忙，说服委员会的其他成员支持霍普金斯任商务部部长的提名，并代表自己在参议院的商务委员会上为其作见证。"这真的很好，为此我对你心存感激。"霍普金斯写道。他们俩的社会背景截然不同，但都坚韧，务实，努力——是自觉的"实干家"而不是"空谈者"。霍普金斯一心为穷人着想，也深得富人和时尚人士的赏识。哈里曼经常带霍普金斯（小富兰克林·罗斯福称其是哈里曼的"崇拜对象"）去纽约的夜总会等"灯红酒绿"的场所。他让霍普金斯和女儿寄宿在自己的"太阳谷"里。哈里曼不是一个很矫情的人，但是他在整个职业生涯中充分表达了对霍普金斯不同寻常的爱戴与感恩之情——他也应该这样，毕竟霍普金斯成就了他。1940年罗斯福开始振兴美国产业的时候，没给哈里曼委以重任，哈里曼深感失望。但他跟以往一样有毅力，接受了生产管理办公室（Office of Production Management）一个级别较低的兼职职位，抓住每个机会让更多人知道自己的想法，并继续与霍普金斯保持着密切的关系。

* * *

当霍普金斯即将出使伦敦的消息传来时，哈里曼正在"太阳谷"度圣诞。几分钟后，他就给华盛顿打电话，请求随机同行。"我给你提行李，哈里。"哈里曼恳求道，说自己很熟悉伦敦，与丘吉尔也有点交情。几天后，他又发了一封电报，问霍普金斯"你会带上你的秘书兼贴身随从和导游吗？"霍普金斯没答应，但是暗示说回来后可能会有事让他干的。"回来后我将与你谈一谈，"他说，"我想在我去伦敦的路上，我会想到些新工作，需要你来干。"哈里曼回到自己的办公室一面认真工作，一面焦急地等待消息，偶尔烦扰一下罗斯福的秘书米希·勒韩德（Missey LeHand），向其打探最新消息。与此同时，政府中的各种权力掮客也介入此事了。多诺万头一年的出使已经表明，罗斯福并非总是一个人决定其私人特使的人选。在这件事情上，罗斯福通常是先有个想法，要派个人去英国推动租借方案的实施，但至于谁去，则是到后来才决定的。

1月中旬，有传言说国际劳工局局长约翰·怀南特（John G. Winant）将是新一任出使伦敦的人选，而烟草公司的总经理S.克雷·威廉姆斯（S.

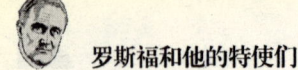

Clay Williams）将是负责生产问题的部长。几天后，罗斯福向英国大使哈利法克斯勋爵（Lord Halifax）表示，他准备指派哈里曼作为部长，专门负责工业生产问题。但哈里曼对在国务院里担任正式的职位不太感兴趣，而是倾向于直接替白宫工作。霍普金斯的弟兄们很快就开始替他向总统求情了。1月23日，菲利克斯·法兰克福特（Felix Frankfurter）致电财政部，敦促犹犹豫豫的亨利·摩根索（Henry Morgenthau）帮帮忙。

> 法兰克福特：我完全有理由相信……埃夫里尔·哈里曼不愿意以部长的身份前往。他想去伦敦，但不是以部长的身份。他会觉得受到了制约……他希望就是跟着去，明白吗？现在我不太明白为什么说让约翰·怀南特作大使，埃夫里尔作为总顾问这样的安排不理想……
>
> 摩根索：我明白……
>
> 法兰克福特：好吧，亨利，你尽管相信那真是事实，埃夫里尔·哈里曼不愿意以部长的身份前往，但只要派他去，他也会去的。
>
> 摩根索：好吧，但是别太指望我，我今晚没有机会跟总统谈话的。
>
> 法兰克福特：嗯，我并不是说要今晚，明天也可以的。
>
> 摩根索：行。

游说团的另一个成员哈里·霍普金斯也迅速加入进来，从伦敦给总统发了两封电报。在第一封电报里，霍普金斯说"他希望无论是谁被指派来担任动员工作，都不要让他额外承担在大使馆里二把手的外交责任"。几天后，他又发来电报，这次是赞扬目前的部长赫尔希尔·约翰逊（Herschel Johnson），说他在伦敦交友非常广泛……工作非常得力。"我不太愿意超出我职责范围向您推荐人选"，他在电报里说得有点勉强。但是最后他说："我确实希望这事可以解决，这样的话，约翰逊就可以继续做大使的第二把手。"

这事在霍普金斯2月16日从伦敦回到美国后得到解决。霍普金斯在伦敦已经告诉澳大利亚的高级专员斯坦利·布鲁斯（Stanley Bruce），说总统

"派来的人，一定是他完全信得过的人，能继续处理在伦敦的一切事情"。他答应"敦促……总统……表达这边希望派一个优秀的人过来的愿望"。霍普金斯头脑中承担这项工作的人选就是埃夫里尔·哈里曼。

2月18日，罗斯福在白宫会见了哈里曼，并交给他让英国浮而不沉的任务。总统对于"这边谁将与我一起共事还不太明确，因为他还没有组建起租借法案的实施机构"，哈里曼回忆说，但是他听明白了，他将不是向生产管理办公室汇报，并且是完全独立于国务院。不仅如此，总统还说我可以与他就任何我认为足够重要的事情进行沟通。哈里曼尽可以相信他的话。

当天下午，在宣布哈里曼出使英国的记者招待会上，罗斯福总统施展了他一贯的避重就轻伎俩，只字不提他的代表和新的美国大使之间的关系，而是大谈特谈罗斯福特使的独特性：

罗斯福：哈里曼出去的时候你们看见他了……嗯，我想你们都会问他的头衔问题，那我就发明个头衔吧。我跟他谈过给他个什么头衔的问题，我们一致认为"督察员"这个称呼非常不错。还有个新头衔，我相信这头衔不在外交名单上，也不在任何别的名单上。他将以"防卫督察员"的身份前往英国。这跟你们之前听到的任何头衔都不一样，但是这并不意味着这个主意不好。我们不会将他的名字报给参议院的，这不是那种意义上的工作……他是防卫督察员，将于大约两周后出发。

记　者：总统先生，哈里曼先生跟我们在英国那边的大使馆是什么关系？他直接代表您吗？

罗斯福：我不知道，我也不会给你答案！（笑声）

记　者：总统先生，他如何汇报工作？

罗斯福：我不知道，我也不在乎。

记　者：这是生产管理办公室的一个部门吗？

罗斯福：我想他会向合适的权威部门汇报工作的。

记　者：那就是您了。

经过几年的磨砺，哈里曼现在终于玩上大游戏了。他不再仅仅是个小角色了，而是华盛顿的大玩家。他开始着手召集高级行政官员和军事领导人，包括乔治·马歇尔将军（George Marshall），海军作战部长哈罗德·"贝蒂"·斯塔克上将（Harold "Betty" Stark），陆军航空兵司令亨利·"哈普"·阿诺德（Henry H. "Hap" Arnold）。亨利·史汀生（Henry Stimson）在其住所"伍德利"（Woodley）与哈里曼共进午餐时告诉哈里曼，他倾向于直接废除《中立法案》，进行全民军事训练，必要的话，用美国的海军护卫舰给英国大量运送军火。国务卿科德尔·赫尔（Cordell Hull）由于参加一个内阁会议，迟到了四十五分钟才赶来会见哈里曼，面容"疲倦而焦虑"，但是哈里曼的记录是，国务卿"个人态度极为友好"，大步走来，像是要接受另一项特殊使命。

　　那这次出使到底是干什么的？罗斯福总统明确表示，哈里曼的任务是协助即将成为租借法案主管的霍普金斯，但是对这一任务的具体细节却不甚明了。后来哈里曼懂了，罗斯福给他的助手们的是"他的思路"，而不是"明确的指令"。这给了特使们灵活的空间，但是"也有利于他在事情不妙的时候将你排除出去"。由于没有明确的指示，哈里曼开始自己给自己的角色定位。在第一次白宫会面以后，他认为自己的主要工作是加快美英双方之间信息流通。他与军方的会谈也证实了这一点。这项工作不是"请你晚上来饮波尔图葡萄酒的"，而是"要你根据信息判断某种军火在美国还是英国手里更具有价值"。哈里曼觉得自己必须帮助丘吉尔，将他的想法传达给华盛顿。"如果不理解、不接受他的战争策略，我们的军人就会'迟迟按兵不动'"。哈里曼将在后来重新界定他的工作，极大地拓展了他的职责范围。

　　3月7日，总统在白宫与哈里曼共进午餐，为他饯行。罗斯福正受伤寒之苦，在哈里曼看来"很累的样子，无精打采"。他让哈里曼了解英国的饮食状况，说英国人需要消费维生素、奶酪和猪肉，但是哈里曼对自己面前的食品状况更感兴趣。罗斯福白宫的菜品糟糕是出了名的。总统夫人埃莉诺精挑细选的管家亨利娅塔·内斯比特（Henrietta Nesbitt）夫人是妇女选举人联盟的成员，信奉简单饮食，罗斯福每次抱怨她的厨艺，她都会立即予以驳斥；偶尔总统先生也会反抗一下，请个外面的厨师，比如招待温德尔·威尔基（Wendell Willkie）那次烧的甲鱼。一位在场的人说内斯比特夫人"监视着"白宫厨房的厨师们，"以确保每一个菜不是烧过头，就是烧不熟，或者以这样那样的方式被毁掉"。欧内斯特·海明威（Ernest

Hemingway）认为"白宫的菜是我所吃过的最难吃的菜"。

就在这一天，内斯比特夫人准备的是菠菜汤，在哈里曼看来就像是开水直接淋到切好的菠菜上，奶酪蛋奶酥就是主菜，搭一碟菠菜，甜点是涂有黄油和蜂糖的煎饼。对于正在生病的罗斯福，"这是最不健康的饮食，我太感惊讶了，"哈里曼后来回忆道，"尤其是我们在谈论英国的饮食状况的时候！还有他们日益增长的对维生素、蛋白质和钙的需求！"哈里曼以少有的诙谐口吻说，"为了英国的利益，首要的是应当是加强总统的饮食"。

在吃菠菜的间隙，罗斯福告诉哈里曼，"他已经做好准备，美国舆论允许他走多远，他就走多远"，但是对于让美国海军为驶往英国商船护航的想法，他显然不满意，担心引起与德国人的交火。罗斯福需要时间，将舆论引导到正确的方向上来，挫败国会中孤立派的反对观点，把美国经济变成战时经济。他摒弃"护航"的点子，提供各种极富创意的"妥协"方案，协助英国保护他们的供给线。其中之一就是将美国的商船护送到冰岛，在那里英国人将供给物资装上自己的船，运回英国。另一个方案是美国的航空母舰或者客运船将战斗机运到非洲海岸，从那里飞到中东加入英国的部队。哈里曼一点也不感兴趣。"总之，我离开时，感觉总统并没有意识到我所认为的现实问题，那就是没有我们的帮助，德国很可能击垮英国的舰队，致其一蹶不振"。哈里曼将希望寄托在霍普金斯身上——"他的位子决定了他能够促成某个关键决定的做出"。

十年后，哈里曼回忆自己的任命时，称自己是人尽其才，因为"罗斯福认识并信任我"。这是不太可信的。罗斯福认识他已经几十年了，但是在他前两届任期里，并没对他委以重任。另外，罗斯福最近对他的信任度还有点下降。在一次与威尔基的谈话中，罗斯福坦诚地透露说哈里曼给他的竞选捐了5 000美元（有些版本又说是2万5 000美金）。威尔基报之一笑，说哈里曼也向他的竞选捐了同样多的钱。哈里曼自己的解释是，他只是给威尔基的提名捐了钱，而不是他的普选竞选。但不管怎么说，罗斯福是要受过委屈的特使知道，他都看在眼里，记在心上。

对这项任命，更合理的解释是霍普金斯说服了罗斯福，说哈里曼有着完成这项工作的执行力——他是一个"说干就干的人，为了做好一件事，愿意付出双倍的努力"（根据一位观察员的说法）。哈里曼还有另一个适合此职的条件：他是公开宣称支持美国援助欧洲民主国家的人。自从二战在

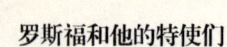

欧洲爆发以来，哈里曼就已经公开讲过他赞成援助欧洲，在罗斯福考虑是否任命他这段时间里，他在纽约和华盛顿都发表了一些好战言论。一位英国官员说，"他还不知道在美国还有谁比哈里曼更热衷于我们的事业"。罗斯福觉得这没什么，他要的是笃信自己工作的人。

＊＊＊

这边罗斯福在白宫与他的新任特使共进午餐之时，正是伦敦那边他的新任驻英大使吉尔·怀南特（Gil Winant）到任之际。怀南特是一位非常奇特的美国政治家。他被任命为驻伦敦大使的时候，公众对他的了解实在太少了，爱开玩笑的人甚至说，美国人一定没给你讲过，他的名字"代表一位澳大利亚网球明星还是一种新苹果品种"。《泰晤士报》说他"在美国公众领域里一直是若隐若现的，他的朋友们一个个都说他就要担任某个要职了，他却悄悄地消失在聚光灯之外"。怀南特出身富裕家庭，婚姻更让他的财富锦上添花。他曾是一战飞行员，在自己就读过的母校、康科德的圣保罗预备学校教过历史，曾三次以自由派共和党人的身份被选为新汉普郡的州长。1935年，因支持新政，被罗斯福任命为社会保障署的署长，后来又敦促其出任国际劳工局局长，这样他才能在"关键时刻在关键的情报站有自己的耳目"。罗斯福从未停止过对情报的攫取。

怀南特是一个认真的人，不灵活，非常害羞。他有林肯的外形，高个子，黑皮肤，眼窝深陷，颧骨突出，但没有林肯的口才。有人形容他是个慢腾腾的人，手总是在口袋里掏来掏去，或者笨拙地搓来扭去，好像在外套袖子的衬中抓到了他的臂膀似的，他那完美的自由派观点，是从他那慢腾腾而痛苦的声音里表达出来的。怀南特尽管富有，却不属于上流社会。他的朋友惊讶于"他居然有那么多袖口领口都磨破的浅蓝色的衬衣"。美国驻意大利大使威廉姆·菲利普斯（William Philips）称怀南特"有着世界上最坚强的意志"，但却"无法将好点子付诸实践"。他的会议经常拖延，办公室里一团糟。他缺点多多，但极富同情心。"只要怀南特走进屋子，每个人都会感觉舒服"，他在国际劳工局的一位老熟人这样评价他。他心地善良，能看出别人日子不好过，并且尽力帮助他们。

确实，怀南特有其不同寻常的一面。有位英国外交官跟人打赌说他"有股近似宗教虔诚的社会服务意识"。为了准确把握这个人，观察员们经常尝试从精神层面着手,将怀南特比作僧侣、神秘主义者、殉道者、朝圣者、清教徒、预言家、出格的骑士。

　　罗斯福为什么会派遣一位禁欲者式的社会正义人士进驻伦敦大使馆?正如历史学家大卫·雷诺兹(David Reynolds)所言,罗斯福的初衷是为了拉近与英国的左派和工党之间的关系,认为他们将是战后主导英国的政治力量。英国很多左派领导人都曾敦促罗斯福任命怀南特,他们在怀南特还在国际劳工局任职时就认识他了,这其中包括欧内斯特·贝文(Ernest Bevin)和哈罗德·拉斯基(Harold Laski)。国务院很多人都认定,这次任命说明罗斯福将赌注押在了未来的工党政府身上,这个决定的做出也有菲利克斯·弗兰科夫特(Felix Frankfurter)的影响。罗斯福本人是这样跟温德尔·威尔基说的,他选择怀南特出使伦敦是希望在英国看到"一场社会革命",或者是怀南特所描述的"一个调节的过程"。罗斯福与丘吉尔有着各种各样的关系,但是丘吉尔之后呢?他告诉乔·肯尼迪(Joe Kennedy),鉴于劳工势力的影响力日益增长,"看来是应该派个能替他们说话的人过去了"。

　　乍看之下,在短期内迅速任命哈里曼和怀南特,确实很不符合罗斯福一贯的决策作风,但是这一经典的罗斯福任命风波实际上是有其内在逻辑的。哈里曼被派往伦敦是为了协助英国应付战争,而怀南特则是为和平的到来做准备。民主党一般都将与托利党合作,共和党将和社会主义者合作。正如助理国务卿布雷肯里奇·朗(Breckinridge Long)在日记里所记载的那样,"罗斯福将在赛场上同时驾驭两匹赛马"。

* * *

　　3月11日,星期二,下午3:50,《H. R. 1776号》议案送到白宫后十分钟,罗斯福就在上面签了字,使其成为法律。历史学家们称其是针对"轴心国的经济战争宣言"。罗斯福旋即同意将一揽子战时物资从美国陆军和海军的军备库运到欧洲。不久,他还会请求国会拨款70亿美元,着手为英国及其盟国生产舰船、坦克、战机、枪炮、弹药等物资。

　　对于总统个人而言,这是一场胜利。"租借法案"将为英国提供救命物资,还将加速美国工业界与国防生产之间的合作。经过激烈的辩论和艰苦的修订战,这样一个雄心勃勃而极富创意的议案终获通过,展示了罗斯福精准的把握时机的能力，深谙立法策略的才华，以及他将公众舆论导向战争的决心。

"让欧洲或者亚洲的独裁者不再怀疑我们的众志成城"，3月15日在华盛顿维拉德酒店的一次演讲中，罗斯福如是宣称。"我们正在进行一场伟大的论辩，这场论辩不仅仅局限于国会大厅内部，还出现在全国每一家报纸上，每一个无线波段中，每一个饼干桶里，最终这个决定要由美国人民自己来做出。是的，我们的民主决定的过程可能会比较缓慢，但是一旦做出，那就不仅是某一个人的声音，而是1亿3000万人的声音。这个决定将我们团结在一起，世界不会再有任何疑虑"。

温斯顿·丘吉尔当然不会怀疑美国这一决定的重要性。他说，租借法案是战争的第三个转折点——也是"有史以来最为磊落的行为"。

* * *

《租借法案》签署的前一天，负责帮助其实施的人在瓜地亚（LaGuardia）机场登上"大西洋飞剪"号（Atlantic Clipper）飞机，踏上了他的英国之旅。埃夫里尔·哈里曼怀揣总统的任命书，拥有一个光鲜的头衔——"特派代表"，外交级别为部长，只是没有行政职责。

哈里曼旅游经历丰富，但这是他第一次飞越大西洋，觉得"极具冒险性"。"大西洋飞剪"号上的乘客一如既往的形形色色。富有的外交家小安东尼·J.德雷克希尔·比德尔（Anthony J. Drexel Biddle Jr.），刚被任命为流亡在伦敦的欧洲各国政府的大使，随行的有其妻子和两位干事（比德尔夫妇的行李箱多达34个，还不包括之前已经先行运走的部分行李）。玻利维亚的锡业大亨，前往非洲加入尼罗河英国陆军进行报道的外国记者，一位非常优雅的西班牙贵妇人，带着她的英国丈夫前往巴塞罗那做眼科手术。一位出身奥地利、动机不明的武器生产商，还有一对度蜜月的夫妇。哈里曼在给妻子的信中说，"围绕这些人物，足以编造出一个神秘的故事"。

"大西洋飞剪"号跟往常一样，飞往里斯本，途经百慕大、亚述尔群岛。3月12日下午，乘客们看到了葡萄牙，一条厚厚的云层覆盖在沙滩上，"犹如蛋糕上的糖衣"，当飞机沿着塔古斯河飞往里斯本的时候，下面蓝色的海水变成了绿色的地面，哈里曼想起了加利福尼亚。五颜六色的房屋，偶尔一现的教堂，散落在山林溪谷中，坡地上，一直到小海滩边。接下来的三天时间里，他在密探特地为其精选的酒店帕拉西奥里歇脚，等待荷兰航空公司飞往布里斯托尔的航班上的座位，"真烦这种愚蠢的官僚制度"，因为比德尔比他先行登机离开，理由是他的外交级别更高。好在哈里曼有机会与罗斯福的另一位特派员一起共进了晚餐，比尔·多诺万，他也将路过里斯本。

哈里曼终于被请到飞机场了，他有了"一次感觉颇为怪异的经历"，停机坪上正好路过一架德国飞机，全身都涂成黑色，除了那个大大的纳粹标志。战争的事实瞬间就明明白白地摆在了他面前。他乘坐的荷兰航班是一架道格拉斯DC-3型飞机，涂有伪装色，飞机抵达英国往下降时，窗户还配上了安全百叶窗。最后一程飞得相当低，以免被英国的国防军误认为是敌机。3月15日下午三点半，哈里曼踏上了英国的土地。

"相信我，美国人是认真的，说话算话。"哈里曼向等待着他的记者们承诺说。然后他就登上了温斯顿·丘吉尔的弗拉明戈专机，这是首相专程派来接哈里曼的，送他前往首相的乡间别墅契克斯（Chequers），一路护送的是两架"飓风"战斗机。契克斯再次展示了对重要的美国客人优雅而热情的接待。哈里曼立即深受首相夫人克莱曼蒂娜（Clementine）的喜欢，她非常高兴哈里曼从里斯本带来一捧橘子，当时英国限量供应食品，柑橘类水果在英国很稀罕，哪怕是在首相家的餐桌上。特使哈里曼被引到楼上去见首相丘吉尔，他因感冒不得不卧床休息。哈里曼向首相说，很多国家都争相想获得美国的援助，也阐明了自己来英国的使命，"我的用处就在于为英国说好话，"哈里曼对首相说，"但这完全取决于我对英国的境况和需求的了解和同情。"丘吉尔一眼就能看出谁是同盟，他深感宽慰，并且奉承起他来，"我们会与你随时沟通的，你是我们的朋友，不会对你有任何隐瞒。"

难怪哈里曼会觉得自己"就像一个乡下男孩'噗通'一声栽进战争的漩涡"。跟萨默尔·威里斯（Summer Welles）和哈里·霍普金斯不同的是，哈里曼长期以来一直是华盛顿的替补，现在，由于罗斯福异想天开的特使外交政策，他得以坐在这位时代骄子的身边了。

* * *

晚饭后，丘吉尔给哈里曼做了一次战况介绍。1941年的3月是阴沉沉的，哈里曼抵达欧洲时，正是作战季节刚开始的时候。自从1940年一系列辉煌的胜利之后，纳粹国防军就被视作不祥之物，笼罩在阴暗氛围中。每个人都在猜测那装甲铁拳下一次会砸在哪个国家的身上。答案很快就揭晓了，是希腊和南斯拉夫。德国入侵不列颠的可能性是减少了，但是空中和海上的打击却是非常凶狠的。3月上旬，纳粹空军发起了"港口游"轰炸计划，企图用烈性炸药摧毁英国的港口。与此同时，德国还在北大西洋上加强了对英国船只的袭击，动用了水上战舰、飞机和密集的潜艇，采用群狼战术进行攻击。丘吉尔对哈里曼说，希特勒的部队摧毁英国商船的速度比船坞造船的速度还快三倍。英国一个月就要损失50万吨的船只，这对于英国来说是很危险的，因为英国一半以上的食品，差不多全部的原材料都依赖于进口。在"大西洋之战"中（丘吉尔如是说，瞟了一眼美国客人），希特勒企图饿死英国逼迫其投降。现在丘吉尔邀请刚来的美国客人参加战争内阁"大西洋之战委员会"的会议。

跟罗斯福其他特使不同的是，哈里曼的使命是长期的，而不仅仅是飞一趟而已。哈里曼立即开始了在伦敦的生活，在多尔切斯特（Dorchester）找了一套房子，并从一位好心人那里借到了一辆宾利车和一个司机。接着他开始组建一个小小的班子，人员主要来自各种华盛顿驻伦敦的机构。哈里曼一直引以为豪的是自己组建起了一个精干的班子，最开始只有几个人，到1941年中期才增至30人。他们当中有军事人员、统计学家、工程师以及船运、食品和经济方面的专家，当然还有一些有天分的生手。最初的时候，这个团队在位于格罗夫纳广场（Grosvenor Square）1号的美国大使馆里面办公，但是没多久就搬到旁边的一栋公寓楼里，只是在一道墙上开了道门，供他们在两栋楼之间走动。哈里曼自己的办公室，之前是一栋很优雅的公寓起居室，现在由英国的事务部配备了红木和皮质家具。哈里曼的团队管理自己的工资，资金来自总统紧急基金，后来是租借管理办公室，而不是来自国务院。

哈里曼将自己在联合太平洋的私人秘书带到了伦敦。鲍勃·梅克尔约翰（Bob Meiklejohn）是共和党人，互济会会员，精明能干，却又迂腐十足。哈里曼的女儿很刻薄地形容"他是一个没有丝毫幽默感和情趣的人，只知道记账本，耿耿于怀自己的双胞胎兄弟比自己又多挣了多少钱"。没错，梅克尔约翰确实非常迷恋自己记录的东西。初到伦敦，有天晚上他在日记中写道，"有大把时间来算我的账啦。买了一个记账本，没多久我就考虑好怎样有条不紊地保存账本了，典型的梅克尔约翰风格，这方法看起来不错，说明我脑子还够用"。他的记录也不仅仅局限收入和开销，他还不厌其烦地记录下自己剪头的细节，如何画公寓的平面布置图，还不忘收录"奇怪的英式词汇"。跟哈里曼团队有关的人物、事件和旅行，他都要记录下自己的感受，这倒是很管用的。

埃夫里尔·哈里曼的工作就是推动对英国的援助。他独立于大使馆开展工作，直接向在白宫的哈里·霍普金斯汇报工作。他判断英国最为紧缺的物资是什么，为什么援助渠道的流通不畅，然后向华盛顿提供建议，并适当地表现出情势紧急的语气。刚到伦敦，他就为英国在"大西洋之战"中做了两件好事。3月下旬，希特勒将海战区的范围向西推进直至冰岛，哈里曼建议派遣一部分美国驱逐舰和武装快艇充实到英国的皇家海军，以备不时之需。由于刚与英国签署了驱逐舰-基地交换协议，罗斯福没有多余的驱逐舰了，但他还是尽最大努力从美国的海岸巡逻队里抽调了十艘武装快艇，这些快艇没能扭转战争的局面，但确实帮了大忙。丘吉尔总会迅速地对美国人表示感激之情，他对罗斯福说："这些快艇将是天赐之物。"哈里曼还参与协调受损的英国船只到美国船坞进行修理的工作，极大地缓解了英国船坞的压力。一旦总统答应了英国的请求，哈里曼就会跟华盛顿一起安排修理事宜，缩短船只的修理时间。很快，英国空军的航空母舰，战列舰，商船改装的武装巡洋舰，就开始在美国的纽约、费城和诺福克（Norfolk）的船坞里进行修理翻新。

但是，哈里曼还有更远大的追求。正如乔治·肯南（George Kennan）后来所说，罗斯福的特使哈里曼"对个人权力是非常向往的"。由于有总统的授权，又被要求直接向总统汇报，他表现得越来越像总统在伦敦的替身了，远远超出了援助问题的范畴。他的日常工作与他人无异，但他在英国的特殊地位使他可以爬到权力的顶端。他的日记里满是与内阁大臣和贵族约见的记录。"我从没想过在英国我会有这么多朋友和熟人"，他在一封给妻子玛丽的信中感叹道。有邀请他去吃午饭的，吃晚饭的，参加鸡尾酒会的，还有"永远没有尽头的周末"。

哈里曼当然是被吸引着往顶端去了。在最初的八个星期里，他有七个周末都是在丘吉尔家里度过。他与首相在伦敦至少每周聚餐一次。哈里曼很快就迷上了丘吉尔一家。他跟玛丽说："非常钦佩他对这场战争的问题有着非常清楚的认识，还有每时每刻他做决定的胆识。"这种感觉是相互

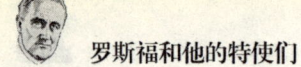

的。丘吉尔的女儿玛丽（Mary）回忆说："无论埃夫里尔是个什么样的人，这里的每一个人都觉得自己必须跟这个人相处好并充分利用这个机会。"事实上要做到这一点"并不困难，他这人彬彬有礼，一点都没有架子"。哈里曼在伦敦比在国内有趣得多。事实上，他是一位完美的留宿客人，富有，英俊，擅长游戏和运动，跟丘吉尔玩伯齐克纸牌，跟克莱曼蒂娜玩双陆棋。首相的夫人是一位槌球好手，在家里无人能赢得了她。所以就有了"欢天喜地"的称呼，一位内部人士这样写道，因为"埃夫里尔与其对抗，……最终完胜她"。然而最重要的是，埃夫里尔具有同情心。

* * *

当你的主人受到轰炸的时候，你是很难不对其产生同情心的，更何况你还跟着他们一起受轰炸。3月下旬的一天，丘吉尔邀请哈里曼和比德尔（Biddle）到安尼克斯10号共进晚餐。晚会被一场猛烈的空袭给打断了，伦敦死了504人，1 500多人受伤。在这种情况下，一般的做法是首相得躲藏起来，但是那天丘吉尔给了客人们一人一个钢盔，引着他们到了附近空军部的屋顶，参观空袭景观。这次"爬楼非常难忘"，丘吉尔的秘书埃里克·塞尔（Eric Seal）回忆说，大家爬上梯子和楼梯，通过塔楼顶一个非常狭小的检修孔。德国人的飞机就在头顶上方嗡嗡作响，防空高射炮不间断地开火射击，消防车呼啸而过。当爆炸照亮伦敦天际线的时候，丘吉尔引用了诗人丁尼生（Tennyson）那预言性的关于空战的诗句，早在飞机发明之前就写出的诗句：

> 听到天堂充满啸叫，可怕的露珠如雨飘下。
> 各国的空中船队，在蓝色中心里搏杀。

"美国人非常激动，"塞尔写道，"感觉他们终于置身战争之中了。"

* * *

4月，气氛变得更为阴沉。莫斯科和东京签署了中立条约，使华盛顿担心日本军队很快就会朝南行动。几周之内，希特勒的装甲部队就碾平了希腊和南斯拉夫。在利比亚，埃尔温·隆美尔（Erwin Rommel）将军将大部分的英国军队赶回埃及边境，眼看就威胁到苏伊士运河了，英国的兵力也减弱了，因为丘吉尔下令抽调一部分军力去保卫希腊。轴心国在地中海沿岸横冲直撞，英国在大西洋的舰船损失越来越大，于是罗斯福决定强硬自己的立场。最重要的是，他开始慢慢地将美国带进"大西洋之战"中。

现在，罗斯福总统面临进退两难的境地。正如历史学家伊万·克尔肖（Ian Kershaw）所言："如果只是任食品沉入大西洋，那就根本没有必要为英国提供食物。但是帮着保护这些救命物资的运输不受潜艇的攻击，美国显然必将面临被拖入战争的风险。"——这是百分之八十的美国人所反对的结果。罗斯福必须谨慎行事，在善意的中立和交战之间取得平衡。他也不认为公众舆论会支持让美国的战舰在大西洋上替英国护航。但是，他把美国的安全区向东延伸至居于非洲和巴西之间的第26子午线。这是具有历史意义的责任承诺：之前，华盛顿想指望英国的皇家海军保卫大西洋，现在，美国宣布了自己的防御水域，将北大西洋的大部分地区都纳入进来，包括亚述尔群岛和格陵兰岛，都被纳入美国的保护之中。在这片巨大的海域里，罗斯福命令美国海军进行大范围的巡逻，报告途中遇到的轴心国军舰所在的位置。在白宫的一次记者招待会上，罗斯福将大西洋舰队的战舰、巡洋舰和航空母舰比喻为童子军，先于马车队之前被派出去打探印第安敌人的据点。

罗斯福也在其他地方拓展了美国人的势力范围。英国人在东非取得胜利后，他不再将红海和亚丁湾确定为正式的战斗区。这就意味着飘扬着美国国旗的舰船（之前根据中立条约，是不允许进入该区域的），从现在开始，可以直接向英国中东的军队提供给养，这样英国商人就可以有更多的精力投入到大西洋的通道上。

总统比较激进的姿态受到哈里曼的欢迎，是他敦促华盛顿做出了关于中东战略的决策，并继续为在英国的事业辩护。"英格兰的力量正在流血，"他在写给国内的第一个长篇报告里这样警告罗斯福，"为了我们自己的利益，我希望我们的海军能够直接被利用起来，不要等到我们的伙伴太过虚弱的时候才行动了。"当约翰·考尔维尔（John Colville）问他，罗斯福4月宣布的宣告是否意味着德国和美国之间要开战了，他回答说："我正求之不得呢。"

与此同时，哈里曼竭尽自己所能，加速了两个首都之间的交流。他对罗斯福说:"对于美国人能帮到的问题,他从来都是坦诚相告。"他向英国官员推荐有问题应该去华盛顿找谁,又该怎样去找。他跟霍普金斯一道,确保到英国访问的重要美国人接触到正确的人,得到正确的印象。霍普金斯永远是哈里曼最忠实的盟友。难怪哈里曼敦促他在华盛顿的这位良师益友照顾好自己:"你一定不能把自己累坏了,时局太需要你了。这里的人们经常谈起你,都把你看作是他们最真诚的朋友。"

哈里曼督促林德曼(Lindemann)教授说,罗斯福也应当跟丘吉尔一样,得到关于"大西洋之战"的运输数据和表格,这样"他就可以知道战争的进展状况"。他就美国的公众舆论与丘吉尔进行协商,甚至给他看了一篇美国新闻简报,上面提到"舆论还没有完全意识到护航的紧迫性"。当时美国的护航政策捉摸不定,一个总统特使却给外国政府首脑这样的建议,可说无异于是逆水行舟。当然英国人对美国的援助打心底里感激不已。丘吉尔让内阁秘书记下一条备忘录:"我全力相信哈里曼先生,并且毫无保留地与之合作。"但是另一方面,丘吉尔和助手们都决定保留与在华盛顿的他们自己的采购官员之间私下通信的权力,极力反对将所有的电报都给哈里曼团队看。如果说华盛顿的官员一心要保护自己的供给,那么伦敦的官员则是一意要保护自己的秘密。

哈里曼也成为看得见的华盛顿援助英国的象征,陪同首相奔走在各个被轰炸的城市之间。跟对霍普金斯一样,丘吉尔将哈里曼介绍为总统的私人特使。在复活节的周末,他将哈里曼和怀南特带去参观英格兰和威尔士西南的城市,这些城市都是德国空军实施"港口游"轰炸时的停留之地。跟罗斯福出游时随身布满安保人员的做派不一样,丘吉尔的安全靠的是出其不意。他会一声不吭地出现在某个小镇里,随身只带一两个侦探保护他。在被2月份连续三个晚上的轰炸夷为平地的威尔士煤港斯旺西(Swansea),哈里曼看到,当丘吉尔到来的消息传开后,人们从破烂的房屋里蜂拥而出,赶来看他。"丘吉尔坐在一辆旧福特车里,从街上过来了,他微微笑着,叼着一根长长的雪茄烟,同时向两边的人群挥手致意,并且看着人们的眼睛"。在斯旺西的市政大厅,他视察地方志愿军,在看到一个勋章时,停下来问,"上次战争留下来的,对吧?"在医院,他从"一群欢呼的护士"中穿过,访查病房,看到一位被德国福克-沃尔夫战斗机的机枪扫射射伤的船长,一位打着牵引的断腿女孩,都亲切地跟他们打招呼。在船厂,他被一大群当地人包围着。他的侦探早就听闻这些人的粗暴蛮横,深感头疼。当时丘吉尔还没有开始使用他那标志性的代表胜利的"V"字手势。不过,他将帽子顶在手杖上,在空中快速转动,吸引人群的注意。"往后站,伙计们,让其他人也看到啊。"他命令道,船厂工人们叫喊着,朝两边分开了。

在顺道访问了卡迪根郡海岸阿伯朴茨(Aberporth)上的一个秘密火箭研究基地之后,丘吉尔一行人赶往下一站布里斯托尔(Bristol)。他们的火车在布里斯托尔外的一个侧轨上停了一夜。在这里,丘吉尔和他的美国朋友们完美地欣赏到了一场表演,德国空军又出来执行任务了,将烈性炸药和燃烧物从空中倾泻而下,砸到下面的城市和船坞上。袭击者受到地面防卫部队和英国夜间战斗机的猛烈反击,但是凭借一轮满月的照明,他们坚持了好几个小时。炸弹用完了,就用机关枪。这就是后来著名的"耶稣受难日空袭"。很多时候,在布里斯托尔上空可以一口气数出八架轰炸机出来。它们飞得非常低,有个防火纠察员甚至都在想自己用石头都可将其砸下来了。

第二天一早,丘吉尔一行人进入布里斯托尔,城市的大多数地方还在燃烧不止。不时地,还有延时炸弹"轰"的一声爆炸开来。有些街道堆满了碎石瓦砾,有些又由于地下水管道爆裂而水流成河。轨道电车网络也瘫痪了。指挥官"托米"汤普森("Tommy" Thompson)回忆说:"女人们忙着在被毁了一半的房子里或者前院的火炉上忙着做早餐。几乎每一家被毁的房子废墟上都插着一面英国米字旗。"丘吉尔一行人到处可以看到死人或者受伤的人从布里斯托尔的废墟里被拖出来。好多教堂都还在燃烧着,然而美丽的哥特圣玛丽红崖教堂依旧巍然耸立,毫发无损,伊丽莎白一世称其为"英格兰最好最漂亮最著名的教区教堂"。

看到丘吉尔正站在一辆敞篷车上挥着帽子,四处巡查,整个城市都沸腾起来了。首相的来访事先没有通知,很多人以为他是因为听到空袭后才来到这儿的。人们簇拥在他周围,挥舞着双手,欢呼着。"帕格"伊斯玫("Pug" Ismay)回忆说,"他们都想摸摸他衣服的褶边"。汤普森从未见过丘吉尔有如此感动过:"他不停地喃喃自语:'了不起的人民……了不起的人民'。"怀南特还注意到丘吉尔道别时,一改他往常随意的"回见",变成了比较郑重的"上帝保佑你"了。但是废墟中也不乏笑声。当哈里曼觉得丘吉尔听不见自己的时候,他对伊斯玫说,首相很受中年妇女的喜爱。这样的轻慢话语立即为哈里曼招来非常愤怒的指责。"你说什么?岂

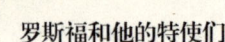

止中年妇女，年轻的也喜欢呢！"

丘吉尔来访的初衷是以布里斯托尔大学名誉校长的身份，主持一个仪式，向怀南特大使、澳大利亚总理罗伯特·孟席斯（Robert Menzies）和哈佛校长詹姆斯·柯南特（James Conant）颁发荣誉博士学位的。孟席斯正好也在随行人员中，而柯南特则不在场。轰炸破坏了大会堂，仪式不得不选择挪到学校一座精致的哥特式塔楼里，房间要小一些。透过塔楼破碎的窗户，仪式上的客人们可以闻到浓烟的味道，看到建筑物仍在冒烟，还有燃烧的火焰，消防员正在用水龙头往建筑物里冲水，附近的高墙摇摇欲坠。为了配合这个仪式，出席者都穿着学位袍：紫红色的是学校理事会的成员和两位荣誉毕业生，其余的穿黑色，兜帽上还点缀着貂毛或者兔毛。丘吉尔则身穿一套黑色和金色的长袍，是他的父亲伦道夫（Randolph）任财政大臣时穿的。这是一个不同寻常的仪式，因为绝大多数有学问的客人头天晚上都通宵未眠，忙着扑火，一个个疲惫不堪，面色苍白。在他们的袍子下面，都还穿着地方军的战斗服装，空袭防范委员会巡视员制服，消防服，忙了一天，浑身又湿又脏。

然而，尽管情况特殊，尽管敌人还会再来，这项古老的仪式却没有漏掉任何一个细节。整个过程包括佩剑官，伦敦市长，布里斯托尔的治安官，各类教授和管理人员，两位捧持校长权标的人，仪式权杖，还有站在校长背后的托纱人。当怀南特和孟席斯依次来到丘吉尔面前时，他将手放在他们合着的手上，庄严地宣布："经布里斯托尔大学授权，我授予你荣誉法学博士学位。"

"我看到了一个民族永不屈服的精神，"丘吉尔在他的演讲里说，"我看到了孕育于自由、孕育于传统的精神，历经几百年传到我们这里，必将在这样的时刻，这个世界历史的转折点，鼓舞我们承担我们应尽的责任，让我们的后人没有任何理由责怪他们的先辈。"在答谢演讲中，怀南特提到了波尔克（Burke）写给布里斯托尔治安官们的信，讲述了他们对美国革命的态度——其中最了不起的是支持代议制政府。丘吉尔在仪式结束时说："我宣布会议结束。上帝保佑国王！"

哈里曼被当天的情景感动了，马上给罗斯福草拟了一封电报，描述这次仪式的情况（这是他人生中奇怪的双重记录的开端，他把这些话写在一张备忘录的背面，备忘录的主题是"黄油和干黄油脂肪"）。他说那天丘吉尔没有结巴或支吾过一次。但当火车驶出布里斯托尔车站时，首相坐回位子，拿起一张报纸遮住了整张脸，不让人看到他的泪水。"他们是如此忠诚，"他说，"这是一种重大的责任。"怀南特能回忆起的，只有车窗外"英国春天的阳光和柔和的绿色"，这和他们身后惨淡的市景形成了极为鲜明的对比。

* * *

那周晚些时候，哈里曼回到了伦敦，他经历了二战中规模最大的一次深夜闪电空袭。4月16日傍晚，德国空军派遣了450架飞机，将炮弹、燃烧物和伞头水雷运送到伦敦城上空，倾倒而下。晚上9点，鲍勃·梅克尔约翰听到第一声玻璃破碎的声音时，他将自己的秘密电报机锁起来，戴上钢盔，爬上大使馆的屋顶，这里他可以"全方位地观看美景"。他看见剧烈的爆炸，"整栋房子犹如在空中航行"，还有"数不清的烈性炸弹倾泻到火里，火焰犹如间歇泉一样有规律地喷向空中"。巴特西发电站冒出的火柱子"蹿到空中，差不多有数英里高"。他承认，当飞机朝他的方向飞来时，他"跌跌撞撞地往回跑⋯⋯躲避掉在几个街区之外的炸弹"。街道都被炸裂了，到处都是弹坑。《悉尼先驱晨报》驻伦敦的记者报道说，"汽车都震动起来，犹如颠簸在澳大利亚灌木丛中的道路上一样"。

在多尔切斯特一栋高楼的房间里，哈里曼正参加一个晚宴，他看到了一簇簇德国照明弹从空中飘曳下来，"照亮了伦敦，就像百老汇和42号大街一样"。罗伯特·孟席斯那晚也在多尔切斯特，回忆说一大片的炸弹掉在离酒店100码（约90米）以内的地方，有时"整栋楼都跟随着冲击波晃动起来"。最后，"有一颗炸弹掉得特别近，差点把我们都炸回屋里了"，哈里曼和他的朋友们赶紧躲到套房深处相对安全一点的房间。他给玛丽写信说："躺在床上，我一点都睡不安稳。"

然而，让哈里曼睡不着觉的，可不仅仅是这猛烈的爆炸。看来就是在那天晚上，他开始了一桩风流韵事，成为他人生中最重大的一件事情。第二天一早，约翰·考尔维尔出门查看空袭后果。"伦敦看上去灰蒙蒙的，什么都看不清楚，"他写道，"英国海军部被炸裂了一个大口子；著名的衬衫和靴子中心杰米恩大街被夷为平地；伦敦的上流住宅区梅费尔也惨遭破坏。"孟席斯那天早上也出去看了一下，发现"满街都是弹坑和死人"，塞尔弗里奇（Selfridge）上空飘出"一大片羽毛状的红色烟雾"，皮卡迪利

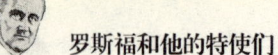

（Piccadilly）的输油总管也在燃烧。行人所到之处，都是"踩着玻璃，嘎吱嘎吱地响"。阳光下，考尔维尔走到白厅外的皇家骑兵卫队阅兵场，还看到另外一个场景：埃夫里尔·哈里曼和漂亮的帕米拉·丘吉尔（Pamela Churchill），手牵手地走在一起。"真是想不到啊"，他心想。

也难怪考尔维尔会大感意外，总统的特使与首相的儿媳妇睡在一起。

* * *

帕米拉·迪戈比·丘吉尔（Pamela Digby Churchill）21岁，风情万种，棕红色卷发，脸上有雀斑，眼睛非常明亮。"伦敦的每个男人都被她吸引，"一位前战争记者回忆说，"她就是吸引苍蝇的花蜜。"帕米拉遇到伦道夫·丘吉尔（Randolph Churchill）不到一个月，二人就订婚并结婚了，伦道夫是皇家第四轻骑兵队的一名中尉，有名的赌徒，酒鬼，风流成性。1940年10月，帕米拉生下小温斯顿的时候，就有传言说伦道夫又躺在别的女人的臂弯里了（几个月后在与霍普金斯的第一次会见中，丘吉尔首相还骄傲地向他展示帕米拉和他孙子的照片）。当伦道夫被派到埃及的时候，夫妇俩的积蓄都被他输光了，帕米拉在供应部谋到了一份工作，搬到多切斯特。孩子跟奶妈一起住在切克利科特（Cherkley Court），这里是她的祖父比弗布鲁克（Beaverbrook）勋爵的老家。很多年以后，帕米拉都还记得"走在多切斯特的走廊上，我想，在这里，我是……完全自由的……不知道谁会走进我的生活"。然后，有一天傍晚，她走进一个房间，发现了"我这辈子所见最漂亮的男人，他叫埃夫里尔·哈里曼……有些事就像是命中注定的"。

显然，她立即就被对方的外貌所吸引，尽管二人年龄相差30岁，但还是很般配的。她的朋友告诉她，他是"伦敦最重要的美国人"；嫁到丘吉尔家后，她认识了每一位重要人物。帕米拉后来回忆说，通过她，埃夫里尔"可说是从后门进入这个家的"。也许两个人都从对方身上看到了自己的影子。不管怎么说，两个人都是机会分子，极力往上攀附。他干着沉闷的政府工作，而她在无聊的乡村生活中长大，而今这一切都被抛在脑后：两人都深陷兴奋悸动之中。

当轰炸非常猛烈的时候，帕米拉与跟她合住公寓的人有时候会撤退到二楼的防弹套房里，那儿先前是温德尔·威尔基的住所，现在住着她的朋友孟席斯。但是4月16日的轰炸之夜，她最后是呆在了哈里曼的套房里，甚至可能是他的床上。这种事情在1941年的伦敦并不罕见。战争打乱了很多英国人的生活节奏，也悬置了很多人正常的道德准则。哈里曼说："没有什么能比大空袭更能推动事情的进展了。"

至少有那么一阵子，这对情人还能将他们的关系保持在秘密状态下。丘吉尔一家常规的社交生活成全了他们，但是帕米拉很谨慎，当二人都在那儿过周末的时候，她是不会在签到簿上签字的。

哈里曼很快就有了一个绝佳的替他掩护的人：他的女儿凯瑟琳（Kathleen），在哈里·霍普金斯的帮助下获得签证到达伦敦。她得到一份在赫斯特新闻机构的工作，也充当其父亲的女主人和社交秘书。丘吉尔将她出现在英国视作一种信任，这在英国是非常受欢迎的，因为当时两国之间重要人物子女的来往刚好是反方向的，即主要是英国孩子被送到美国。凯瑟琳和帕米拉，都是二十几岁，很是合得来。当哈里曼搬到多切斯特一个更大的套房后，她俩都跟着搬过去了。这种很方便的安排很快又延续到一座16世纪的乡间别墅——彼得斯菲尔德农场（Petersfield Farm），离萨雷（Surrey）的比弗布雷克只有几英里远。在这里，三人可以尽情享受田园牧歌式的周末时光。这个农场是"一个很好的托辞"，帕米拉后来回忆说。再后来他们又离开多切斯特，搬到格罗夫纳广场的一座公寓里，离美国大使馆不远。凯瑟琳很快就猜到他们之间的秘密了，但是她什么也没说。在她的世界里，私通司空见惯，不管是她的父亲还是继母玛丽，都不能免俗。

大家都知道克莱曼蒂娜和温斯顿·丘吉尔都跟帕米拉相处得很好，他们可能反应要迟钝一点。我们不太清楚他们当时对此知不知情。约翰·考尔维尔觉得，要是他们知道了"晚上走廊里急速而轻悄的脚步"，很可能会惊讶万分甚至勃然大怒。温斯顿只暗示过这事儿一次，他对帕米拉说："你知道，他们正在大谈特谈你跟埃夫里尔的关系。"多年后帕米拉告诉历史学家亚瑟·施莱辛格（Arthur Schlesinger），那一瞬间，她的"血液都凝固了"，但是她很轻松地回答道："战争时代，很多人没事儿可干，尽嚼别人闲话。""我也觉得是这样。"她的公公说，然后谈话就结束了。据说在华盛顿有些人很担心这事儿，不过就算被媒体曝光也没多大风险。富兰克林·罗斯福一向都对自己认识的人在私生活上的小缺点报以调侃。在这件事上，根据霍普金斯的说法，罗斯福"啥都知道，他哈哈大笑"。

1941年5月，有点小小的笑声还是很难得的，因为这又是令盟军头痛不已的一个月。在地中海，马耳他被轰炸，克里特岛被入侵；在西部大沙漠，隆美尔又赢得了一次次的胜利，只是他撼不动被他围困的托布鲁克（Tobruk），无法从澳大利亚、英国和印度的防守部队手中将其夺过来。

在这些令人沮丧的消息面前，罗斯福的谨慎在政府的鹰派人物里引起了不安。他想通过商榷和外交信号阻止日本人的扩张：让科德尔·赫尔试探性地与日本驻美国大使野村吉三郎（Kichisaburo Nomura）进行会谈；大洋洲飞旗；增加对中国的援助等等。但是他不想把日本激怒，与其冲突，耗掉美国的资源。他最关心的还是大西洋。历史学家罗伯特·达莱克（Robert Dallek）认为，如果总统这个时候觉得美国最终必须参战，"他会非常痛苦，因为不知道下一步该怎么走"。在5月27日的一次演讲中，罗斯福警告说，盟军必须保住"对海洋的控制"，并宣布"无限制的国家紧急状态"，但是对于这到底意味着什么，他却只字不提。这显然并不是参战宣言；罗斯福连为盟军舰队护航的政策都还没准备好采纳。

哈里曼声称很高兴罗斯福的表态。他给霍普金斯发电报："祝贺这个演讲。今晚你某些朋友的库存就将减少了，对你的健康也有利。"然而事实上，没有谁比总统驻伦敦的特使哈里曼更焦虑美国政策的缓慢步伐了。美国公众舆论反复无常，使他不得不认为"美国一定是只鸵鸟之国，"他对妻子玛丽说。"难道这个国家没有自尊心了吗？难道我们还要继续躲藏在这些贫穷的英国女人的裙子后面吗？在这里，她们可是英国国民防卫的顶梁柱啊。""我们对这场战争要么有兴趣，要么没有兴趣，"他在给威廉姆·布里特（William Bullitt）的信中写道，"如果没有兴趣，为什么我们要给英格兰提供工具？如果我们有兴趣，为什么我们意识不到情况已经是糟糕到极点，一再推迟直接的参与……我们正面临着极大的风险，要么输掉战争，要么赢得战争的难度成倍增长。"哈里曼认为，总统是在玩费边主义。

* * *

1941年的春天对于罗斯福来说是一个很糟糕的季节。他筋疲力尽，身体不适，老是感冒，胃疼，严重贫血，可能是由于出血性痔疮造成的，使他不得不接受多次的输血。他必须卧床休息，很少下到椭圆形办公室。他的私人助理和二十年的知心朋友莱汉德（LeHand）小姐，也身体状况不佳，有时会突然中风，不能照顾他。国内的政治也日益白热化。黑人领袖恼怒于国防承包商拒绝给有资质的非裔美国人工作，正筹划在华盛顿进行示威游行，这会给种族关系造成难以估计的后果。与此同时，爱找麻烦、在秋季时支持温德尔·威尔基的劳工领袖约翰·路易斯（John L. Lewis），又威胁说要停止供应国防工业急需的煤炭。

在战争这件事上，罗斯福也受两面夹击，日子难过，一边是孤立主义者认为他是冒险家或者叛徒，另一边是干涉主义者又认为他胆小怕事。他的很多高级顾问，包括斯迪姆森（Stimson）、诺克斯（Knox）、摩根索（Morgenthau）、埃克斯（Ickes）和霍普金斯，都敦促他尽快让美国介入这场冲突。但是罗斯福一直受到孤立主义者的攻击，在查尔斯·林德伯格（Charles Lindbergh）的带领下，全国上下正在组织大规模的反战集会。他也很清楚，很多美国人也不愿意跟欧洲的事情扯上瓜葛。相对于在欧洲发生的事情，他们更关心纽约扬基队的乔·迪马吉奥（Joe DiMaggio）在春季和夏季连续59场击打成功，破了纪录。迪马吉奥是美国最在乎的"扬基快马"。在这种情形下，罗斯福不想让美国介入战争：正如他对摩根索所言，他在"等待被推到"战争里。

与此同时，罗斯福也正在后方为保护萨默尔·威里斯而与其敌人进行斗争。4月下旬，威廉姆·布里特交给罗斯福一本卷宗，讲述前一年在总统的专列里，威里斯跟普尔曼列车员的同性恋情。布里特很阴沉地警告说，就算不对威里斯进行犯罪起诉，或者这不会成为"一个可怕的公共丑闻"而动摇对罗斯福的信心，威里斯也会"是外国进行敲诈勒索的对象"。不仅如此，"国务院的斗志……正面临瓦解，因为看到像威里斯这样的一个人居然控制着官员的任免和调度"。总统承认自己知道当时火车上的这事儿，是联邦调查局局长埃德加·胡佛（Edgar Hoover）向他汇报的。但是他不想处理威里斯，因为他的这位副国务卿对他实在太重要了，不能将其一脚踢开。布里特非常生气，问罗斯福如何叫美国人为了人生体面的一切而牺牲在东征的路上，而这场东征的领导人中有一个"像威里斯这样的罪犯"。罗斯福立即将这位来访者赶走，取消了当天所有的约见，回到住所。气急败坏的布里特离开白宫，下定决心，无论如何都要让威里斯为自己的不检点的行为受到惩罚。

就在这个时候，欧洲局势也让罗斯福的另一位特使温德尔·威尔基忧心忡忡。这位共和党人从英格兰回来后，就回到法律界了，签约成为威尔基、欧文、欧提斯&贝利（Willkie，Owen，Otis & Bailey）律师事务所的合伙人。他的办公室在市中区的衡平信托大厦（Equitable Trust Building）里，装饰着暗色的镶板，临近J.P.摩根集团的总部。在这里，他可以俯瞰纽约港，并一直望到总督岛（Governor Island）上的陆军兵营和威廉城堡。然而他办公室里"井然有序的宁静"下面，隐藏着威尔基的不安。威尔基并没有完全淡出公共生活，他的法律案子都和政治有关。在他的客户中，有从纳粹手中逃来欧洲的难民，请求美国政府放松对他们在个人资金方面的限制；还有加利福尼亚共产党的书记，他的公民身份因其政治信仰而被注销了。5月份，威尔基在麦迪逊广场花园的"自由集会"上发表了演讲，支持美国援助英国，并在《科利尔》（*Collier's*）杂志上撰文称这是国际主义的体现。"明天这个世界的首都将是柏林或者华盛顿，"他写道，"我宁愿是华盛顿。"最后，威尔基说，"同胞们，别再害怕了！"此文流传甚广。

* * *

埃夫里尔·哈里曼则忙得没有功夫害怕。他正在伦敦享受自己的生活。凯瑟琳给玛丽写信报告说，他工作非常努力，精神状态非常好——只要你处在他的位子，你就会知道这是必然的。他认识每一个人，这些人都在猜想他的世界。在英国的美国人都有一种"特别的魅力"，凯瑟琳说，"昨天，我在舰队街外面的酒吧遇到一位士兵，他有句评价是，'等我回去，我要告诉他们我遇到美国人了'"。

哈里曼继续跟丘吉尔一家人在乡下度假，5月9日到12日这个周末，是在迪切利（Ditchley）度过的，跟往常一样，是政治和私人聚会的奇怪组合。星期天傍晚，哈里曼等人正在光线昏暗的客厅里观看马克斯兄弟（Marx Brothers）出品的电影，很高兴可以转移一下注意力，暂时不用管伦敦前一晚受轰炸的不快消息。这是最惨烈的一次轰炸，连下议院的辩论室都被炸毁了，这事一定让丘吉尔恨得咬牙切齿。但是电影被中断了，因为一个电话打进来，带来一个惊人的消息，德国副元首鲁道夫·赫斯（Rudolf Hess），就是威里斯一年前在柏林遇见的那位，在苏格兰跳伞登陆了。这是一次蹩脚的表演，赫斯本想借此表达和平的愿望，他驾驶着梅塞施米特式Bf110战斗机来到英国，并且降落在汉密尔顿公爵的家乡附近，他选择汉密尔顿与他对话。丘吉尔猜想，赫斯选择汉密尔顿是不是因为后者拥有皇家大管家的头衔，以为他跟政府首脑关系密切："我觉得他以为公爵会捉刀杀鸡，并问国王喜欢鸡脯还是鸡腿！"这位原本默默无闻的苏格兰贵族，立即被召唤到迪切利，却无助于事情的明朗化。后来丘吉尔告诉下议院，这件事表明，"有时候想象会被事实本身击败"。

这场混乱使首相无暇顾及处理棘手的家庭事务了。他的小女儿，18岁的玛丽（Mary）扬言要答应嫁给一位年轻的贵族士兵邓肯南（Duncannon）勋爵，贝斯伯勒（Bessborough）伯爵的继承人。虽然门当户对，但是丘吉尔和克莱曼蒂娜都坚决反对，认为女儿还太年轻，没经验不懂事。众所周知，战争时期的婚姻都是靠不住的，丘吉尔其他几个孩子的婚姻已经证明了这一点。由于首相太忙，克莱曼蒂娜请哈里曼试着跟玛丽谈谈，让她不要忙着结婚。两人在寒风里讨论这事儿，漫步在意大利式的花园里，石头砌的花台，陶瓦花瓶里插着迪切利温室里采来的鲜花。"可怜的埃夫里尔，"玛丽后来回忆说，"由总统派到英国，却被叫来掺和进一个歇斯底里的18岁女孩的感情纠葛！"

哈里曼自己的为父之道微乎其微，又刚跟丘吉尔的儿媳妇产生恋情，是不会担心自己的女儿会因为感情的事情来烦扰他的。他的魅力见长了：当玛丽告诉他自己是多么倾心于美国，又是多么喜欢美国男人陪伴她的时候，他说他会看看"华盛顿会不会让租借法案顺便给她捎带一个美国丈夫过来，战争结束后，再把他还回美国即可"。不管怎么说，玛丽觉得哈里曼劝她不要草率行事的建议还是"蛮有见地的"。"埃夫里尔很务实的见解，对我婚事的好意关心，就是他成功的法宝"。她后来回忆说，最终她拒绝了对方的求婚。很多年后，哈里曼的朋友亚瑟·施莱辛格这样评论说，"他喜欢接近权力，但心地是友好的"。对于丘吉尔一家，他几乎把他们当成一家人了。

* * *

无论丘吉尔走到哪里，战争都跟他如影随形。两个星期后，克里特战役正进行到最为激烈的时候，哈里曼跟首相一起在切克斯期间，爆发了最为有名的一次海战。这是一个非常紧张的周末，因为德国的新型战舰、史上武装最齐全的"俾斯麦"，跟全副武装的巡洋舰"欧根亲王"一道，已进入北大西洋开始狩猎了。英国11艘护航舰，包括1艘运兵护航舰，都是

罗斯福和他的特使们

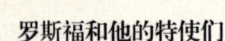

它们的注意对象。英国从皇家海军调遣了大量的主力舰，到海上搜寻并打击德国军舰，包括战列舰："乔治国王五世"（1月份还迎接过哈里·霍普金斯）和"威尔士亲王"；巡洋舰："胡德"、"反击"和"声望"，航空母舰："皇家方舟"和"维多利亚"。5月23日星期五的傍晚，丘吉尔和客人们焦急地等候着战事的进展报告，定期跟海军部的值班船长通话。他们一直等到很晚都没有任何消息，只好先睡了。第二天一大早，哈里曼就被丘吉尔在门口叫醒了，他在睡袍外面套了一件黄色的毛衣外套，腿都露在外面。"战斗还在进行，"他说，"'胡德'号沉了，该死的战斗！"船上1 500人全部牺牲，只留下3个。"俾斯麦"号现在正昂首朝南挺进，冲向英国的护卫舰。周六晚上，由于黑暗，追击"俾斯麦"号的英国军舰失去了目标，而在切克斯，正如考尔维尔所记录的，"一整天都显得阴沉可怕"。

在海军部的命令和丘吉尔的压力之下，英国展开了对"俾斯麦"号的大规模追击。俾斯麦正独自向法国驶去，只要被怀疑是它所在的位置，就一定会有大量的舰船聚集。最后，"俾斯麦"号被水上飞机PBY卡塔琳娜发现，航空母舰"皇家方舟"上的剑鱼飞机将其舵机齿轮击毁，使其丧失操纵能力。5月27日早上，在海上摇摇晃晃的"俾斯麦"号，被一字排开的英国军舰的重炮击沉，彻底毁掉，终于到大西洋海底报到去了，也许是英国的水雷击沉的，也许是船上有人下令自沉。"我刚刚收到消息，'俾斯麦'号被击沉了。"好几分钟以后，丘吉尔才得以告诉下议院。由于议院大厅被炸毁，下议院的会议改在英国国教的总部圣公会总部大楼里进行。议员们听到消息群情高涨，正如丘吉尔在自传里所回忆的，"他们看上去非常满意"。

* * *

哈里·霍普金斯回到华盛顿的三个月里，比任何时候都要忙。他重新干起了自己的老本行——首席外交政策顾问，一位英国官员称他是"罗斯福的私人外交办公室"。罗斯福高度评价他这位助手的工作，甚至干脆颠倒了常规的总统—雇员关系，亲自接电话，保护霍普金斯。"我不想你用这事儿去打扰哈里，"他会发脾气，"哈里要焦虑的事情已经够多了。"

事实也确实如此，霍普金斯还有两个新工作要干。他是罗斯福和丘吉尔之间的首席协调员，跟二人通报彼此都在想什么，都有什么难处，但同时也让二人都对彼此充满信心。除此以外，他又回到公共事务中了，这是他辞去商务部长以来的首次露面，担任罗斯福租借法案的非正式主管。理查德·凯西（Richard Casey）在日记里这样写道，霍普金斯是"租借法案的救星"，接收英国政府（有时是通过埃夫里尔·哈里曼）的愿望，并竭尽全力满足这些愿望。霍普金斯当然很熟悉怎么花这笔几十亿美元的公共基金——这是他的专长。但是现在，他的开支不仅局限于国内，还是国际性的了。

罗伯特·舍伍德（Robert Sherwood）认为霍普金斯的"进攻方法"跟新政时期在本质上是一样的，只不过，这次"他遭遇的不是面包、干旱、洪水或者飓风，而是有史以来人类所遭受的最可怕的灾难"。霍普金斯有一个小小的团队，最开始还不足二十人，几个月后就发展到一百人，但是他叫得动各个政府部门成千上万的人。他利用自己的每一点权威加速重要战争物资的生产和分配，然后运输到其他民主国家去。一位被他训过的官员说霍普金斯是"穿针部队总司令"，能很快就打通一位谨慎的军官或者把一位顽固的实业家痛骂一通，打开瓶颈。这位官员很清楚英国的需求和霍普金斯想满足这些需求的愿望，说道："如果不保持警惕，我们就会发现白宫正驶向英国，舵桨就是华盛顿纪念碑。"

霍普金斯的文件四通八达，因为租借法案涉及到联邦政府的绝大多数部门，甚至是美国人生活的诸多方面。这是一项浩大的工程。罗斯福宣称，美国人的援助永远不会枯竭，而是与日俱增，直到涓涓细流汇聚成河流，河流汇聚成激流，将这个企图统治世界的极权独裁者吞噬。租借法案包括的物资从机车到石油产品，到坦克、船只，甚至海军基地。1941年美国海军部派遣了1 000名美国工程师和技师到北爱尔兰和苏格兰，为英国建了4个驱逐舰和水上飞机基地，花费达5 000万美元。国会最后的拨款将是这一数字的1 000倍，达500亿美元，支付租借法案提供给盟国的滚滚洪流。

租借法案拯救了欧洲，也改变了美国。在租借法案的直接资助下，新的船厂、工厂、仓库在全国如雨后春笋般纷纷冒出，以满足新的需求。"在租借法案资金的帮助下，建立了威洛鲁恩（Willow Run）的福特轰炸机工厂，底特律的克莱斯勒坦克军火库，加利福尼亚里士满（Richmond）的凯撒永恒医疗中心"，爱德华·斯特蒂纽斯（Edward Stettinius）这样说，他是霍普金斯之后租借法案的最高领导人。租借法案扩大了海军的规模，增加了飞机厂，建立了新的船坞，还促进了美国工业重心的转变，使得现行的工厂生产从汽车轮子转向枪托炮架，从烟花转向弹药，从棉纺机转向用于山地作战的榴弹炮。当然，美国工业设备的增加还是花了些时间的。租借法案早期最大的拨款是军用飞机，军械，用于运输这些援助物资的商船，但是这些订单很多都是到1942年才开始装船运输的。当罗斯福签署租借法案的时候，他打开了一个管道，但是将这个管道装满武器，却花了好几个月的时间。

但是租借法案却让英国得以摆脱1941年春天所面临的一个威胁：饥饿。战争前，英国的绝大多数食品都是靠进口，包括新西兰和丹麦的鸡蛋和黄油，挪威的鱼，荷兰和法国的奶酪和蔬菜，加拿大、澳大利亚和阿根廷的牛肉、面粉和小麦。战争逐渐吞噬掉了这些进口：首先是食品运输逐渐被减少，为战争物资腾空间；接着德国的闪电空袭毁掉了所有为英国提供食品的国家；再接下来就是潜艇摧毁了运载食品的船只。最后不得不建立食品配给制。根据一项估计，在法国沦陷和租借法案通过这期间，英国成年人的平均体重减少了十磅。同时，国家的食物储备迅速减少。

1941年4月16日，罗斯福将租借法案的范围扩大至食品。他责成农业部长立即将10万箱的脱水牛奶，1万1000吨鸡蛋，同样多的奶酪转运到英国。在整个1941年里，100万吨的租借法案食品被装船，包括罐装猪肉和鱼肉，脱水蔬菜和罐装蔬菜，各种乳制品等。数百万的维生素片由重型轰炸机携带着，飞越大西洋，送到英国皇家空军手里。算下来，1941年整个租借法案出口价值中有一半都是食品的运输。

5月底，埃夫里尔·哈里曼站在蒂尔伯里（Tilbury）的码头上，观看第一批租借法案食品运输的卸船。当食品到达时，英国的食品储备供应已经仅够维持几周了。几天之内，从美国运来的罐装肉、鸡蛋粉、脱水牛奶、奶酪就开始出现在英国家庭的餐桌上了。怪怪的肉，重新加水的乳制品也许无法令所有人都满意，但是租借法案为英国提供了食物。

食品供应是一个极好的例子，证明霍普金斯—哈里曼组合是如何化解英美双边关系中的不愉快的。英国的食品大臣沃尔顿（Woolton）勋爵监管着英国的食品配给制，并倡导节俭饮食，包括不含肉的"沃尔顿派"。当第一批租借法案食品物资运到的时候，沃尔顿冒冒失失地公开呼吁美国人少吃点乳制品、罐头鱼和肉，将它们送到英国来。霍普金斯电报哈里曼，说美国人更喜欢从美国农业部听到关于配给的建议。"这封电报的重点，"

他说,"在于很礼貌地告诉勋爵少多嘴。"吃到点苦头的沃尔顿勋爵很快就答应了哈里曼的请求,未来对美国的广播中,优先考虑美国当局。

尽管跟霍普金斯合作,哈里曼还是深感沮丧,因为他缺乏来自国内的信息。他在给一位朋友的信中说,他感觉就像有"一堵墙",将华盛顿和伦敦隔离开来。哈里曼跟罗斯福抱怨说,邮件来得"太慢了,简直难以忍受",他也不能定期收到国内来的最新消息,所以他说:"我有多大用处,就看我得到多少有关华盛顿进展和想法的消息了。"被罗斯福打发后,哈里曼安排他的员工去见他们每天打交道的英国各部大臣,查看两个首都之间的电报来往,但这是远远不够的。哈里曼曾经跟怀南特抱怨说,要不是他从美军采购器材局一位朋友那儿得到一些电报,他将完全不知道华盛顿正在发生什么事情。"现在,我们的信息都来自英国,"哈里曼说,"我喜欢从美国人那里看到华盛顿,而不是从英国人眼里看华盛顿。"罗斯福自己的特使们都被他那非常规的管理方式弄得叫苦不迭。

* * *

哈里曼向怀南特抱怨自己进不了权力机构,还是颇为放肆的,因为他的出现,怀南特在丘吉尔圈子里的地位完全被动摇了。

在很多方面,怀南特的大使馆还是很成功的。抵达英国的时候,他在温莎火车站受到国王的接见,这可是一种"特殊的礼节",是外交部促成白宫这样做的,跟罗斯福之前大张旗鼓出海迎接哈利法克斯勋爵相匹配。他恢复了与伦敦的左派老朋友的关系,以大方得体的举止和对英国事业的同情,跟英国公众建立起了一种很温暖融洽的关系。一位英国人对哈罗德·艾克斯说,"在美国派到英国来的大使中……怀南特是最受欢迎的一位。"

怀南特不遗余力地跟英国人打成一片。他生活节俭,有意避开王侯门(Prince's Gate)14号气派的大使官邸(从那里可以远眺海德公园),选择了一个位于格罗夫纳广场的小公寓居住。他强调按照英国的战时配给生活。他经常在空袭后走在伦敦的街上,给那些无家可归的人一些帮助。《泰晤士报》说,在他的演讲里,"他很自如地将自己与英国人的努力融为一体,使用"'我们'这个词,而一个比较谨慎的外交官可能觉得用'你们'就够了"。与约瑟夫·肯尼迪形成鲜明对比。怀南特代表的是"一个低谷之后的顶峰",比弗布鲁克勋爵的一位助手如是说道。

但是,随着时间的推移,罗斯福起用了哈里曼,再加上哈里曼的行事方式,怀南特作为美国在伦敦的官方代表的地位被削弱了。在他的回忆录中,怀南特对此事的描述倒是非常谦和,写到罗斯福对哈里曼的任命时,他说:"很难做一个比这更令人开心的决定了……这项任命表明了总统的技巧,精明和活力……通过派遣使者来满足国民和军队的需求,这种特别的安排体现了难得的对战争需求的整体把握。"

事实上,这两人之间的关系很难处。在美国驻外武官陆军总将李(Lee)看来,"没有哪位大使有这么窝心的了,接任新职时还有另一个人怀揣着一封大大的总统公开信,上面称其是自己的私人代表,并授权他介入任何事情"。李还说,"怀南特太有耐心了。肯尼迪怎么会搞砸!"赫希尔·约翰逊(Herschel Johnson)也"很激愤",说哈里曼是"在践踏怀南特的尊严、特权和使命"。他认为哈里曼"是我所见到的最为愚蠢疯狂的任命之一"。哈里曼的职责从加快援助的步伐变成李将军所谓的"在罗斯福和丘吉尔之间传耳边风",完全让怀南特靠边站,尤其是特使将他最重要的电报通过海军发给白宫的时候,因为国务院根本都看不到。

对于丘吉尔来说,租借法案是一件生死攸关的事情,所以他毫不吝啬地将注意力倾斜到特使身上,而忽略了大使先生。怀南特与首相的关系淡下来,也不能给伦敦的重要辩论出谋划策了。怀南特深深地体会到自己被排斥外,经常深更半夜跑到朋友家,在客厅里踱来踱去,痛骂哈里曼最近又怠慢他了。

哈里曼也尝试过改善这种状况。他明显意识到怀南特感觉自己被架空了,于是在4月份写给罗斯福的一封信中,他写道:"您的大使在英国获得各阶层人民的信任和尊敬……他具有温暖人心的同情心,毫无保留地付出奉献,也不乏睿智的判断力。我很珍惜这个和他共事的机会。"一个月后,哈里曼告诉罗斯福:"我从未在像格罗夫纳广场这么投缘的氛围里工作过,这主要归功于吉尔慷慨的人品。"但是,尽管哈里曼欣赏怀南特的无私,但他并没有为了照顾大使的情绪而收敛自己的行事风格。罗斯福也宽慰过怀南特,一再说等他5月底回到华盛顿述职的时候,他可以留在白宫,他俩好好谈一谈。然而,这些表态无法掩盖在英美关系中怀南特相比之下不那么重要的事实。罗斯福一直渴求第一手的情报,但是他很少只信任一个单一的渠道,所以怀南特回到伦敦的时候,情况自然一如既往。

显然，罗斯福起用埃夫里尔·哈里曼作为自己的私人特使干扰了美国在伦敦的官方代表的工作。这对罗斯福来说也不好受；毕竟怀南特不是国务院里的仇英派，也不是"穿条纹长裤的男孩"——刻板顽固，而是总统亲自任命的人，公开支持援助英国，支持总统的外交政策。罗斯福一定也感觉这样很不好，因为没过多久，他就着手处理这件事了，当然是通过另一个特使的办公部门。

* * *

1941年的夏天，哈里曼第一阶段的工作告一段落，温斯顿·丘吉尔请他到中东进行巡回视察。"我希望你能去，看看那儿有没有你能做的事情。"首相说。哈里曼立即就接受了，没等到罗斯福同意。这次行程最直接的目的是推动美国在战斗机、坦克以及其他设备方面的援助，英国目前正将这些物资送到北非的军队里，打击那里的德国人和意大利人，同时确保这些物资的拼装，并被用在刀刃上。最近英国人在希腊和克里特都遭到严重的挫败，在埃及和中东的地位也受到来自东西两边的威胁——一边是轴心国对叙利亚（巴格达一个亲轴心国的政权）的渗透，一边是隆美尔在西部大沙漠的勇猛行动，英国军队急需作战物资。

但是，丘吉尔还有个更长远的目的：将同情他们的哈里曼变成一个同伙，支持英国继续战斗。对于中东的重要性，英国和美国政府内部都存在极大的分歧，英国的部分高层人物［尤其是帝国总参谋长约翰·迪尔（John Dill）将军］，还有美国的陆军，都很担心丘吉尔对东地中海的看重会危及到英国在远东的地位，甚至危及到英伦诸岛自身的安全。

丘吉尔寻求的是哈里曼在战略方面的支持，然后是援助方面的支持。他给英国在中东的总司令阿奇博德·威维尔（Archibald Wavell）将军写了一封热情洋溢的信，推荐哈里曼。"哈里曼先生是我绝对信任的人，并且跟美国总统和哈里·霍普金斯先生都关系非常密切，"首相在信中说，"没人能比他对你帮助更大……我推荐哈里曼先生，务请慎重考虑。他将作为国防部长，同时向他的政府和我汇报工作。"要知道，美国当时还没有参与进丘吉尔和威维尔所谴责的那场战争，这可是个令人咋舌的任命书。

对哈里曼来说，丘吉尔的请求是无法抗拒的。这下他可以逃离伦敦那份稀松平常的工作（整个期间都是跟陆军总将李在一块，也令后者很郁闷），开始行动起来了。这是"一次真正做重大贡献的机会"，他给玛丽写信说。并且这也会拉近他与丘吉尔之间的距离。

6月9日，哈里曼从普尔（Poole）起飞，途经里斯本抵达西非，陪同他的是哈里曼团队的两名专家和"永远忠诚的"鲍勃·梅克尔约翰（在准备行程的时候，梅克尔约翰带上了一件柏博利雨衣，一套轻便西装，耐磨的鞋子，一个带布拉姆专利锁的公文包，用于存放机密文件，还拿上了一顶太阳帽。他没理会一位刚从那儿回来的英国朋友的建议，没有将无尾礼服装进他那新普尔曼箱子里，尽管"目前在开罗穿这个的时候比在伦敦多"）。

一行人在37天里的行程达到1万6 000英里。他们飞过大西洋、几内亚湾、红海和地中海，当然还有非洲大陆。中途遇到过德国、维希法国和意大利空军的飞机，这些飞机一个个都有自己的能耐。他们甚至还被一个英国士兵开枪射击过。他们坐过的飞机五花八门，包括一家老式的PBY卡塔琳娜水上飞机，里面有一个旧罐头，兼做餐桌和卫生间固定装置；一架布里斯托尔孟买运兵飞机，里面几乎啥都没有，还有一架洛克希德的北极星飞机，尽管有隔热技术，却经常"像个土耳其的蒸汽浴"。这可不是个让人享受的旅行。

第一站是英属冈比亚首都巴瑟斯特（Bathurst），在哈里曼看来，无非就是一个"尖角上的破旧小镇"，当地有种捕河马的体育运动。他们有点时间吃午饭，地点是在总督凉爽幸福的官邸里，陪同的还有两位客人，罗斯福的儿子詹姆斯（James）和船长路易斯·"迪基"·蒙巴顿（Louis "Dickie" Mountbatten）勋爵，后者是乔治国王的表亲，他的驱逐舰在克里特战役中被击沉了。然后，他们又继续沿着非洲西海岸飞到塞拉利昂的弗里敦（Freetown），这里是重要的大西洋护卫舰集散地。差不多有100艘舰船停在弗里敦海湾里——巡洋舰、驱逐舰、不定期货船、商船、运兵船等。早上太阳升起时，城市的噪音"像敲鼓一样震天响，一千户农家宅院的一百万只公鸡一起争相打鸣，告诉人们光线来了，其实谁不知道啊"。随着光线而来的，是潮湿和蚊子。"这里非常炎热"，哈里曼在给妻子的信里说。他在港口视察的时候，还看见一架维希法国的轰炸机低低地飞过来，懒洋洋地执行侦察任务。地面朝飞机扫射了一阵，也没起到什么作用。

从非洲大陆西部凸起部分的下端飞往尼日利亚首都拉各斯，有1 200英里（约1900公里）航程，他们要飞过维希法国（纳粹占领法国的傀儡政府）的领地，还有一系列散布在灌木丛中的旧奴隶贩卖。哈里曼跟拉各斯美国领事呆在一起，了解到英国殖民地的官员有打马球的习惯。"这里的生活还不错，"他这样总结说，"有不少黑人奴仆，工作也不太累。"他也碰到些稀客，比如新西兰总理和希腊国王，后者是因为德国入侵了他的国家，正逃往英国避难。然后哈里曼又原路返回重要的深水港——位于黄金海岸的塔科拉迪（Takoradi），视察了一个秘密的英国飞机装配厂，美国的托马霍克和莫霍克战斗机，英国的飓风和布伦海姆轰炸机都是在这里装配好，供中东战场用的。在塔科拉迪，哈里曼一行人沿着这些装配好的飞机飞行的路线，直接越过非洲大陆。

他们在尼日利亚北部有围墙的老城卡诺镇停留后，又在苏丹的埃尔·法舍尔（El Fasher）做了短暂停留，这里有沙尘暴，又"热得像火炉"。飞机下面的灌木丛逐渐变成沙子和岩石，然后是大山，哈里曼在给玛丽的信中写道，洛克希德飞机"上下蹦跳，就像在破烂的乡村路上的橡皮球一样……是我所见过最为荒凉的地方……我无法想象为什么有人乐意统治这片区域，更不要说在这里生活了"。最后，他们到了苏丹首都喀土穆（Khartoum），这里是青尼罗河和白尼罗河汇流的地方，是沙漠里难得一见的绿洲。从喀土穆可以看见靠近乌姆杜尔曼（Omdurman）的大平原，1898年基奇纳（Kitchener）勋爵在这里镇压了马赫迪军队，确保了英国对苏丹的控制。在喀土穆总督的官邸里，"上司"（有时候梅克尔约翰这样称呼哈里曼）终于洗了个澡，这可是出来这么久的第一次。6月19日，一行人又沿着尼罗河飞行，抵达大英帝国在非洲的核心之地和中东战场的总部——开罗。

开罗这座城市每天都会冲击着来访的西方人的感官。哈里曼的描述是这样的：

> 这里是一条狭窄的街道，满是参差不齐的房子，喧闹的市场，千篇一律的叮当声，那里横着一条大街，看上去就像从法国里尔（Lille）或者布鲁塞尔乡下直接挪过来的；劳斯莱斯和卡迪拉克一路按喇叭，旁边是傲慢的骆驼；穷人和富人挤在一起推推嚷嚷；各种味儿混合在一起，一会儿是摆在阳光下甩卖的廉价地毯、床单和棉布散发出的婴儿室气味，一会儿又是下水道打开

冒出的恶臭，堪比威尼斯，但是一会儿又是烤焙咖啡的香味，或者就是人的汗水和脏衣服的酸味儿。

梅克尔约翰对开罗的印象可没有这么细腻。"我们的贫民窟在纽约，"他在给家里的信中写道，"但是在埃及，贫民窟就在外面，就在你的门槛边。"他甚至对金字塔和斯芬克斯都没有兴趣。

哈里曼关心的不是开罗的环境如何，而是军事部署。他发现在开罗的英国军官骄傲自大，组织散漫。最近一次反攻隆美尔的战斗也失败了。哈里曼抵达后没几天，丘吉尔就解除了威维尔的指挥权，任命克劳德·奥金莱克（Claude Auchinleck）将军接替他的总司令职位。丘吉尔一封探问的电报让哈里曼忙碌了起来。在美国使馆的临时指挥部里，他给伦敦和华盛顿都发了一些令人振奋的考察报告，也包括他一路上看到的在生产、供应和训练方面的不足之处，尤其是空军运输服务的薄弱。他还提到一件让很多美国人振奋的事情，那就是英国在中东需要一个统一的军事指挥系统，增强各种服务之间的协调性。

他还在开罗周边进行了一系列的支线考察。在西部大沙漠，他接见英国军队的指挥官，同王牌飞行员谈话，观看坦克指挥员修理坦克。在奥金莱克的陪同下，他视察了第一辆在美国制造运到埃及的坦克。"没问题的"，奥金莱克将军说，他完成了一次驾驶测试，从坦克里钻出来。"非常不错的武器，操作简易，坚固耐用。你们能给我们送多少来？"哈里曼去了伊拉克的巴格达和巴士拉（Basra），那里刚挫败一起亲轴心国的政变，重回英国的控制之下。他还在巴格达英国大使馆的屋顶上睡了一夜，那是能找到的最凉快的地方了。从巴士拉返回的途中，他"像孩子一样激动"，因为看到了底格里斯河与幼发拉底河的汇合，据说这就是伊甸园所在的地方。他看到了外约旦的首都安曼——"戈壁滩上的几百栋房屋和苏伊士运河"。在耶路撒冷，哈里曼等人接见了英国指挥官，参观了圣址。哈里曼还到达了红海，视察了罗斯福刚刚为商船运输开通的港口，接见了击败过意大利人的英国指挥官。他特别喜欢厄立特里亚（Eritrea）的首都阿斯马拉（Asmara）这座殖民地城市，向玛丽写信说这里的气候"晚上干燥而凉爽"，就像"夏天的太阳谷！"当然这是两者之间唯一的相似之处了。

哈里曼还飞到地中海的亚历山大城，视察停泊在海湾里的军舰。在克里特等战役中被毁坏的英国军舰、希腊军舰，还有四艘退役的法国主力舰。地中海舰队司令海军上将安德鲁·坎宁安（Andrew Cunningham）带着他们在自己的游艇里绕着港口四处参观，因为太靠近一个弹药库而被哨兵开枪射击，幸好子弹只打在了游艇的后面。

在这期间，大多数时候陪伴着哈里曼的，不是别人，正是被哈里曼戴绿帽子的伦道夫·丘吉尔。毫不知情的首相在6月上旬将哈里曼托付给自己的儿子，并告诉他说："我跟他是非常好的朋友了，给他最好的礼遇。他正尽其所能在帮助我们。"于是这位胖乎乎的年轻骑兵在哈里曼呆在埃及的日子里，被指派为哈里曼的贴身助手。梅克尔约翰觉得"他一点都没有架子"，很受来访者的欢迎。伦道夫对开罗的奢侈事物了如指掌，深得镇上不少女人的喜欢。没有谁能比他更会让客人玩得开心了。

事实上，这两位偷情者居然惺惺相惜，实在是有些出人意料。伦道夫告诉父亲："哈里曼肯定是我最喜欢的美国人了……他显然认为自己更多的是在为你服务而不是为罗斯福。我觉得他是围着你转的人当中最精明最客观的一个人。"毫无猜疑之心的伦道夫也写信给自己的妻子，很开心地说："哈里曼绝对是非常有魅力的人……谈到你的时候他非常高兴，我恐怕有个很强劲的对手了！"哈里曼也很聪明地给帕米拉发了一封电报，说："伦道夫是最令人愉快、最善于逗乐的旅伴，开始明白对于他来说，你的弱点在哪里。"但有一件事情，伦道夫却无能为力。离开开罗之前，哈里曼想买光这里所有的长袜，梅克尔约翰说是为了"取悦伦敦的女人们"。但是，临走时，哈里曼的当地货币花光了。也许是伦道夫的赌债令他借不到钱，也或许是哈里曼认为不好意思向他开口借钱。

7月10日，哈里曼一行启程离开开罗回到伦敦，运载他们的是澳大利亚皇家空军的"桑德兰"号水上飞机，这本是一架民用飞机，被改装后用于潜艇巡逻执勤。在地中海地区，乘坐一辆飞得慢而且不带多少武装的飞机，穿梭在错综复杂的敌机巡逻中，是一件非常危险的事情。果然，深夜时分，当乘客们蜷缩在地板上睡得"像一堆猫一样"的时候，桑德兰受到一架德国梅塞斯米特夜间战斗机的袭击。澳大利亚飞行员战后回忆说，他开火还击了，并"冲进离地中海不过100—200英尺的云层，逃脱了"。其间，哈里曼"表现极为冷静"，飞行员回忆说，只问了句："是什么东西这么吵啊？"梅克尔约翰也对澳大利亚皇家空军印象深刻："我们的机组人员是澳大利亚人，他们什么都不怕。"

罗斯福和他的特使们

　　到达伦敦前,他们又停留了一站:直布罗陀。恶劣的天气迫使他们在这个"岩石城"滞留了四天,呆在总督戈特(Gort)勋爵那儿做客。被英国近卫步兵团称为"胖小子"的戈特其实是个厉害角色。他坚持每天傍晚吃饭前在一个浴缸般大小的游泳池里泡一泡,喜欢在自家花园栖息的小鸟,记得住所有直布罗陀著名的巴巴利猕猴的名字。戈特向他们介绍了直布罗陀固若金汤的外围防卫,包括枪支、隐蔽碉堡、坦克陷阱、内部隧道以及淡水储蓄池,睡觉休息的地方、厨房、医院。根据总督地下指挥部苏格兰威士忌的数量,哈里曼试着推算他能抵抗多长时间,结论是"很久很久"。

　　哈里曼一行人看到了直布罗陀的秘密雷达设施,登上了见证"俾斯麦"号灭亡的军舰:"声望"和"皇家方舟"。在总督官邸的社交生活是非常正式的。桌子中心的装饰品是三把巨型的大门钥匙,可以追溯到18世纪直布罗陀大包围时期。哈里曼身穿一身无尾晚礼服出席晚餐,让同事们惊讶不已,都没想到他居然随身带了这一套行头。梅克尔约翰的日记说,这个"喜剧性的穿插事件"是一次意大利空袭成全的,当时意大利人将他们的炸弹误投到西班牙小镇拉来尼亚(La Línea)上去了,这个小镇位于连接直布罗陀和大陆的地峡上。7月15日,桑德兰终于离开"岩石城"直布罗陀,一行人飞了最后一程,在晨曦中抵达普利茅斯。哈里曼马不停蹄,立即就见丘吉尔去了。

　　哈里曼向伦敦和华盛顿提供了非常详尽的报告,大到各个港口、高速公路、铁路的状况,小到需要更多的手工工具、军备和备用零件。他建议英国建立统一的指挥系统,美国要更加明确地承诺对中东的援助。在其回忆录中,哈里曼列举了这次行程中的"诸多实际成果",包括由泛美航空公司接管非洲的飞机运输路线,在厄立特里亚建立了美国的修理和供应补给站,以及各种美国军事装备的改良。但是,没能让丘吉尔如愿的是,哈里曼没能对美国关于中东的战略讨论产生很大的影响。马歇尔将军和斯塔克(Stark)上将依然不太相信丘吉尔的说法。这个问题很快就将由哈里·霍普金斯在其新一轮的伦敦之行中承担下来。

* * *

　　关于哈里曼的使命,他的传记作者将其概括为"照看生命线"。富兰克林·罗斯福希望哈里曼作为霍普金斯租借法案运作大盘中的伦敦终端，协调供求关系，带动华盛顿那些犹豫不决的官员行动起来。在这一点上，他是成功的。

有些人觉得他走得太远了，最后成了为英国利益而不是美国利益服务。他确实是支持援助英国的铁杆人物。早在他接受伦敦职位之前，他就私底下批评过罗斯福的谨慎外交政策。到了英国后，英国的统治阶层极力讨好他，使他对英国更是同情。他被热情好客所包围，被英国首相家庭所接纳，分享英国的秘密，以及丘吉尔那无法抗拒的个人魅力，这一切都极大地增强了哈里曼与英国主人的亲近之情。深夜就着一瓶波尔图葡萄酒提出请求的事情，现在就发生在哈里曼面前了，华盛顿曾为此说过他。"我几乎就是内阁的一员了"，哈里曼曾向一位朋友吹嘘道。"不论发生什么，"克莱曼蒂娜·丘吉尔曾经告诉他，"我们再也不会感到孤单了。"假如没有被这种令人陶醉的经历、奉承、危险和性混在一起冲昏了头脑，哈里曼定将是一位强人。

英国人深知埃夫里尔·哈里曼很烦美国人的那点中立立场，希望美国进一步介入战争。哈里曼到达不久，丘吉尔就告诉战时内阁，哈里曼和约翰·怀南特的态度令他"深受鼓舞"，他俩"显然都希望德国人采取点什么公然的行动"，这样就可以将美国带进战争了。考尔维尔说，"伦敦每晚都被轰炸，纽约却夜夜灯火通明"这个说法令美国人很沮丧。

另一方面，哈里曼在对丘吉尔崇拜有加的同时，也为自己能在讨论中与首相平起平坐深感自豪，这可不是人人都能做到的。丘吉尔对哈里曼还是比较谨慎的，从未拿美国参战这事纠缠他，也不在本应是总统做决定的事情上给他施加压力。他跟哈里曼在一起，不仅仅是因为他知道哈里曼与霍普金斯的关系，更是因为他确实喜欢哈里曼。

不管怎么说，哈里曼跟英国人的亲近并没有影响到他在推进美国对英援助这一使命中的表现，反倒是这恰恰助了他一臂之力。至于罗斯福，他在任命之前就知道哈里曼的态度。在某些事情上，总统很喜欢不在自己面前的人的意见，因为这可以转移人们对他自己人的注意力，让他得以同时获得不同选民的支持。哈里曼的好战态度并不妨碍他执行使命，也没有影响到罗斯福按部就班地实现自己的外交政策目标。

但从另一个角度来看，两人无疑也可以受到批评。罗斯福对哈里曼的指示非常开明。这是"非常了不起的授权，"哈里曼后来说，"完全让我放

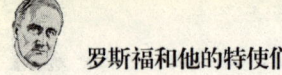

开手脚。"他迅速利用总统的宽松，拓宽了自己的工作重心。由于可以通过霍普金斯得知罗斯福的想法，哈里曼被英国政府视作罗斯福在伦敦的代言人——不惜牺牲了吉尔·怀南特和他的大使馆。

　　哈里曼是一个很复杂的人。他像"副牧师的鸡蛋"，好坏参半。在有些方面，他是好人，忠诚于朋友，办事有效率，玩命地工作。鲍勃·梅克尔约翰在一篇日记里这样写道，"别无异常。像狗一样工作"。但是他也呆板沉闷，维护自身利益，太过雄心勃勃，这是怀南特的发现。哈里曼的伦敦使命使他从乏味无名的埃夫里尔摇身一变成为意气风发的埃夫里尔，那是他通往荣誉与名望的桥梁。他的手一旦沾上权力，就绝不轻易放弃。

二战与美国命运相会

1941年7月
哈里·霍普金斯在伦敦

第6章
哈里·霍普金斯先生

当哈里曼正在横跨非洲和环绕地中海的飞机上时，英国在大西洋的战局得到扭转。夏日的夜晚减少了为德国潜艇的狼群战术提供的庇护，而英国成功地破译了德国海军的密码则帮助其舰队能够躲避德国潜艇。被击沉的商船吨位开始下降。在1941年中期，罗斯福的政策是兵分两路。一方面，他逐渐激发起美国卷入大西洋局势的热情，另一方面，他决定将太平洋的局势稳定下来。国务卿科德尔·赫尔与日本驻美国大使野村吉三郎漫长的外交对话让美国人能够渐渐揣摩出日本人的立场，延误日本向东南亚和印度支那的扩张，给轴心国内部造成不和，以使美国能腾出手来处理欧洲局面。富兰克林·D.罗斯福很高兴他的国务卿能操办这些会谈，他就可以一门心思专注于大西洋以及大西洋上满载军备物资航行的船只。"控制大西洋对我们维系太平洋的和平至关重要，"他告诉哈罗德·伊克斯（Harold Ickes）说，"可惜我手头上的船只不够：太平洋的任何小冲突都会减少对大西洋的船只投入。"

在关于大西洋这一主题上，华盛顿的各个派别都在竞相争斗以影响总统的看法。被历史学家西奥多·威尔逊取名是"激进派"的群体，包括斯廷森（Stimson），诺克斯（Knox），伊克斯（Ickes）和斯塔克（Stark），支持对英国的援助，同时赞成更多地展示美国军队的实力和更强硬的国家姿态，如果不是立即宣战的话。反对他们的是"渐进派"，包括马歇尔和国务院的阿道夫·A.伯利（Adolf A. Berle），他们对美国支援英国大量物资的政策颇为不满，认为那应该是美国军队力量得到进一步加强之后的事。显然，富兰克林·D.罗斯福努力区分了这些差异。如同大卫·雷诺兹（David Reynolds）所说，罗斯福逐渐抛弃了"现付自运"的重要原则，代之以租借法案援助，一步步扩大了美国在大西洋的活动范围，包括大批建立海军基地，在7月，美国海军陆战队进驻冰岛。租借法案缓解了英国的现金短缺，现在，美国海军已经准备就绪，以确保美国物资安全运抵英国。

总统华丽的演讲词藻与其政策共同变化。美国的前倾立场曾被解释为"为了避免美国卷入战争"，现在则被解释为"阻止希特勒征服世界"。即使富兰克林·D.罗斯福现在承认美国终将参战，历史学家对此有不同看法，但他依然不准备马上诉诸行动。[40]

此时，希特勒终于下定决心，1941年6月22日凌晨，德国军队向苏联发动进攻，欧洲的战争局势全面改变。德国的"巴巴罗萨"行动成为所有陆地战争之母。在短期内，它给了英国免受袭击的喘息之机，对英国的攻击尽管尚未实施，但一直是悬在人们头上的恐惧之源，也缓解了纳粹德国空军的肆意蹂躏。同样，这也减轻了华盛顿的一些压力。在亚洲，情况恰恰相反，德国入侵苏联使情况更糟糕。当苏联被迫与英美结盟后，日本作好了南进入侵印度支那的准备，同时也积极准备着随时与苏联发生的战争。

从长远来看，"巴巴罗萨"行动将产生更大更有颠覆性的影响。它对苏联人民犯下了滔天大罪，但它也严重伤害了德国自身的利益。这是希特勒犯下的最灾难性的蠢行。丘吉尔将其看作是该时期的第四大高潮。但眼下，战争的浓烟使人们还难以看到那样远。在德国入侵的最初几天，一切都显得对柏林有利。德国人摧毁了大批停机坪上尚未起飞的苏联飞机，向苏联境内推进了三百多公里。大多数英美官员与斯廷森的看法相同，即苏联最多能够抵抗一到三个月。罗斯福本人也模棱两可，摇摆不定，不确定德国的进攻仅仅是"转移视线"，还是预示着"将欧洲从纳粹统治下解放出来"的开始。

现在出现了进退两难的困境：西方如何对德国的"巴巴罗萨"行动作出反应？丘吉尔这位毕生的反布尔什维克者立即看到了英国的利益所在。"如果希特勒进攻地狱"，在德国入侵苏联的前一晚，他在首相乡间别墅的门球场上餐后散步时，对科尔维尔说（Colville）："我也会在下院为魔鬼说点好话。"实际上,他所做的更多。他宣布英国"将尽己所能支援苏联和苏联人民",派遣军事代表团前往莫斯科,与苏联达成协议,两国将相互支援,重要的是都保证不单方与敌人媾和。

美国的行动相对缓慢。在政府内部,德国的入侵使"激进派"和"渐进派"少见地达成了一致。两派都反对向苏联提供大量军援,认为这些物资给英国和美国军队使用更佳。全局上看,德国的"巴巴罗萨"行动终止了对欧洲战争的辩论。一方面,它将藏在富兰克林·D.罗斯福身后的极左派暴露了出来:几乎是一夜之间,美国共产党就从不干涉主义变为了极端干涉主义。在德国入侵苏联当天,罗伯特·舍伍德(Robert Sherwood)到哈莱姆区参加了一个争取自由大会。当他走进金门舞厅时,人们尚未获悉德国的入侵这一消息,他穿过了共产党设立的纠察线,旁边的标语牌写着谴责大会发言人是英国帝国主义走狗的口号。当他一个半小时后出来,纠察线已经消失,共产党已经改变了立场。"第二天,"他说,"《每日工人报》表现出了亲英、亲租借法案和亲干涉主义的态度,特别是两年来首次表现了亲罗斯福。"

不过,共产党在美国没有多少影响力。在美国中部,德国的"巴巴罗萨"行动影响到总统的表述:"这场战争是民主和专制之战。"在政治上,它进一步使孤立主义的立场强硬起来。苏联的参战"应该一劳永逸地解决美国的干涉主义难题",罗伯特·伍德将军说,"支持战争的一方很难要求美国人民在斯大林的红旗下拿起武器参加战斗。"孤立主义者同样反对援助苏联的政策,倾向于让"希特勒和斯大林这两个恶棍自相残杀"。有的还指出了德国进攻苏联并摧毁共产主义威胁的好处。

无论舆论如何,白宫在6月下旬采取了两个温和步骤,解冻苏联在美国的资金,并宣布中立法条款不适用于苏联,从而使贸易和援助得以持续。然后在7月上旬,在苏联对德国的抵抗越趋激烈时,富兰克林·D.罗斯福冒险决定向苏联提供尽可能多的援助(尽管尚无租借法案),希望能使苏联的抵抗坚持到冬天。这一决定部分是根据总统对苏联短期前景看好的基础上作出的,这一乐观的看法既受富兰克林·D.罗斯福天生乐观性格的影响,也受专家分析的影响。对苏联的援助也符合罗斯福的战略思想:削弱德国又无美国人伤亡,并且阻碍约瑟夫·斯大林与希特勒再次媾和。

因此,在7月10日,总统告诉苏联大使康斯坦丁·乌曼斯基(Constantin Oumansky）说，美国将向他的政府提供最紧迫的援助。不过，总统依然对苏联战争的前景持怀疑态度，这在他对乌曼斯基的话中显露出来，"如果苏联能够将德国的攻势抵抗到10月1日，消耗德国的兵力和装备，那对打败希特勒具有重要价值"。尽管遭受重创，但苏联希望做的不仅仅是在夏天拖住入侵者。

* * *

在整个夏天，哈里·霍普金斯不断变换角色：外交政策顾问、罗斯福和丘吉尔的中间人、租借法案总管。他的职责广泛多样。"哈里的名字应该改改了，"罗斯福开玩笑说，"就叫'杂务部长'好了"（房间里有人说："还有杂事"）。紧张的活动看来对霍普金斯的健康大有裨益。除了偶尔的胃部不适，他身体并无大碍。喜气洋洋的富兰克林·D.罗斯福宣称这属于他的功劳，他对朋友说："罗斯福医生知道怎么治好哈里的病。"

眼下，罗斯福医生要求哈里再次扮演特使角色重返伦敦。7月11日，星期五，晚餐后，两人在白宫二楼富兰克林·D.罗斯福的书房进行了长时间交谈，总统也曾在这间书房会见了从欧洲返回的萨姆纳·韦尔斯和温德尔·威尔基。作为总统最隐私的地方，总统讲稿撰写人鲍勃·舍伍德（Bob Sherwood）认为，这间房子是"全国聚焦的中心，在某种意义上，也是全世界聚焦的中心"。但也如同劳工部长弗朗西斯·珀金斯（Frances Perkins）所说，这间房是"总统工作和生活的地方，拥挤不堪，显示了他的兴趣和想法的复杂性和多样性"。房间里有漂亮的"坚决桌"，这是维多利亚女王送给拉瑟福德·海斯总统（Rutherford B. Hayes）的礼物，取材于皇家"坚决"号的军舰。房间里还有海军的照片和家庭绘画，不配套的椅子，轮船模型，书籍和报纸，无人会使用的机械管风琴，有国家复兴总署蓝鹰标志的废纸篓，和埃塞俄比亚皇帝海尔·塞拉西一世的兄弟送的狮子皮。就在这些罗斯福风格的乱七八糟的物件中，总统描述了霍普金斯新使命的重要内容。

首先，是巩固与英国的关系，目前有些松弛。到7月时，罗斯福的渐进主义政策引起了伦敦的不满。租借法案的援助证明是有价值的，但还不是决定性的。而英国期望美国在春天参战的愿望已经破灭。一种对美国的承诺所持的明确怀疑态度弥漫在英国人心中。霍普金斯是罗斯福良好意愿的象征。美国大兵尚未开拨动身，但哈里动身了。

其次是要讨论特定的双边问题。白厅关心的是战后它会为租借法案援助给美国的补偿数额，并对赫尔和野村的会谈感到忧虑。更重要的问题是苏联参战后对英国和美国的影响如何。根据其偶尔的威尔逊式的冲动，富兰克林·D.罗斯福相信，英国和苏联不会同意战后的领土和政治调整，特别是涉及到波罗的海各国，无论是私下或者公开场合均是如此。[41]

另外还有一个重要问题是美国海军在大西洋的活动。目前为止，罗斯福仅准备命令海军在大西洋巡航，但不是对横跨大西洋的商船护航：这是一个更有价值但更危险的举动。但现在，罗斯福感受到越来越多的公众支持，他决定开始准备对混合船队护航，就是说船队包括悬挂美国国旗或冰岛国旗的轮船。他希望通过霍普金斯与丘吉尔交换他的看法。在一张从《国家地理》杂志上撕下来的地图上，总统沿26度经线标出了美国海军的活动范围。然后，他向右划了个大弧线，将范围扩大到美国进驻的冰岛及周围海域。富兰克林·罗斯福的计划是有限的和模糊的，以确保自己的行动自由。后来，他改变了主意，推迟了该计划的实施，直到他有机会亲自与丘吉尔面谈。不过，在几个月时间里，美国海军就接手了该海域的商船护航任务，距离苏格兰北部海岸仅数百英里。

霍普金斯还受委托修复哈里曼和怀南特之间的嫌隙。"哈里曼不代表政策"。霍普金斯在白宫作的笔记上写道。其目的是让丘吉尔知道，哈里曼的角色限于租借法案事务，而怀南特依然是总统在伦敦的主要代表。富兰克林·罗斯福指示一位私人代表就另一位私人代表与法定大使的权力之争给出规定，这种讥讽好像在他人身上尚无先例。

霍普金斯的最后一个任务是为即将举行的罗斯福与丘吉尔会谈作出安排。对日期和地点的讨论从霍普金斯1月的使命起就提上了日程。值得一提的是，这两巨头仅见过一次，那还是1918年在格雷酒店的宴会上，但没有什么结果。丘吉尔当时已经是资深政治家，但其行为在罗斯福看来是"令人讨厌的人，"罗斯福回忆，"他是为数不多在公共场所对我粗鲁的人。"更糟糕的是，丘吉尔很快就忘记了这次会面。富兰克林·罗斯福则并不习惯被人遗忘。

尽管有些小嫌隙，但罗斯福迫切希望与丘吉尔再次见面，这是他们作为政府首脑的首次会晤。"我一直和丘吉尔保持着联系，"他4月份告诉加拿大总理麦肯齐氏·金，"我强烈感受到的是我们应该找机会坐下来谈谈。"但当机会来临，他却不愿意直接面对美国参战的棘手问题：这对丘吉尔来说，正迅速成为不列颠外交政策的根本所在。罗斯福希望把这一话题置于幕后，并且委派霍普金斯去处理首相的期待。"不要谈论战争"，是他当晚在白宫办公用笺上写下的话。

* * *

这并非是罗斯福在7月11日委派给其特使们的唯一重大任务。同一天，他签署了行政命令，任命比尔·多诺万为他的"信息协调员"。多诺万受命组建一个新的情报部门，其独立于军方，并直接向总统报告。

几个月来，多诺万已忙于梳理这样一个美国情报机构，它能够搜集情报，分析情报并设计针对敌国的方针。同时，英国官员也正对美国政府进行着游说，包括英国秘密情报组织驻美国的代表威廉·斯蒂芬森（William Stephenson）和来自海军情报机构的海军少将约翰·戈弗雷（John Godfrey）与其助手伊恩·弗莱明（Ian Fleming），这两人在华盛顿的时候经常住在多诺万在乔治城的家中。美国官僚机构的对手包括埃德加·胡佛（Edgar Hoover）和乔治·马歇尔，他们试图压制多诺万的计划，但富兰克林·罗斯福决定支持多诺万，因为他早就对来自陆军、海军、国务院和联邦调查局的杂乱无章的情报厌烦了。英国方面私下表达了喜悦，"我们的人"上场了。多诺万开始规划他的新机构，招募了很多有才华和有影响力的成员，包括富兰克林·罗斯福的讲稿撰写人罗伯特·舍伍德（Robert Sherwood）和他的儿子，海军上尉詹姆士·罗斯福。疯狂的比尔终于出现在大联盟中。

* * *

"霍普金斯将很快来伦敦进行短暂访问，"7月12日，富兰克林·罗斯福给怀南特发电报称，"请转告前海军人员。"怀南特很快回复华盛顿，"首相听说哈里的到来非常高兴，"还补充了一句，"我也同样。"与此同时，霍普金斯在出访前最后一天仔细准备了他的访问安排，与政府官员讨论了生产、运输和外交事务。他最近与苏联大使奥曼斯基进行了会谈，所以，他与哈利法克斯大使共进了晚餐。7月13日晨，距他接受总统委任不到36小时,霍普金斯启程前往伦敦。罗斯福密切关注他的出访,愉快地写下记录,"哈里登上飞机了!"并非华盛顿所有人都对霍普金斯的出访感到高兴。"我真不明白为什么要派哈里再次前往伦敦,是否是要强化他的威望",他的对手哈罗德·伊克斯在日记中抱怨,"这个政府中无人有机会像哈里那样把自己的身价抬高到这样的程度,他确实是赢得非常侥幸。"

霍普金斯直接飞往蒙特利尔,然后继续飞往位于北美最东北端的纽芬兰的甘德。庞大的甘德机场据说是世界上最大的机场,是运送美国制造的飞机前往英国的主要中转站。恶劣的天气使霍普金斯逗留了一夜,但也让他有机会和富兰克林·罗斯福的儿子埃利奥特一道参加了有益健康的钓鳟鱼活动,埃利奥特是在驻扎当地的美国空军中服役。接下来,他搭上了租借法案援助英国的B-24 "解放者"重型轰炸机,20架飞机列队飞往苏格兰。B-24 "解放者"重型轰炸机噪音巨大,机舱没有加压,寒气逼人。其4个巨大的普拉特-惠特尼发动机和螺旋桨一直产生剧烈震动。霍普金斯的位置在飞机杂乱的弹舱。但作为交通工具,B-24重型轰炸机也有其好处,那就是讨厌的记者无法追踪其行程。乘坐轰炸机而非客机重返不列颠也向其东道主传达出确切的信息。

这次的英国显示了与上次的截然不同,这不仅是因为天气更暖和。两个月来,自从下议院被炸毁后,伦敦就开始享受到空袭的间隙期。残垣断壁随处可见,但燃烧的硝烟已经散尽。街道得到清理,餐馆又宾客满堂,女性穿上了夏日的棉布服装。战争的影响无处不在,穿军服的人们,纸条封住的窗户,等待接受配给的长队和空中飘浮的阻拦气球。但如同美国记者雷蒙德·格拉姆·斯温(Raymond Gram Swing)从伦敦的广播报道所说的那样,"所经受的最困难的时刻成为了人类的伟大经历。这是一次解放,恐惧不再支配着人们的行为"。

在霍普金斯到达前举行的7月4日庆典中,英国公众对美国的关注表露无遗。英国首都从来没有像现在这样举行过美国独立日庆典。美国的星条旗和英国的米字旗并肩飘扬在火车站、旅馆和被炸弹毁坏的建筑上。美国的爱国歌曲在滑铁卢火车站和维多利亚火车站的喇叭中播出。一家报纸在头版刊登了美国国旗。当《我的国家属于你》的歌词出现在电影屏幕上,观众起立,根据熟悉的乐曲高唱陌生的歌词。时髦的饭店给出了美国的食谱,菜品包括费城辣味浓汤、巴尔的摩炸鸡、波士顿番茄酱烘豆、玉米棒子和松饼。

罗斯福和他的特使们

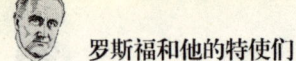

"在被德国飞机炸毁的商业区映衬下,圣保罗大教堂的大圆顶显得更加宏伟",雷蒙德·斯温在7月4日的广播中说。同一天,在圣保罗大教堂地下室举行的礼拜中,怀南特大使出席了纪念碑揭幕式。这是纪念身穿皇家空军军服而在空战中殉职的首位美国飞行员威廉·米德·林赛·菲斯克,他的朋友称他是"比利"。他曾是银行家和大雪橇滑雪冠军,并是1932年在纽约普拉西德湖举办的冬季奥林匹克运动会的美国代表团旗手,当时的州长富兰克林·罗斯福出席了开幕式。战争爆发后,他跨越大西洋,用伪装的加拿大证件设法参加了英国皇家空军。1940年8月,在反德国空袭的不列颠之战的高峰期,他驾驶的飓风战斗机在与德国的斯图卡式俯冲轰炸机的混战中被击中。比利·菲斯克的纪念碑与新落成的乔治·华盛顿半身雕塑相对而立,上面铭刻的碑文是:"一个美国公民死了,为了英格兰的生存。"出席这次追思仪式的人,包括菲斯克飞行中队的飞行员,高唱"共和国战歌"以表悼念。但没有人会料到,怀南特后来回忆,明年,当大家在圣保罗教堂再次听到"共和国战歌"时,将会是美国三军总司令的悼念仪式了。

所有这些英美团结的表现难以掩饰英国对华盛顿意图越来越多的焦虑。很多报刊社论表达了对罗斯福7月4日广播讲话的失望,讲话没有提及美国加深对战争的参与。霍普金斯对英国方面的过高期望颇为不安。当地人善意地用伦敦口音送给他一个绰号"赫里·阿普金斯,"意思是"快点,快见国王"。这是对努力的认可。也是对要求更多的呼吁。

* * *

霍普金斯乘坐的轰炸机于7月17日星期四下午到达苏格兰西南的普雷斯特维克。在机场迎接的是刚从中东返回的埃夫里尔·哈里曼。当听说霍普金斯即将到来,他也马上飞抵普雷斯特维克。经过漫长艰苦的航程,霍普金斯显得凌乱疲惫,但他立即赶往伦敦去会见丘吉尔。科尔维尔写道,他突然在唐宁街现身,"满载着给首相的火腿、奶酪、雪茄等",而带来的还有美国香烟,让科尔维尔忌妒的是,是送给汤米·汤普森的。[42] 丘吉尔和霍普金斯立即开始会谈:讨论了"巴巴罗萨"行动和其对租借法案的影响,德国进攻英国的强度越来越弱,英国在中东的防御策略等等,丘吉尔后来回忆,还有"安排我和罗斯福尽快以某种方式在某地会晤的问题"。

196

霍普金斯拿出富兰克林·罗斯福绘的地图，然后两人讨论起大西洋的局势。

当天下午，按照亚历克·卡多根的说法，"看上去更像是死人"的霍普金斯参加了战时内阁会议，军方首脑报告说，苏德战争的残酷性被证明远超德国人的预期。霍普金斯给出了美国军需品生产的乐观报告，特别是商船、飞机和坦克生产。他还对国内局势作出了积极的预测，认为尽管美国人不愿参战，"但如果总统决定对德宣战的时机成熟，大多数美国人，大多数政党，都会赞同总统的行动，并给予完全的支持"。官方的会议纪要没有美国何时参战的记载，但澳大利亚驻伦敦高级专员斯坦利·布鲁斯（Stanley Bruce）透露，霍普金斯告诉战时内阁"总统的立场很快会改变，并暗示日本的行为正是火上加油"。

霍普金斯同意在公告中提及他参加了会议，这引起美国国内大量评论。《纽约时报》报道说："邀请他出席会议被看作是对霍普金斯先生的个人致敬……也是对美国作出的姿态。"《芝加哥每日论坛报》则认为，他的出席"不仅是象征性的"：它表明"英国战时内阁从一开始就在操纵美国的战争计划"。霍普金斯对此给予了滑稽的回答，当被问道他如何就座在了战时内阁开会的地方，他回答，"我不知道怎么了。我只是偶然路过，看见了一些从前的老朋友"。

第二天早晨，霍普金斯为英国和美国记者举行了新闻发布会。李准将发现霍普金斯比他上次访问"更消瘦了、更苍白了、更紧张了"，并注意到他在1月新闻发布会上和这次的差别。上次发布会上，霍普金斯显得"非常克制和不作承诺"，这次则"更加坦率和激动"。"别弄错了，"霍普金斯大声说，"我们的目标是打败希特勒这家伙。世界上所有被奴役的人们如果担心战争的结局，他们可以放心，战争决不会失败。我们可以肯定，美国的生产能力，加上大不列颠的生产能力，将远远超过独裁国家。美国的生产已经以比人们能够想象快得多的速度在运行。"确实，美国的国防产出，在商业巨头和新政拥护者的组织下，在租借法案经费的刺激下，已经呈现膨胀式增长。

当霍普金斯说道，商业船舶的产出从1941年的100万吨增加到1942年的600万吨，记者们发出阵阵"感叹之声"。"我们将打造足够的船只，把我们的产品运送到联合王国，运送到世界上一切与希特勒战斗的民主国家的战场"，霍普金斯承诺。美国还有"庞大的飞机制造计划"，并"建立了庞大的新厂"生产重型轰炸机,它们能够一举摧毁"德国最遥远的东部"的目标。霍普金斯相信,英国和美国能够共同"生产比德国更多且性能更好的飞机、坦克"。为了"给你们运送大量奶制品,特别是奶酪和黄油,美国开始了农业经济的巨大转型"。当被问到护航时,他小心翼翼地重复了罗斯福最近就美国安全区展开巡逻的公开声明。但他强调说:"我要说的就是我们将保护我们的运输船队。"

霍普金斯的声明让英国记者产生强烈震动,他们认为,这是"长期以来他们从美国得到的最乐观的消息"。他们纷纷在各自报纸的头版刊登了这一消息,并配了渲染的标题和加黑加大的字体。《每日电讯报》的文章说:"中立已经不再是乐善好施的仁慈。"雷蒙·德格拉姆·斯温告诉他的听众,"霍普金斯所讲的没有华盛顿的报纸和美国公众所不知道的,但是,当他把美国所做的一切包含在一则声明中,面对面地告诉伦敦的记者时,它就产生了巨大的效果"。只有总统特使才可能制造这种效果。斯温认为,霍普金斯给出的信息仿佛是"给不列颠精神注射了维他命"。对于美国国内的孤立主义者,这一消息更像是毒药。蒙大拿州参议员伯顿·惠勒(Burton Wheeler)愤怒地指责霍普金斯"完全不顾及美国的情感。如果我们依赖哈里·霍普金斯来告诉我们该做什么,那英国和美国都将倒大霉"。霍普金斯和总统的其他顾问,他说:"都是一群小丑,居然会是他们来决定美国1亿3 000万人民的外交政策。"

当天下午,霍普金斯在克拉里奇与哈里曼和李就英国在中东的防御进行了交谈,这在英美关系中是一个敏感问题,但分歧并非是根据国别为界展开的。英国军方有人不同意丘吉尔不惜代价死守埃及的观点,而罗斯福则同意首相的看法,中东是打败并消灭德国军队的好地方。李和他在大使馆的同事都担心,霍普金斯会被丘吉尔的阿谀奉承弄迷糊,但事实上根本无须任何阿谀奉承。从他的评论中可以看出,与富兰克林·罗斯福同样,他也倾向支持丘吉尔的立场。霍普金斯告诉李和哈里曼,根据美国驻外代表的失败主义论调的报告,华盛顿的很多人早就放弃了中东。许多人相信,向中东增派力量无疑是"向地狱扔雪球"。但眼下,"苏联参战了,叙利亚问题解决了,华盛顿的人们开始重拾信心……而美国依然对这重要地域感兴趣"。

霍普金斯在首相乡间别墅度过了周末。他感到高兴的是,随天气转暖,他再无须在这幢老房子里穿大衣了。还让他感到高兴的是得到一顶新帽子。在他1月来访期间，他的旧帽子，众所周知的破旧怪异的软呢帽"显露出15年的历史"，成为英国公众迷恋的对象。观察家发现，帽子"前面上翘，后面下垂到耳边"。有的英国人认为这种"陈旧懒散"的帽子是"典型的美国帽子"。每当霍普金斯的帽子出席在伦敦报纸上，他会"被英国服装经销商团团围住"，争先恐后要求送他一顶新帽子。霍普金斯拒绝了。"如果我买一顶新帽子，不出两星期就会跟这顶一样，"他理性地分析说，"因此，有什么必要呢？不管怎样，这顶旧帽子很舒服，满足了帽子的功能。"他满意的是能够把帽子拉到耳朵下遮挡寒风。

人们没有放弃。5月，西德尼·J.温伯格（Sidney J. Weinberg）这位传奇的高盛公司总裁和坚决支持政府的华尔街大亨，送了霍普金斯一顶新帽子。温伯格对帽子深有了解，因为他入职是从搬运工做起的，其一个重要任务就是把同伴的帽子刷干净。他写信给霍普金斯的团队成员，说他对特使"深怀钦佩和尊重"，但是，"对于他这种职务的人来说，我认为他的旧帽子没有给英国公众留下恰当印象"。因此，"作为公共服务"，他定制了一顶"全美最佳帽子厂家"约翰·卡瓦纳（John Cavanagh）制作的帽子。为产生特别触摸感，帽子的毛毡垫圈掺入了牛奶衍生物，这种物质是温伯格任经理的公司生产的。没有记录显示霍普金斯对礼物有何反应，但当他7月重返伦敦，他又戴上了旧帽子。

在他第二次访问伦敦的"疯狂的旋风"中，霍普金斯突然消失。有消息传来，丘吉尔"不留情面地嘲笑了霍普金斯"有失体面的毡帽，并安排了他的消失。无论怎样，当霍普金斯光着头来到首相乡间别墅，丘吉尔告诉他"你不能这样到处走"，然后从自己的帽子中送了他一顶漂亮和线缝紧密的灰色卷边毡帽，帽子里面还写着"W.S.C"（丘吉尔的英文首字母大写）三个字母。帽子的尺码有点偏大，但这不是问题。报道说："霍普金斯先生接过帽子，表示了感谢，然后啪地把帽子扣在了头上。"

* * *

当天在首相乡间别墅度周末的还有丘吉尔首相的追随者：布拉肯（Bracken），伊斯梅（Ismay），科尔维尔（Colville），林德曼（Lindemann）（最近被授予贵族爵位查威尔勋爵），埃夫里尔和凯思琳·哈里曼，也有陆军和海军将领，艾德礼一家人，鲍勃·莱科克上校（Bob Laycock），他最

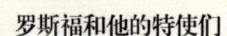

近率领英国突击队在位于地中海东部的克利特岛采取了行动（他也成为了伊夫林·沃（Evelyn Waugh）创作的三部曲《荣誉之剑》中英国士兵布兰克豪斯的原型）。星期六，苏联大使伊凡·麦斯基（Ivan Maisky）来访，他身材矮小，眼光敏锐，长着黑黑的山羊胡子。他带来了斯大林的电报，要求丘吉尔增加对苏联的军事援助。有人给麦斯基和霍普金斯作了相互介绍，两人在白厅呆了一会儿，白厅的得名是因为其镶木都漆的白色，直到克莱芒蒂娜为霍普金斯点燃了香烟。当晚，丘吉尔或许给霍普金斯提供了特权，采访被俘的纳粹鲁道夫·赫斯。霍普金斯后来悄悄告诉李说，他谢绝了丘吉尔的特权，担心会被泄露出去，"然后被炒作为与纳粹进行了接触"。

星期日，在前来参加午餐的客人中，有美国记者雷蒙德·格拉姆·斯温，"高高的身材，背微微弯曲，身穿粗花呢制服，戴着角质架眼镜，蓬松的棕色头发"。斯温早在第一次世界大战时就是勇敢的记者。在达达尼尔海峡战役中，他搭乘土耳其货轮横跨马尔马拉海，一艘英国潜艇对货轮实行检查，一名军官询问土耳其货轮的名字，该军官用通俗语问道，"你是谁？"斯温则激动地回答说，"我是《芝加哥每日新闻》的雷蒙德·格拉姆·斯温"。后来，他的这番回答出现在拉迪亚德·吉卜林的书中并成为永恒。1941年，斯温成为世界新闻播音员，他强烈的反纳粹立场赢得了英国和美国的广大听众。费利克斯·法兰克福特（Felix Frankfurter）和塔卢拉·班克黑德（Tallulah Bankhead）都是斯温的粉丝。丘吉尔和霍普金斯在午餐时与斯温聊得非常高兴，当晚，他们听到斯温在广播中赞扬他俩。斯温的广播回顾了美国人在过去几年走过的历程。斯温说："现在有三场战争：意识形态的，工业领域的，和真枪实弹的：美国参与了前面两场战争。"

晚餐后，在首相乡间别墅华贵和满是书籍的长廊里，用新放映机放映了电影：奥森·威尔斯的经典之作《公民凯恩》，该影片部分是根据媒体巨头威廉·伦道夫·赫斯特的生平故事改写。碰巧，霍普金斯也曾建议弄一个该影片的拷贝给富兰克林·罗斯福，认为总统可能会喜欢上该影片，因为它"描述了赫斯特的人生经历和事业的兴衰史"。但是，在首相乡间别墅放映的是《彻底的失败》。丘吉尔看上去感到无聊，电影未完就离开了。科尔维尔觉得电影"糟糕透了"，为此和凯思琳·哈里曼还争论了几句。凯思琳说："这部电影好极了，并说所有的美国电影都是如此。"科尔维尔在日记中写道。"她说我们没有向她展示多少英国民众的情况，我回答美国所展示的表明其并未向我展示美国的情况。"

这一群人继续聊天到凌晨3点。凯思琳·哈里曼在给家人的信中说，霍普金斯本周末是"情绪高涨"，并且"非常开心。他是我见到的唯一能够随心所欲与首相说话的人，并且毫发无损。这是一个不同的哈里，我在想，与在白宫的他截然相反！这里的每个人都喜欢他。他真的与他们气味相投"！

星期一早上，首相的客人乘坐"长长的车队"返回伦敦，途中在英国皇家空军的诺索尔特机场（Northolt）停留，观看了飞行表演。5架重型轰炸机：一架斯特灵，一架哈利法克斯，一架兰卡斯特，一架B-17飞行堡垒，和一架B-24解放者。在距地面数英尺高的地方从检阅人群前掠空而过。然后，霍普金斯和怀南特与安东尼·伊登（Anthony Eden）继续就秘密承诺的问题交谈，他们告诉英国外交大臣说，罗斯福坚决认为，在战争前景明确，和谈开始进行之前，不可能作出参战承诺。霍普金斯警告说，美国不想参战后却被人发现原来还存在这种秘密承诺。伊登向他的客人保证，他"与任何人一样不希望我插手此事"，但在他的回忆录中，他写道："美国总统就欧洲战争发表讲话的前景让我心凉并联想到威尔逊的所为。"

当天下午，霍普金斯参加了战时内阁的又一次会议，这次会议显露出英国方面对罗斯福特使的有限开放程度。在听取了关于苏联的报告和讨论了一系列无可置疑的问题后，丘吉尔示意霍普金斯可以离开了，因为接下来的议题都纯粹是国内事务。一份"虚构的议程"被用来证实此点，卡多根在其日记中写道："内阁5点开会，霍普金斯又出现了。这确实很荒唐，我们必须在会议结束前把他弄走，我们的借口是我们要讨论国内事务，但实际上讨论的是美国和远东！"

英国处理另一个问题的方式：租借法案提供的飞机投入使用的速度，进一步突出了英国决心对美国的观点作出反应。霍普金斯相信，"美国人对国外有一种感觉，那就是他们援助给英国的大量飞机未能尽快投入使用"。给人的印象是这些飞机"被闲置了"，因为英国缺乏飞行员。丘吉尔立即动手纠正这一印象。7月22日，他精心导演了一次战时内阁相关委员会的会议，会上，主要负责官员向霍普金斯和哈里曼作了口头汇报，谈到了飞机都是以最快速度投入到战场的。他还记录下空军司令的话，"在最

广泛的层面上,如果这些(租借法案)轰炸机被用来对德国实施轰炸突袭,那倒是不错的主意",这样就更能够显现飞机的可见度。没有任何一位首相像温斯顿·丘吉尔那样,对英美关系如此精细和执着。

同一天,丘吉尔带霍普金斯会见了国王并进行了长时间会谈。当晚,霍普金斯与帝国总参谋长上将约翰·迪尔(John Dill)勋爵和其军事行动主任,少将约翰·肯尼迪勋爵在迪尔位于威斯敏斯特花园的公寓共进晚餐。肯尼迪勋爵回忆:"霍普金斯的谈吐得体、轻松,充满智慧和活力。尽管他身体显得虚弱。"不断吸烟的霍普金斯充分给自己描绘出了作为中间人的自我形象。"总统与温斯顿在很多方面都相似:都是性情中人,"他说,"我的任务是让这两巨头保持密切和友好关系。"例如,丘吉尔的一封电报让罗斯福"大发雷霆",霍普金斯提醒他说首相是在为生死而战,这才"把他安抚下来"。霍普金斯还举了另外一例,当丘吉尔就失败主义向霍普金斯夸夸其谈时,"我听了片刻,"霍普金斯说,"首相先生,我不需要演说,我需要的是能够拿回家去说服总统相信你们是正确的东西。"

第二天他向总统报告了他在伦敦的进展情况。"我在此地的任务很快将完成,"他在电报中说,"与前海军人员,军方将领及各个政府部门进行了满意的会谈。"中午,他来到位于格罗夫纳广场的哈里曼的办公室,与这位探险家的所有成员见面。据鲍勃·米克尔约翰回忆,霍普金斯在谈话中展示了"对金钱的高度蔑视",认为其无非"是记记账罢了"。这番话对挥霍金钱的霍普金斯来说毫不奇怪,但对像米克尔约翰这种热衷预算的人,这番话完全是胡扯。"如果他真的老老实实挣过一个美元,他就不会说出这番话了。"米克尔约翰在日记中以克制的语气写道。

7月24日星期四下午,霍普金斯和丘吉尔确定了大西洋会议的细节问题,这将是世界最强大的中立国领导人和欧洲交战国之一的领导人之间在海上举行的一次不寻常会议。在会议记录中,丘吉尔以浪漫和意外的笔触描述了经过:"7月下旬的一天下午,哈里·霍普金斯来到唐宁街首相官邸的花园,我们两人坐在阳光下。不久,他说总统非常希望与我在某个静寂的海湾会面。我马上回答说我相信内阁会让我请假的。就这样,一切便确定下来了。"

事实上,双方对这次会面非常渴望并经过了反复商量。现在终于确定下来,会面定在两星期后,地点是加拿大东部纽芬兰的阿真舍沿海的普拉森舍湾。这里实际上是罗斯福的后院。丘吉尔的航程要远得多且危险得多。研究该次会面的历史学家西奥多·威尔逊评述道："无论是从政治，身体和象征性原因考虑，丘吉尔都有必要多走一段路程：老大陆向新大陆脱帽致敬。"两位领导人的一系列的越洋电话和其中间人共同敲定了这次会面。丘吉尔非常兴奋，他忘记了自己是在开放的电话线路上，从而轻率地泄露了这次谈判的一些细节。

当晚，在唐宁街首相官邸开会，会议的主题是中东的防御。出席会议的有英国首相、霍普金斯、哈里曼、英国军方将领，和3位美国军方代表：陆军准将李，两位常驻伦敦的美国陆军和海军"特别观察员"，陆军少将詹姆士·E.钱尼（James E. Chaney）和海军少将罗伯特·戈姆利（Robert L. Ghormley）。李在日记中写道，丘吉尔、哈里曼和霍普金斯用完晚餐后直接来到会场，"大家都显得轻松，系着黑领带"。丘吉尔拿着"长长的雪茄"，李描述道："雪茄太长了，仿佛是他依附在雪茄上，而不是雪茄依附在他身上。"丘吉尔会议一开始就说，很多美国人怀疑中东战役明智与否，因此，他召集了"他能够找到的权威"来向美国人通报英国的计划，并"就英国的立场进行充分和坦率的讨论"。

霍普金斯证实说，许多美国政策制定者相信，英国正为站不住脚的中东立场付出惨重代价。"总统的态度不同，"霍普金斯说，"他意识到必须在敌人出现的任何地方与之战斗。因此，他更倾向于支持中东的战斗"。但霍普金斯提醒英国方面，美国人对中东地区知之甚少：他们"从未听说过班加西、苏卢姆、梅尔沙和马特鲁"，现实是，大多数人"真的不知道尼罗河是流向北方还是南方"。但是，"充分的信息"在最高层也是问题：总统"从未得到有关中东战役的全面战略报告"。一个"真正的理解必须形成"，这样，美国人才能"对大规模的双边行动有充分的信心"。

美国军方代表表达了他们对英国在整个中东卷入战争的担忧，因为其会分流资源，危害对跨大西洋航线、新加坡乃至美国本身的保护。丘吉尔回答说，目前的大西洋和远东局势并不需要削减对中东的投入，他认为，他感到"他对坚持我们立场的前景"比以前"更有信心"。这时，英国军方首脑们纷纷插嘴，说他们对英国的防御和对中东的前景持完全乐观态度。同样，帝国总参谋长约翰·迪尔子爵支持了丘吉尔的观点，尽管他私下心存疑虑。如果从中东撤退，迪尔说，将会伤害盟国的士气和辜负穆斯林的友善，使德国军队腾出手来，并让出对波斯湾的油田和非洲的资源的控制。因此，最佳方案是在大英帝国军队有优势的战场与德军战斗。内阁会议厅成为了回音堂。后来，丘吉尔谈到他当时的感受是"我们的美国朋友被我们的表述说服了，被我们的团结说服了"。

这次会议，李相信，根本不是针对霍普金斯的。无论如何，霍普金斯并不缺乏机会听取丘吉尔关于中东局势的观点。相反，这次会议的听众是针对李和其他出席会议的美国军方代表，和其他向华盛顿作汇报的人的。霍普金斯积极地想改变这些人，他甚至安排丘吉尔给出了一份"长远战略的全面声明"，而他才是声明的真正制定者。富兰克林·罗斯福事先并不知道这次会议。但霍普金斯代行了老板的意愿，他缓和了两国政府的关系，鼓励有时显得傲慢的美国军方同意该计划。尽管如此，英国方面也并非在当晚获得了所希望的一切：霍普金斯对丘吉尔提出美国在太平洋应该加大参与的表态不置可否。

7月25日星期五，霍普金斯感到"异常疲惫"，决定和丘吉尔、哈里曼及其他人外出，到乡下观看坦克演习。他在克拉里奇酒店与李共进了早餐，并询问他如何改善租借法案援助机制，包括在华盛顿和伦敦两方。李是与哈里曼同样的怀疑论者，回答说相互重叠的机构：美国武官、哈里曼使命和军事观察员詹姆士·E. 钱尼少将办公室。霍普金斯透露，总统委派他全权消除哈里曼和怀南特之间的紧张关系。"我已经给哈里曼发出了最严格最明确的指示，让他不要插手任何政治问题。那是大使的责任，大使一个人负责。我也告诉了丘吉尔，"他说，"我们现在在英国的大使是我们过去25年来最优秀的、最杰出的和最合格的人选，并且，他是大不列颠真诚的朋友，所以，首相在任何政治事务上，都应该直接地完全地与怀南特打交道。"正如舍伍德严肃地写道："这番解释对局势是否有任何效果值得怀疑。"丘吉尔告诉哈里曼，就像丈夫对情妇，"我们今后得小心了"。但是，这种三角恋继续维持了下去。

随其使命临近结束，霍普金斯和华盛顿频繁电报往来。作为后"巴巴罗萨"行动一部分的南进行动，7月下旬，日本占领了维希法国在印度支那的系列据点。作为回应，美国政府冻结了日本在美国的资产，加强了菲律宾的防御，实施了对日本的石油和天然气出口限制。现在，通过霍普金斯，罗斯福向丘吉尔通报了另一项反制措施：他提议印度支那"中立化"。这一想法是各大国让该地区成为中立区，其资源保证向各国开放。如果日本从印度支那撤军，它将获得其所需的稻米和肥料。富兰克林·罗斯福预测东京的回复将是否定的，但我们至少又作出了一次努力，以避免日本向南太平洋的扩张。

　　东京的回复确实是否定的。更大的问题是，"美国人所构思的遏制措施，"大卫·雷诺兹写道，"被日本人看作是包围。"在接下来两个月里，富兰克林·罗斯福对石油和天然气的出口限制逐渐演变为事实上的禁运。随着其石油储备减少，美国海军力量的增强和美国政策的逐渐强硬，日本军方开始策划如何通过武力来扩充其资源：冒着与美国开战的风险向南扩张。

* * *

　　霍普金斯在首相乡间别墅度过了在联合王国的最后一个周末。一位常客回忆，首相乡间别墅不断有"秘书进进出出"，并且，"有重要人物来来往往"。但这周末在这古老庄园中的活动是极度狂乱的。直到最后一刻，霍普金斯才同意星期天晚上在英国广播公司（BBC）发表广播讲话，为了准备演讲稿，他邀请了老朋友昆廷·雷诺兹这位结实的，不修边幅的《科利尔杂志》驻伦敦记者。丘吉尔也在这一周末准备重要演讲稿，因此，来自唐宁街10号的秘书进进出出。美国专栏作家多萝西·汤普森也来到庄园，还有埃夫里尔和凯思琳·哈里曼、吉尔·怀南特、查威尔勋爵和负责轰炸机部队的空军中将理查德·皮尔斯爵士。出席者还有丘吉尔的亲属及家人：温斯顿脾气暴躁的黑猫纳尔逊，它受到首相的宠爱是因为曾把一条大狗从海军部追得乱窜而逃，和玛丽的"自由法兰西贵宾犬"素琪。出席者还有丘吉尔家族的朋友莫里斯爵士、维奥莱特·博纳姆·卡特夫人和霍雷希娅·西摩小姐，她曾是克莱芒蒂娜的伴娘。西摩小姐和阿斯奎斯首相（英国前首相）的女儿维奥莱特夫人都是坚定的自由主义者，责怪霍普金斯"只和英国的保守派打交道"。她们问他为什么没有遇到自由主义者呢？"我遇到过，"霍普金斯俏皮地回答，"实际上，我眼前就有两位！"

　　星期六午餐，餐桌上摆上了羊肉，结果引发了温斯顿和克莱芒蒂娜之间的一段有趣对话，被昆廷·雷诺兹记录了下来：

　　　　"你在哪里弄来的羊肉？"
　　　　"在我们经常去的村里的肉铺。"她回答。
　　　　"我们把朋友霍普金斯带到这里来，我们拿什么招待他？粗糙

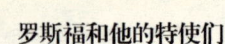

难吃的羊肉？"他大声抱怨。

"我吃起来很好。"哈里说。

"英国羊肉是我们引以为豪的东西。"丘吉尔开始了英国优质羊肉的长篇大论，并评论说今天的羊肉太糟了。"你应该弄到更好的羊肉，克莱米。"他责备说。

可爱的克莱米抬起头，一脸严肃地说："记住，温斯顿，我们是在战争年代。"

丘吉尔还在小声抱怨。

午餐后，克莱芒蒂娜把昆廷·雷诺兹带到霍普金斯的卧室。"我很高兴，你能够来帮助哈里，"她说，"我们很担心他的健康。"她就像"正在孵蛋的母鸡"，雷诺兹想到。霍普金斯"异常疲惫"并且明显身体不适，但他对女主人的担忧轻拂一旁，随意地说："在路上得了一点小感冒。"霍普金斯给昆廷·雷诺兹起草了演讲稿的指南，让他了解到特使希望在广播演讲中获得某种平衡效果。他"希望给英国公众一个希望，更大的变化即将来临，根据租借法案的更多重要援助已经上路了。但他不能说得更具体了"，否则会向德国海军暴露船队航行，并进一步激怒美国国内的孤立主义者，他们正"高喊血腥的屠杀"。霍普金斯意识到广播演讲的风险，向富兰克林·罗斯福保证他不会"做破坏同事名誉的事，会保护国务院的体面"。他知道"我说的一切都会被看作是直接来自富兰克林·罗斯福。人们知道我不过是总统的信使"。"有的政治家认为我对总统有斯文加利（Svengali）般的影响力，"他笑着说，"可惜他们不清楚我仅仅是传递信息。"

忙碌了几个小时，昆廷·雷诺兹在打字机上打出了演讲稿，霍普金斯则躺在床上休息。有一刻，丘吉尔夫人走进来责怪雷诺兹没有给霍普金斯盖上毯子。当霍普金斯醒来阅读了雷诺兹的演讲稿，他笑着说："该死的，昆廷，你是要我向德国宣战啊！""我们早应该这样做了"雷诺兹回答。"你忘了这是总统的演讲？"霍普金斯说，然后开始用铅笔修改。完稿后，定稿送给了丘吉尔审阅。霍普金斯突然闯进屋来，披着带拉链的整件布外衣，被人们称作是他的"连衣裤"或"背心连裤童装"。丘吉尔边看边笑，"我觉得语气还应该翻倍加强"。雷诺兹说，"当然是这样。我们的朋友霍普金斯说呢？"丘吉尔笑着说："可以了，可以了。"

当天的晚宴上气氛非常友好。丘吉尔身穿新的连衣裤，大多数时间都在和霍普金斯开玩笑，他穿了不知是从谁那里借来的无尾礼服。雷诺兹看来，丘吉尔把霍普金斯当作了"非常疼爱的兄弟"，而玛丽·丘吉尔则把他看作了"喜爱的叔叔"。克莱米还是把他看作病人，不断提醒说，"哈里，为什么不去休息。你明天还得够忙的，天气会不错。你早上可以和温斯顿出去走走"。霍普金斯装作受了伤害："想赶我走，是吗？好吧。"

雷诺兹把丘吉尔在晚宴上的交谈比喻是"附在岩石上的变色龙"：一下回到古代，一下谈到拜伦勋爵，又到印度，又到吉卜林，接下来是莎士比亚和《哈姆雷特》中长长的篇章，又到托马斯·莫尔，然后扯到第一次世界大战的诗人鲁珀特·布鲁克和他的诗《鱼儿》。"他是真正的诗人，"丘吉尔轻轻地说，"但是，你记住，他也是死于德国佬之手。""你知道我为什么恨纳粹？"丘吉尔问客人们，"我恨他们，是因为他们皱着眉头战斗。他们冷漠，面无表情。他们不是心中高唱着歌走上战场的。看看我们伟大的皇家空军的小伙子们。他们微笑着战斗。我喜欢微笑着战斗的人们。"对首相来说，巧合的是当晚放映了皇冠电影部拍摄的纪录片《今夜的目标》，影片描述的是轰炸机指挥官，该片最近放映后大受欢迎。雷诺兹注意到，笼罩在雪茄烟烟雾中的丘吉尔在"当飞临德国上空的轰炸机面临危险时，也会像任何一个影迷那样显得异常紧张。当轰炸机击中目标，他会咯咯地笑"。11点，克莱芒蒂娜宣布："我把你的床整理好了，哈里，我放了一个暖水瓶在里面。"但她是白费功夫了。当晚的活动又持续了3小时，最后，丘吉尔宣布："今天只能休半假，我们明天还得工作。"

霍普金斯在第二天的主要工作是发表广播讲话，9点15分，在墙壁有镶板的霍特里厅，在高悬的英国女王伊丽莎白画像的注目下，他用丘吉尔的麦克风发表了演讲：

我是一周前从美国到这儿来履行公务的。我的任务与其他美国人一样，从美国总统到在洛杉矶或布法罗飞机制造厂扭螺丝或开车床的工人。都有捍卫我们的行动自由和思想自由的传统。现在，希特勒正严重威胁着我们的这个传统，也是你们的传统。

我并非赤手空拳从美国而来。而是乘坐轰炸机来的，和我一道来的还有20架美国轰炸机。这些飞机今晚将参加战斗，把炸弹投向布雷斯特，投向汉堡，投向柏林，以捍卫我们共同的传统。

罗斯福和他的特使们

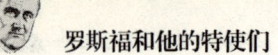

我是作为美国总统代表到这儿来的。他对希特勒宣泄的一切的憎恨也就是美国人民对专制暴政的憎恨。我的美国同胞认为，如果纳粹武力继续横行，如果世界的民主国家在其凶残但徒劳的攻势下分崩离析，这个世界将变得无法生存。

美国总统，在代表美国人民讲话时，并非是在向英国开出空头支票。即使是在我讲话这一刻，造型优美的灰色驱逐舰高扬美国国旗，正乘风破浪行使在北大西洋。这一浩瀚的大洋曾经把我们分离开来。现在，它让我们连接起来。今晚，英国和美国军舰将巡航在相同的航线上，目标只有一个：捍卫世界的生命线。

当伦敦东区的工人公寓遭到轰炸的消息传来，我正和总统在一起。当先是考文垂，然后是普利茅斯遭到轰炸的悲惨消息传来，我也和总统在一起。我听见了他说的话，这些话不是出自他的嘴，而是发自他的内心。我目睹了他打败希特勒的决心以及坚定不移的演说。总统及你们的首相同心同力：决心摧毁柏林那个罪孽深重的精神变态者的残酷政权。

是总统派遣我来这里的。他给我的指示是："看看我们运往英国的物资是否抵达。看看它们是否是英国所需要的。替我看看英国还需要什么。"这就是我的任务。

我找到了他要求我寻找的东西。我了解到美国运送给英国的大多数战争物资已经运达，但我也非常了解，一些宝贵的物资永远沉没在了大洋深处。我从你们的内阁部长那里知道了英国现在所需要的一切，我即将返回美国向总统汇报这一切。我已经知道了你们在为民主而战中最需要的物资。我相信，美国能够提供这些物资……

我们也没有忘记东方，中国正在英勇地反抗威胁民主的武力。我们也没有忘记苏联人民正在进行的伟大的卫国战争。美国人民决心向中国和苏联提供一切可能的援助……并立即实施。

霍普金斯的广播演讲最后，提到一个公共对话节目，该节目最初是因富兰克林·罗斯福委托温德尔·威尔基送往伦敦的朗费罗诗句引发的，而丘吉尔在其著名的2月演讲中对此给予了回答。现在，霍普金斯继续就这一话题发表看法：

你们的首相要求我们提供装备。我保证它们已经上路了。一条无尽的装配线从美国的西海岸一直延伸到英国，延伸到中东。不能容许任何人对这条运输线产生威胁和干扰。所有通过这条运输线的战争物资将安全运达英国。罗斯福总统承诺，他将采取最妥善的措施，保证这些物资安全抵达。美国总统一诺千金。英格兰人民，不列颠人民，英联邦国家人民，你们不是孤军作战。

霍普金斯并未宣战，但这已经是非常好战的演讲，也是英美团结的有力声明。美国的政策不再是任由英伦各岛随风漂流，而是与不列颠并肩战斗，至少在意识形态和工业领域是如此。显然，战争的第三种方式：真枪实弹，已经为时不远了。

霍普金斯的广播演讲被翻译成多种语言，在整个英联邦国家乃至更大范围播出。它在埃及报刊上醒目登出，它被丘吉尔在下院提到，它在《纽约时报》被报道。它被印成数百万计的传单并由轰炸机司令部派遣的飞机空投到了整个欧洲大陆。"英国的宣传官员可谓煞费苦心来解释霍普金斯是谁，"舍伍德钦佩地报道说，"但他们总算传达了这层意思，即他代表了庞大的美国远征军的先头部队。"它显示了霍普金斯第二次出访伦敦所发挥的象征性作用的标志意义，比他的第一次使命强烈得多。

霍普金斯的第二次使命也引起了他的对手惯常的批评，包括他受到了东道主的迷惑。哈罗德·伊克斯就在其日记中不满地抱怨，说他是"流畅的承诺者"。在伦敦，伊克斯写道，霍普金斯不断地"以高调的，广泛的和慷慨的方式"作出承诺。霍普金斯当然是热忱的英国支持者：比他第一次来访更热忱，甚至比此刻的富兰克林·罗斯福都更热忱。但是，霍普金斯在伦敦的行为与罗斯福的意图是吻合的。另外，影响力是双向的，英国方面同样希望展示他们的坦诚和积极态度。

霍普金斯完成了广播讲话后，他开始向首相和英国告别。以他典型的做派，他又忘记了支付克拉里奇酒店的账单。后来，他写信叫怀南特替他了结账单，并支付给贴身男仆和其他服务员一笔慷慨的小费，"一人几英镑"。

除了这件居家琐事，霍普金斯出访伦敦的所有目标都基本实现了。作为总统的代表，他更新了英美关系，确定了即将举行的峰会，传达了富兰克林·罗斯福对大西洋海军活动的信息，领土的问题和怀南特的官方地位。战后，丘吉尔写道，霍普金斯是白宫和唐宁街之间"最可靠和最完美的交流渠道"。他也成为了美国对困境中的英国实施援助的象征。

不过，在某些方面，霍普金斯使命所取得的成果比其预期的重要性要小：美国和英国两国精英群体的联系，两国政府在战争中的全面合作。上述问题只能在美国参战后才能得到解决。当然也存在大量摩擦，在两个主权国家之间，任何时候都会出现分歧。但是，这种关系毫无疑问是特殊的。霍普金斯1941年7月出访英国的使命有助于两国联合战线的最终确立。

二战与美国命运相会

1941年7—8月
哈里·霍普金斯在莫斯科和普拉森舍湾

第7章
乔大叔的宠儿

在德国入侵苏联的消息传来当天,霍普金斯正在赛马场上。听到这个消息,他的第一个反应是,"总统支持英国的政策真的起作用了!希特勒转向了"。他对波兰驻美国大使说,希特勒的行动会使德国的立场更复杂,并且减缓对英国的压力。不过,也存在风险。霍普金斯担心的是代号为"巴巴罗萨"的德国入侵苏联行动会给美国的孤立主义带来帮助,他们正在煽动美国的反共情绪,特别是在天主教徒中间。他还担心英国得到改善的战略环境会降低美国重新武装和援助他们的紧迫性。

和华盛顿的其他人一样,他也曾在早些时候推断出纳粹会迅速占据上风。一位美国军方高级人士告诉《华盛顿邮报》,只有"上帝的行动"才能挽救苏联免受早期的失败。但在德国入侵几周后,霍普金斯改变了想法。在援助苏联的问题上,他的观点与总统开始接近,而苏联人正在殊死搏斗的现实更增强了他的这一观点。[43]

德国向东边的攻势在7月份继续被削弱,此刻,霍普金斯正在英国。国内对局势的这一发展出现各种反应。报刊对这一消息颇为兴奋,但尚不满意的是人们都倾向支持援助苏联卫国者(如同《芝加哥每日论坛报》所说:"一位亚洲屠夫和他不信神的船员")。美国的报刊编辑的这种模棱两可的矛盾心态也得到读者的反响:72%的美国人选择希望苏联获胜,而仅35%的美国人相信美国也应该像援助英国那样援助苏联。

211

罗斯福和他的特使们

尽管在敌对的公共舆论面前总是保持谨慎，但罗斯福决心扩大对斯大林直接的实质性援助。而他的决心因为从前线传来的消息和前驻苏联大使约瑟夫·戴维斯（Joseph Davies）的个人判断而愈发坚定。约瑟夫·戴维斯预测苏联红军将"震惊世界"。但要由许多反对这项政策的华盛顿官僚们来实施这项政策，却又是另外一回事。对缺乏行动的不满，并受到奥曼斯基大使和亨利·摩根索（Henry Morgenthau）抱怨苏联只收到了"已成话柄的华盛顿的'敷衍搪塞'"的刺激，富兰克林·罗斯福开始对政府部门施加压力，要求增加对苏联援助的军备出口量。

* * *

这时，霍普金斯对华盛顿的分歧进行了一场决定性的远程干预。7月25日，当他准备结束英国使命时，他在给罗斯福发的一封电报中提出了令人吃惊的建议。

> 我想知道，让我跑一趟莫斯科是否重要和有益。飞行条件不错，只需29小时就可以到达。我的感觉是应该尽一切可能让苏联人继续战斗，尽管他们可能首战惨败。如果斯大林能够在关键时刻为我们所影响，我认为通过个人特使让你和他直接联系是值得一试的。我的看法是此事关系重大，应该可行。斯大林到时就能明确无误地清楚，我们在长期物资供应上说话算数。

此时，罗斯福和霍普金斯都未认为苏联能够最终获胜。相反，就像霍普金斯从伦敦发给富兰克林·罗斯福的电报中所说，"与苏联的往来"为英国和美国赢得"短暂的喘息时间"。延长这种喘息时间当然值得一试。无论"巴巴罗萨"行动最终结果如何，在霍普金斯眼中，援助莫斯科是有意义的。就像他给吉尔·怀南特（Gil Winant）所说："多一个德国人在苏联毙命，就少一个屠杀英国人和美国人的士兵了。"

霍普金斯的莫斯科使命的准确根源众说纷纭。但霍普金斯离开华盛顿之前就与罗斯福讨论了这事显然是不可能的。霍普金斯周围的人都认为这种想法是他在伦敦突然想到的，而最后一刻他才想到去莫斯科，不然霍普金斯就不会在伦敦进行多个会晤，包括与皇室成员的会晤。成功的因素很多，不过，苏联和美国的驻英国大使后来都说，是他们首先向霍普金斯提出了这个建议。伊凡·麦斯基（Ivan Maisky）回忆说，在与霍普金斯共进午餐时，"这个想法在我脑中一闪，"到莫斯科走一趟是特使获得他需要的信息的唯一途径。而吉尔·怀南特回忆说，他自愿提出去莫斯科，并给斯大林带去"激励人心的好消息"。他犹豫了一下问霍普金斯："如果我去，你觉得怎样？"[44]（颇具讥讽的是，吉尔·怀南特作为大使，其作用因为个人特使而大为贬低，竟然会提出他作为个人特使前往会见斯大林，而一个胜任的大使正在莫斯科）或许，这些建议都促成了霍普金斯下决心，不过，根据他的过去作为特使的经历，和他对直接会晤的偏好，他倒不需要别人的鼓动。

这一使命显然让罗斯福感兴趣，他立即回复了霍普金斯的电报："韦尔斯和我本人非常赞成你去莫斯科，并认为你两天后就可启程……我今晚给你发一封给斯大林的信件。"他还核查了日程，霍普金斯应该能按时赶回参加大西洋会议。富兰克林·罗斯福和丘吉尔都盼望他们的牵线人能够在期盼已久的约会上出现。7月26日星期六，霍普金斯当晚收到罗斯福的同意回复时，他正在乡间别墅准备BBC的广播讲话稿。"收到回复，我已经精疲力竭。"他在《美国杂志》的回忆文章中说。但他一接到指示，他写道："我立即精神焕发。我从未去过苏联。如果问我此刻的想法，那就是马上去莫斯科，让如此青睐我的诸神决定一切。"

第二天一早，霍普金斯收到白宫发来的第二封电报，电文中是给斯大林的信件：

> 我谨派遣霍普金斯前往莫斯科，以便能让他与你面谈……最紧要的问题是，在苏联对希特勒德国背信弃义的侵略的伟大抗战中，美国如何能够让其援助尽快和最有效地得以实现……
>
> 霍普金斯先生将直接向我转达你对他表达的意见，以及涉及你认为特别紧迫的美国援助的特定问题。我希望，你能够如同与我本人会面那样，以完全的方式和信任接见他。

富兰克林·罗斯福授权霍普金斯出访莫斯科出自两个目的。首先，是了解苏联的局势和需求，华盛顿对此知之甚少。在莫斯科的西方外交官和武官与普通老百姓乃至官员都很少接触，使其作出的判断是，按照一位第

罗斯福和他的特使们

一手观察家的话说:"几乎全部靠个人观察,外加传言和报纸。"外国人眼前"究竟发生了什么犹如漆黑一团"。更糟糕的是,美国驻苏联大使劳伦斯·斯坦哈特(Laurence Steinhardt)(他与罗斯福并不具有密切私人关系,因此也不享有特权),和武官伊凡·伊顿少校被克里姆林宫看作是失败论者,如果不是胆小鬼的话。就像乔·肯尼迪一年多前在伦敦的处境一样,这种局面加剧了其孤立并限制了其影响力。缺乏可靠信息使得政府对苏联的需求模糊不清。罗斯福希望霍普金斯能够给他战争的"真实情报",包括苏联军队的实力,他们作战的决心,以及能够将战争坚持到冬季所需要的军事物资。

在苏联最紧迫的需求这一问题背后,一个更重大的问题是:她究竟是否能够坚持下去?罗斯福不可能在给斯大林的电文中提到这个问题,但他希望霍普金斯能够给出答案。富兰克林·罗斯福倾向于肯定回答,不过,他也希望他的直觉能够得到事实的支持。霍普金斯抓住了罗斯福的这种不肯定的乐观心情,他在给科利尔出版社写的文章草稿中说,"他想要的是确定,希望能够确定,斯大林能够抵挡住希特勒,同时,英国和美国正尽最大努力完成防御和进攻的军事准备"。为了能够确定,霍普金斯必须面见斯大林。"斯大林代表苏联,"特使写道,"他的话才是唯一的权威。"

霍普金斯的另一项任务是重新发挥其中间人的作用,这次是在罗斯福和斯大林之间。这位苏联主席对美国总统一直是个谜。"在罗斯福看来,"霍普金斯告诉麦斯基,"斯大林目前仅存在于一个字面上。他从未见过你们的政府首脑,从未与他对过话,因此,并不清楚他总体上是什么样的人。"霍普金斯将对斯大林进行评判,并"带去总统的私人信件,承诺我们将'竭尽全力'向苏联提供一切可能的援助"。

星期天早上,霍普金斯来到首相乡间别墅二楼卧室,告诉丘吉尔:"下一步就看他的了……他必须想出办法让我顺利地到达莫斯科。"英美首脑会晤的日期日益临近,时间已经所剩无几。首相给空军参谋长查尔斯·波特尔爵士打了电话,命令他作出安排。他还未起床,回复就来了:霍普金斯可以当晚乘火车去苏格兰北部的因弗戈登(Invergordon),然后登机去北海的阿尔汉格尔斯克,然后前往莫斯科。怀南特奉命立即办理苏联签证。与此同时,霍普金斯将该进展向富兰克林·罗斯福进行了汇报,让罗斯福确信霍普金斯能够"按时赶回加拿大参加大西洋会议"。当天其余时间,特使就像在平时一样,与首相乡间别墅的其他客人聊天,谈论起"书籍、戏剧、人格"和"战争的普遍特性",还有就是准备他的BBC演讲。除丘吉尔外,是否还有人知道他的新使命,这些人都没有露出任何迹象。"英国人的矜持内敛显露无遗。"霍普金斯写道。"汤米"汤普森认为,霍普金斯"显得异常轻松……处于重大事件的中心这种感觉对他是大补剂"。这就是一出演出。事实上,在霍普金斯身上混杂着炽热的情感和强烈的责任心。

当晚,霍普金斯在霍特里厅完成了BBC广播后,来到乡间别墅的后花园与丘吉尔继续商谈。在暮色的花园中,首相和霍普金斯来回踱步,并告诉了英国将对苏联援助的"最精确的细节"。霍普金斯问,如果斯大林问起苏联将和英国进行什么样的合作,你该如何应对。或许,他想到了丘吉尔作为坚决的反共主义者的过去。首相直直地看着霍普金斯,目光严峻,"告诉他,告诉他……告诉他说,英国今天只有一个追求,只有一个愿望:粉碎希特勒。你可以信赖我们……再见,上帝保佑你,哈里。"他久久地把手放在霍普金斯手臂上,然后转身回房去了。

深夜,丘吉尔这位老资格的保守党人给斯大林这位老资格的布尔什维克人起草了电报,电文说:

> 哈里·霍普金斯先生这些天在我这里。上周,他要求他的总统让他去莫斯科。我得告诉你,这家伙对追求民主和打败希特勒浑身是劲。他是美国总统最亲密的私人代表,不久前,当我向他提出需要25万支步枪的要求,步枪很快就运到了。总统给他委任了全权,他今晚将从我这里出发面见你……你完全可以信任他。他是你的也是我们的朋友。他会给你争取最后胜利的计划和对苏联的长期援助提供宝贵的参考意义。

埃夫里尔和凯思琳·哈里曼驾车送霍普金斯从首相乡间别墅来到伦敦的尤斯顿火车站,这座新古典主义风格的车站带有纪念碑式多利安拱门。但在伦敦灯火管制的怪诞黑暗中,难以一见车站真容。不过,在昏暗的灯光下,霍普金斯还是看到几名使馆工作人员,他们是来给他送行,并把他的行李从克拉里奇酒店带来。在最后时刻,火车车轮几乎就要移动时,怀南特终于出现了。这位不幸的大使整个下午都在为霍普金斯的签证忙碌。他的苏联同行麦斯基也学到了英国人乡间度假的周末生活方式,但作为左

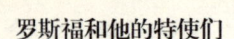

翼分子，麦斯基去的是流亡的西班牙社会主义者胡安·内格林在博温登的住宅。在美国大使馆请求下，麦斯基早早回到伦敦，晚上10点在他的书房会晤了怀南特。怀南特的请求让这位苏联官员颇为窘迫：该决定通常要通过莫斯科，并且，无论如何，签证章锁在了放在另一地点的保险柜中。他决定试一试，在哈里·霍普金斯的护照上开始手写："特批准哈里·霍普金斯在任何地点进入苏联，并保护其作为外交官的行李不受检查。本人，麦斯基，苏联驻英国大使。"怀南特马上赶往尤斯顿火车站，跑上月台，把护照从已经移动的火车车厢窗口塞了进去。霍普金斯出发了。火车消失在黑暗中，月台上的美国人感到，"他们告别的是一位登上火箭开往宇宙空间的人，因为，当时的苏联显得是无比遥远"。

* * *

霍普金斯乘坐的火车一路向北，这列特殊的火车只有五节车厢，包括一个卧车、一个餐车、一个客厅车。火车上还有特使的两位随行人员：约瑟夫·T.麦克纳尼准将，他是马歇尔上将专门派来伴随霍普金斯的；约翰·R.阿利森中尉，他是年轻的美国空军飞行员和副武官，负责培训英国飞行员驾驶美国制造的P-40战斧战斗机。当天中午，阿利森中尉在驻扎伦敦郊外的机场收到"密码电话"，命令他晚上11点到尤斯顿火车站报到。伦敦决定将其刚接收尚未开箱的P-40战斧战斗机送一部分给苏联空军，要阿利森去培训苏联空军。

这位年轻的飞行员对霍普金斯脸上的"一丝黄色"有些担忧，但对其"令人愉快的幽默感"颇为着迷。"我只是一名低级军官，但他对我非常得体，"他回忆说，"低级军官经常被人使唤，但他对我彬彬有礼，就像是他的团队成员。"霍普金斯在火车开出尤斯顿火车站后10分钟，就安排在客厅车与两位随行见面，喝点睡前饮料。当服务员走来，他问阿利森"你想要点什么？""我不喝酒，先生。"滴酒不沾的阿利森回答，他要了一杯柠檬汁。这一对话在第二轮喝酒前又重复了一遍。当服务员第三次走来掺酒，霍普金斯转向阿利森，嘴唇露出带"戏弄性的微笑"并且"眼睛发出一道闪光"。"阿利森，"他说，"我不管你喝酒不喝酒，但你不要装得他妈的那么傲慢！"

7月28日晨，星期一，霍普金斯及随行一早醒来，火车已到达苏格兰。他们在等待天气好转期间，驾车游览了崎岖美丽的高原，到辛普森夫人经营的商店饮茶。经历过了伦敦实行的节衣缩食，现在，辛普森夫人提供的面包黄油，石南花蜂蜜，和其他快乐让他们感到心满意足。突然，传来伦敦的命令，不管天气如何，飞机将立即起飞。当霍普金斯来到海边，看见庞大的PBY-5卡塔利娜（Catalina）水上飞机在锚泊的克罗默蒂湾的海浪里上下颠簸，他顿时有了一股熟悉和骄傲的感觉。之所以熟悉，是因为他曾乘坐这种坚固的水上飞机，包括2月从英国返回的漫长旅程，当时他的客机因事延误了。骄傲，则是因为他与官僚机构进行过激烈抗争，迫使美国海军将其卡塔利娜水上飞机支援给了英国。

PBY-5水上飞机由美国联合飞机公司设计，是卡塔利娜系列的第一代产品。该飞机有双引擎，伞式半悬臂机翼和宽大机身，并由美国联合飞机公司在圣迭戈制造。飞机的机身长达60英尺（约55米），两翼展幅达100英尺（约90米）。卡塔利娜水上飞机曾扮演了二战期间的负重者角色，用在长距离海上巡逻、反潜、搜寻、救援等任务上。作为水上两栖飞机，它是唯一能够让霍普金斯到达苏联并且按时返回参加大西洋会议的机型。

等待他们的飞机编号为W8416，机长是皇家空军上尉戴维·麦克·麦金利。他是英国中部人，微微带有一点爱尔兰口音。麦金利是海上飞行大队最有经验的飞行员之一，有3 500小时的PBY-5水上飞机飞行时间记录。在前一天，他和机组成员在对西北航线进行了数周巡逻后，正在美丽的洛蒙德湖畔野炊，突然，中队另一架飞机飞临上空，用其奥尔迪斯信号灯发出信号，叫他们马上返回基地。28日下午，由弗戈登基地指挥官当着麦金利的面打开外交部来信的信封，向他宣布了命令。麦金利将送霍普金斯及随行人员到苏联北部的阿尔汉格尔斯克，飞行将沿北方外沿行进，绕过德国占领的挪威，和芬兰边境（及多个德国空军基地），然后调头南下，通过北海到达阿尔汉格尔斯克。为了行动保密和安全，不留任何文字记录和录音记录。不作任何特殊准备以免引人关注。麦金利只收到确切的航线图。

前往阿尔汉格尔斯克的航行出师不利，卡塔利娜水上飞机的前舱门在起飞时被掀开，锚链又在飞机挡风玻璃下缠绕住了。在第二次起飞时，它从水面腾空而起，开始了在恶劣条件下的24小时漫长航行。所有的PBY型飞机都噪音巨大，空间狭小。这架飞机特别凌乱，因为它装载了超负荷的燃油箱，以保证能够飞越漫长的旅程到达阿尔汉格尔斯克。为了超载燃油和减轻负荷，机组成员压缩到5人，这意味着人人都必须负责自己的任务，根本无暇关照乘客。皇家空军的食品配给仅满足最低要求：硬饼干、咖啡及一点汤。剧烈的气流颠簸使人们把胃中的食品配给又还了回去。机舱冰冷刺骨，特别是飞抵北极上空更是如此。而乘客们都没有配备恰当的飞行服装，最终，霍普金斯戴上了丘吉尔的礼帽以应对寒冷。

除了飞行的不舒适，该航程还充满风险。卡塔利娜水上飞机航速慢，容易遭受攻击，特别是超负荷飞行时更是如此。该飞机只有轻型武器，在北极漫长的日光下，飞机特别显眼。麦金利决定尽量避开挪威海岸线，降低飞行高度：有时距离海平面仅数百英尺，以逃避敌方雷达探测。航行途中无线电保持静默。当霍普金斯询问是否会遇上敌人的飞机时，机长的回答是一半对一半。"那好，什么问题都没有，"霍普金斯说，"快点，阿尔汉格尔斯克！"

在整个痛苦的旅程中，霍普金斯一直表现出其愉悦的幽默，不停地和机组成员谈论日常话题：学校、家庭和社交聚会。他决定不让自己成为负担，相反，他多次扮演了服务员的角色。大多数时间，他呆在飞机机腹，那里的两扇树脂玻璃射击孔给他提供了阿利森所说的"美丽的舷窗风光"。即使在这个地方，机组也存放了救生艇和其他设备，使人转身都非常困难。霍普金斯坐在射击手的转动椅上，观察外边是否有敌机动向。当麦金利对飞机上的食品定量表示歉意，霍普金斯拍了拍他自己带的急救包说："我的能量来自这里，足够我维持很多天的。"他不时到飞机的厨房给自己添加一些急救包里拿出的东西，也许是维生素和肝浸膏。在马拉松似的航程结束后，他不太令人信服地对麦金利说，他度过了一段愉快的航程。早已处惊不乱的麦金利对其乘客"全然无视个人不适的表现"深为打动，他说："在战斗机内非常简陋的环境着中经历24小时飞行，并且靠非常粗劣的配给食品度日，这对身体严重虚弱的人来说绝对不是理想环境。"

29日下午，在距阿尔汉格尔斯克大约半小时航程时，3架苏联战斗机出现在天边。在交换了识别信号后，苏联飞机靠近了他们，开始以编队方式护送卡塔利娜水上飞机前往阿尔汉格尔斯克。天气宜人，霍普金斯注意到满是游泳或嬉水者的海滩。麦金利降低机头，按照航行图所标记的北德维纳河飞了下去，他回忆说："那是一条危险狭窄的着陆点，我们尽量避开漂浮在水面的粗大原木障碍。"更糟糕的是，一架护航的苏联飞机在空中与卡塔利娜水上飞机靠得太近，其螺旋桨竟然将它的天线挂掉了。当卡塔利娜水上飞机终于安全降落，一艘小型红木汽艇出现在旁边，指示飞机停泊在船屋旁，那里是机组人员的休息处，所有乘客马上前往莫斯科。后来，机组人员听见了枪声，并被告知，刚造成飞机碰撞事故的苏联飞行员已被处决。

霍普金斯和他的随行人员无法马上动身去莫斯科，因为飞机在夜间禁止接近首都。在驻阿尔汉格尔斯克海军司令的坚持下，所有美国人被邀请去他游艇的后甲板赴宴，希望睡觉的意愿顿时破灭。这艘曾经漂亮的游艇已经面目全非。"海军司令游艇上的晚宴非同寻常，"霍普金斯回忆说，"晚宴持续了整整4小时，颇有爱荷华州风格，新鲜蔬菜、黄油、炼乳浓汤、绿色豆类……晚宴排场宏大，上了一道接一道的菜。不可避免的还有冷鱼、鱼子酱和伏特加。伏特加酒劲十足。它不容不明就里的人对它轻视。像美国人或英国人喝威士忌那样一饮而尽，它会把你从里撕裂。正确的方法是在面包上抹上厚厚一层鱼子酱（必须是好面包），在吞咽面包的同时，吞下你杯中的伏特加。不要轻视它。边吃边喝：这样就有了仿佛强大减震器的功能。"

不过，阿利森中尉可就没有这种强大减震器的优势了。他曾有一段时间尽量回避了无休止的祝酒干杯：为了斯大林干杯，为了罗斯福干杯，为了丘吉尔干杯，乃至为了海鸥干杯。在宴会开始后一小时中，他偷偷把酒倒在了苏联海军将军装饰精美的客厅餐桌的地板上。可是，一位"满口金牙"，身穿刺绣亚麻外衣的高大苏联将军站了起来，提议为"从不远万里来帮助我们抗击敌人的美国飞行员"干一杯，并仰头一干而净。阿利森中尉知道他的厄运来临。他也站了起来，感谢了将军，端起酒杯，也把伏特加一干而净。这是阿利森中尉第一次尝到烈性酒，强烈的酒劲让他眼泪都掉了下来。他坐下来，把头埋在餐巾里，才慢慢缓过气来。当他把头从餐巾里抬起，他看到了霍普金斯正在餐桌对面看着他，脸上露出狡谲的微笑。"喂，阿利森，"他说，"你真是太没有性格了。"

* * *

当他没有戏弄曾经的戒酒者阿利森时，霍普金斯和他的东道主进行了"不间断"的谈话：所有的东道主，除了他迷人的女性翻译外。话题包括书籍、艺术和古典音乐。有些东道主曾经在福特公司在密歇根州的里弗鲁

罗斯福和他的特使们

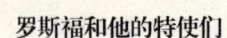

日工厂干过活，希望听听美国制造业的最新动态。他的感觉是，苏联人对胜利的信心并不比英国人少，但是，相对于英国人"对失败和困难的冷淡漠视相反，苏联人表现出的是浪漫诗意"。例如，当霍普金斯向一位年轻的苏联飞行员提到即将来临的冬季，他回答说："大自然送来了冬天，但我们心中有春天。"霍普金斯喜欢这些对话，但他却心有旁骛。麦金利发现，在整个宴会过程，霍普金斯"不停看表，有时看着门，仿佛是问我们什么时候去机场？"最终，在上了大约20道菜的时候，霍普金斯被告知他将在几小时后去莫斯科，大约在凌晨4点。卡塔利娜水上飞机的机组人员将留在阿尔汉格尔斯克，伴随在他们身边的只有迷人的和考虑周到的女翻译。

大约睡了两小时，霍普金斯和他的随行人员登上美制大型道格拉斯DC-3运输机，完成他们最后的旅程。这段旅程的距离和卡塔利娜PBY水上飞机飞过的距离相仿，但却舒服多了。当DC-3运输机起飞时，其苏联飞行员给了他们的贵宾一个"特殊的敬礼"，一次复杂的动作，包括在距离地面仅仅几英尺高度飞行，轮流下降机翼，仿佛是割草一般，然后，突然凌空而起，就像被弹簧弹射一般。"这真的吓死人，尽管有些好玩，在苏联，"霍普金斯后来写道，"我的私下想法是我旅程的终点到了，紧接着一两秒，罗斯福派遣来会见斯大林的特使会化为不朽，一个字也没能留下。"

飞机用4小时向莫斯科飞行了600英里（约965公里），然后又开始超低空飞行，既为了避开敌机的截击，也为了能够追踪莫斯科电台发出的导向目标信号。在飞越希特勒的装甲军团也闻之色变的数百英里茂密森林时，霍普金斯对地形所赋予苏联的天然防御工事为之一振。最终，黑色的森林让位于集体农庄，然后出现的是"满是大型驳船"的伏尔加河，"工厂向天空的我们喷出黑烟和黄色火苗"，越来越多的城镇：最后，莫斯科出现了。

* * *

7月30日，星期三早晨，当哈里·霍普金斯从他的DC-3运输机走到莫斯科中央机场的停机坪，阳光明媚，天气温暖。他受到美国和英国驻苏联大使劳伦斯·斯坦哈特（Laurence Steinhardt）和斯塔福·克里普斯爵士

（Sir Stafford Cripps）率领的西方外交官和武官的迎接。"相当规模的"苏联官方代表团，也包括克格勃前身的内务人民委员会的秘密警察也来到机场。苏联人情绪激动，因为到达的是"罗斯福总统的私人代表和朋友"，他们称哈里·霍普金斯是"加里·加普金斯"，因为根据俄语使用的西里尔字母，与"h"最接近的是"g"字母。但他们不能不注意到来访的特使"显得非常虚弱，非常柔弱，非常苍白"。

在成为外交官前，劳伦斯·斯坦哈特原是纽约的律师，身材高大，有一番抱负，长了一张微微偏长的脸。他将霍普金斯带回位于克里姆林宫西面一英里的大使官邸下榻。司帕索宫是原莫斯科的"商人宫殿"之一，在美国和苏联1933年建交后成为了美国大使官邸。二战爆发以来，它也成为了美国大使馆馆址。该建筑是沙皇时代为一位富商修建，这座奢华的建筑拥有庞大的枝形吊灯，在修建时就成为莫斯科人的谈论话题。但霍普金斯并不愿花太多时间来欣赏司帕索宫的舒适。用舍伍德的话说，他更希望探索"俄罗斯的巨大奥秘"。

霍普金斯告诉斯坦哈特，他的这次使命的主要目的，是观察这里的军事局势是否如华盛顿的许多人认为的那样是"灾难性的"，并且在驻苏联使馆武官伊凡·伊顿少校发回的电报中也这样认为。武官伊凡·伊顿少校对苏联的动机高度质疑，并且对其能否守住莫斯科持悲观态度。不过，霍普金斯"让每个人都确实清楚，总统已经作出决定，我们将援助苏联人"。阿利森回忆说。"白宫很快会制定政策，他的任务是负责政策的实施……他表现得很随意，并没有要求任何严格的礼节，但他确实让大家都明白他拥有总统的授权"。斯坦哈特承认，苏联在保卫祖国的战斗中会比入侵芬兰更有战斗力。但他反对说外人就不能获得军事局势的准确信息，尽管他们受到苏联官方的不友好对待。霍普金斯回答他决心要打破"这堵怀疑之墙"。

实际上，霍普金斯认为斯坦哈特部分地该对"这堵怀疑之墙"负责。当天早晨，两人拜访了斯塔福·克里普斯爵士，他是工党政治家，所以被丘吉尔派遣到莫斯科，希望作为社会主义者的他能够理解克里姆林宫的语言（这位英国大使有些冷漠和僵硬，所以绰号是"呆板的人"）。克里普斯与斯坦哈特一样，对苏联的军事前景持怀疑态度，但他也相信，必须鼓励他们坚持到冬天。霍普金斯找了一个借口说他有丘吉尔的私人信息转达，让斯坦哈特回避，然后，他告诉英国大使说，他一到司帕索宫"就感受到一种气氛"，美国官员对局势缺乏"宽阔的视野"。克里普斯很高兴地看到两人"对局势的前景有完全一致的看法"，并高兴地听说了"罗斯福总统决心全力支援，即使陆军和海军并不心甘情愿也在所不惜"。

下午，霍普金斯游览了莫斯科。在感受了伦敦的花哨繁荣后，莫斯科给外人的感受是阴沉和晦暗。道路状况良好，道路上的私人车辆寥寥。随处可见耐心沉寂排队等待公交车的莫斯科人，表现出相同的温顺。一位英国人写道，"仿佛挤奶时间一条一条从田野走来排队等待的奶牛"。他们穿着单调，当衣服配给开始后，他们就把最好的外套抛在一边了。严格的食品配给也开始实施了。很多儿童被疏散到了乡下，但到处可见工作的妇女和巡逻的士兵。霍普金斯注意到，苏联的生活水平比美国要低很多，而且，他清楚地看到斯大林"对每个苏联人有绝对的控制权"。总体上，他的疑虑消失了。他很惊奇地发现德国空袭对莫斯科造成的破坏甚少。霍普金斯看到大型车队有条不紊地定时从莫斯科出发，将物资运往前线。他对苏联首都的"这种力量的聚集"颇为惊讶。他后来告诉约瑟夫·戴维斯，他对"这种体现在这些秩序井然的活动中的行政和计划能力"印象深刻。[45]

晚上，霍普金斯前往无可置疑的行政和计划中心：位于丘陵上的克里姆林宫。大使馆的车送他前往这座宏伟的三角形城堡，随同的有斯坦哈特大使和一个美国翻译。车前后是护航的秘密警察的车队。"时间和距离精确到以英寸和秒计算。"他回忆说。克里姆林宫是有数百年历史的高墙环绕的古老城堡，里面有宫殿、兵营和教堂。它位于红场上，濒临充满异国风味的圣巴西尔大教堂和莫斯科河。其令人生畏的30英尺（约27米）高墙有规律地出现高耸的塔楼。这座古老城堡的外形被一位作家描述为，"毫不妥协的锋利，在地图上看，克里姆林宫就像尖利的牙齿深深地咬在莫斯科的肉体上"。当局目前的关注就是不让这种轮廓被人从空中发现。巨大的帆布如同"舞台布景"，画着虚假的窗口和建筑外形，并涂抹了防火油漆，从克里姆林宫的围墙上高高悬挂。从河对面看来，只能看见克里姆林宫是"一排房屋和有跺墙的屋顶"。红场上的列宁陵墓已经被改建为木制小屋。树枝和树叶装饰的伪装网覆盖着克里姆林宫的院落和建筑外表。克里姆林宫塔尖上的红星和教堂的金色圆顶都被灰布包裹。一切都被伪装起来。

霍普金斯的护送车队鸣着警笛声飞快驶入克里姆林宫重重大门，蜿蜒经过葱形圆顶的古老教堂和纪念碑。车队最后在前元老院前停下，这座三角形建筑在沙皇时期称作黄色宫殿。他被人引领经过众多走廊，转了很多弯并穿过无数的门。到处都是警卫士兵，他们身着的军服带有显眼的苏联装饰物，包括象征苏联英雄的红色大型珐琅质徽章。每当他走过一队士兵，他们便会向前面的人报告说他正在去他们那里的路上。霍普金斯被人引领穿过10多间办公室，里面多是秘书和警卫，终于，在6点整，他被带到约瑟夫·斯大林面前。

* * *

斯大林的办公室显得狭长而光秃。墙壁镶嵌着齐胸高的橡木板，挂着霍普金斯所见过的最精美的地图。其他的装饰就是马克思和恩格斯的黑白画像，和列宁的灰色石膏像。霍普金斯想到，这间屋的装饰太简单了，但配备了一切现代的先进设施。红木办公桌上放了5到6部电话和一块按键板，长长的会议桌上覆盖着厚厚的绿色呢绒布。椅子的椅背笔直，椅面坚硬。在接待室，摆放了一个巨大的立体地球仪，大约10英尺（约3米）高。

62岁的约瑟夫·斯大林担任过将近20年的苏联共产党总书记。最近几个月他又获得两个新的头衔：苏联人民委员会主席和国防委员会主席。但他本人却并未佩戴任何装饰。霍普金斯的印象是"一个简朴的、结实的、坚毅的人，脚上的皮靴一尘不染，光亮照人，结实的宽松裤子，紧身而又合体的上衣"。与克里姆林宫里的其他任何人不同，领袖在其精心裁剪的军服上不戴装饰物和表示等级的徽章。他的左手臂比右手臂稍短，并紧靠身体。他出人意料地矮小，按霍普金斯的描述，他是"紧紧地站立在地上，就像是橄榄球教练梦寐以求的阻截铲断手；他黑色浓密的头发和小胡须冒出一些白发。他的皮肤显露出凹凸的麻点。乍一看，他并不给人印象深刻，实际上，很多外国人将他的形象比作一名园丁。但他坚强的个性很快就展现无遗，特别是在他周围的人眼中所流露出的惊恐的目光。霍普金斯发现斯大林"异常干练、安静、坚强……他毋庸置疑地是'最高领袖'，掌管一切行动"。

7月下旬，局势的进展相当糟糕。德国在入侵苏德边境两周后就给苏联带来重大灾难。战争爆发后几天，大多数飞机尚未起飞就被摧毁了。德国军队向北方的列宁格勒，中部的莫斯科和南部的基辅发起全面进攻。德国装甲军团突破了苏联防线，从背后包围了苏联红军，使其陷入重围，并被尾随其后的德国步兵师消灭。7月中旬，德国军队攻陷距离莫斯科不远的斯摩棱斯克。晚上，德国开始对苏联首都进行轰炸。据估计，苏联军队的损失从75万到200万不等。7月下半月，局势开始稳定了一些。纳粹德国军队的攻势减缓，后勤补给出现问题。苏联政权没有崩溃，红军重新聚集起来。局势依然相当严峻，就在霍普金斯到达前一天，红军总参谋长格奥尔吉·朱可夫将军主张放弃基辅而被斯大林解除职务。但该政权的局面很快就平静下来，如同斯大林本人通常出现的那种状况。在遭到第一个星期懵头懵脑的打击后，他退缩到莫斯科的乡间别墅冷静下来，现在他又牢牢地掌控了指挥权。

霍普金斯到达时，在斯大林办公室里的还有外交部长维亚切斯拉夫·莫洛托夫。莫洛托夫是冷酷无情的政府官员，他不情愿地让自己的姓名成为汽油炸弹的代号，芬兰人在1939年和1940年苏联入侵时制造了这种炸弹，并把它扔向了入侵者。他是一个不动声色的外交官，带有丘吉尔所说的"西伯利亚的冬天般的笑容"，通常在斯大林接见外国人时，他会保持沉默。莫洛托夫让霍普金斯想到了"学者派头的风格"。

斯大林向霍普金斯微微欠了欠身以示欢迎，两人相互敬烟。斯大林在整个会见期间不停抽烟，他的客人认为这就可以解释"他精心克制的声音中透出的沙哑"。在相互问候之后，主宾马上转入正题。斯大林不会谈论琐事，当他笑时，笑声也很短促和带有讥讽意味。他的语速很快，不顾现场翻译而直接看着霍普金斯的眼睛，"仿佛是说我完全明白每一个字"。霍普金斯开始说明他是作为总统的私人代表而来，他的使命"不是作为外交官"，就是说他"不会提出任何形式的任何正式协议"。相反，他是来传达一个信息："总统认为，希特勒是人类的公敌……因此，他希望援助苏联反抗德国的战争。"富兰克林·罗斯福相信，"今天全世界需做的最重要的事是打败希特勒及其法西斯主义"。所以，美国政府决心"尽可能快地向苏联提供所有可能的援助"。

希特勒几个字立即对斯大林产生了戏剧性效果。他的身体顿时绷紧了，双拳紧握，他本人"仿佛膨胀起来"，他的声音变得很慢，以向霍普金斯说清楚"每一个音节的含义和直接意义"。希特勒撕毁了1939年与苏联签署的互不侵犯条约，并且在入侵前盟友前"未对斯大林说起一个字，即使一个暗示也没有"。这位苏联古拉格集中营的总管说，他相信纳粹在国际上的所为超越了"所有国家之间的道德标准的底线"，并且，他们是

"现代世界反社会的力量"。他看起来不带任何羞愧而作出上述行为。霍普金斯感觉斯大林对希特勒的"无情和势不两立"的愤怒是"个人的仇恨,我很少从任何一个当权者口中听到过……我认为,约瑟夫·斯大林此刻最渴望的是希特勒就坐在我现在的位置。德国或许早就应该有一个新总理"。两人坐着,一时无话,直到斯大林恢复了他的平静。

当道德的问题讨论告一段落,霍普金斯询问起苏联的物资需求:"苏联需要而美国能够立即提供的物资是什么……苏联对长期战争的需求是什么?"斯大林提出了他的需求名单:第一类,高射炮及弹药、重机枪、一百万或更多步枪。第二类,高辛烷值的航空燃油、制造飞机的铝,及其他物资。"谈话到此刻,"霍普金斯后来向罗斯福报告说,"斯大林先生突然说,'给我们高射炮和制造飞机的铝,我们可以坚持战斗3到4年'。"舍伍德写道,霍普金斯从"斯大林的需求名单中"看到了重要意义,"斯大林是以持久抗战的观点看待这场战争的。一个害怕立即会遭受失败的人是不会将铝作为优先考虑目标的"。

当然,斯大林提出这些需求正是为了建立这一印象。多年后,他的翻译瓦伦丁·比尔日可夫评论说,斯大林"毫无疑问是伟大的演员"。斯大林需要盟友,他们应该相信苏联的局势并非不可逆转。当霍普金斯及后来的外国人拜访他,他因此会建立一种信心和权威的氛围:

> 斯帕斯卡亚塔上的钟声难以传进办公室,那里总是寂静的。领袖平缓的谈话中表现出慈爱和镇定。办公室墙外仿佛根本没有任何重大事情的发生,仿佛也没有任何事情能让他惊恐。这是令人欣慰的(他的客人)……如何看待斯大林的平静举止,如何看待他展现给霍普金斯的信心:如果美国人能够提供铝,苏联可以坚持战斗4年?显然,斯大林对当下的局势更了解……斯大林是在制造假象,但幸运的是,他总能轻易得手。

霍普金斯对取得的进展非常满意,但他急切希望单独和斯大林谈谈。或许他感觉斯坦哈特大使和人民委员莫洛托夫的在场妨碍了心灵的沟通。他后来告诉戴维斯:"我发现这种一般性会谈没有什么实质意义,所以,我提出我带来了总统的意见,但必须亲手转交给他。"斯大林回答:"你是我们的贵宾,由你来决定。"并许诺说每晚6点后任何时间都可以找他。

双方还同意，霍普金斯当晚就可以会见红军代表，第二天会见莫洛托夫。到此，与斯大林的会面就结束了。除了在提到希特勒时的大发雷霆外，霍普金斯认为斯大林不失为"沉着的，和蔼的和有教养的外交家"。

回到司帕索宫，霍普金斯邀请英美记者来到客厅，喝一杯掺了苏打水的威士忌聊着天。他的疲惫显而易见。"他显得苍白疲惫，"一位出席聊天的记者回忆，"他轰然坐在了椅子上，一条瘦腿架在另一条腿上晃荡。他讲的内容有些含混，他的声音有时就像难以听清的自言自语。"记者们抱怨说，他们根本无法看到苏联究竟在发生些什么。"哈里，"一位记者说，"看在上帝的面上，发发慈悲吧，给我们透露点什么。"霍普金斯无权向他们透露内幕消息。但他的声音是真诚的，他的信息是清晰的。霍普金斯透露说，他代表总统告诉了斯大林："无论是谁，只要是在与希特勒战斗，都是在这场战争中选择了正确一方，并将得到我们的帮助。""斯大林承诺，苏联人民将在粉碎希特勒的战争中作出自己的全部贡献。"

当天最后一次会晤是在霍普金斯、麦克纳尼准将、武官伊凡·伊顿少校和苏联炮兵将军尼古拉·雅科夫列夫（Nikolai Yakovlev）之间进行的。本来这是一次专家性质的讨论，美国人希望得到他们的援助计划所需的信息，而实际上，最重要的收获是看到了苏联体制的本质。可怜的尼古拉·雅科夫列夫将军显然非常害怕说错了什么，他的谈吐仿佛是受到讯问的非常勉强的目击证人。他无法给会谈的对方提供任何有价值的信息，包括防空部队的组织和训练。苏联每月生产的37毫米高炮数量，或者目前正在美国访问的苏联军事代表团的人员构成。当被询问到苏联最新型战斗机的速度时，他回答说："我是炮兵。"当美国人问起苏联重型坦克的重量时，他的反应是："那可是好家伙。"雅科夫列夫也想不到苏联究竟还需要些别的什么。当被询问到苏联是否需要如坦克和反坦克炮之类的物质，因其都不在斯大林给出的需求名单上，他的回答是"他无权回答"。不过，这位倒霉的将军倒是明确提出了苏联需要铝。

在这次乏味的会晤后，霍普金斯准备就寝了。他的身体迫切需要休息，可纳粹德国空军却不这样想。一个多星期以来，苏联首都遭到持续的夜间空袭。官方对此作出了全面回应。一到晚上，曾经拥有喧闹夜生活的莫斯科便笼罩在深深的黑暗中。这种灯火管制，根据麦克纳尼准将的报告，是"卓有成效的。晚间看不到一点灯光。在大街上吸烟发出火光也是犯罪"。霍普金斯认真比较了在伦敦经历的灯火管制，空袭民防队员如果看见哪家的窗缝露出灯光，会敲门让主人把窗帘拉紧，在苏联，则会敲门把主人逮捕起来。"在莫斯科，"他说，"空袭来临或紧急情况时，大家都跑进防空洞，直到警察通知你可以出去了。"这就是"生活在民主国家和独裁国家的"众多"区别"之一。同样，消防也有不同的组织方式。一位英国人发现莫斯科的消防非常高效，因为，如果一座建筑失火，负责的人该对其承担责任，并被枪毙。

7月30日到31日午夜，防空警报再次鸣响。麦克纳尼准将后来对他的上司报告说，防空炮火构成了"有趣和轰鸣的画面展示"，持续达一个半小时，最后以所有的枪炮声大作而结束。为了坚决击退来犯之敌，特别是空袭开始的最初几周，苏联军队用同心圆的炮火排列，在城市四周构建了非常密集的防空火力网。外国人会满怀敬畏地观看高炮炮弹在整个天空爆炸，弹片四溅，最后如冰雹般乒乒乓乓掉在房顶上。

最抒情的描述出自著名美国记者玛格丽特·博克－怀特（Margaret Bourke-White），7月23日，她曾站到司帕索宫屋顶目睹了早期防空炮火的壮观场面：

> 我曾在其他城市经历过无数轰炸，但从未见过满天都飘曳着炮弹的火光，飘落的降落伞在燃烧，曳光弹的弧线和闪光布满整个夜空，犹如无数红的、白的和蓝色的罗马焰火筒在发射，仿佛是红色彗星拖着长长的尾巴划过夜空。在整个地平线四周，无数探照灯光无休止地摇曳，就像是大群昆虫背对天空，将发光的腿在空中挥舞。在我们仰头观看期间，这些光柱从四面八方聚集起一张大网，光柱的中心困住了一架飞机，银色的飞机犹如飞蛾，徒劳地尝试着挣扎摆脱。在几分钟里，飞机拼命俯冲，转向，下降，但光柱的大网将其牢牢锁住，突然，飞机剧烈爆炸栽了下来。我们第一次看到德国飞机被打了下来……
>
> 我从未料到空袭中会有如此奇妙的音乐。最美妙的音乐来自高射炮声的共鸣，其低沉的回响仿佛是贝多芬和弦中的低音。让人整个感受到仿佛是两种风格截然不同的音乐的合奏：正式的和弦与爵士乐的混杂。人们很快就会熟悉炮弹掉在附近的呼啸声，仿佛是作曲家格什温（美国）以经典交响乐作为背景，插入了大量的爵士乐。

当天晚上，一颗重达一千磅的炸弹掉在了离司帕索宫不到50米的地方，摧毁了一座剧台，司帕索宫的窗户全被震碎。一周后，霍普金斯又在同样的地点观看了莫斯科的密集防空火力网。"德国人也掺和进来欢迎我了，"他开玩笑说。黎明时分，他会听到仿佛是共产党号召人们祈祷，莫斯科房顶上的高音喇叭宣布说，"同志们，敌人被打跑了，现在回家休息。"

* * *

第二天，在华盛顿的罗斯福总统接见了苏联军事代表团，而雅科夫列夫将军对其所知甚少。白宫记者团新奇地发现，戴着装饰有苏联镰刀斧头标记军帽的来访者出现在总统办公室门口。"我们讨论了苏联的局势，"富兰克林·罗斯福后来告诉记者们。"苏联军队显然是在进行着非常有成效的战争。"他宣称，苏联有资金支付他们的军事采购，所以，他认为莫斯科不会要求通过租借法案获得援助。几小时后，伊利诺斯州保守派国会议员史蒂芬·戴（Stephen A. Day）发表广播讲话，号召天主教教徒们抵制总统的政策，并宣布他将提出方案，停止美国对莫斯科的援助。他说，富兰克林·罗斯福派遣哈里·霍普金斯去莫斯科的决定是未经授权的，非法的和违宪的。"我们都知道，在苏联不存在4大自由中的任何一个，"这位议员总结说，"也不可能在那里存在，除非被鲜血浸泡的斯大林独裁被推翻。"

同一天，莫斯科市民一早醒来后看到了报纸的头版新闻，报道了斯大林和霍普金斯的会谈，报道强调了罗斯福保证立即对苏联提供援助。霍普金斯与克里普斯在英国驻苏联使馆共进了午餐，大使馆是一座华丽公馆，靠近河岸，与克里姆林宫遥遥相对。这里曾是一位富裕糖商的私宅。霍普金斯给克里普斯传达了他与斯大林首次会面的情况，两人还确定了即将在纽芬兰海岸召开的峰会安排计划。玛格丽特·博克-怀特拍摄了两人在沙发上的照片，克里普斯的大型猎犬则在两人脚下嬉戏。

下午3点，霍普金斯和斯坦哈特大使去克里姆林宫拜访了外交人民委员莫洛托夫。话题集中在了远东，日本入侵印度支那的行动导致了美国的制裁，并引发了其是否会入侵苏联西伯利亚的担忧（其实，日本对印度支那的入侵已经表明，他们决定不进攻苏联）。莫洛托夫评论说，尽管签署了《苏日中立协议》，但东京的态度显得"很不确定"，莫斯科正以最大的警觉观察事态的发展。他认为，防止日本侵略的最有效方法，是罗斯福总统提出一个"警告"，对此，霍普金斯的理解是"发表一份声明，如果苏联遭受日本入侵，美国将站在苏联一边并提供援助"。知道富兰克林·罗斯福讨厌这种提案，霍普金斯用外交手腕将这个话题抛在了一边，仅仅评论说华盛顿不会"受到日本在远东进行的这种入侵的干扰"。并说美国不会赞同任何进一步的威胁行为。

当他回到司帕索宫，霍普金斯发现博克-怀特悄悄呆在客厅，紧张地等待克里姆林宫的答复，是否允许她对霍普金斯今晚和斯大林的第二次会晤拍照。"先忘掉照相这码事，我们购物去。"他建议道。在大使和一队便衣警察陪伴下，他们对莫斯科的礼品商店展开了正面攻击（当大使馆的车坏了，这群人需搭便车时，保安的细节就被证明是非常有效的）。霍普金斯首先看了看产自乌拉尔地区的雕刻工艺品，然后是孔雀石做的绿色小盒子。他给女儿黛安娜买了一套刺绣的俄罗斯农村姑娘的服装，包括裙子、背心和围裙。还买了一个身穿相同服装的泥人妇女。斯坦哈特大使给霍普金斯本人买了纪念品，一个小小的银质茶壶，上有克里姆林宫的雕版。博克-怀特注意到，霍普金斯"对所见到的一切满怀巨大的兴趣"，特别是遇到所接触的苏联人，他注意他们的面部表情，语言表达和他们的服饰。回到大使馆后，她就听说在霍普金斯的请求下，克里姆林宫同意她去拍摄当晚的会晤。在他一生中，领袖是第一次为一位美国记者做出摆拍姿势。

傍晚6点30分，霍普金斯身着灰色正式西装重返克里姆林宫，与约瑟夫·斯大林进行他的第二次也是最后一次会晤。这一次是两人的单独会谈，只有一位苏联翻译在场。[46] 霍普金斯"决心要……开门见山，讨论实质问题"。他告诉斯大林："总统迫切希望获得他对德国和苏联之间这场战争的评估和分析。"苏联领导人同意了，他对局势进行了冗长而非常详尽的回顾。斯大林比较了双方的军队数量、装备和战术，承认苏联被打了个措手不及，但强调他们的士气非常高昂，因为"他们是为家园和国土而战"。他说，德国人已经感觉到，"机械化部队在苏联大地上的行动与在比利时和法国大马路上的行动绝然相异"。当德军突破苏联防线后，防御的苏联士兵没有投降，而是在另一个地点展开反击，或者在敌后进行活动。苏联的"起义者"在敌人后方英勇战斗，袭击他们的飞机场，切断他们的通讯线路。斯大林反复强调"巨大信心",当冬天来临,战线不会逼近莫斯科,基辅或列宁格勒,那时,"疲惫不堪"的德军将被迫转入防守。

当斯大林漫长的叙述终于结束后,注重实效的霍普金斯马上把话题转移到西方的援助上。美国和英国政府"都愿意在接下来几周尽其所能向苏联提供物质援助",他说,但长期援助的议题"只有我们政府全面了解了情况,不仅是苏联的军事局势,还有苏联武器的类型,数量和质量,以及全面了解了原材料和工厂的生产能力后,才能得到解决"。因此,霍普金斯提议举行一次"三国政府参加的"会议,"在会议上,大家一道充分讨论每条战线的战略利益,和我们几个国家的利益"。考虑到"战事处于悬而未决的胶着状态,此刻举行会议是不恰当的",霍普金斯提议在10月1日后在莫斯科举行会议。斯大林答复说他欢迎这次会议。霍普金斯尚未与富兰克林·罗斯福讨论过这一异乎寻常的想法,所以他小心翼翼地告诉斯大林,他无权正式提出这种建议。后来,霍普金斯根据他和雅科夫列夫将军打交道的经验,向罗斯福评论这次谈话说:"显然,除了斯大林先生本人,政府里几乎没有一个人愿意给出任何信息。因此,最根本的是与斯大林先生本人举行会谈。"

他们还讨论了接收美国军事援助物资的苏联港口问题。所有的港口都有问题。阿尔汉格尔斯克因其位置导致不适,但斯大林强调他的破冰船能够让该港口整个冬天通航。物质可以横跨太平洋运送到苏联远东的符拉迪沃斯托克,然后装运到跨西伯利亚铁路,但风险是可能遭到日本人截击。有的物质将绕道非洲,通过中东和中亚北上,不过,斯大林担心伊朗的公路和铁路,及里海的装卸设施,他催促美国军队加紧波斯湾地区码头设施的建设。到此,已经有了三条运输通道。

霍普金斯将斯大林所说的一切全记了下来,记了长长的笔记。他在会晤过程中发现,斯大林习惯于拿起一支铅笔和笔记本,笔可能就是他喜欢的蓝色铅笔,上面印有"第三个五年计划"字样,并心不在焉地胡乱写写画画,或记记笔记。霍普金斯决定跟着他来。他发现,当斯大林用俄语对翻译说话时,他也能把内容记下来。"做翻译这行看来也不错嘛,"他后来对戴维斯说,"也有它的长处。"会后,他把笔记整理成为了正式的纪要,以供总统、国务卿、国防部长和海军部长阅读。在第二次会晤临近结束时,斯大林提出他有给富兰克林·罗斯福的"私人信息"。信息包括美国参战问题,非常敏感。当霍普金斯整理对话的这一部分时,他单独列了一页，并注明是"仅供总统阅读"，并建议这部分不送国务院。

斯大林在会晤最后说，美国总统和政府的全球影响力是巨大的，他们能够对"无数仇恨希特勒的被压迫人民"和"无数未被希特勒征服的人民"带来"鼓舞和精神力量"（斯大林却未提到无数仇恨他的被压迫人民）。他说，德国军队和民众将会"听到美国将参加抗击希特勒的战争的声明而一蹶不振"。这一声明是"能够打败希特勒的唯一武器，或许能够一枪不放打败希特勒"。他甚至还要求霍普金斯告诉总统，"他欢迎美国军队出现在苏联战线的任一地点"，并且由美国人自己指挥。霍普金斯表示了异议，他说，"我的使命是讨论和援助物质相关事宜，而我们参战与否将很大程度取决于希特勒本人"。即使美国参战，他也怀疑美国政府是否会同意美国军队出现在苏联。不过，霍普金斯还是许诺将把斯大林直言不讳的信息转交给罗斯福总统。在他后来公开的文本中，霍普金斯删掉了这部分对话，他说的是"斯大林不需要我们的军队"。

会晤临近结束，玛格丽特·博克-怀特来了。这位大无畏的美国人被苏联制造的ZIS轿车从旅馆接来，并由便衣警察车队护送到克里姆林宫。她的车驶过庭院，接受了士兵的敬礼，然后乘坐铺着红地毯的电梯上了前元老院的二楼。与霍普金斯同样，她也被人"引领穿过了一生中经过的最漫长的，有最多纵横交错通道的，最蜿蜒曲折的大厅"。她注意到房间的门牌号是倒数顺序排列的，当她一行来到第二号房间门口，士兵们把门打开，让她进去。这一房间让博克-怀特回忆起"美国中西部一个小型工厂董事会的会议室"，而实际上，这是约瑟夫·斯大林的会客室。在和士兵天南海北谈论了一通格鲁吉亚美女和高加索骑兵后，终于有人叫她了。她整理了一下头上的红色弓形发髻，希望能引起斯大林注意，然后被带到第一号房间。

一开始，博克-怀特被她想象中的斯大林和眼前的真实斯大林的反差弄得不知所措。她双眼"本能地望着天花板，因为我能回忆起那些巨大的塑像"。这样，她才能把目光向下，看着斯大林"僵硬笔直地站在地毯中央"。他比霍普金斯矮多了，可能比博克-怀特还要矮。她发现他看上去苍白疲惫，同时很惊奇地在他脸上看到痘痕：这些瑕疵是不会出现在苏联摄影师的照片中的。不过，他"粗糙并有凸痕的脸型非常坚毅，仿佛是从石头上斧劈刀刻而成"。博克-怀特拿着笨拙的摄影设备在屋里缓慢移动，寻找最佳角度"以使这张坚毅的脸更有人情味"。她要求了翻译帮她拿着闪光灯泡和反光板。当她不慎掉下一个镜头，是霍普金斯首先让她安了心，对她说"别着急"。看着博克-怀特手忙脚乱，趴在地上，头蒙在照相机后的布罩中的样子，斯大林也咯咯地笑出声来。但会议一结束，笑容马上消失了，"仿佛给他脸上盖上了一层面纱。他再次显出了岩石般的坚毅。我马上离开，心想这是我看到过的最坚强，最刚毅的面孔"。当晚，博克-怀特在司帕索宫服务人员的洗手间搭建了一个临时照片冲洗房，花了整整一晚冲洗胶片，很快，它们就会出现在全世界的报纸上。

霍普金斯与斯大林的会晤持续了3小时。不过不是斯大林提出结束会谈的，他熟练地让霍普金斯提出结束的意愿。部长会议主席说了再见，带有最后的和热情的意味，但没有任何行动。霍普金斯回忆说，他与斯大林的握手从办公室一直延续到他的车旁。

苏联领袖给霍普金斯留下深刻印象。他很高兴地听到斯大林表现出的信心，苏联"将最终打败希特勒，就像打败拿破仑那样"。他写道："斯大林显得完全自信。他让你相信苏联能够承受德国军队的疯狂攻击。他也理所当然地认为你也具有这种信心。"后来，他告诉克里普斯说，斯大林的描述让他"惊讶和鼓舞"。他告诉媒体说，这次会晤增添了他的信心：希特勒终将失败。霍普金斯也颇为欣赏斯大林的非正式方式：他的清晰的，准确的和直截了当的提问，他的清楚和简练表述的能力。如同他的办公室装饰和军服，斯大林的风格是不加修饰的："他从不浪费一个音节"，霍普金斯评论说："他在谈话时，仿佛清楚地看到他的士兵正在搏杀：与敌人面对面地凶狠搏杀。"在给《美国杂志》写的文章中，霍普金斯解释说："在华盛顿和伦敦，像我这种使命会让国务院和外交部拉长成为会谈。但在莫斯科，我没有进行会谈，只是6小时的交谈。就这样，一切都谈完了。两次交谈就把一切都解决了。"

霍普金斯也对斯大林的坦率和对细节的不寻常把握留下深刻印象。他告诉克里普斯，斯大林给了他"所询问到的一切数字和数据"，大多数情况是根据他的记忆。霍普金斯谨慎地对戴维斯说，斯大林回忆的准确性或许是"部分地因为在工业五年计划和战争准备的每个阶段，其中都长期贯穿了斯大林的个人直接关注"。霍普金斯认为，斯大林"干得漂亮"，他的手指牢牢把握了关键命脉。

对于习惯了罗斯福和丘吉尔圈子的不拘礼节的人来说，这种统领一切的氛围极有诱惑力。霍普金斯回忆说，当领袖突然找不到问题的答案，他会马上按下一个按钮，好像是给门口一个信号，秘书马上出现，立正站立。斯大林重复了我的问题，答案脱口而出。然后，秘书又消失了。

斯大林对待霍普金斯的坦率确实给人启发。这是代号为"巴巴罗萨"的德国对苏联的入侵以来，斯大林首次对外国人给出军事方面的情报。情报中包含了罗斯福梦寐以求的信息，也是他的驻莫斯科大使馆一直不能提供的。斯坦哈特大使向总统承认，斯大林在我所知的期间以无与伦比的坦率方式讨论了问题。翻译比尔日可夫同意说，斯大林是非常坦率的，他甚至还承认了自己的错误，这不是他的风格。但正如斯大林的行为是设计来制造信心的那样，他给出的事实同样如此。他隐瞒并缩小了苏联空军的损失数字，夸大了苏联的士气。他自信地预测说，10月份，德国军队的攻势将在列宁格勒、莫斯科和基辅三个方向被击溃。可事实上，德军在9月便围困了基辅，对列宁格勒和莫斯科的威胁直到12月才解除。

另一方面，苏联人做的粉饰也是理所当然的。就像之前的丘吉尔，斯大林也不得不非常谨慎地寻找平衡，一方面让美国特使相信他的国家所面临的处境非常严峻，有充分理由获得援助；但又不能表现得过于糟糕，否则援助就失去了意义。霍普金斯毫无疑问是对莫斯科的信心打了折扣。如同他对伦敦所做的那样。在总体上，斯大林的叙述是准确的，他的关键点同样如此：苏联人决心不惜一切代价抵抗德国的进攻。

翻译比尔日可夫回忆说，斯大林对霍普金斯的访问"期望甚高"，根据对各种可能得到的信息进行拼凑之后，两人会面了。埃夫里尔·哈里曼（Averell Harriman）早就非常了解斯大林，他说，这位独裁者对"哈里的勇气满怀敬意"。这位"脆弱的病人"满怀"巨大勇气"冒着旅程的危险"而给斯大林留下深刻印象"。比尔日可夫证实，斯大林对霍普金斯有特别敬意，因为他是我们遭到德国人沉重打击后来访的第一人。另外，霍普金斯的坦率谈话风格和忘我工作受到苏联人赞赏。据说，斯大林在莫斯科多次谈到，霍普金斯是他遇到的唯一工作比他勤奋和时间更长的人。其他官员抱有同样看法：1941年下旬，从伦敦调动到莫斯科工作的国际新闻记者昆廷·雷诺兹（Quentin Reynolds）听到莫洛托夫和同事"用敬佩的口吻谈论霍普金斯，在莫斯科，他们从来没有见过像哈里那样引起轰动的人"。

霍普金斯看起来和斯大林建立了良好关系。美国外交官查尔斯·波伦（Charles Bohlen）听到斯大林说，霍普金斯是他能够与之进行"心灵的"交谈的第一个美国人。哈里曼注意到，在整个战争期间，除罗斯福和丘吉尔外,霍普金斯是斯大林表示了"个人热情"的唯一外国人,总是会走到办公室门口欢迎他。但如同波伦所警告的那样,斯大林和他的同志们的个人情感决不会影响到"他们对自己目标的专心致志的追求"。

当晚,霍普金斯和斯坦哈特在斯大林喜欢的高加索风味餐馆共享晚餐,品尝了"丰盛的格鲁吉亚食品",包括羔羊肉、鱼子酱和伏特加。在晚餐过程中,空袭警报响起,便衣警察急忙把美国人护送到特殊的防空洞中。斯大林曾向霍普金斯道歉说,在前几次空袭中未能更好地关照他,而他不能连续再出现第二次错误。普通苏联人躲在地铁站防空袭,许多地铁站修建得富丽堂皇,大理石柱子和精巧的天花板顶棚。电影导演谢尔盖·艾森斯坦(Sergei Eisenstein)曾说过:"莫斯科的地铁就是美国米高梅影业公司所设想的防空洞的模样。"霍普金斯和斯坦哈特被带到了更有电影背景效果的地方:"莫斯科最深的防空洞",在地铁下方地面平整的房间,通常是为党的高级领导准备的。房间有舒适的沙发,睡觉的帆布行军床,各种"不同的"供应,包括香槟酒、巧克力、香烟和鱼子酱。斯坦哈特说他手下可没有掌管这种类型的防空洞,对此,霍普金斯报之一笑。

* * *

第二天,霍普金斯从莫斯科给富兰克林·罗斯福发出第一封电报:"我与斯大林进行了两次长时间令人满意的会谈,现与你联系,转达斯大林发出的信息。我现在要向你说明的是,我对前线局势的信心更足了。民众的士气空前高涨,充满必胜的决心。"霍普金斯的乐观情绪很快感染了华盛顿。

电报到达当日,总统正在忙碌。在与记者的见面会上,他将苏联抵抗德国的战争称作是伟大的。坦率地讲,比德国军事专家设想的出色多了。当一位记者问道德国军事专家是否是指德国元首时,富兰克林·罗斯福的回答引起哄堂大笑:"不要把他宠坏了。"他还会见了他的另一位特别代表埃夫里尔·哈里曼,他刚从伦敦返回向他汇报访问的结果。

不寻常的是,和蔼的罗斯福当天下午对其内阁进行了45分钟的严厉训话,批评他们未能加快完成对苏联的援助。哈罗德·伊克斯(Harold Ickes)在回忆中幸灾乐祸地说,总统给了国务院和国防部"我所见过的最严厉的训斥。他说这些部门让苏联人找到了'借口'"。在满足苏联人愿

234

意付款购买的 P-40 驱逐机、轰炸机、高射炮和其他装备一事上，进展极其缓慢。摩根索注意到，富兰克林·罗斯福将大多数愤怒发泄在斯廷森头上，斯廷森显得异常沮丧。我从未听到总统如此强调和坚决。他说他对许诺已经"厌恶和讨厌了"，并下令："下周立即将飞机启运发出。"焦头烂额的斯廷森陷入了重重矛盾：一边是迫不及待的总统，一边是不愿意将军事援助分割为英国和苏联的军方。他在日记中抱怨说富兰克林·罗斯福作出一副傲慢横蛮的幽默，听不进任何反对意见。

霍普金斯的电报是在内阁会议结束几小时后才抵达华盛顿的，所以没有直接影响到总统的言论。但是，霍普金斯在克里姆林宫举行的会晤在总统心中分量颇重，并强化了他的行动意愿：伊克斯在内阁会议上得到的印象是，因为霍普金斯的使命，罗斯福对"提供苏联援助一事，特别焦急"。当晚收到霍普金斯的电报后，更加坚定了富兰克林·罗斯福的想法。第二天，韦尔斯给奥曼斯基发出正式通知："确认政府决定为了增强苏联在反抗纳粹武装入侵中的力量，将对其提供一切可能的经济援助。"同一天，富兰克林·罗斯福给其所信赖的官员，也是霍普金斯的亲信韦恩·科伊（Wayne Coy）布置了任务以加快援助的进程，通知他说："我完全授权于你，使用重拳，像马鞍下的马刺那样，让一切动起来！"这一任务让人联想到埃夫里尔·哈里曼在伦敦的使命。如果有人对富兰克林·罗斯福的意图心存疑虑，请看他在信中最后写的，"赶快办！"[47]

在莫斯科的最后一天，霍普金斯和斯塔福·克里普斯及司帕索宫的其他官员一道，对其莫斯科使命的结果进行了评估。在给富兰克林·罗斯福的电报中，他提到了与劳伦斯·斯坦哈特令人满意的"会谈"。但实际上，他对这位美国大使很不以为然。从他在飞机降落那一刻起，他就一直努力提醒他应该多与其他观察人员交换对事态的看法。克里普斯"一股脑儿"地向霍普金斯抱怨，美国大使是失败论的幽灵，而这"对莫斯科的氛围不利"。"自我与斯大林在莫斯科会晤以来，"霍普金斯在 10 月写道，"我认为总统应该与斯大林个人打交道。非常明显，斯大林不信任我们的大使或在莫斯科的任何美国官员。我觉得，如果问起总统的话，他肯定对国务院也具有同样的感觉。"

而在斯坦哈特本人，他显然受到霍普金斯来访的触动，并很快转向支持罗斯福的政策。8 月 1 日，他向华盛顿发出了对霍普金斯使命的乐观评估："苏联政府对哈里·霍普金斯来访的接待和苏联媒体对其的关注清楚地表明，苏联政府对其的来访极端重视……我肯定，这次来访让苏联政府极其满意，并将证明会对苏美关系产生重要的积极作用……极大鼓舞了苏联的作战行动。"同一天，他向克里普斯透露说，他已经意识到他的武官伊顿少校的无能，这预示着大使馆态度的转变。他给下属的指示和向国内发送的电报中，都对苏联能够将抵抗纳粹进攻并维持到冬天的前景表现得更加乐观。一周后，克里普斯看到斯坦哈特出现在瑞典使馆，对其同事的180度转变，克里普斯也颇为欣喜。"我从未听说有比美国大使更亲苏联和反轴心国的人了，"克里普斯在日记中写道，"自从哈里·霍普金斯来访后，一切全改变了。我想，斯坦哈特肯定是担心，除非作出改变，否则他将有可能被免职！"

* * *

8月1日，星期五下午两点，两位大使都来到机场给两天前来到莫斯科的霍普金斯送行。没人会冒昧地提出检查他的证件。实际上，在苏联的整个期间，没有一个官员提出查看他的签证，这份签证曾使得吉尔·怀南特和伊凡·麦斯基大费周折。和霍普金斯一道登上苏联飞机的有麦克纳尼准将，在霍普金斯的要求下，在特使会谈期间他一直留在电话机旁，其余时间，则自己展开了对苏联军事活动的调查。但阿利森中尉留在了苏联：他将留在莫斯科训练苏联驾驶P-40战斧战斗机，这是斯大林本人批准的任务。这一次，飞机起飞时再没有了"对贵宾的特殊敬礼"。"我的作用结束了，"霍普金斯自嘲说，"我倒一点儿都不在乎。"他的行李中是整整90页会谈纪要，数量可观的伏特加和鱼子酱。但在匆忙中，他也遗忘了一样东西：装有药品的包，那是霍普金斯赖以摄取维系日常营养的来源。

临近晚上7点，霍普金斯乘坐的飞机到达阿尔汉格尔斯克，他很快就出现在卡塔利娜水上飞机机组人员居住的船屋门口，开口就问："我们准备好没有？"麦金利发现他显得"非常疲惫"，带着"黑黑的眼圈"。他在莫斯科期间仿佛又瘦了一些。非常着急要按时赶回伦敦以便能搭上飞机参加丘吉尔与罗斯福的峰会，霍普金斯坚持马上起飞，尽管天气预报说天气不好，很难在斯卡帕湾（Scapa Flow）降落。他问起水上飞机上有没有急救箱，他可以用来代替他遗忘的药包。麦金利忙解释说那只是一个普通急救箱，只能用于小伤小痛，对霍普金斯的病症毫无作用。"如果你保证把我按时送到,"霍普金斯说,"那就是对我的最大帮助。" 10点15分,PBY卡塔利娜水上飞机跃上天空,搭载的有霍普金斯,麦克纳尼准将和另一样宝贵的货物:大量的铂,这是用于制造飞机和弹药的金属。白厅曾将美国情报局头子比尔·多诺万比喻为铂,现在,霍普金斯将真正的金属带给了英国。

从阿尔汉格尔斯克飞往斯卡帕湾是遵循与来时相同的航线,充满危险,更加波折。水上飞机在越来越强烈的暴风雪中起飞,在飞临北海时气候条件急剧恶化。飞机顶着逆风不停上下颠簸。麦金利同样飞得很低,大约距海面两到三百英尺。在摩尔曼斯克海岸,飞机遭到不明身份的驱逐舰攻击,即使麦金利发出苏联的识别信号,驱逐舰还是不停发射高射炮。弹片击中了飞机机身,所幸没有造成伤害,飞机立即下降到海平面以规避高射炮的射击。此刻,飞机上最重要的乘客霍普金斯扑上了飞机机腹的机枪,大叫,"如果他们射击我们,我就马上还击!"

当PBY水上飞机终于远离了驱逐舰高射炮的射程,霍普金斯开始昏昏欲睡,他倒下便一连睡了整整7个小时。"显而言之,"麦金利后来在报告中写道,"他的情况很糟糕,只能躺下尽量休息了。"在整个航程中,他既没有抱怨也没有干预飞行员的工作。"不要在我身上浪费吃的,"他对给他食品的人说,"你们需要把我送到斯卡帕湾。"因为麦金利无法在阿尔汉格尔斯克弄到更好的配给食品,食物比来时的食品更难以下咽,所以不吃东西不算重大牺牲。

经过大约24小时的飞行,空军上尉麦金利将PBY水上飞机降落在斯卡帕湾汹涌狂暴的水面上。天气寒冷潮湿,浓雾笼罩着列岛,根本见不到英国海军本土舰队的踪影。小船匆忙来去,空中悬挂着阻拦气球。很快,一艘海军快艇驶来接霍普金斯到邻近的皇家海军"国王乔治5世"军舰上,但汹涌的波浪使快艇无法靠近,霍普金斯建议用小船把他送出去,他们可以在水上飞机和军舰之间铺设一根缆绳,然后像安装浮标那样把他拖过去。"那你可能呆在水里的时间比呆在空中的时间更长。"麦金利回答说。"我不管呆在哪里,只要把我弄到军舰上就行!"霍普金斯反驳说。

但最终,他决定跳跃过去。第一次尝试几乎以灾难告终。当他正准备跳跃时,一阵大浪让飞机和快艇突然分开。所幸一位眼明手快的机组人员一下抱住他的腰,把他拉回到飞机上。第二次,也是当年第二次,皇家海军拯救了哈里·霍普金斯免受斯卡帕湾海水的浸泡。他无所畏惧地登上飞

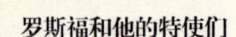

机顶层，当距离快艇为10英尺（约3米）时，他跳了过去。"他掉到了几名水手的怀中，从而没有跌落到甲板上。"麦金利回忆说，"但他险些就摔在甲板上了。"很快，他的行李也送了过来，里面装有他宝贵的克里姆林宫会谈纪要。行李毫无惊险地从海面上扔了过来。几分钟后，卡塔利娜水上飞机机组人员看见霍普金斯从"国王乔治五世"军舰的舷梯上挥手告别，然后就消失了。"世界上也只有他会这样了，"麦金利想，"他终于走了。"【48】

* * *

"国王乔治五世"战列舰是海军上将约翰·托维率领的英国本土舰队的旗舰，约翰·托维海军上将也曾指挥了英国舰队对德国"俾斯麦"战列舰的围歼。霍普金斯与迎接他的人们共享了一顿轻松愉快的晚餐，其中包括专程从伦敦赶来的吉尔·怀南特。晚餐后，托维握着他的手吩咐他赶快去睡觉。据报道，霍普金斯显得很糟糕，人们担心他的身体出现问题。他一觉睡到第二天下午，当晚在斯卡帕湾接受了海军医生整整一晚的护理，他才慢慢恢复过来。

8月4日星期一中午，首相一行乘坐两艘驱逐舰急驶而至。乘客包括帝国总参谋长约翰·迪尔子爵（Sir John Dil）；海军上将，第一海务大臣达德利·庞德爵士（Dudley Pound）；空军上将，空军副总参谋长威尔弗雷德·弗里曼（Wilfred Freeman）；代表外交部的亚历克·卡多根爵士（Sir Alec Cadogan），和"教授"彻韦尔勋爵（Lord Cherwell）。丘吉尔轻松愉快，目击者说，他就像"突然从学校放假的男生"。他来到"威尔士亲王"号战列舰的后甲板，"威尔士亲王"号战列舰是"国王乔治五世"战列舰的姊妹舰，也曾参与了对德国"俾斯麦"号战列舰的围歼，并运送英国首相和随从来参加大西洋会议。首相看到了早已登舰的霍普金斯。这位美国人站在炮塔下，面容苍白虚弱，头上戴着丘吉尔送的小礼帽，海风掀起他的外套，显露出他瘦弱的身体。"噢，我亲爱的朋友，你怎么样？"与霍普金斯握着手，首相问道，"你是怎么找到斯大林的？""我马上向你完完整整地汇报。"霍普金斯疲惫地说。他俩手挽手走下了甲板。

"威尔士亲王"号战列舰刚出发，丘吉尔就给罗斯福发出了电报，电文如下：

二战与美国命运相会

哈里疲惫不堪地从苏联返回，但现在又活过来了。我们会在航行途中好好照料他。我们刚启程。27年前的今天，德国佬发动了上次世界大战。这次我们也得干好我们的活儿。两次想来应该够了。急切盼望我们的见面。祝一切好。

* * *

从斯卡帕湾横跨大西洋到布雷森莎湾（Placentia Bay）的航程耗时大约5天。一开始，灯火漆黑的"威尔士亲王"号战列舰两侧由驱逐舰护航，但在波涛汹涌的大海中，它们的速度渐渐掉在了战列舰后面，在第一晚，首相乘坐的军舰就失去了护航舰。"威尔士亲王"号战列舰就这样单枪匹马地航行在大洋上，直到星期三，加拿大军舰从冰岛水域赶到参与护航。不过，参与为"威尔士亲王"号战列舰护航的还有一个渠道：布莱切利公园（Bletchley Park）的英国电码译员，其高超的解码技术破解了德国海军密码，从而使英国军舰避开了潜伏在大洋下的德国潜艇的狼群攻击。

狂暴的大海对乘客们还赋予了新的含义。35 000吨的军舰剧烈地摇晃颠簸，汽轮机让军舰发出颤抖，可怕的巨响和神秘的声音不断传出。巨大的海浪突然吞没了军舰的舰首和前船楼，让甲板整个浸没在了水中。一位随丘吉尔出访的记者将军舰"骇人的翻滚"比作是"庞大的钢铁制品在空中失控地飞翔"。军舰上的水手对此早已习以为常，但乘客就吃尽了苦头。"我们大多数人都感觉不好"，丘吉尔的一位助手回忆说。

晕船现象随天气的好转逐渐消失了。首相一行精神振奋。丘吉尔兴奋地计划起与罗斯福会晤的细节，包括他打算款待总统的海龟汤和松鸡肉。"你可以想象，温斯顿就像是去天堂面见上帝一样！"霍普金斯后来对朋友说。军官食堂被用作了丘吉尔的私人食堂和起居室，他的随从则临时安排进了军官起居室，那是横跨整个后甲板的大房间。在饮茶时间，丘吉尔与他的军事指挥官们在军官起居室碰面，军官们在餐桌上忙碌，而他和霍普金斯坐在舒适的椅子上听广播。"我想，这是首次在布鲁斯·贝尔弗雷奇（Bruce Belfrage's）优美动听的声音中召开的总参谋长会议。"一位军官在日记中记载说，布鲁斯·贝尔弗雷奇是著名的BBC播音员。如果天气许可，"教授"会戴着遮阳帽到甲板散步，呼吸新鲜空气。丘吉尔则忽而处

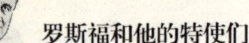

理他公文包的要件，忽而轻松地阅读航海主题的小说，或者与霍普金斯下西洋双陆棋（十五子棋）。

晚餐是由身穿白色晚礼服的英国皇家海军陆战队队员操办的。霍普金斯从莫斯科带来的鱼子酱大受欢迎。每天晚餐后都会在军官起居室放映电影。一天晚上，放映的是莱斯利·霍华德（Leslie Howard）主演的《红花侠》（*Pimpernel Smith*），讲述了打入纳粹德国的现代侠客。另一晚放映的是汉弗莱·博加特（Humphrey Bogart）主演的《夜困摩天岭》（*High Sierra*）。还有一晚放映的则是纽约情感喜剧片《魔鬼和琼斯小姐》（*The Devil and Miss Jones*）。丘吉尔享受每一部影片，此外，还放映了他所喜欢的影片之一《汉密尔顿夫人》（*Lady Hamilton*），那是描述发生在拿破仑战争时期的爱情片，由薇薇安·利（Vivian Leigh）和劳伦斯·奥利维尔主演（Laurence Olivier）。在影片的结尾，海军上将纳尔逊在击溃法国及西班牙的联合舰队的特拉法加战役（Trafalgar）中弹阵亡。首相观看了这部影片很多次，但依然百看不厌。当临死的纳尔逊被告知，战争获胜了，有人发现丘吉尔"从兜里拿出了手绢，毫不顾忌地擦起了眼泪"。电影一结束，他马上站起身来，向船上的官员训话，官员们都坐在自己就餐的位置上，或在放映电影过程中翻看廉价通俗读物。"我想这部电影对你们有特殊意义。你们很多人刚在具有同样历史意义的场所经历了敌人的炮火考验。晚安。"

最难忘的电影之夜是星期二晚上。丘吉尔来到军官起居室，向聚集该处的军官们鞠了一躬，然后坐在了放在前排的椅子里。灯光暗了下来。但银幕上出现的不是好莱坞影片，而是一架大型运输机在外国机场着陆的场面，然后受到一群官员的迎接。当飞机底部的货舱门打开，走出飞机的不是别人，正是哈里·霍普金斯。"哦，那是你，哈里！"大吃一惊的首相兴奋地高喊，并大声拍手。"好样的，太棒了！"霍普金斯从莫斯科带回了一部短片，拍摄的是他在莫斯科的片段，包括他的到达，进入和离开各种建筑，及零散拍摄的苏联首都风光。这部短片和当晚放映的另一部电影形成鲜明对照：克拉克·盖博主演的喜剧片《某同志》（*Comrade X*），该影片也是在莫斯科拍摄的，但因为其对斯大林政权有损其形象的描绘，该影片被英国电影院撤了下来，但盟国关系的敏感却无法阻止该影片在公海上映。

当晚的放映在大家的兴高采烈中结束。因为"威尔士亲王"号战列舰上没有熟练的放映员，因此，每当需要换片时，放映机嗡嗡着响，银幕上的景象不是倒转就是上下颠倒，然后电灯全亮了。当晚，丘吉尔叫人在这一间隙用留声机放了音乐,然后他身穿他的皇家游艇队长制服,与大家合唱起来。他的歌唱表明他对诺埃尔·科沃德(Noel Coward's)演唱的"疯狗与英国人"(Mad Dogs and Englishmen)歌曲的每句歌词,对"富兰克林·D.罗斯福·琼斯"的歌词烂熟于心。一位参与者回忆,当晚临近结束,"丘吉尔先生抽着被枪炮操作官认出有'15英寸长'的雪茄烟,向大家优雅地鞠了一躬,然后慈爱地如潮水般退场了"。

如同丘吉尔所预料的,霍普金斯如约赶上了前往纽芬兰的航船。他大多数时间都呆在位于"威尔士亲王"号战列舰舰桥的应急舱。本来是分给他宽大的后舱,但发动机的声音太大,于是搬到了现在的舱位。应急舱有舒适的上下铺,视野良好。霍普金斯可以在这里一觉睡到大天亮,或者午休。有时,他到后甲板散散步。一天早上,他遇到了身穿睡衣手拿雪茄的丘吉尔。他给霍普金斯派遣了一个私人服务员兼秘书,一位英国皇家空军下士。霍普金斯把这位下士称作"他的飞行员"。同军舰上的每个人一样,格林下士认为霍普金斯是"了不起的人"。他和蔼可亲,但异常疲惫且说话语速较快。

格林下士帮助霍普金斯回复了多封信件,既有写给英国朋友的,也有写给女儿黛安娜充满爱意的信:

> 我猜想,此刻的你长得像草莓那样红通通的了,那就是8岁的孩子应该的模样……我去了离家很远的地方,是世界上最寒冷的国家之一:苏联。让我惊奇的是,很多很小的男孩女孩们在北海里游泳。
>
> 我还去了另一个很远的国家,那里正经历着战争,晚上可以看见枪炮的火光。总有一天战争会结束,希特勒先生终将失败。到那时,我会带你去英国,我们会到绿茵茵的山坡漫步,到你觉得奇特的小餐馆享受美食。同样的,英国的孩子们也觉得我们的房屋、旅馆和海滩同样显得奇特。
>
> 我们很快就会见面了,我想让你知道我非常爱你。

在他休息的应急舱中,霍普金斯着手他最重要的工作:把莫斯科会晤的笔记转换为给总统的报告。格林在日记中写道,他为哈里·霍普金斯做了最重要和最机密的工作,"一大堆报告"中包含"关于乔叔叔(斯大林

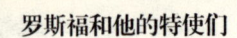

绰号）和其战争政策的大量情报"。霍普金斯的目标是将"斯大林的原话"转达给富兰克林·D.罗斯福。霍普金斯回忆说，他曾让斯大林给出了"事实和数据，仿佛如我做公共事业振兴署（WPA）的头儿时那样，这些事实和数据是冷冰冰的，非常有用的，毫无修饰的和极其精确的。也仿佛如我做商务部长时那样，这些事实和数据不含任何虚构和传奇。这些都是总统需要的事实"。这些也是霍普金斯将要提供给他的东西。

霍普金斯在向丘吉尔和罗斯福提交的报告中所提供的事实让他确信，苏联的抵抗至少能够持续到冬季，在这期间，他们能够向军队提供物质和重新巩固防线。霍普金斯感到，红军的实力"被严重低估"，部分原因是因为"驻苏联莫斯科'自命不凡的'武官们"。从长期来看，对苏联的外部援助，他相信，是值得一投的赌注。如埃夫里尔·哈里曼后来回忆，援助苏联非但不会有任何损失，且只会有大量收益。"无论如何，"哈里曼写道，"没有第二条路可走。"

霍普金斯对苏联前景的信心从何而来？他没有亲自到前线去观察，也无法通过其他渠道核实斯大林的言谈：他在给总统的报告中承认了这点。不过，他深深感受到了斯大林的确信，他所提要求的实质，和他战斗的决心。在这一背景下，斯大林对希特勒显而易见的愤慨必然让霍普金斯确信，这位苏联领导人不会与纳粹进行任何交易。"我希望永远不会像斯大林憎恨希特勒那样遭人憎恨"。

不过，霍普金斯并非是带着模棱两可的心态去莫斯科的。他预先就倾向于支持对苏联的援助。当有人问起霍普金斯为何根据几次会晤就确定了他的观点，他回答说，他作出这番决定就如同最高法院法官奥利弗·温德尔·霍姆斯（Oliver Wendell Holmes）所说在给出他的判决时那样："当我要作出决定时，我相信自己的直觉，然后寻找证据来证明我的直觉。"

在伦敦和华盛顿，消息已经传开，霍普金斯的使命获得圆满成功。8月3日，怀南特将霍普金斯的叙述传达给了美国大使馆几个"喜气洋洋的"同事，第二天，萨姆纳·韦尔斯告诉记者雷蒙德·克拉珀（Raymond Clapper），"哈里·霍普金斯现在是最关心苏联动向的人。"8月8日，亲英派的纽约银行家托马斯·拉蒙（Thomas Lamont）听到伦敦的朋友说，斯大林表现得"非常平静"，并谈到了"来年的战争，这都是好兆头"。

***

8月9日，星期六晨，"威尔士亲王"号战列舰通过了位于纽芬兰东南角的布雷森莎湾入口。哈里·霍普金斯身穿睡衣来到舰桥，向雾蒙蒙的远方眺望。他昨晚睡得很差，一直担心他的莫斯科访问笔记不完整。"我要把苏联的事完完整整传递给总统"，他回忆说，希望把所有的事讲明白。突然，"仿佛浓雾中冒出的怪兽"，船员们发现了美国军舰的轮廓。巡逻机嗡嗡地走在前面。朝阳缓缓驱散了浓雾，然后，"仿佛无数薄雾般的幕帘徐徐拉起"，霍普金斯看见了美国海军"奥古斯塔"号重巡洋舰，这是美国大西洋舰队的旗舰。他马上跑回船舱，穿好衣服，把行李物品一股脑儿塞进箱子，把他在英国买的外套作为礼物送给了私人服务员兼秘书，然后返回到舰桥。他对准"奥古斯塔"号重巡洋舰的甲板调整起了望远镜，军舰停泊在距离数百码远的地方。他看到了富兰克林·德拉诺·罗斯福本人。

美国总统亲自设计并实施了详细的策略，以能够在绝对秘密的情况下抵达纽芬兰。在这之前一周，他在康涅狄格州新伦敦县登上美国海军游艇"波托马克"号，开始了他新英格兰沿海的"为期10天的度假游"。星期一，总统游艇在马萨诸塞州朗可特停泊，在数百人眼皮底下，罗斯福带上了一批流亡的挪威皇室成员出海钓鱼。当晚，数千度假者目睹了"波托马克"号游艇沿科德角运河而下，总统的旗子高高飘扬在游艇旗杆，一小群身穿平民服装的人聚集在后甲板聊天。便衣警卫和马萨诸塞州骑警在岸边对其警卫。接下来一周，海军的通报说总统正在"波托马克"号游艇的船尾甲板享受海上的清新空气。美国海军还公布，"所有船上的乘客都显露了日照的效果"，并且在华盛顿的炎热夏季后，对新英格兰的空气赞不绝口。"没有具体日程表，一切看气候和钓鱼的结果确定每日安排"。实际上，这些都是虚构的假象。星期一，罗斯福已经登上了海军"奥古斯塔"号重巡洋舰前往布雷森莎湾，护航的有美国海军巡洋舰"塔斯卡卢萨"号和5艘驱逐舰。富兰克林·罗斯福高兴的是，他骗过了每一个人，特别是骗过了白宫记者团。"即使是在我这老年，"他从"奥古斯塔"号重巡洋舰写信得意地对表姐戴西·萨克利夸口说，"我觉得能够逃脱太激动了：特别是能够逃脱美国记者。"

罗斯福率领的小型舰队又陆续有其他军舰加入，最终于8月7日，星

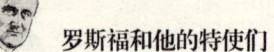

期四晨到达目的地。布雷森莎湾的东面和西面是长长的半岛，周围是茂密森林的小山丘，它给来访的人们的第一印象是"非常荒凉和迷人"。很快，沉寂的海湾就满是美国军舰，天空是巡逻的美国飞机。东面的阿真舍湾的海面异常忙碌，根据驱逐舰基地条约，美国海军正在该处修建一个海军跟踪基地。随着军舰在海湾来来往往，富兰克林·罗斯福对辛劳接出的果实倍感欣慰。

陪伴总统的是他的主要军事顾问，包括陆军参谋长乔治·马歇尔上将，海军上将哈罗德·"贝蒂"·斯塔克（Harold "Betty" Stark），哈普·阿诺德少将（Hap Arnold），及大西洋舰队司令，海军上将欧内斯特·J.金（Ernest J. King）。为让会晤更亲密和私人化，富兰克林·罗斯福让斯廷森（Stimson）和诺克斯两位部长留在了国内。他的两个儿子，小富兰克林·罗斯福少尉（Ensign Franklin D. Roosevelt Jr）和埃利奥特·罗斯福上尉（Captain Elliott Roosevelt）被调来，并披上了饰带（被富兰克林·罗斯福取了绰号是"金黄色菠菜"），盼咐他俩作为总统助理。罗斯福的宠物小猎犬法拉（Fala）也登上了军舰。星期五下午，萨姆纳·韦尔斯被总统任命代表国务院，乘坐水上飞机赶到。和他一块儿到达的，还有富兰克林·罗斯福总统的另一位私人特使，埃夫里尔·哈里曼。

据哈里曼自己承认，他是不请自到的。8月初，他在给白宫打电话时才惊恐地获悉，罗斯福不打算将他包括在美国代表团名单中。即使哈里曼反驳说，丘吉尔希望他能够到场时，富兰克林·罗斯福还是令人难以置信地告诉他，"奥古斯塔"号重巡洋舰上已经没有多余的舱位了。最终，总统迫于压力承认，韦尔斯将从波士顿乘飞机北上，并同意哈里曼可以搭乘他的飞机。再一次，埃夫里尔·哈里曼的厚颜无耻暴露无遗。

从"威尔士亲王"号战列舰来到"奥古斯塔"号重巡洋舰上的第一位旅客是哈里·霍普金斯，他对总统说的第一句话是："苏联人非常自信。"11点刚过，温斯顿·丘吉尔登上美国旗舰闪闪发光的上层甲板，肃立聆听海军乐队演奏英国国歌"天佑吾王"。然后，他走向由儿子埃利奥特搀扶着的富兰克林·罗斯福，并向罗斯福致礼，罗斯福举手还礼。接着他按外交礼节向罗斯福转交了国王乔治6世的信件。很快，这些外交礼仪就转向为握手和笑容，美国领导人点燃了一支香烟，英国领导人则点燃了一支雪茄。

在经过太多的期待和延误之后，这两人终于作为政府首脑首次见面了。在某种意义上，这是双方漫长距离关系的完美结果：这种关系不仅因两人的通讯而得以维系，还得益于罗斯福的3位特使的努力：韦尔斯、哈里曼和最重要的霍普金斯，他们也都来到峰会现场。

＊＊＊

在接下来的3天里，两位领导人和他们率领的代表团详细讨论了欧洲战争的走向。丘吉尔无须言辞就已经给人留下深刻印象。罗斯福喜欢他，发现他是"非常重要和生气勃勃的人"，在写给表姐的信中，他把丘吉尔比作"英国的拉瓜迪亚市长！不要说是我说的！"（他还对丘吉尔的酒量颇为震惊）总统说的话比平时要少，并很高兴丘吉尔并不倚老卖老。两人很快建立了轻松并可以开玩笑的关系。霍普金斯在写给帕梅拉·丘吉尔的信中说，富兰克林·罗斯福对你伟大的岳父印象极其深刻。哈里曼报告说，英国首相显出"他的最佳状态"，罗斯福则"完全着迷了"。帕梅拉后来说，多亏了霍普金斯的前期工作，这两位强人才能够一见如故。

霍普金斯对英美两国关系的贡献并非仅限于领导人之间。在他的建议下，罗斯福送了一整箱的礼品，包括水果、奶酪和香烟给"奥古斯塔"号重巡洋舰的同伴，"威尔士亲王"号战列舰上的每一个人。在1 500个小盒子里，还有一张贺卡，写道："美国总统顺致敬意和祝愿。"

在阿真舍湾，霍普金斯所做的最有实际价值的工作是传达他出访莫斯科的报告。哈里曼回忆起，霍普金斯对苏联能够坚持下来，绝不会与希特勒签订新的和平条约满怀信心，这种信心"弥漫在"大西洋会议上。小富兰克林·罗斯福回忆起一次通报会，会上，霍普金斯帮助他在"奥古斯塔"号重巡洋舰上的父亲解释了为什么这样确信。"哈里头脑清晰，"他说，"非常简洁明了的表达方式，因此，他没有留下任何疑问和疑虑。如果有的话，我父亲就会向他提问，哈里也会明明白白地回答……他有非常奇妙的方式来归纳他的结论和思维……哈里具有非常奇妙的能力来适应任何新环境，并且……完全理解和任意回答新问题的细节。"显然，总统总是希望了解和探索其他领导人的性格细节，当听说斯大林具有某些幽默感时，他显得非常高兴。

霍普金斯证言的说服力在任何方面都得到现实政治规则的支持。克里姆林宫要求开辟第二战线，而这显然是不可能实现的，但却使大规模的物

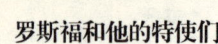

资援助项目更为必要。因此，作为对霍普金斯报告的明确答复，罗斯福与丘吉尔在给斯大林的联名信中正式建议在莫斯科举行物资援助会议，这样，"我们都能够更快地就我们的资源的分配达成一致"。按照丘吉尔的话说，苏联是"饥饿的餐桌上受人欢迎的客人"。刚乘飞机赶到纽芬兰的比弗布鲁克勋爵（Lord Beaverbrook）被选派为英国出现会议的代表。富兰克林·罗斯福希望霍普金斯带领美国代表团出席会议，但考虑到自己的身体条件，霍普金斯推荐了哈里曼。

丘吉尔曾希望总统能够利用这次海上会议时机，宣布美国对欧洲战争卷入的大量升级。但富兰克林·罗斯福仍然保持了与从前一样的谨慎，希望能维持他的灵活性和避免任何对他的批评和攻击，说他未经国会授权不能擅自行动。所以，他告诉首相，他将"参与作战，但秘而不宣"。他会"给出更好战的言辞"并"等待'时机'来为参战寻找理由"。这种谨慎态度很快就证明是正确的，在会议期间，传来令人震惊的消息，选征兵役制法（Selective Training and Service Act）中服役年限的延期在众议院仅以一票之差通过。

罗斯福1940年9月签署的选征兵役制法将应召入伍的士兵服役年限限制为一年。1941年春，军方首脑表现出忧心忡忡，数以千计受过训练的军人即将流失，替代他们的则是毫无经验的新兵。富兰克林·罗斯福希望国会能够将年限延长到18个月，他说，"今天的危险"比一年前"无限扩大"，军队不能因此而"解体"。马歇尔将军作证说，让老兵在秋天回家将是"拿国家安全冒险"，其相当于解散军队。但很多国会议员认为，服役年限的延长是违反了政府和应召入伍的士兵之间的合同（或者担心选民会认为如此）。孤立主义者则认为这是要让美国卷入外国战争的阴谋，总统决定对斯大林政府进行援助进一步增强了这种猜测。"我的天！"参议员海勒姆·约翰逊（Hiram Johnson）惊呼道，"难道我们堕落到如此地步，需要从两人中选出一名刽子手"？

选征兵役制法的延期轻松地在参议院获得通过，但在众议院却以203票对202票勉强通过。即便如此，若非众议院议长萨姆·雷伯恩（Sam Rayburn）力排众议，一锤定音，能否通过确实难说。这次险胜，在霍普金斯看来，是让在阿真舍湾的代表团所有人员感受一个"透心凉"，特别是英国代表团成员。对那些要求罗斯福总统加快步伐，对反对者不予理睬的人来说，这也是一剂清醒剂。在总统和丘吉尔正在规划他们希望主宰的未来世界的关键时刻,国会却使美国的国防现状暴露无遗。难怪舍伍德尖锐地指出,这一消息"仿佛敌人的炸弹掉在了'奥古斯塔'号重巡洋舰和'威尔士亲王'号战列舰上的甲板上"。

* * *

英国代表团获得了几个安慰奖。两国的政治和军事首脑逐渐相互熟悉。尽管富兰克林·罗斯福对英美荷三方发出的警告,呼吁预先阻止日本军队向南扩张的想法感到犹豫不决,担心这会导致危机加速,但他还是许诺在回到华盛顿后,给日本驻美国大使野村发出措辞严厉的信息(不出所料,日本方面对这次会议已经感到惴惴不安。一位日军参谋评论说,这次会议无异于美国的宣战)。在其他重要方面,总统证实美国海军将在西大西洋乃至冰岛对联合运输船队展开护航。而最重要的,是公布了《大西洋宪章》。

《大西洋宪章》又称《罗斯福丘吉尔联合宣言》,其公布了"某些共同原则,他们希望在这些原则的基础上改善世界的前途"。这8个原则是,美国和英国不寻求领土和其他方面的扩张。反对不符合有关民族自由表达的愿望的领土变更。尊重各国人民选择他们在其管辖下生活的政府形式的权利,包括被强制剥夺主权和自治权的民族(在"适当照顾"到它们现有的义务的条件下,这是对英国在其帝国范围内享有的贸易特权的照顾)在平等条件下进行贸易并取得原料。国际经济合作。"在最终摧毁纳粹暴政以后"建立和平,以确保"一切地方的所有居民都可以过无所恐惧、不虞匮乏的生活"。在公海上不受阻碍地自由航行。最后,是必须在建立"更广泛和更持久的普遍安全体系以前",解除这类国家的武装。《大西洋宪章》并非是条约或正式的外交文本,所以,出席会议的有些官员认为其"无非是公开散发的宣称品"。但是,如果说其即时效应有限的话,其深远效果如舍伍德所说,是"极其广阔和历史意义的"。其包含的重要观点将激励被压迫的人们,让全世界思考联合国的建立,乃至对丘吉尔心爱的大英帝国提出令人不适的质疑。

不过,上述的困扰将是未来的事情。眼下,一切安详宁静,特别是8月10日星期日,在皇家海军"威尔士亲王"号战列舰后甲板的大炮下举行的祈祷仪式更是如此。那是"一个真正美好的早晨",一位英国代表团成员说,"微风轻拂,太阳被一层薄雾挡在身后,海面显出迷人的灰色波光,绿色覆盖的小山丘环绕四周。"罗斯福总统身穿蓝色双排扣西装,与身着军服的美国将军们来到英国战列舰上,军舰上的伪装和战争留下的痕迹与美国军舰的新鲜油漆和洁净外表形成鲜明对比。皇家军乐队演奏了《星条旗之歌》,仪仗队持枪敬礼,美国人受到身穿皇家舰队队长制服的丘吉尔首相的欢迎。然后,罗斯福缓缓走过甲板,头上没戴帽子。身体笔挺,尽力倚靠着拐杖和儿子埃利奥特的手臂。他花了很长时间才走完这段路程,从他的表情和举止可以看出他耗费了巨大体力。军舰上的人们说,这是他瘫痪后所走的最长一段路。他弯身坐进了后炮塔下紧挨着首相安置的椅子。在他们身后是顾问们,包括富兰克林·罗斯福的三位特使:霍普金斯、哈里曼和韦尔斯。在他们两旁和船甲板上,是混杂一起的英美海军士兵。这一绝妙的场面被丘吉尔的助手约翰·马丁称作是"两国海军的一种婚庆仪式",再也没有比这更梦幻的场面了。

丘吉尔下令欢迎仪式应该"唱赞美诗以突显壮观场景"。他并不拘泥于教会礼仪,但别人,特别是霍普金斯建议说,罗斯福喜欢他的赞美诗。丘吉尔选择了《哦主啊,我们永远的保障》、《信徒如同精兵》和《天父救人有大权能》,所有的赞美诗都涉及到团结和援助的主题。丘吉尔预先审查了祈祷词,他让一位助手大声读给他听,他则在忙着擦干刚洗完澡的身子。两位随军牧师,一位美国人,一位英国人,向总统和国王作了祈祷。选读的《圣经》篇章是"约书亚书"第一章,由皇家海军"威尔士亲王"号战列舰舰长约翰·利奇朗读:"你平生的日子,必无一人能在你面前站立得住。我怎样与摩西同在,也必照样与你同在。我必不撇下你,也不丢弃你。你当刚强壮胆。"两架美国水上飞机低空掠过军舰,并抖动双翼致敬。"我的天,这将成为历史!"一位出席者小声说。罗斯福后来告诉记者说,他被仪式"深深地打动了",在这期间,有人看到丘吉尔的"手绢从口袋偷偷地露了出来"。

后来,首相向船上的随从询问起他是否认为这一仪式"精彩和动人"。然后他自问自答说:"相同的语言,相同的赞美诗,和几乎相同的理想……我感觉真的会发生大事:很大的大事……"尽管他不太笃信宗教,但他还是告诉一位朋友说:"他感到神的力量把两国联系起来。"

当仪式刚一结束,一些水兵,当然也包括军官,立即上前团团围住了领导人要求拍照。正如一位旁观者所说,这一场面是"摄影记者在大量吸食大麻之后梦寐以求的机遇"。两位领导人微笑着满足了大家的要求，在那里一动不动坐了半小时聊天吸烟，而水兵们则纷纷蹲着身子前行到距离领导人一码的地方，拿着照相机狂拍起来。富兰克林·罗斯福给表姐写信说："我们遭到一阵狂拍：前面，两边和后面！"照片的背景是哈里·霍普金斯给埃夫里尔·哈里曼展示他新的灰色翘边帽。最终，媒体发现了帽子的出处，国内的主要大报纷纷就此开起了玩笑。"你的帽子来自何方？"《基督教科学箴言报》以此作为了标题。《芝加哥每日论坛报》的文章标题则是"双帽记"。《费城问询报》的报道是帽子"新政"。《纽约先驱论坛报》的标题最吸引眼球："丘吉尔'租借了'帽子给霍普金斯"。

当天下午，英国首相身穿背带裤来到海滩漫步，陪伴他的有哈里曼和他的随员。海滩崎岖不平，寥无人烟。"我们就像第一批发现新大陆的人那样，兴奋不已，"约翰·马丁回忆说，"一个人影也见不到，首相摘了一大把鲜花。"丘吉尔仿佛是"顽皮的中学生"，亚历克·卡多根爵士注意到，他兴高采烈地"把鹅卵石从悬崖上滚下"。让同伴惊恐一场的是，他从悬崖边滑了下去，不过只有一点皮肉伤。一行人在阳光明媚的小海湾休息了片刻，丘吉尔沉思着对哈里曼说，"纽芬兰的生活多么惬意呀，"紧接着又说"对任何人来说，这里的生活都极其美好，但他自己除外"。不期而至的暴风雨将大家驱赶回到了军舰上。

大西洋会议是萨姆纳·韦尔斯职业生涯中的高潮。在总统与丘吉尔讨论战后全球新秩序的构想时，是他而不是国务卿科德尔·赫尔坐在总统身旁。韦尔斯起草了《大西洋宪章》的一部分内容，他还和亚历克·卡多根爵士分别代表自己的老板讨论了其他事务。尖刻的卡多根爵士去年还对韦尔斯不以为然，现在对他热情多了。"人熟悉起来他就变了，"卡多根爵士在日记中写道，"尽管可惜的是他年轻时就长成了瘦长的人。但我想，任何有体育爱好的家庭都这样。"

随着会议临近结束，哈里·霍普金斯从他在"奥古斯塔"号重巡洋舰的船舱向"威尔士亲王"号战列舰上的朋友发出了热情洋溢的告别信，同时还有柑橘、柠檬、糖果、罐装牛肉和其他稀有食品。他提醒丘吉尔说："这些吃的是为你妻子准备的，所以，你别在船上把它们糟蹋了。"

对第一海务大臣达德利·庞德爵士，他写道："祝英国海军司令归国途中一路顺风，旅程愉快，这是象征性的酬劳。"他给帝国总参谋长约翰·迪尔子爵写的是："与坦克相比，这些微不足道。但它们同样稀缺。

至于坦克，我相信，会马上赶到。"对不吸烟喝酒的素食主义者彻韦尔勋爵，他的话是："亲爱的教授，这些小礼品是免费的。我取出了牛肉，让你后悔是素食主义者吧。"他让亚历克·卡多根爵士转交包装好的柠檬给安东尼·伊登，"同时还有远东的问题"。

他还给伦敦的帕梅拉·丘吉尔准备了一袋食品，在便条上顽皮地写道："埃夫里尔告诉我说，我应该把这些东西送给温斯顿小宝宝，扯淡，我要送给你。在伦敦，我和你还没有聊够，你为什么不出任驻美国大使？如果凯思琳表现好的话，你也可以送一点给她。"埃夫里尔在给帕梅拉和凯思琳的信中只好扮演配角了："哈里给每个人都送了很多吃的。我打算给温斯顿小宝宝送点柑橘，但他把船全占满了，我的箱子就算是一点感情的表示吧。"

8月12日星期二下午，为准备离别而一派繁忙。最后一次，人们吹奏管乐或发出尖叫，小船被吊上军舰，舱门被固定好，天窗被关闭。快艇在军舰之间来回穿梭，秘书们在舷梯上来来往往。在"奥古斯塔"号重巡洋舰上，一个小型动人的仪式正在开始。一个月前，霍普金斯在首相乡间别墅发现了一些朗费罗诗歌《建舟咏》的配图书，那是罗斯福早先通过温德尔·威尔基送给丘吉尔的。现在，又重新印制了一批，总统和首相在20多本书上签了名。罗斯福由3位特使陪同参加了阿真舍湾的会议，而会议结束，第四个特使的幽灵悄悄显现。

很快，"威尔士亲王"号战列舰就驶离了布雷森莎湾，通过了一长排站满水兵的灰色美国军舰。英国首相穿着连衣裤在后甲板上观看，口里含着雪茄烟。水上飞机挥动双翼致礼，美国海军军乐队演奏着欢快的军歌《起锚之歌》。美国海军驱逐舰包括"美兰特"号军舰，将护送"威尔士亲王"号战列舰一直到冰岛。"美兰特"号驱逐舰的主任参谋是海军少尉小富兰克林·D. 罗斯福，"威尔士亲王"号战列舰顺利抵达苏格兰北部的斯卡珀湾。依然停靠在瑟索等待丘吉尔的专用火车将他载回伦敦，战斗机同时提供了空中保护。当他走出英皇十字区的火车站，他的一位随从在日记中写道，站台出现了"争先恐后的现象，摄影记者全挤在前面。只见内阁部长们突然从照相机和闪光灯的丛林中冒出，打算举行正式欢迎的计划全部落空"。吉尔·怀南特也来到火车站，但蜂拥而至的人群把他挤到了一旁。与埃夫里尔·哈里曼不同，他未能设法挤入阿真舍湾的会议。幸运的是，身穿紫色外套和灰色皮衣的克莱芒蒂娜·丘吉尔对丈夫指了指他。

"喷着大口的雪茄烟雾，仿佛是驱逐舰喷出的气流"，《华盛顿邮报》的记者发现，丘吉尔"用手肘东拐西挤穿过人群，迎向了美国大使"。

参加大西洋会议的美国人回家的路程短得多。哈里曼搭乘比弗布鲁克勋爵的私人火车去了甘德。火车速度飞快，连一辈子坐惯了快速火车的哈里曼也担心"每次转弯火车都可能翻出铁轨"。从甘德，两人登上皇家空军的B-24"解放者"重型轰炸机去了新不伦瑞克，那是比弗布鲁克勋爵的出生之地，然后继续飞抵华盛顿。与此同时，"奥古斯塔"号重巡洋舰和总统小舰队的其他军舰朝缅因州海岸开进，在那里，萨姆纳·韦尔斯和几位军队将领登上了水上飞机途经华盛顿飞往罗德岛州。罗斯福和他最密切的顾问，包括哈里·霍普金斯，转到总统游艇"波托马克"号上，继续开始其南下的旅游航程。

8月15日星期五，"波托马克"号停泊在缅因州诺斯黑文岛的普尔皮特港。这一小小的隐秘港湾因布道石（Pulpit Rock）而得名，布道石是一露出地面的岩层，屹立在港口的入口，形状让人联想到教堂布道的牧师。树林和牧场沿山坡倾斜到港口的满是鹅卵石的海滩，避暑小屋在海岸线星罗棋布。其中一所叫"天水农场"，属于银行家托马斯·拉蒙特（Thomas Lamont），他是温德尔·威尔基的强烈支持者，也是富兰克林·D.罗斯福的老朋友。在询问了总统是否会"接见"他后，拉蒙特来到游艇尾甲板与罗斯福和霍普金斯聊起天来。

银行家见到罗斯福一开口就祝贺大西洋会议的成功，"本世纪最了不起的事件：天才的一笔"。总统轻松地坐在轮椅里，脸被日光晒得黑黑的，手上拿着烟盒，显得非常惬意。"会议非常成功。"他回答说。他透露说，"丘吉尔让我印象极其深刻，还说他比几个月前更受鼓舞。"拉蒙特又说，"我知道，哈里·霍普金斯是温斯顿·丘吉尔的宠儿。""对，对，"罗斯福赞同地说，"更是乔·斯大林的宠儿。我们经常开他的玩笑，丘吉尔和我，说他是'乔大叔的宠儿'。"霍普金斯便重复起他对斯大林，对红军和苏联人的良好印象，"整个民族都决心抵抗到底"。他承认对红军将领的情况一无所知，但强调说苏联人宣称说，当飞雪漫天的时候，德国人也不可能攻占列宁格勒，莫斯科或基辅。短暂愉快的聊天后，拉蒙特准备离开，霍普金斯警告说："我们还有很多颠簸和风浪。"

当天下午，在缅因州罗克兰度假的人们激动地看到，"波托马克"号靠近了海岸，护航的是海岸警卫队外形优美，模样威严的小型武装快艇。

罗斯福和他的特使们

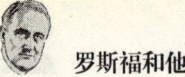

迎接这次被《时代周刊》杂志称作是"有史以来美国总统最伟大的钓鱼航行"的是一群迫不及待的白宫记者团,对过去两周所发生的一切,他们完全被蒙在鼓里并因此而大动肝火。在游艇的白色起居室举行的记者招待会上,看上去焕然一新的富兰克林·D.罗斯福身穿宽松的粗花呢大衣,显得"如饱餐了金丝雀的猫那样踌躇满志",他安抚性地对记者谈到了海上的会议。"面色蜡黄的"的霍普金斯,富兰克林·D.罗斯福说他"刚从莫斯科返回",紧靠防水墙坐在一旁。罗斯福告诉记者,两国海军的水兵们在"威尔士亲王"号战列舰后甲板亲密交流,伦敦佬的口音和德克萨斯的腔调混合一起唱着圣歌。这是一次"伟大的历史性事件"。下午4点,富兰克林·D.罗斯福被"波托马克"号的水手长护送下船,然后驱车前往火车站,满面笑容的总统高兴地向民众挥舞他的软呢帽,霍普金斯则坐在他身旁。总统专列直接驶向华盛顿。

罗斯福并非是唯一强调大西洋会议的精神作用的目击者。在星期天,加拿大神职人员和学者,位于哈利法克斯的国王大学学院的牧师塞缪尔·亨利·普林斯博士,在曼哈顿上西区圣史蒂芬新教圣公会的布道中谈起先知以利亚命令他的仆人说,"即刻启程,眺望大海。""在过去几天,"普林斯博士说,"数百万双眼睛满怀希望和信仰眺望大海,和先知以利亚的仆人一样,他们没有感到失望。"

* * *

哈里·霍普金斯的莫斯科和阿真舍湾使命是战争中最重要的事件之一。作为德国入侵苏联后访问其首都的第一位西方高级官员,他设法获得了重要的信息:苏联的局势,苏联的需求,最重要的是见到了苏联的领导人。霍普金斯的报告对总统的思想有重要影响。正如一位历史学家所说,他的使命不是对苏联援助的"转折点",而是"不可逆转点",对"已经形成的强烈倾向"提供了坚实的基础。[49] 霍普金斯为苏联提供了某种人格证明,如同比尔·多诺万曾经向英国人展示的那样。在这两种情况中,特使们证明了他们的东道国不会在冬季来临时被打败。霍普金斯的影响显现在华盛顿于8月第一周所作出的决定中,和第二周在普拉森舍湾的结果中,以及在政府越来越将苏联局势作为长期前景看待的态度中。

霍普金斯还向斯大林和苏联政府转达了对其表示支持的个人声明。霍普金斯作为总统特使的身份固然重要，但他的个性同样重要。小富兰克林·D.罗斯福目睹了霍普金斯在阿真舍湾的行为，对此评论道：

> 在我看来，我不知道有谁比哈里更胜任他目前的工作。萨姆纳·韦尔斯也不行。因为萨姆纳·韦尔斯没有哈里那种非凡的魅力。哈里能够让你自愿缴械投降。他能够在谈话的5分钟内让你成为他的朋友，而这发生在斯大林身上就相当困难，因为他是身经百战的老手。但斯大林绝对信任哈里……哈里能够赢得他的信任。

富兰克林·D.罗斯福对霍普金斯和斯大林之间建立的融洽关系颇为欣喜，8月下旬，他在海德公园的一次宴会上对客人说，这次与克里姆林宫的接洽"相当成功！"罗斯福说霍普金斯曾询问了苏联领袖，为什么西方很难获得所需的苏联信息和数据。总统说，斯大林的回答是，"因为我以前从来不信任外国派来的任何特使"。并给了霍普金斯需要的所有信息和数据。

这样一位强有力的和令人信服的特使的到来撼动了美国的官方代表劳伦斯，但却厘清了华盛顿和莫斯科的交流渠道。大使馆的态度迅速改变，尽管在霍普金斯眼中还不够快。他提醒斯廷森部长不要相信武官伊凡·伊顿少校的意见，并安排了一位更亲苏联的武官去莫斯科协调美国援助事务。几个月后，斯坦哈特大使和伊顿武官都从苏联被召回。

出访莫斯科的使命还获得了富兰克林·D.罗斯福希望的象征意义。热情洋溢的报道和照片出现在苏联报纸的头版，正如斯坦哈特向华盛顿报告的："在这里，其重要性远远超过任何其他国家。"无须说，美国的新闻报道五花八门。有很多正面的报道和社论，也有负面报道，8月8日的一篇对各种社论的调查发现，尽管对战争持乐观态度的人越来越多，有的报刊还是担忧斯大林许诺的真诚性。调查发现："很多社论不喜欢给予苏联国超过了道义支持的其他支持。有的评论认为，霍普金斯先生对莫斯科的访问……是有些不合情理。"这番话尚有些克制。《华尔街日报》的文章标题是"我们是同志了？"文章担心霍普金斯"以随意的方式就让他的国家与苏联结盟了……我们不能以支持一个极权主义的方式来消灭另一个极权主义。这样做是有悖常理的。更糟糕的，还是有悖道德的"。

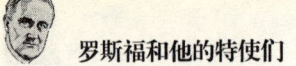

过了一段时间后，霍普金斯对莫斯科的访问和大西洋会议的综合效果使报刊社论关注的焦点转向了对苏联援助的必要性上。8月底，一次相似的报刊社论调查发现人们的态度出现巨大转变："社论作者高兴的是，这些行动至少把主动权从轴心国手中夺回来了。即使对苏联援助的运输也更加被人们接受。现在，关注的重点已经从各种讨论转向确定的政策。"当然，上述评论并不包括《华尔街日报》的观点。不管它对现实政治的看法如何，它认为援助苏联总是令人不快的。

霍普金斯对苏联局势的关切不能与他对斯大林的任何个人情感混为一谈。他头脑清晰，不感情用事，正如前往阿真舍湾途中，他在"威尔士亲王"号战列舰上写给帕格·伊斯梅（Pug Ismay）的信中说："我根本不会认为乔大叔是可爱的人，尽管他非常有趣，无论如何我得到了我所希望得到的一切，而你永远无法保证会得到这些。"如果说有点什么的话，那就是霍普金斯在苏联的走马观花对极权主义感到了沮丧。"在我对莫斯科的三天访问结束前，"他在写给《美国杂志》的文章中说，"民主政体和专制政体的区别对我越来越清楚，远超过任何哲学家，历史学家和记者的描述。"从尼古拉·雅科夫列夫将军眼中的恐惧，从当局对待其民众的方式上，他看出了这种区别。但他也是现实的，清楚美国缩小这种区别的能力，相信希特勒才是更大的威胁。大多数西方人持相同观点。温斯顿·丘吉尔曾在一次迪奇雷公园的宴会上被朋友问道："我们怎能和苏联人成为盟友？"丘吉尔的回答是："我相信控制了肉欲，精神就会自由。"

正如历史学家沃伦·金博尔（Warren Kimball）所说，罗斯福经常被批评是盲目地服从国会和公众舆论。但在1941年8月，"他一反常态地强硬起来，顶着政府内外的舆论风头，承诺向苏联提供援助并指出了其合法性"。他决定在苏联身上下赌：霍普金斯的使命让他相信这是明智的赌注。在美国战争政策变化的转折点上，总统特使发挥了关键作用。

将霍普金斯的第二次和第三次使命综合考虑，显然，霍普金斯促进了美国、英国和苏联之间三角关系的建立。伦敦和莫斯科提供人员，华盛顿提供物资。霍普金斯处于这一三角关系的核心。"难以置信的是，"一位老练的华盛顿人士说，"斯大林、丘吉尔和罗斯福对霍普金斯的信任超过了他们彼此之间的信任。"

"我们，我们大家，"温斯顿·丘吉尔1941年说，"都站在了历史的瞭望塔上。"这一夏天，哈里·霍普金斯绝对是这样。

尾声
1941 年 12 月

普拉森舍湾的喧哗表演谢幕后，1941 年 8 月的其他日子突然静寂了下来。9 月，美国坚决参战的行动又突然加快。富兰克林·罗斯福利用美国驱逐舰格里尔（Greer）和德国潜艇在冰岛海岸的冲突大做文章以增加筹码。他在全国广播讲话中大事渲染这次事件，将其定义为海盗行为：纳粹的惯常伎俩以"夺取海洋的控制权"并建立"一个基于武力，恐怖和谋杀的永恒世界体制"。他宣布了美国海军的护航政策，警告说，任何进入美国海军防御水域的德国和意大利军舰将"自找苦吃"。美国军舰将对所有盟国商船护航：无论其是否悬挂美国国旗，其范围包括北大西洋四分之三的水域。轴心国的船只将被立即击沉。"当你看到响尾蛇吐出信子准备攻击时，"他告诉听众，"你必须先下手为强，而非束手就擒。"10 月和 11 月，经过艰苦和惊险的激辩，总统说服了国会"解放"他的双手并废除《中立法案》。美国商人可以武装起来并进入战争区域，将物资直接运送到交战国的港口。

经过一年来逐步扩大其行动，美国在大西洋开始了对德国的不宣而战。租借法案按照其逻辑原原本本地得到执行。在面对来自孤立主义者和不干涉主义者的持续反对时，按照韦恩·科尔（Wayne Cole）的话说，罗斯福"对其动机闪烁其词，遮遮掩掩，以尽量压制反对的声音"。但是，他所采取的各种行动：海军在逐步扩大的区域中行径范围越来越广的巡逻，美军进驻格陵兰岛和冰岛，最后，是海军的护航和对轴心国船只的立即击沉，等等，这些都使美国无限接近参战边缘。

罗斯福和他的特使们

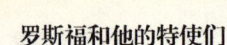

富兰克林·罗斯福同样实现了支援苏联战争的许诺，苏联正遭受纳粹德国国防军的巨大压力。9月底，埃夫里尔·哈里曼和比弗布鲁克勋爵分别率领美国和英国代表团参加了关于援助事务的莫斯科会议。"我已经把我解决麻烦的能手增加了一倍，"罗斯福在宣布哈里曼的任命时说，"哈里·霍普金斯依然是解决麻烦的能手，我还给他增派了哈里曼。"当哈里曼前往莫斯科时，他给斯大林带去了罗斯福的个人信件。"哈里·霍普金斯已经详细告诉了我，他对你的拜访是多么令人鼓舞和满意，"总统说，"我无法表达我们对苏联军队的勇敢作战是多么兴奋。"莫斯科会议同意向苏联提供10亿美元的援助，并且决定了在莫斯科，伦敦和华盛顿的军方之间分配物资的草案。罗斯福总统继续向官僚机构施加压力，要其加快对莫斯科的援助进程。11月7日，他将苏联纳入了租借法案适用范围。当月下旬，对其官员在向苏联援助飞机的行动上缓慢拖拉大为不满，他要求霍普金斯"向他们转达我的话：快，快，快！"

最终，将美国拖入战争的是亚洲而非欧洲。罗斯福认为他能够约束日本而不激怒它，事实证明他错了。他误判了日本的意图，就像斯大林误判了希特勒的意图一样。日本对美国事实上的石油禁运大动肝火，并担心其海上优势随美国战争机器的加速而不保。在1941年秋，日本领导人决定对美开战，除非与华盛顿的谈判能获得满意结果。11月下旬，科德尔·赫尔的会谈一无所获，由前日本陆军大臣东条英机任首相的好战的新内阁在东京上台。美国人认为日本是必须被遏制的扩张主义威胁。但在日本看来，其选择无非是服从美国主导的联盟，或者反抗这种联盟。"与美国强加的和平相比，"日本历史学家入江昭（Akira Iriye）分析说，"日本发动的战争被认为更值得追求和更享有荣耀。"罗斯福继续拖延时间，不过，他和内阁成员也越来越预感到日本的公开侵略行为，最可能的是东南亚地区。

因此，12月7日星期天，数百架从航空母舰起飞的日本飞机向停泊在东面5 000英里（约8 000公里）远的夏威夷珍珠港的美军舰队猝不及防地进行了攻击。在几个小时内，美国太平洋舰队大批战舰葬身海底，包括4艘战列舰和大批小型军舰。幸运的是，当时所有的美国航空母舰都出海了。但188架飞机被摧毁，大部分还停留在机坪。2 403名士兵丧命。日本随即对美国和英国的其他亚洲基地展开袭击，最让丘吉尔震惊的是"反击"号战列巡洋舰和"威尔士亲王"号战列舰被击沉，在阿真舍湾，他曾在其炮塔下和罗斯福一道高唱圣歌。

＊＊＊

罗斯福的5位特使都参与了1941年12月7日所发生的一切：比他们在1939年12月的参与更直接。曾经处于外围的他们，因其使命而进入了权力的核心。

哈里·霍普金斯正与总统在其白宫二楼的椭圆形办公室共进午餐，突然传来日本袭击珍珠港的消息。霍普金斯刚在医院接受了4周治疗回来。富兰克林·罗斯福身穿儿子的一件旧毛衣，正在桌上用餐，并不时地给宠物小猎犬法拉喂食。霍普金斯身穿桃尖领毛衣和休闲长裤，坐在他对面。罗斯福打算将这反常温暖的一天用来休息，希望抽时间整理他的集邮。两人不时地聊天，内容全"远离战争"。下午1点47分，弗兰克·诺克斯来电话说，海军部收到檀香山发来的空袭消息。"不！"富兰克林·罗斯福立即反应道。25分钟后，总统给即将在国务院与日本特使会谈的科德尔·赫尔打电话说，要他接待他们，但"正式地，冷漠地，然后让他们走人"。下午3点，富兰克林·罗斯福、霍普金斯、弗兰克·诺克斯、亨利·斯廷森、乔治·马歇尔及其他成员举行了军事会议。参与者都非常震惊，但会议氛围"并非很紧张"。霍普金斯当晚写道："我们都相信最终的敌人是希特勒，只有武力才能打败他。或迟或早我们都要参战，日本给了我们一个机遇。"

萨姆纳·韦尔斯正准备离开国务院到五月花号饭店午餐，突然罗斯福来了电话，告诉他这一消息。几分钟后，他来到赫尔的办公室，国务卿正向总统汇报他与日本人的会谈情况。很快，赫尔前往白宫开会，韦尔斯则留下向美国各驻外大使馆和各国首都通报这一消息，并开始联系拉丁美洲国家。

比尔·多诺万在纽约看橄榄球比赛。这位前大学橄榄球队明星弄到一张全国橄榄球联盟常规赛的决赛票，是纽约"巨人队"和布鲁克林"道奇队"的同城德比，比赛在哈莱姆区的马蹄形波罗体育场举行。55 051名观众来到现场观看跨区比赛，并且欣赏"巨人队"经验丰富的跑卫阿方斯·"塔夫"·李曼斯（Alphonse "Tuffy" Leemans）的表演。"巨人队"获得东部冠军，但在12月7日，布鲁克林"道奇队"表现更佳，赢了一个21比7，使纽约"巨人队"像"灰溜溜的地下室佃户"。

罗斯福和他的特使们

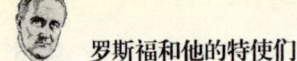

波罗体育场管理方决定将发生在夏威夷的惨剧向观众封锁。但在比赛第一节结束时，体育场喇叭播放了通知，要求多诺万马上给华盛顿回电话，顿时在体育场观众中引起一阵不祥兆头的嗡嗡骚动声。多诺万悄悄溜到体育场办公室，给他的办公室人员詹姆斯·罗斯福打了电话，后者正在白宫，对他说他父亲希望他马上来首都。他找了个借口来到机场，与副总统亨利·华莱士（Henry Wallace）和其他高级官员一道飞往了华盛顿。

有趣的是，罗斯福的另一位特使：温德尔·威尔基（Wendell Willkie），当天下午也在波罗体育场。那个周末，威尔基和一帮政治密友聚会，他们是他参加1940年竞选的老帮手，他希望这些朋友能够在1944年再帮助他一把。周日，他与艾伯特·拉斯克（Albert Lasker）这位广告专家和政治盟友一道来到球场观看比赛。他的其他朋友包括比尔·多诺万、威廉·伦道夫·赫斯特（William Randolph Hearst Jr）和拜伦·福伊（Byron Foy），福伊是克莱斯勒汽车公司的执行官，他娶了克莱斯勒汽车公司的女继承人。威尔基可能从多诺万口中听说了日本对夏威夷的突然偷袭，所以，当他的特使同伴离开体育馆去了华盛顿，他敏锐地感觉到自己被排除在官方的圈子外了。临近比赛结束，广播又响起通知，要求海军和陆军人员马上回营地报到。没地儿可去的威尔基和他的朋友去了福伊在上东区的豪华住宅，继续聊天。然后，他回到自己附近的公寓，《纽约时报》的记者联系上他，请他作一评论。"我毫不怀疑美国应该做什么和将会做什么。"他对该报读者说。

12月7日，温德尔·威尔基一定还是念念不忘总统职位。事实上，珍珠港事件也让总统想起了威尔基。两天前，罗斯福曾给他从前的对手起草了一封信，邀请他再次担任"总统特别代表"角色，这次是去澳大利亚，因为这对"强化我们和新西兰与澳大利亚的关系有重要价值"，特别是考虑到日本在太平洋的动向。堪培拉对这一想法热情很高，它最初是由澳大利亚报刊大亨基思·默多克爵士提出的。富兰克林·罗斯福在这封未发出的亲笔信中最后写道："本信口授于星期五早晨：在卑鄙的袭击发生之前。"在艾里塔·范·多伦（Irita Van Doren）的协助下，威尔基起草了回复，因为日本的袭击而谢绝了这一邀请，尽管他曾经对一位澳大利亚外交官提到，这次出访会进一步激发人们的猜测"他无非是扮演了总统和政府的'配角'而已"。

几天后，威尔基拜访了白宫，与总统共进午餐，并谈论了战争的进展。在最后时刻，尽管有严肃的考虑和媒体的广泛猜测，罗斯福还是决定不让他担任协调经济动员的政府职务。当媒体询问此事，威尔基用笑容掩饰他的失望并告诉公众，"我没有掌管政府，尽管我努力过，并且非常努力"。或许，富兰克林·罗斯福是听取了不动情感的哈里·霍普金斯的意见，他提醒总统说威尔基可能会将战时生产的问题当作"政治橄榄球比赛"。

12月7日，埃夫里尔·哈里曼来到英国首相的乡间别墅，那里的时间比华盛顿快5个小时，他与温斯顿·丘吉尔、他的儿媳帕梅拉、他的助手汤普森海军中校、约翰·马丁、凯思琳·哈里曼及吉尔·怀南特共进晚餐。在这庄重的老房子里，气氛严肃。首相显得很疲惫和心事重重，长时间地用手撑着头一言不发。他担心日本将对英国在亚洲的目标展开袭击，让英国陷入与德国和日本两面作战，而又没有美国的军事支援这种"难以想象"的局面。

临近晚上9点，丘吉尔的管家索耶拿来了一台价值15美元的小型黑色便携式收音机，那是哈里·霍普金斯送给丘吉尔的礼物，这样，大家就可以收听BBC的新闻广播。丘吉尔打开上翻盖，收音机传来日本进攻的消息。"日本人袭击了珍珠港！"哈里曼惊叫一声，让丘吉尔一下坐直起来。汤普森以为广播说的是中国南方的珠江，但忠实的管家索耶冲了进来，查看大家是否收听到广播所说的目标夏威夷。几分钟后，丘吉尔首相就和华盛顿通了电话，询问："总统先生，日本的消息是真的？""是真的，"富兰克林·罗斯福回答，"他们袭击了珍珠港。现在，我们在同一条船上了。""事情简单多了，"舒了口气的丘吉尔回答，"上帝与你同在。"当晚，首相和哈里曼给霍普金斯发了电报，"在这历史时刻，无比思念你。温斯顿、埃夫里尔。"

在其回忆录中，丘吉尔写道，哈里曼和怀南特"以令人钦佩的坚强面对这一震惊的消息……他们没有因为祖国遭受战争而哀号痛哭。他们也没有多费口舌于责骂和悲痛。事实上，人们会认为他们已从长期痛苦的煎熬中摆脱"。大卫·雷诺兹披露，丘吉尔的第一稿并非如此隐晦。他最初写的是这两个美国人听到消息后"兴高采烈"，而且，"他们差点为此高兴得手舞足蹈"。[50]

至于他本人，丘吉尔立即清楚了珍珠港事件的意义："我们已经战胜了……我们赢得了战争。英格兰将生存下去；不列颠将生存下去；英联邦和英帝国将生存下去。战争会持续多久，或者它会怎样收场，没有人能预言，而且在这时我也不关心这样的问题……我们不会被消灭。我们的历史不会结束。我们在孤立无援时，甚至都不会死亡。希特勒的命运已经决定了。墨索里尼的命运已经决定了。至于日本人，他们将要粉身碎骨。其余的一切只不过是把占压倒优势的力量予以适当的运用罢了。当晚，他写道，他满怀被拯救的感恩之情睡得极好"。

结束与丘吉尔的通话，罗斯福又召集了他的军事会议，研究了海军送来的伤亡和损失报告，与马歇尔讨论了陆军和空军的部署，下令司法部筛查"对美国和平与安全有威胁"的日籍后裔。在军火库，桥梁和兵工厂等加强了戒备，但总统拒绝了在白宫添加武装警卫的要求。在会议休会时，他向格雷斯·塔利口授了他给国会的战争情况通报的第一稿。即使在珍珠港事件当天，富兰克林·罗斯福也没有动摇他的观点，即德国是美国的主要对手。为了尽力维护国家团结，并且根据截听的情报，他相信柏林或许会将命运与东京绑在一起，他打算请求国会单独向日本宣战，等着看希特勒的下一步动作。

与霍普金斯和塔利简单地用了晚餐后，富兰克林·罗斯福召开了内阁会议，内阁成员围绕他的办公桌坐了一圈。罗斯福的内阁会议通常是快乐愉快的，但他这次一开始就说，自亚伯拉罕·林肯在萨姆特堡的枪声响起后召开的内阁会议以来，这是最严峻的一次。他的内阁成员发现他极其严肃，但很镇静，并且对"他的道德上的麻烦被解除了"而显得轻松了许多。稍后，他给国会领导人打了电话，包括著名的孤立主义参议员，向他们通报了局势，并征求了见面的时间。萨姆纳·韦尔斯这时来到富兰克林·罗斯福办公室，与他就宣战文稿和外交问题商谈了一个小时。他回忆说，总统的一举一动都透露出"信心和掌控"。

当这一切在富兰克林·罗斯福的椭圆形办公室发生时，埃德·默罗则正坐在外面走廊的凳子上等待，一根接一根地抽烟并看着大人物进进出出。他和妻子刚从伦敦回来，当晚和埃莉诺吃了煎蛋晚餐。总统传话说让他不要离开。"你究竟在这儿干什么呀？"霍普金斯从办公室出来看见了他。"他让我等着。"默罗回答。"如果他让你等待，你最好还是等吧。"霍普金斯忠告说。两人沿走廊来到卧室，他们一边聊天，霍普金斯一边换上旧的睡衣。日本人的袭击是"毫无疑问的天赐良机"，他告诉默罗，因为"任何其他方式都无法迫使美国参战而又不会导致国家的分裂"。正当疲惫的霍普金斯要上床睡觉时,默罗回忆说,"他在床沿坐了一会儿,在宽松的睡衣里显得非常虚弱。他以非常低沉的声音说,仿佛是自言自语,'我的上帝,如果我还有精力的话'"。

韦尔斯在午夜时分离开总统办公室,默罗终于有机会与富兰克林·罗斯福共享三明治和一杯啤酒了。总统很平静,向默罗询问了英国的近况,并概述了珍珠港的损失。他对如此多的美国飞机还未升空即被摧毁非常愤慨。"在地面上",他重复说,砰的一拳砸在桌上。突然,铃声响了,比尔·多诺万走了进来,他是这动荡的一天中最后一位访客。他一整晚都在东25街的办公室整理能够弄到手的一切情报,并指挥了对远东的广播宣传。"有什么新情况,比尔?"罗斯福问。没有多少,这位情报组织的新人回答。话题转向了珍珠港事件对美国公众的影响和对菲律宾的防御。12点30分,富兰克林·罗斯福把所有人赶走,宣布他要睡觉了。

* * *

第二天中午,罗斯福总统前往国会,准备向日本宣战的声明。不到24小时,记者们观察到,"城市的整个氛围完全改变了"。街道上挤满了汽车,电话线路一连数小时阻塞。海军陆战队士兵带着上了刺刀的步枪在国会门前警卫,罗斯福车队中"目光敏锐的特工人员"挂着冲锋枪。当总统车队到达,国会大楼前的人群爆发出喧闹声,然后人群一哄而散,人们纷纷跑向自己的汽车,打开收音机收听他的演讲。在国会大楼内,参议员和众议员将众议院大厅挤得要爆炸,在听众席上,坐满了内阁成员和最高法院法官。12点29分,众议院议长萨姆·雷本(Sam Rayburn)敲响了木槌,用洪亮的声音宣布:"有请总统先生。"人们顿时安静下来,然后身穿长礼服和条纹裤的富兰克林·罗斯福出现,又爆发出震耳的掌声。罗斯福倚靠着儿子詹姆士的手臂。与轴心国首都形成鲜明对照的是国会大厦里只有4个身着军服的身影:詹姆士和3位军方首脑。

从第一句话开始,罗斯福的短暂演讲就经过了精心打磨,并以仔细斟酌的语调读出。"昨天,1941年12月7日——必须永远记住这个耻辱的日子——美利坚合众国受到了日本帝国海空军突然的蓄意进攻。"他的表情一直庄严肃穆,直到最后才对听众的掌声报以回应。坐在埃莉诺和伍德罗·威尔逊总统遗孀伊迪丝身后,在拥挤的旁听席上俯看着总统的,是他

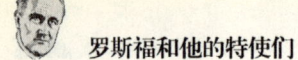

最信赖的特使哈里·霍普金斯。

很快，国会就以仅一票反对而决定对日宣战。两年来，罗斯福一直对抗并边缘化着他的孤立主义对手，珍珠港事件将其作为政治力量一举捣毁。总统在当天下午4点10分在椭圆形办公室签署了对日宣战宣言。不列颠也向日本宣战，整个大英帝国紧随其后。3天后，12月11日，德国和意大利对美国宣战。欧洲大陆的战争演变为世界大战，美国参与其中。最终，富兰克林·罗斯福成为战时总统。

* * *

在珍珠港事件后的岁月里，所有这些人物在美国的参战行动和外交政策中发挥了各自的作用。富兰克林·罗斯福导演了反对独裁者的战争，直到他在胜利的曙光来临前于1945年4月12日离世。同一月，阿道夫·希特勒和贝尼托·墨索里尼毙命。罗斯福的一生，温斯顿·丘吉尔在对伦敦朝圣者的演讲中说，是"掌控人类命运的大事件之一"。即使在生命的最后几周，富兰克林·罗斯福还在派出外交特使去欧洲，以让他了解局势的进展。

哈里·霍普金斯在整个战争期间伴随罗斯福左右，向他提供重要咨询，在很多场所作为他的特使。乔治·马歇尔称他是"战争中最勇敢，最富有自我牺牲精神的人之一，但也往往容易遭人误解"。丘吉尔写道："他发挥了整个战争期间决定性的作用。他是一个从脆弱和多病之躯中燃烧而出的灵魂。他是一座坍塌的灯塔，其发出的光芒指引舰队安全返航。"霍普金斯促成了三巨头的联合。当丘吉尔在1943年德黑兰三巨头会议上提议为霍普金斯干杯时，富兰克林·罗斯福转身对他说："亲爱的哈里，没有你我们该怎么办？"

但是，当霍普金斯于1943年底再婚并搬离了白宫，两人的关系有些稍稍降温。罗斯福希望他的亲信能够呆在身旁。霍普金斯后来又旧病复发住进医院，使他有半年远离了富兰克林·罗斯福。尽管重病缠身，他还是在1945年2月陪同总统出席了雅尔塔会议。但是，两人在乘坐美国军舰"昆西"号返程途中发生了争吵，"某种疲惫感"影响了两人的情绪。他们从此再没有见面。霍普金斯一直后悔，他在离开军舰时没有向富兰克林·罗斯福告别。富兰克林·罗斯福逝世时，霍普金斯正在梅奥医院里。他的护士吃惊地发现,她这位"脾气非常暴躁的病人",一位"面色苍白的人","给人阴冷感觉的人",竟然会收到来自约瑟夫·斯大林、温斯顿·丘吉尔和查尔斯·戴高乐打来的悼念电话。

霍普金斯为新总统哈里·杜鲁门执行了他的最后一次使命,在欧洲胜利日几周后重返莫斯科,以解决与斯大林的争论。当向他提出这个要求时,他的反应是"去看看真不错"。他的朋友认为,他"就像拉救火车的老马听到了警报声"。9月,在朋友的簇拥下,霍普金斯在白宫玫瑰园接收了"功勋卓越"奖,但很快他又回到医院,并度过了最后岁月。白宫转发了霍普金斯妻子路易丝给朋友的通报,说他"正急速衰竭"。在绝望中,他儿子罗伯特给杜鲁门总统电话,恳求总统再次把他父亲派遣出国,希望这能够让他生命复苏。一切都晚了。哈里·霍普金斯于1946年1月26日逝世,享年55岁。夺去他生命的直接原因是营养疾病,但他的朋友认为,他是战争的受害者。

在珍珠港事件后,萨姆纳·韦尔斯担任了两年副国务卿,处理了华盛顿的大多数战时外交,承担了战后规划重任。但他因自己公共形象和私生活的反差而卸任。1943年8月,他在科德尔·赫尔的坚持下辞职,赫尔对其副手的声望深为不满,对威廉·布利特所反映的韦尔斯的不良性行为极为愤慨。富兰克林·罗斯福同情韦尔斯,但最终放弃了他。布利特与韦尔斯的宿怨也导致他断送了自己的前程,罗斯福将他从亲信中赶了出去。后来,罗斯福鼓励布利特竞选他家乡费城的市长,然后给当地政治领袖们带话说,"干掉他"。

韦尔斯再也没有回到政府工作。他起初一切都很顺利,干过专栏作家、演讲人、广播员。他出版过一本好书,也出版过一本坏书。他是犹太复国运动的积极支持者,在威尔基去世后,他担任了纽约的温德尔·威尔基纪念馆主管。但长期以来他的生活方式,特别是在他妻子玛蒂尔德(Mathilde)1949年去世后,却是悲哀得每况愈下:酗酒、疾病、孤独、性淫乱和自杀意图。1961年9月24日,他死于胰腺癌。他的身体和他的职业生涯都毁于酗酒。"随意地,几乎是漫不经心地,"他儿子写道,"他送给了他的对手打败他的手段,他们也确实这样做了。"

比尔·多诺万作为情报协调员一直干到1942年6月,当罗斯福将该机构改名为战略情报局后,他也晋升为少将。多诺万是非正统的,有时是缺乏条理的间谍头子,他指挥了大量的成功范例,也招致了同样多的挫败。

因为他为其"君子社团"招募的成员来自美国的上层社会，所以，战略情报局的缩写也被人称作是"哦，多么社交"：正如他的突击部队被称作是"丝袜男孩"。对一个天生好动，喜欢全球旅行，热衷斗篷与匕首的人来说，这是一份梦寐以求的职业。因此，当杜鲁门在战争末期解散了战略情报局，并多次忽略他担任该机构的继承者中央情报局局长的愿望时，他感到深深地失望。

多诺万重新拾起法律专业，包括作为公诉人参与了纽伦堡审判。后来，他应招在1953至1954年担任驻泰国大使。艾森豪威尔总统拒绝了他除了担任大使，还任命他为"美国总统个人代表"的请求，多诺万晚年患上痴呆症，于1959年2月8日去世。他被称作美国情报机构之父，在弗吉尼亚州兰利的中央情报局总部门厅，屹立着他的塑像。

尽管温德尔·威尔基对出任罗斯福的太平洋地区特使犹豫不决，但他在1942年写信给总统，要求对他计划的中东，苏联和中国之行提供帮助。他很高兴地接受了富兰克林·罗斯福的提议，他后来在畅销书《一个世界》中写道，作为总统特使出访，罗斯福给他提供了"格利佛"号空军轰炸机和飞行小组，并且给约瑟夫·斯大林和蒋介石写了个人介绍信。威尔基的胃口并未满足，在重庆，他和蒋介石漂亮而任性的妻子蒋夫人建立了特殊关系。威尔基的特使身份在访问途中常作出矛盾的声明而常常引起麻烦，包括呼吁盟国在欧洲开辟第二战线，呼吁终止殖民主义等。富兰克林·罗斯福为此暗示说，他的个人代表的话不值一信。威尔基对罗斯福持续不断的指手画脚颇为厌烦。考虑到他为英国承担的"沉重政治风险"，他也感觉到丘吉尔没有给他应得的荣耀，他曾称丘吉尔是"世界上最伟大的公共人物"。

威尔基与弹奏四弦琴的记者埃迪·吉尔摩（Eddy Gilmore）保持密切关系，和他一道去了伦敦。1943年，威尔基向斯大林游说，请他同意吉尔摩和他在莫斯科遇到的苏联芭蕾舞女演员的婚事。"我从未想到我还是爱神丘比特，"威尔基说，"但一想，我认为我为什么不呢。"威尔基接到年轻苏联外交官安德烈·葛罗米柯转告的斯大林的同意意见。吉尔摩夫妻俩有一女儿，他们取名是"维多利亚·温德尔·吉尔摩"。

1944年，威尔基再次争取共和党总统候选人提名，并在新罕布什尔州大选中获胜，但在孤立主义思潮占统治地位的威斯康星州惨败后，他选择了退出。有报道说，罗斯福曾考虑在弗兰克·诺克斯于4月离世后任命威尔基为海军部长，或者邀请他以民主党身份竞选副总统，但最后都是流言。当然，威尔基的支持在竞选年对罗斯福非常重要。因此，流言还包括邀请他到白宫会谈，担任重任的暗示，和未来的合作等。不抱幻想的威尔基转向了报刊出版业，但他夙愿难酬。1944年10月8日，距总统大选仅一个月，温德尔·威尔基因一系列心脏病发作去世，年仅52岁。在伦敦梅菲尔的老切斯特菲尔德阿姆斯酒吧，威尔基曾为在场的英国兵每人买了一杯酒，并与酒吧女招待打情骂俏，酒吧给威尔基造访那里的照片框系上了黑纱。酒吧的常客，包括温德尔·威尔基的前投掷飞镖伙伴，为"一位让我们感到他是我们的朋友的真正君子"干杯。

埃夫里尔·哈里曼则经历了多任总统。他一共在4位总统手下任职。从1943年到1946年，他担任了美国驻苏联大使。尽管他本人也多次有意识地干扰吉尔·怀南特的大使馆，但当特使来到莫斯科吩咐他这样那样时，他也感到厌烦。"不是一条轨道的车"。他的助手鲍勃·米克尔约翰（Bob Meiklejohn）回忆说。哈里曼在1946年出任美国驻伦敦大使，但很快被华盛顿召回担任了商务部长。

怀南特也于1947年11月回到美国。但他心绪焦虑，对国际政治感到厌倦，对罗斯福逝世后他的政治边缘化感到沮丧，他对脱离政治生涯尚无准备，在结束了与温斯顿·丘吉尔女儿萨拉的恋情后倍感孤独。11月3日，在位于新罕布什尔州康科德的家中，怀南特选择了自杀。

哈里曼的职业生涯稳步上升。"对一个枯燥沉闷的人来说，"罗伯特·达莱克（Robert Dallek）评论道，"他过的是非常有趣的生活。"以一种锲而不舍的精神，他比二战所有的主要人物都活得更长。在公众眼中，他甚至比自己的良师哈里·霍普金斯更出色炫目，尽管他毫无疑问难以比肩哈里·霍普金斯。哈里曼担任了一个任期的纽约州长，两次提名民主党总统候选人。他后来还出任了无任所大使：法律规定的个人特使，还在约翰·F.肯尼迪总统和林德·B.约翰逊总统任期担任了不同职务。作为政治家，他是异常沉闷的（一位观察家称他是"诚实的阿韦，拘泥于琐事的人"）。作为外交家，他的才能被以赛亚·伯林（Isaiah Berlin）称作是"作为谈判者，具有该做什么和不该做什么的不可思议的直觉"。他理应获得众多外交成就的奖项，他也如愿以偿。当他的传记作者在20世纪80年代问他，他最希望流传于世的是什么，他首先提到的是1941年的伦敦使命。

罗斯福和他的特使们

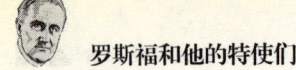

哈里曼的最后岁月是与帕梅拉·丘吉尔度过的,在各自的配偶去世后,两人在1971年结婚。从他们的伦敦恋情开始后30年来,帕梅拉经历了众多情人和丈夫,犹如颈上的项链那样长,那样宝贵,其中包括埃德·默罗(Ed Murrow)、乔克·惠特尼(Jock Whitney)、吉安尼·安洁利(Gianni Agnelli)、阿利·汗(Aly Khan)王子、伊利·罗斯切尔德(Baron Elie de Rothschild)男爵、利兰·海沃德(Leland Hayward)。埃夫里尔和帕梅拉的婚姻幸福甜蜜,生活让埃夫里尔也习惯了使用支票消费。埃夫里尔·哈里曼于1986年7月26日逝世,帕梅拉陪伴身旁。此后,在帕梅拉和哈里曼亲属间就埃夫里尔的财产展开了激烈争斗。帕梅拉获得了美国公民身份,并作为传奇的民主党女主角和募捐人,她按照哈里·霍普金斯的建议,让自己成为了"女大使"。1993年,比尔·克林顿总统任命她为驻法国大使。1997年2月6日,帕梅拉·哈里曼在萨姆纳·韦尔斯喜爱的巴黎里兹大饭店游泳场游泳时脑出血而逝世。

* * *

本书描述的七次使命讲述了罗斯福政策的不断变化,并最终使美国参战的过程。1940年春,总统还在寻找能够帮助自由之战的方法。萨姆纳·韦尔斯的使命是为了确定这些方法。法国的沦陷证明了谨慎态度的危害。在听取了比尔·多诺万的证言和目睹了不列颠之战后,罗斯福决定通过行政命令来扩大对英国的象征性和物质上的援助。在获得第三任选举胜利后,他的政策更加强硬,美国的援助也转变为法律认可和国家层面的壮举:租借法案。三位个人特使的全面出击,派遣新的大使驻伦敦以实施新的战略。特使们执行了不同但互补的任务:哈里·霍普金斯向丘吉尔和英国高层解释了租借法案;温德尔·威尔基向英国和美国公众作了说明;埃夫里尔·哈里曼督促了援助的加速。最后,在德国"巴巴罗萨"行动影响下,富兰克林·罗斯福通过霍普金斯在美国、英国和苏联之间建立了关键的三边关系。

过去两年中,罗斯福带领美国开始了漫长的征程。通过改善盟国的军备和提供援助,他让美国在宣战前就踏入了战争。随欧洲战事的恶化,美国的卷入也随之加深。当然,也出现过徘徊,但目标的方向,总统的意图却是明确无误的。如果富兰克林·罗斯福更大胆,征程的步伐可能更快,但会将成千上万的美国民众抛在后面。美国将以分裂和不满的姿态参战。而在珍珠港遭突袭之后，美国才丢掉了幻想。美国团结一心，准备好战斗。总统让全国和他联系在了一起。

富兰克林·罗斯福并非是单枪匹马在战斗。他召集了5位特使作为他在欧洲的耳目、代表和象征。在伦敦的多诺万和莫斯科的霍普金斯所作的调查对战争的进展至关重要。在这两个地方，乐观主义的富兰克林·罗斯福寻求的是第一手目击者报告，并在充满失败主义情绪的美国大使报告中权衡利弊，投下赌注。对这些决定，无论怎样评价都不会过高。法国的沦陷和对苏联的入侵，如同大卫·雷诺兹所说，是战争的两个关键节点，在这两个关键时刻，富兰克林·罗斯福都可以采取不同行动，缩回到半球防御中。这两个关键时刻，他选择了与上述不同的路径，在他的大多数顾问们的反对下，坚持了美国对英国和苏联的援助。在这两次重大决定中，特使都发挥了重要作用。

总统还依赖霍普金斯作为他的代表。霍普金斯是罗斯福与丘吉尔和斯大林建立更紧密关系的催化剂。他在白宫的地位使他能够代表罗斯福作出权威表态。他的性格也让他非常适合这两次使命：他的勇气迎合了丘吉尔的浪漫主义，他的直率则与斯大林赤裸裸的现实主义吻合。韦尔斯和哈里曼也作为罗斯福的代表前往欧洲，给他带回了第一手情报，并扩大了他的影响。

最后，令人瞩目的是富兰克林·罗斯福如何象征性地使用他的个人特使。1939年至1941年间欧洲局势的严峻和美国国会及公共舆论的呆滞形成强烈反差。通过一系列的演讲、广播、文章、谈话，罗斯福得以将孤立主义在美国政治生活中边缘化，并使全国的气氛向不惜参战也要援助希特勒的对手的方向倾斜。罗伯特·达莱克（Robert Dallek）认为，罗斯福外交政策的才华在于"他认识到，有效的国外行动需要可靠的国内共识，并且利用国外的重大事件推动国内全民的支持"。就在这种背景下，他起用了威尔基和霍普金斯来引导美国人关注欧洲战争和增强盟国的士气。没有哪位大使能够像富兰克林·罗斯福的特使那样制造头条新闻，或者向全世界发出如此尖锐的信息。罗斯福是象征外交的热忱实践者，在威尔基这个共和党有名无实的领袖身上，他找到了理想的工具，尽管不是心甘情愿的工具。以赛亚·伯林曾说，罗斯福"相信灵活性、随机性，使用无限多的新的和出人意料的手段来组织各类人和各种资源"。任何人，哪怕是总统的

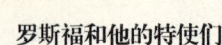

对手，仿佛都可以成为实现总统愿望的助手。

在使用这些特使的过程中，富兰克林·罗斯福忽略了专司帮助他制定外交政策的政府部门：国务院。罗斯福的特使通常是独来独往，他们具备了职业外交官不具备的天赋。但富兰克林·罗斯福对特使的偏好却使得常驻该地的外交使团首脑威信全失。不过具体在乔·肯尼迪和劳伦斯·斯坦哈特两人身上，这倒说不上什么损失。他俩的悲观情绪已经让他们在伦敦和莫斯科成为不受待见的人，在华盛顿成为无足轻重的人。但对吉尔·怀南特就显得短视和不公正了，他被更咄咄逼人的哈里曼取代而淡出了丘吉尔的核心圈子。

* * *

哈里·霍普金斯喜欢讲一个笑话，那是关于罗斯福和丘吉尔的一次会谈，会谈是在珍珠港事件后在华盛顿召开的。客人在白宫下榻，有一天早晨，罗斯福无意中撞见正在沐浴的丘吉尔，富兰克林·罗斯福急忙道歉，准备起身离去，但丘吉尔像海怪般从浴盆中一跃而起，站在罗斯福面前，周身赤裸，肥胖臃肿，皮肤粉红，水滴不断。丘吉尔毫无顾忌地宣告："大不列颠首相在美利坚合众国总统面前无所隐瞒。"

实际上，英美关系并非那么赤裸而是更有争议和模糊。两国政府存在巨大猜疑，英国政府不断寻求通过富兰克林·罗斯福特使的渠道影响美国政策，例如通过导演一次内阁会议来影响霍普金斯。随多诺万使命的实施，一旦认识到公开的政策最终会带来益处，英国对公开机密情报的态度也有了巨大改变。苏联方面同样希望留下正确的印象，无论是通过宴会还是致以"特殊敬礼"。斯大林巧妙地提出问题并据此给出他的回答。与白厅不同，克里姆林宫能够使用恐怖手段来确保任何人，包括可怜的雅科夫列夫将军，都坚持正确路线。

罗斯福的特使们很少被这一切蒙蔽。即使他们表现出极大兴趣，像富兰克林·罗斯福这种具有天赋的政治家也很难被愚弄。他在任命他们为特使的时候就清楚他们的同情心，他从不会接受他前面的顾问们的摆布。人们会情不自禁地询问，如沃伦·金博尔所说的那样：究竟是谁摆布谁？富兰克林·罗斯福利用他的特使来扩散他的影响：请求盟国对美国的谨慎保持耐心，督促盟国在反抗轴心国的战场上更加勇猛。

这五位特使在其政治生涯，专业背景，与罗斯福的关系上，乃至他们的穿着都截然不同。但他们都具有国际主义心态。他们没有构建一个联盟，但是，他们在恰当时机共同努力，加强了华盛顿、伦敦和在珍珠港事件前几个月与莫斯科之间的纽带关系。在总统的赞许下，他们对各方作了大量解释工作，督促英国和苏联在美国保证提供更多支持的情况下战斗到底，他们还劝告自己的同胞要有信心，要立即行动起来。用多诺万的话说："他们是一群通情达理的豪斯上校。"

　　这群人的首领当然是富兰克林·罗斯福。他的特使在欧洲工作的记录给我们对美国第32任总统的多样性描述添加了新的丰富内容。在大多数时刻，他熟练和活跃地指挥其特使全球奔波。有时，特别是在他犹豫不决的时候，特使们也会改变他的思维。但有时，特别是伟大的美利坚合众国临近参战时，他们又成为实现他意愿的工具。

* * *

　　"人类历史会出现神秘的周期性循环，"富兰克林·罗斯福曾经说过，"有的年代的人们会获得很多，有的年代的人们会付出很多。这一代美国人有自己的使命。"萨姆纳·韦尔斯、比尔·多诺万、哈里·霍普金斯、温德尔·威尔基和埃夫里尔·哈里曼完成了其使命。在他们每人身上，出于不同的原因，富兰克林·罗斯福赋予了特殊的信任和信心。他在微妙和有效的外交活动中，同时也是在自由事业中，派遣了这些人去欧洲。罗斯福和他的特使一道将美国带向了战争的边缘，并最终参战。

致　谢

　　第二次世界大战的战斗中充满了鲜血、辛劳、眼泪和汗水。在我写作本书过程中，我不时也感同身受。

　　没有大批支持者，本书是不可能完成的。首先是斯科特·莫耶斯（Scott Moyers），他策划编辑和出版了本书。我称作是帽子戏法，斯科特说是三杀游戏。但无论如何，他是杰出的，我满怀感激。我还要感谢纽约的企鹅出版集团（Penguin Press）的其他人，包括：购买了本书并对其倾注一如既往热情的安·高朵芙（Ann Godoff）、劳拉·斯蒂克尼（Laura Stickney），感谢莫利·安德森（Mally Anderson）和罗兰·奥特韦尔（Roland Ottewell）。感谢澳大利亚企鹅出版集团的本·鲍尔（Ben Ball）。

　　感谢安德鲁·怀利（Andrew Wylie），他向我提供了聪慧和有价值的咨询，以及他怀利公司的同事，包括詹姆斯·普伦（James Pullen）。

　　我是在澳大利亚主要智库洛伊国际政策研究所完成本书的。感谢研究所主席和创始人弗兰克·洛伊（Frank Lowy）和董事会所有人。我的后任和执行主任迈克尔·韦斯利（Michael Wesley）慷慨地对本项目提供了支持。我的许多同事，包括：安东尼·布巴洛（Anthony Bubalo）、休·怀特（Hugh White）、萨姆·罗赫芬（Sam Roggeveen）、马尔科姆·库克（Malcolm Cook）、菲利帕·布兰特（Philippa Brant）、米尔顿·奥斯本（Milton Osborne）和贾斯廷·琼斯（Justin Jones），他们都对我提供了支持。很多精力充沛的实习生也作了不少工作，他们是：布朗温·洛（Bronwyn Lo）、马特·希尔（Matt Hill）、本·科尔里奇（Ben Coleridge）、安吉拉·埃文斯（Angela Evans）和克莉丝·克罗克（Chris Croke）。乔安妮·博切尔（Joanne Bottcher）提供了不知疲倦和不可缺少的帮助，我受益颇多。

我还要感谢美国布鲁金斯学会的同事：马丁·因迪克（Martin Indyk）和斯特罗布·塔尔博特（Strobe Talbott）。

本书的写作源于我作为罗德奖访问学者在牛津大学进行的研究。感谢罗德基金会赞助我的研究，感谢贝列尔学院和纳菲尔德学院给我提供了舒适的居所，感谢我的导师亚当·罗伯茨（Adam Roberts）爵士、云丰空（Yuen Foong Khong）、约翰·达尔文（John Darwin）。

描述富兰克林·罗斯福的特使的七次使命，主要依靠的是散布在三大洲的档案文献资料，这些资料有的是新发现的，有的在过去很少被关注。特别是，特使们的第一手描述，散见于期刊、信件和文章，都封存在时间胶囊里。大量的档案馆工作人员和图书馆工作人员多年来向我提供了一流的帮助。我难以一一列出每一个人，但我还是得提到海德公园富兰克林·罗斯福总统图书和展览馆的鲍勃·克拉克（Bob Clark）、鲍勃·帕克斯（Bob Parks）、温德尔·"特克斯"·帕克斯（Wendell "Tex" Parks）、雷·泰克曼（Ray Teichman）、马修·汉斯（Matthew Hanson）。我还要感谢向我提供珍贵档案材料的国会图书馆、全国档案和记录管理局、哥伦比亚大学哥伦比亚口述史中心、哈佛大学霍顿图书馆、哈佛大学商学院贝克图书馆、印第安纳大学莉莉图书馆、美国陆军军史研究所、英国国家档案馆、剑桥大学丘吉尔学院丘吉尔档案中心、澳大利亚国家档案馆、澳大利亚国家图书馆。在档案中寻踪过去非常艰难，是他们让我轻松了许多。

感谢接受我采访的所有人，包括已故的理查德·霍尔布鲁克（Richard Holbrook）、乔治·米切尔（George Mitchell）、已故的小亚瑟·M.施莱辛格（Arthur M.Schlesinger Jr）、威廉·J.万登·霍伊维尔（William J.Vanden Heuvel）。哈里·霍普金斯的女儿黛安娜·霍普金斯非常友好地答复了我的信件。

众多国际知名历史学家给我提供了大量帮助。感谢马丁·吉尔伯特爵士（Sir Martin Gilbert）、罗伯特·达莱克（Robert Dallek）、基思·杰弗里（Keith Jeffery）、西蒙·斯巴格·蒙蒂菲奥里（Simon Sebag Montefiore），特别是史蒂文·凯西（Steven Casey）他是我牛津大学时就开始的鼓励和支持的来源之一。弗兰克·科斯蒂廖拉（Frank Costigliola）向我提供了罗斯福图书馆给人启示的录像材料。托马斯·帕里什（Thomas Parrish）非常友好地复印了鲁迪·艾布拉姆森（Rudy Abramson）的文献材料并寄送到悉尼来。吉莉安·班尼特（Gillian Bennett）和帕特里克·萨蒙（Patrick Salmon）则帮助我在外交和联邦事务档案馆偏僻的角落搜寻材料。

任何研究涉及发生在近四分之三世纪前的第二次世界大战的作者都将依赖他们的前人的成果。对我而言，罗伯特·E.舍伍德（Robert E Sherwood）、戴维·雷诺兹（David Reyolds）、罗伯特·达莱克、马丁·吉尔伯特爵士（Sir Martin Gilbert）和沃尔多·海因里希斯（Waldo Heinrichs）是我的主要参考文献。幸运的是，因为我独特的特使视角，我发现那些被人多次引用的第一手和第二手资料仍然给我启示。

我还要真心感谢那些阅读我的手稿并让我免出洋相的人们：詹姆斯·法洛斯（James Fallows）、格雷厄姆·弗罗伊登伯格（Graham Freudenberg）、约翰·波拉德（John Pollard）、艾玛-凯特·西蒙斯（Emma-Kate Symons）、格雷姆·吉尔（Graeme Gill）、约翰·博文（John Bowan）、乔纳森·赖特（Jonathan Wright）、贾斯廷·瓦萨（Justin Vaisse）、史蒂芬·哈里斯（Stephen Harris）、苏迪尔·哈扎吉萨（SudhirHazareesingh），以及本文提到的其他人。所有的错误皆归咎于本人。

感谢迪奇雷基金会（Ditchley Foundation）两位主任，杰里米·格林斯托克爵士和约翰·霍姆斯爵士（Sir Jeremy Greenstock and Sir John Holmes）欢迎我去迪奇雷庄园：这座漂亮的建筑本身成为本书追求的楷模。德里克·乔列特（Derek Chollet）带我参观了白宫西楼。迈克尔·麦克福尔（Michael McFaul）大使在司帕索宫款待了我。鲍勃·卡尔（Bob Carr）为我借出了他漂亮的办公室。还要感谢洛兰·巴特尔斯（Lorand Bartels）、戴维·李（David Lee）、卡米尔·格兰德（Camille Grand）、弗朗索瓦-海斯伯格（Francois Heisbourg）、查利·彼得斯（Charlie Peters）、戴维·洛巴奇（David Robarge）、道格拉斯·沃勒（Douglas Waller）、杰拉尔德·汉斯莱（Gerald Hensley）、斯维特拉娜·舍夫龙纳亚（Svetlana Chervonnaya）、格林·斯通（Glyn Stone）、马克·波特尔（Mark Pottle）、约翰·弗雷泽（John Fraser）和凯文·巴克（Kevin Barker）。

保罗·基廷和欧文·哈里斯（Paul Keating and Owen Harries）都曾以不同方式鼓励我关注重大的关键的问题，而非细小的边缘的问题。如果游泳，欧文经常提醒我，要去深水而非浅滩。马克·赖安（Mark Ryan）是我的好友，也是卓有成效的历史学家。我也要感谢向我提供学术支持的索菲·吉（Sophie Gee）、戴维·霍沃斯（David Howarth）、戴维·亨特（David Hunt）、罗伯特·丹恩（Robert Dann）。

本书的最后定稿是在加拿大不列颠哥伦比亚省的斯库克姆查克（Skookumchuck）附近的普拉米尔湖畔（Premier Lake）的狼屋（Wolf Cabin）完成的。我感谢加拿大的亲戚们，特别是岳母珍妮特·查尔顿（Janet Charlton）。

我深深地感谢并把敬爱献给我的母亲帕蒂·富利洛夫（Paddy Fullilove），她是我智慧的引领；也献给我已故的父亲埃里克·富利洛夫（Eric Fullilove），他成长在二战期间的伦敦，并加入了罗斯福和丘吉尔参加的战斗行列。我也要感谢我的哥哥克里斯蒂安·富利洛夫（Christian Fullilove）一家的支持和爱。

我最想要表达的放在了最后。我在牛津最大的发现是我那杰出而美丽的妻子吉莉安（Gillian）。谨以此书献给她，也献给我们可爱的儿子帕特里克（Patrick）、托马斯（Thomas）和亚历山大（Alexander）。

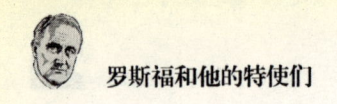

缩略语

AFHRA	空军历史研究所,亚拉巴马州蒙哥马利。
BL	哈佛大学商学院贝克图书馆,马萨诸塞州坎布里奇。
BOD	牛津大学特殊收藏和西方手稿部,波德林图书馆,英国。
CAC	剑桥大学丘吉尔学院丘吉尔档案中心,英国。
CCOHC	哥伦比亚大学哥伦比亚口述史中心,美国纽约。
CPL	佛罗里达州立大学克劳德·派帕尔图书馆,佛罗里达州塔拉哈西。
DGFP	德国外交政策文件。
FDR	富兰克林·德拉诺·罗斯福。
FDRL	富兰克林·德拉诺·罗斯福图书馆(纽约海德公园)。
FO	英国外交部。
FRUS	美国外交关系。
GUL	乔治城大学图书馆,特殊馆藏部,华盛顿特区。
HIL	斯坦福大学胡佛学院图书馆,加利福尼亚州。
HL	哈佛大学霍顿图书馆,马萨诸塞州坎布里奇。
LAC	加拿大国家图书与档案馆,加拿大渥太华。
LBJL	林登·拜恩斯·约翰逊图书馆,德克萨斯州奥斯丁。
LC	国会图书馆手稿收藏部,华盛顿特区。
LL	印第安纳大学莉莉图书馆,印第安纳州布卢明顿。
MML	普林斯顿大学锡利·G.马德手稿图书馆,新泽西州普林斯顿。
NA	国家档案馆,英国克佑区。
NAA	澳大利亚国家档案馆,澳大利亚堪培拉。
NARA	全国档案和记录管理局,马里兰州科利奇帕克。
NLA	澳大利亚国家图书馆,澳大利亚堪培拉。

PA	议会档案馆,英国伦敦。
PPA	富兰克林·德拉诺·罗斯福公开发表的文章和演讲。
PPC	富兰克林·德拉诺·罗斯福总统新闻发布会全集。
UB	卡德伯里研究图书馆,特殊馆藏部,英国伯明翰大学。
UDL	特拉华大学图书馆,特殊馆藏部,特拉华州纽瓦克。
UIL	爱荷华大学图书馆,特殊馆藏部,爱荷华州爱荷华。
USAMHI	美国陆军军史研究所,宾夕法尼亚州卡莱尔。
UT	多伦多大学档案馆,加拿大多伦多。
VHL	维尔哈姆斯沃思图书馆,英国牛津大学。
YUL	耶鲁大学图书馆,康涅狄格州纽黑文。

注 释

前言

【1】温德尔·威尔基发表在《纽约先驱论坛报》上的书评文章还说:"我们并非羡慕这些辉格党人的道德,他们的道德是有疑问的,也非他们的原则,其原则也是不固定的,而是他们的活力。他们对生命的渴求,并毫无保留地在任何时间,任何地点和任何方式表现出来……辉格家族的历史就是生气勃勃的享乐,完全的愉悦,和有品位的冒险。"

【2】大卫·雷诺兹认为,法国在1940年6月的沦陷是20世纪的"转折点",导致:"特殊关系","超级大国"和"欧洲一体化的进程"。

【3】日裔美籍的入江昭(Akira Iriye)认为:"二战实际上包括两场战争,一场在欧洲和大西洋,一场在亚洲和太平洋。全局来看,这两场战争是截然不同的。"史蒂文·凯西(Steven Casey)注意到,在日本袭击珍珠港前的11个月中,罗斯福曾150次提到纳粹,仅4次提到日本。

【4】1939年的年代烧烤晚宴上,一出滑稽短剧的背景是8英尺高的狮身人面像,头部是罗斯福,还带了烟盒。富兰克林·德拉诺·罗斯福高兴地接受了这份礼物并陈列在总统图书馆。

【5】罗斯福的关系网也包括地位较低者。当澳大利亚驻华盛顿公使理查德·凯西(Richard Casey)将调任驻中东的英国国务大臣时,罗斯福建议他"答应下来,对各方都好"。他说:"好极了,让我能够在中东去接受新的体验。"

第1章 一个人的特殊美国使命

【6】最重要的来源是富兰克林·德拉诺·罗斯福与英国大使洛西恩勋爵2月1日和6日的谈话,及3月12日与布雷肯里奇的谈话。大卫·雷诺兹对罗斯福的谈话半信半疑。作者认为,这些话反映了罗斯福的思维,而非真实的话语。

【7】关于"罗斯福派遣韦尔斯出访欧洲"的计划是谁的思想，国务院官员乔治·梅瑟史密斯（George S. Messersmith）和阿道夫·A. 伯利（Adolf A. Berle）都认为特使使命是罗斯福的想法。

【8】"这或许是一个好事，"富兰克林·德拉诺·罗斯福在白宫椭圆形办公室私下向记者解释，"让一个人去看看所有这些国家的情况，这样，一个人就能掌握整个局势，而不是4个人给出4份不同的报告。"

【9】例如，他1939年4月呼吁希特勒和墨索里尼保证31个国家10年内领土完整，及他1939年8月最后一次呼吁和平。

【10】美国驻法国大使威廉·布利特认为，韦尔斯在出访时说"其会给'妇女和平组织'引起轰动而'出卖'了罗斯福"。

【11】在同一天，总统宣布了韦尔斯的使命，其政府也邀请了中立国来华盛顿讨论战后合作的可能性。

【12】在私下，富兰克林·德拉诺·罗斯福强调："不可能有模棱两可或不确定的和平。"这就排除了与柏林在没有政权变更的情况下和解的可能。

【13】显然，关于他持反对意见的谣言已经在媒体传播，迫使他公开声明，谴责这些"制造麻烦"，并赞扬韦尔斯。

【14】法国大使塞因特-昆廷表示，法国不会给英国机会摆出向美国政治家屈尊俯就的样子。富兰克林·德拉诺·罗斯福最初的打算是"展示性外交"，而这符合总统的个性和对威信的追求。

【15】韦尔斯特别不满里宾特洛甫将德国对中欧的霸权欲望与美国的门罗主义相提并论，19世纪的门罗主义认为，美国不能容忍欧洲对西半球事务的干预。韦尔斯详细解释了他辅助罗斯福提出的"睦邻政策"。

【16】英国报纸的文章多是向读者保证，韦尔斯并非是来欧洲讨论和平，并保证英国将战斗到底。

【17】张伯伦曾向克米特和贝尔·罗斯福（Belle Roosevelt）打听了萨姆纳·韦尔斯的背景和经历。

【18】尽管最初对韦尔斯使命持怀疑态度，但肯尼迪最终转向支持态度，他写信给赫尔说："韦尔斯在这里干得异常漂亮，从各种人那里获得信息。"

【19】对韦尔斯的这种看法来自英国方面对3月11日和13日与其会谈的描述，和韦尔斯自己的描述，韦尔斯的描述更多强调了是英国愿意谈判的意愿，减弱了他自己对英国督促的作用。

【20】在3月19日与韦尔斯的最后一次会晤中，齐亚诺误解了布伦纳的态度是"对意大利非交战的态度无动于衷"。

【21】第二天，韦尔斯被迫否认了《纽约时报》的报道，说他和教皇讨论了纳粹的和平建议。

【22】韦尔斯对意大利的关注表现在他决心纠正一份媒体报道，他在与雷诺会见的照片中出席了一幅地图，地图和领土的重新划分相关，且不利于意大利。

第2章 一位明智的豪斯上校

【23】尽管他后来自我吹嘘，但后来的证据表明英国秘密情报局驻美国协调负责人威廉·斯蒂芬森在多诺万使命的构思中起了强大作用。多诺万否认他出访英国时认识斯蒂芬森。

【24】英国大使洛西恩勋爵对那些报刊文章没有多少印象，他告诉外交部说，文章没有引起轰动。但白厅官员提醒说："多诺万上校访问英国的重要性不要用文章的分量或者在美国引起的关注程度来衡量。"

【25】英国大使洛西恩勋爵说："多诺万为我们做了极其重要的工作。"英国外交大臣哈利法克斯勋爵认为："多诺万是我们最好的和最有影响力的美国朋友之一。"

【26】布朗认为多诺万的律师事务所进行了法律研究，从而促成了交易，但这种看法毫无根据。

第3章 历史的最佳婚姻掮客

【27】赫伯特·斯沃普是少有的支持者，他对霍普金斯说："你是非常适合去伦敦的人，因为你对老板忠心耿耿，并且你对战争的目标矢志不渝，这些能让你安全蹚过激流。"

【28】哈利法克斯的私人记录"非常有益"。

【29】伊克斯记录说，他是1月14日从阿尔弗雷德伯格曼那里得到消息的，并马上转告了格雷斯·塔利。第二天中午，富兰克林·德拉诺·罗斯福口授并签署了信件并通过水上飞机送达伦敦。

【30】哈利法克斯也从特使那里获悉了最新欧洲局势进展，并写信给丘吉尔说："我很高兴从霍普金斯那里获悉了你的最新想法。"

【31】首相确保这次旅行的照片送给了霍普金斯。

【32】建议他回国的交通工具包括军舰，或邀请他前往贝尔法斯特，因为"邀

请更能让他高兴"。丘吉尔认为，邀请的方式比和霍普金斯当面谈更好。

【33】参见帕梅拉·丘吉尔·哈里曼和凯思琳·哈里曼·莫蒂默访谈。富兰克林·德拉诺·罗斯福相信，这是霍普金斯和丘吉尔关系的关键。

【34】罗斯福向记者否认他和霍普金斯进行了联系。

第4章　向前行进，国家之航船

【35】斯廷森在日记中写道，他在内阁会议上督促富兰克林·德拉诺·罗斯福与威尔基见面，总统"愉快地同意了"。

【36】纳粹报刊《冲锋报》说，威尔基代表"庞大的摩根财团"，并受亨利·摩根索强烈支持。

【37】伦敦的自治领域高级专员被告知，丘吉尔和威尔基的会晤"非常有价值"。

【38】威尔基一面关注竞选，一面到威斯敏斯特教堂拜访了欣斯利主教这位天主教在英国的首席主教。他后来说："拜访的原因是天主教在美国的影响力。"大多数天主教美国人是爱尔兰、德国和意大利后裔。

【39】其他英国官员也竭力让威尔基感受到人们的欢迎。伦敦市长向唐宁街建议，向他转达伦敦的欢迎。议会多数党领袖寻求丘吉尔的意见，是否邀请他在议会演讲。

第6章　哈里·霍普金斯先生

【40】达莱克认为，富兰克林·德拉诺·罗斯福是1941年5月得出这一结论的；哈珀认为转折点是1941年6月德国入侵苏联；海因里希斯相信总统心理状态在大西洋会议上转向了积极的参战状态，他肯定清楚这会导致战争；威尔逊认为，8月，富兰克林·德拉诺·罗斯福就倾向于参战，但希望不涉及美国地面部队；凯西相信，1941年秋，美国正式参战是可取的；雷诺兹认为，他希望避免立即参战，直到夏威夷被袭击才开始转变。

【41】几天后，他在给丘吉尔的电报中强调了此点。

【42】鲍勃·米克尔约翰给朋友写信说："哈里·霍普金斯今天到达这里，开始了突如其来的访问，所以突然多了很多事情。"

279

第7章 乔大叔的宠儿

【43】约瑟夫·戴维斯向霍普金斯作了口头和书面通报，以"向苏联对希特勒的作战提供一切可能的援助"。

【44】戴维斯和林德利认为这是丘吉尔的想法，但首相对霍普金斯进行这番危险旅程不太热心，特别是可能错过大西洋会议。

【45】与其他来访者不同，霍普金斯没有被莫斯科许多建筑的破败外表迷惑。美国外交官查尔斯·塞耶后来写道："很难确定社会主义建筑和德国轰炸的界限。"

【46】该翻译的身份是一个谜。舍伍德和其他人认为他是前外交人民委员和未来的驻美大使马克西姆·李维诺夫。但霍普金斯的笔记中没有提到马克西姆·李维诺夫在场。博克-怀特也出现了会议，认为该翻译实际上是"老练的年轻人"，和马克西姆·李维诺夫毫无关系，只是姓相同，在外交圈被称作是"小李维诺夫"。根据斯大林的访客纪录，翻译的名字是M.M.普特鲁巴奇。

【47】大多数权威人士发现，在霍普金斯的使命和罗斯福7月初的决定之间有一种因果关系。

【48】霍普金斯在斯卡帕时是在"国王乔治五世"号、"威尔士亲王"号或"纳尔逊"号，消息所说不一，但麦金利的目击报告说，"国王乔治五世"号最接近。这是东道主的旗舰，本身最有说服力。汤普森说，霍普金斯因丘吉尔的到来被转送到"威尔士亲王"号。

【49】《生活》杂志称，霍普金斯在与苏联部长会议主席分享内心机密时，他"洞穿了神秘的内心"。

尾声

【50】几天后，哈里曼在一次晚宴上说，他希望"美国城市也遭到闪电袭击，这样才能唤醒民众"。